長城と北京の朝政

明代内閣政治の展開と変容

城地 孝

Premiere Collection

京都大学学術出版会

プリミエ・コレクションの創刊に際して

「プリミエ」とは、初演を意味するフランス語の「première」から転じた「初演する、主演する」を意味する英語です。本コレクションのタイトルには、初々しい若い知性のデビュー作という意味がこめられています。

いわゆる大学院重点化によって博士学位取得者を増強する計画が始まってから十数年になります。学界、産業界、政界、官界さらには国際機関等に博士学位取得者が歓迎される時代がやがて到来するという当初の見通しは、国内外の諸状況もあって未だ実現せず、そのため、長期の研鑽を積みながら厳しい日々を送っている若手研究者も少なくありません。

しかしながら、多くの優秀な人材を学界に迎えたことで学術研究は新しい活況を呈し、領域によっては、既存の研究には見られなかった溌剌とした視点や方法が、若い人々によってもたらされています。そうした優れた業績を広く公開することは、学界のみならず、歴史の転換点にある21世紀の社会全体にとっても、未来を拓く大きな資産になることは間違いありません。

このたび、京都大学では、常にフロンティアに挑戦することで我が国の教育・研究において誉れある幾多の成果をもたらしてきた百有余年の歴史の上に、若手研究者の優れた業績を世に出すための支援制度を設けることに致しました。本コレクションの各巻は、いずれもこの制度のもとに刊行されるモノグラフです。ここでデビューした研究者は、我が国のみならず、国際的な学界において、将来につながる学術研究のリーダーとして活躍が期待される人たちです。関係者、読者の方々共々、このコレクションが健やかに成長していくことを見守っていきたいと祈念します。

第25代　京都大学総長　松本　紘

目　次

凡　例

一．本文および注において史料の原文を引用する場合には正字体をもちい、それ以外の部分は人名・史料名もふくめて常用漢字をもちいて表記する。

一．西暦・頁数・雑誌の巻号を表記する場合にのみ算用数字の表記法にしたがい、史料の巻数・年号・日付などを記す場合は「十」・「百」字をもちいる漢数字の表記法で記す。

一．字句についての補足説明には（　）を、字句をおぎなう際には〔　〕を、引用文献の略号には［　］を、それぞれもちいる。

一．先行研究はすべて本書末尾の「引用文献一覧」に付した略号をもって示す。本書で引用した史料の版本については、おなじく末尾の「引用史料一覧」を参照されたい。

一．『明英宗実録』・『明孝宗実録』・『明武宗実録』・『明世宗実録』・『明穆宗実録』・『明神宗実録』の記事を引用する場合は、すべて『実録』と略記し、巻数表記を省略する。本書でもちいている中央研究院歴史語言研究所校印の『実録』は黄彰健氏による校勘がなされている。本書では、校勘記に「是也」とあるものについては、とくに注記することなく校勘にしたがって字句をあらためる。それ以外の部分について校勘記にしたがって字句をあらためる場合には、その都度注記する。

序章

十六世紀後半の中国を考えていく上で欠かせないキーワードのひとつに「北虜南倭」なる語がある。いうまでもなく、当時の明王朝をなやませた北方のモンゴルと東南沿海地域の倭寇とを並称したものである。この時期、南北ほぼときをおなじくして明朝にせまった外圧は、当時の東アジア地域における社会・経済上の諸変動と密接に連動していた。その意味において、北虜南倭の問題はまさにこの時代を象徴するものといってよい。そうした問題に対して、ときの明朝はどのように立ちむかおうとしたのか。そこではいかなる方策が模索され、その過程で明朝政治はみずからのありようをどう変えていったのか。あるいはそうした動きのなかから、明朝ひいては伝統中国政治に固有の型のようなものをみいだせはしないか。本書はそうした関心から、とくに対モンゴル問題をめぐる政治過程を主軸として、当時の明朝政治の具体像をえがきだそうとするものである。

いわゆる北虜南倭の外圧は、端的にいえば、当時の東アジア地域における交易需要のたかまりと明朝の対外システムとの矛盾に起因していた。明初に構築された対外システムは、明朝を頂点とする礼制秩序を具現化する儀礼としての朝貢、治安維持・密貿易とりしまりのために華人の越境を禁ずる海禁・辺禁、そして対外交易という本来その目的を異にする三者を朝貢に一元化することによって、あらゆる対外交流をすべて国家の統制下におくものであった(1)。このシステムのもとでは、表文(国書)を奉じ、明の勘合を受けた朝貢使節にのみ交易が公認され、それ以外の交易はすべて違法なものとされた。しかし、十五世紀後半以降の中国国内における商品生産の拡大は、十六世紀に入ってからの爆発的な銀流通ともあいまって、国内外における

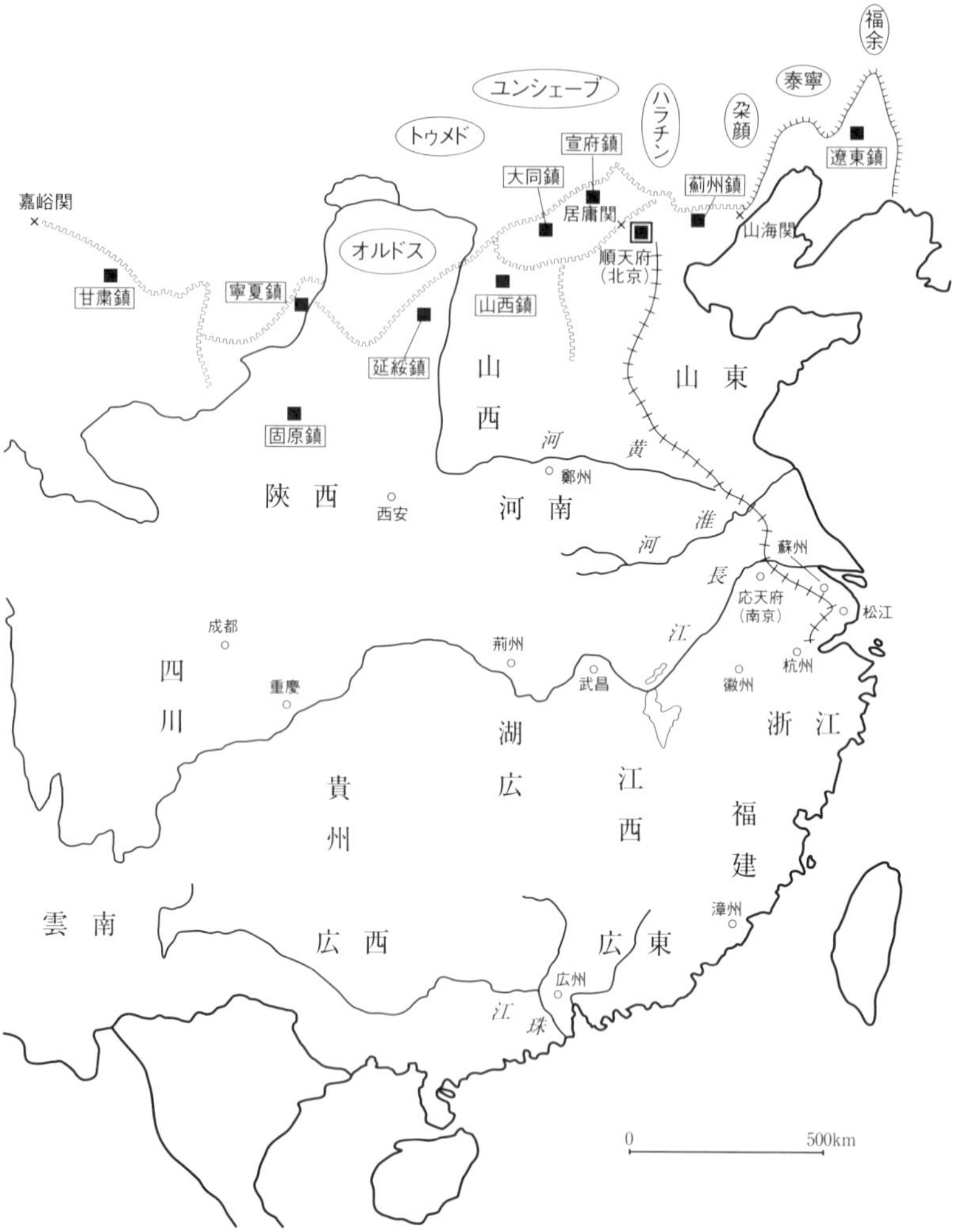

福余
泰寧
朶顔
ハラチン
ユンシェーブ
トゥメド
オルドス
嘉峪関
甘粛鎮
寧夏鎮
延綏鎮
固原鎮
山西鎮
大同鎮
宣府鎮
居庸関
順天府
（北京）
薊州鎮
山海関
遼東鎮
山西
山東
陝西
西安
河南
鄭州
黄河
淮河
長江
蘇州
応天府
（南京）
松江
杭州
徽州
浙江
成都
四川
重慶
荊州
武昌
湖広
江西
福建
漳州
貴州
雲南
広西
広東
広州
珠江
0
500km

【図1】 明とモンゴル

交易需要を刺激せずにはおかない。こうした動きを背景とした交易拡大のもとめに対して、明初以来の朝貢一元体制にもとづいて統制・禁圧を強化しようとする明朝の対応は、結果として密貿易の盛行をもたらし、さらには交易をもとめる諸外国の勢力をして暴力的手段へとはしらせたのである。

モンゴルの明への入貢がはじまるのは、永楽六年（一四〇八）のことである。モンゴルの朝貢使節は大同（現、山西省）を経由して北京入りし、大同でその大半がとどめおかれたが、明朝から返礼として回賜・撫賞があたえられるとともに、使節がとどまる北京の会同館および大同の使館での交易が認められていた。上述のように、明朝の朝貢一元体制のもとでは朝貢使節にのみ交易が認められていたから、モンゴルの朝貢がおこなわれていた時代、その交易拡大要求は朝貢使節の人数増員という形をとって示される。しかしながら、その受入れは経済面・治安面で明朝にすくなからぬ負担をしいるものであり、それゆえ明朝は消極的な対応に終始した。正統十四年（一四四九）、ときの皇帝英宗（正統帝）が捕虜になったことで知られる土木の変は、こうした矛盾の上におこった事件であり、その発端は、オイラトのエセンが朝貢使節の人数を大幅に水増しして賜与品を要求したことにあった。そののち、十五世紀後半のうちはモンゴルの入貢もつづいたが、モンゴル中興の祖とも称されるダヤン＝ハーンがつかわした弘治十一年（一四九八）の使節を最後に、いったんとだえることとなる。弘治十七年（一五〇四）、朝貢使臣増員を明朝に拒否されたダヤン＝ハーンはふたたび侵寇へと転じ、以後、モンゴルの交易再開要求は、「求貢」すなわち朝貢再開要求として明の史料には記されるようになる。(2)

本書が対象とする時期にモンゴルをたばね、その強勢を背景に明朝への圧力をつよめたのが、ダヤン＝ハーンの孫にあたるアルタン（俺答）である。彼はジノン（晋王）として右翼モンゴルを統べた父バルスボルドの死後、トゥメド万戸を継承し、ジノン位を継いでオルドス万戸をひきいた兄メルゲン（吉囊）とともに活発な活動を展開した。嘉靖二十一年（一五四二）のメルゲンの死後、あとを継いだ長子ノヤンダラ（吉能）は父ほどの力をもたず、アルタンが右翼モンゴル最高の実力者にのしあがる。彼は、オルドスの諸侯やユンシェブ万戸の有力集団ハラチン部を領した弟のバイスハル（老把都）らの諸弟をひきいて各地に遠征するとともに、中国物資をもとめて明朝にもさかんに圧力をかけた。すでにアルタン以前から、モンゴル側は交易再開をはたらきかけていたものの、明朝は一貫してこれを拒絶したため、アルタンも毎年のように明の北辺に攻めこんでは略奪をくりかえしたのである。嘉靖二十九年（一五五〇）八月、アルタンひきいるモンゴル軍は長城をこえて攻めこみ、八日間にわたって北京城を包囲した。この事件は、その干支をとって庚戌の変とよばれる(3)。

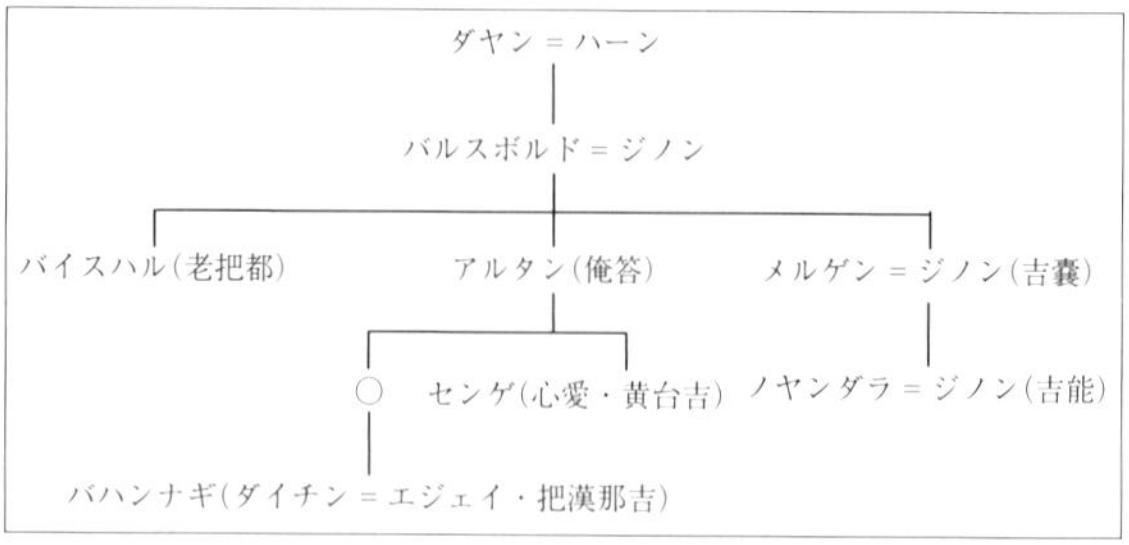

【図２】 モンゴル関係系図

とはいえ、モンゴル側の目的があくまでも中国物資の調達にあった以上、略奪・侵寇の裏では、明蒙間の密貿易がさかんにおこなわれていた。そして、その一方のおもなにない手となっていたのは、北辺に駐屯する明軍の将兵であった。十五世紀後半以降、モンゴルに対して守勢に転じた明は長城修築をすすめ、長城ラインに沿って遼東・薊州・宣府・大同・山西・延綏・寧夏・固原・甘粛の九つの軍管区＝九辺鎮を設ける。これによって北辺には常時数万の軍隊が駐屯することになり、北辺情勢の緊迫化にともなって、中央から発給される軍事費も増加した。このころすでに北辺防衛のための軍糧は銀納化がすすんでおり、全国から徴集された莫大な銀が北辺に投下されたわけだが、これまた交易の活発化に一層の拍車をかけることとなる。北辺におくられた銀の一部は、北辺軍の将官の懐に入ってモンゴルからの商品買いつけの元手となり、モンゴル側はそうして手に入れた銀にくわえて、明軍が近辺のモンゴルを手なづけるために支払った撫賞の銀をもって中国内地産品を購入する、というのが北辺での銀の流れであった。

それは別の側面からいえば、軍隊を維持するための銀が本来の目的とは異なるものに流用されるということでもある。こうしてもたらされた軍費の欠乏は、辺境での警備・戦闘あるいは長城修築工事といった過酷な任務ともあいまって、兵士の逃亡をうながすおおきな要因となっていた。逃亡兵のほかにも、軍需物資の徴発にくるしむ内地の農民や邪教として弾圧された白蓮教徒などが、明朝の支配をのがれてモンゴル側に投じ、モンゴル軍の侵寇時にとらわれた漢人とともに、アルタンの庇護のもとで独自の居住区を形成するようになる。こうした居住区は板升（バイシン）とよばれ、その頭目のなかには、モンゴル軍が明に攻めこんでくるときに嚮導役となる者すらいた(4)。このように、華人が外夷のもとへ入り、双方が混然一体となって独自の社会を形成するということも、この時期の辺境社会の特徴として特筆すべき現象であった(5)。

以上に述べたように、十六世紀後半の長城を境とする明の北辺地帯では、はげしい紛争の一方で、華人・夷人を問わず、たかまる交易ブームにのって利益をもとめる人々があつまり、荒々しくも活気に満ちた社会がひろがっていた。そして、辺境におけるこうした諸々のあらたな動きは、いずれも明朝の諸制度がよって立つ前提を根底からゆさぶる力とヴェクトルをもつものであり、外交・通商・軍事・財政あらゆる方面にまたがる複雑かつ深刻な政治課題となって、明朝当局者の前に立ちあらわれてきたのである。本書がこれからみようとしているのは、そうした政治課題をめぐって明の政治がどう展開していったのか、ということにほかならない。

こうした問題に関しては、先行研究でもすくなからぬ議論が蓄積されている。以下、それらをふたつの点から整理し、あわせて本書で検討すべき点をいますこし具体的に洗いだしてみたい。

すでにあきらかにされているように、いわゆる北虜南倭の外圧は、十六世紀の五〇年代から六〇年代、明朝の年号でいうと嘉靖年間（一五二二―一五六六）の後半期にピークをむかえる。ところが、つづく六〇年代末から七〇年代のはじめ、おなじく年号では隆慶年間（一五六七―一五七二）における政策転換によって、北虜南倭の危機はひとまず沈静化へむかったとされる。東南沿海地域では、隆慶初年に福建漳州からの中国商人の出海交易が公認される一方、モンゴルに対しては、隆慶五年（一五七一）、アルタンを順義王に封ずるとともに配下の諸侯にも明朝の官爵をあたえ、彼らの朝貢および互市を認めた。世に隆慶和議とよばれるものである。

これまた南北ほぼときをおなじくして、通交・交易の禁絶から開放へと明朝は舵をきったわけだが、こうした政策転換の背景をめぐって、最近さかんにおこなわれているのが「互市」をめぐる議論である。すなわち、明朝の朝貢一元体制と国内外でたかまる交易需要との矛盾に折りあいをつけ、辺境の紛争を収束させようとする模索のなかで、朝貢制度によりそいながらも、事実上それをのりこえるような交易のあり方として「互市」が芽生えたというものであり、その生成過程については、おもに東南沿海部の海上交易をめぐる動向に即して精緻な分析がなされている。そこでいう「互市」の要諦は、官府に協力する商人を仲介者に立てて朝貢国にあらざる外国との交易をおこない、官府が彼らから徴税する形をとることで、本来は違法であるはずのこうした交易を、入貢時の附搭貨物への課税およびその取引とみなして合法に読みかえることにあったとされる[6]。他方、北辺での交易については、嘉靖年間におけるアルタンの「求貢」が、従前の朝貢貿易の復活をもとめるものではなく、当時さかんであった密貿易の合法化をめざすものだとの指摘はつとになされていた[7]。モンゴルとの交易を公認した隆慶和議についても、あくまで封貢（＝順義王に封じ、朝貢を認める）

と一体の形式はとられたものの、明蒙の当事者たちにのぞましいあり方として認識されていたのは、朝貢の一環をなし、明朝からの恩恵としておこなわれる交易ではなく、課税をともない、月に数度の頻度でおこなわれ、価格を市場のなかで決める「互市」であったという(8)。

「互市」をめぐる議論の射程は清代以降の外交・通商秩序にもおよぶものであり、現在もなお議論が進行中である。そのなかですでに指摘されているとおり、いわゆる「互市」が明朝の「祖宗の制」たる朝貢一元体制を制度的にぬりかえることは結局なかった(9)。しかし、それまで一貫してこばみつづけてきたモンゴルとの通交・交易を開放する方向に転じたという点では、隆慶和議の実現を明朝の対モンゴル政策におけるひとつの転換点とみなすことはゆるされよう。とするならば、十六世紀における交易需要のたかまりと、それにともなう外圧に対する明朝の政治的対応をみようとするとき、それはやはり注目に値するテーマといってよいし、通交・交易解禁へと至る過程で、皇帝・中央官僚・地方官など当該の決定にかかわる諸アクターが、いかなる思惑のもとにどのような動きをとったのかということにも、具体的な検討をくわえていかねばなるまい。

ひとつの例として、たとえば隆慶和議実現のタイミングの問題を考えてみたい。先述のとおり、アルタンの活動が活発になるのは嘉靖二十年代以降のことであるから、四十五年つづいた嘉靖時代のうち、後半の二十年以上ものあいだ、明朝はモンゴルのはげしい侵寇にさらされたわけである。そのあいだにも「互市」の構想はあたためられ、本書の以下の各章において論じていくように、それはときに政策提言として提起されていた。にもかかわらず、嘉靖時代には一貫して通交・交易禁絶の方針が堅持され、結果としてモンゴルの侵寇激化をまねいたのである。ところが、世宗（嘉靖帝）から穆宗（隆慶帝）に代がわりしてわずか五年たらずのうちに、数十年にもわたって維持してきた強硬路線から和議へと一転したのであった。たしかに、隆慶和議の直接の契機がアルタンの孫の投降という偶発的な事件にあったとはいえ、隆慶五年（一五七一）というタイミングは、それ以前の嘉靖時代からの流れから考えるならば、やはりいささか唐突との感は否めず、そこになんらかの政治的な要因がはたらいていたことをうかがわせるに足る。くわえて東南沿海地域においても、ときに「嘉靖大倭寇」と称されるように、倭寇が猖獗をきわめた嘉靖年間から一転、隆慶初年に中国商人の出海交易が公認されたことを考えあわせるならば、嘉靖年間における対外強硬路線の維持と隆慶年間における通交・交易の開放というのは、それぞれの時代における対外方針およびそれをそうたらしめていた政治状況を特徴づける要素とみなすことができる。

　とするならば、それはどのように説明することができるのか。これが本書の柱となる課題のひとつである。嘉靖・隆慶それぞれの時代において、どのようなプロセスを経て対モンゴル政策にかかわる決定がおこなわれていたのか。そこでは、諸アクターがいかなる思惑のもとにどのような行動をとったのか。さらには、その展開過程を決定的に左右した要因はなんであったのか。こうした点を検討していくことによって、上の問題に対する回答を試みたい。隆慶和議の実現に象徴されるように、いわゆる「互市」の構想が政策転換という形をなすに至るプロセスをあとづけることは、嘉靖・隆慶それぞれの時代の政治史の特徴をあきらかにすると同時に、北虜南倭の問題に立ちむかおうとした明朝政治の具体像をえがくことでもある。最近の研究の潮流として、辺境の現場のレヴェルに注目する、あるいは国家という枠を相対化する視点が強調され、それによって、あらたな史実にもとづく魅力的な歴史像が提示されている。その一方で、国家としての意思決定がおこなわれる朝政の具体的な動きや、実際に諸問題に対峙する現場の状況・思惑と中央の意思決定過程との関係は、かならずしも十分に検討されているようには思われない。当時の東アジア地域において、明朝が相応程度の政治的・経済的プレゼンスを保持していた以上、本書ですすめようとしている如上の作業は、この時代における東アジア地域の国際関係についてよりふみこんだ考察をおこなう上でも、なにがしかの有効な知見を提供しうるであろう。

さて、以上のような視角から明朝における対モンゴル政策の展開をあとづけていこうとする場合、嘉靖・隆慶期の政治状況の如何は、当該政策過程の行方を左右する重要な要素となる。したがって、その点についてこれまでどのような議論がつみかさねられてきたのかも、議論の前提としておさえておかねばなるまい。

とくに嘉靖以降の政治史の特徴としてよくあげられることのひとつに、内閣権力の強化ということがある。英語の cabinet の訳語たる「内閣」の語源にもなった明代の内閣は、現代の日本のそれとは異なり、行政に直接の責任をおうものではなく、あくまでも皇帝の秘書・輔政機構にすぎなかった。明初、官僚機構のトップたる丞相（宰相）への権力集中をおそれた太祖（洪武帝）は、洪武十三年（一三八〇）の胡惟庸の獄を機にこれを廃止し、子孫の皇帝たちにもその復活を厳禁する。これによって、皇帝が直接各部署の報告を受けて決裁をおこなう形になったが、膨大な案件をすべて皇帝ひとりで決裁するには相当の困難がともなう。こうした困難を解消すべく、第三代皇帝の成祖（永楽帝）はみずからの秘書官として大学士をおき、文淵閣に当直させた(10)。こうしてはじまった内閣大学士は、以上の経緯から知られるように、本来、六部をはじめとする行政官庁と統属関係に立つものではなかったのである。ところが、皇帝がくだす命令＝諭旨の原案を作成するというその職務のゆえに、内閣はしだいに政策決定における影響力を拡大させていく。嘉靖以降になると、内閣のなかでも筆頭大学士＝首輔の権力伸長が著しいものとなり、しばしば「専権」の語をもって語られ、事実上の宰相と変わらぬものと目されるようになる。さらに、つぎの隆慶年間を経て万暦年間（一五七三―一六二〇）はじめに張居正が首輔となるにおよび、内閣権力は絶頂期をむかえたとされる(11)。張居正執政期には、本来、統属関係にない六部をも属下におくかのような絶大な権力を背景として、内閣主導でさまざまな

【表１】 嘉靖―万暦初頭のおもな首輔と在任期間

楊廷和	正徳７年（1512）12月-正徳10年（1515）３月
	正徳12年（1517）11月-嘉靖３年（1524）２月
張　璁	嘉靖８年（1529）９月-嘉靖11年（1532）８月
	嘉靖12年（1533）４月-嘉靖14年（1535）４月
夏　言	嘉靖17年（1538）12月-嘉靖21年（1542）７月
	嘉靖24年（1545）12月-嘉靖27年（1548）正月
厳　嵩	嘉靖23年（1544）８月-嘉靖24年（1545）12月
	嘉靖27年（1548）正月-嘉靖41年（1562）５月
徐　階	嘉靖41年（1562）５月-隆慶２年（1568）７月
李春芳	隆慶２年（1568）７月-隆慶５年（1571）５月
高　拱	隆慶５年（1571）５月-隆慶６年（1572）６月
張居正	隆慶６年（1572）６月-万暦10年（1582）６月

『明史』巻110、宰輔年表２による

行財政政策が断行された。張居正はまた北辺問題にもとくに力を入れ、隆慶和議に際しては、おなじく内閣大学士であった高拱とともに現地の地方官と連携しながらその実現を主導するのみならず、万暦年間に首輔となってからも一貫して和議の維持に力をそそいだ。

明朝の歴史上ほかに類をみないほどにつよまった内閣権力、あるいはその政治運営のあり方から、張居正執政は明代内閣政治のひとつの到達点に位置づけられ、その淵源・性格や得失をめぐる議論も枚挙にいとまがない。とくに中国の研究者のあいだでは、張居正政治を内閣主導の「改革」として肯定的に評価するみかたが根づよいようである。中国において張居正を中心に政治史を論じたもののうち、その水準を代表するものともいうべき韋慶遠氏の研究では、張居正の諸政策が隆慶年間の後半期に首輔として政局をリードした高拱の施策と連続した改革運動と位置づけられるとともに、隆慶年間の内閣政治の展開を徐階・李春芳らの保守派から高拱・張居正の改革派への権力移行ととらえる「隆（慶）万（暦）大改革」論が提起されている。(12)隆慶和議についても、明蒙間に休戦状態をもたらし、軍事支出を大幅におさえたとして、内閣主導の「改革」の典型例のひとつに数えられている。(13)

一方、溝口雄三・小野和子両氏に代表されるように、日本の研究者による張居正政治のとらえ方は、中国におけるそれとはかなりひらきがある。両氏の研究では、万暦中後期に活発な皇帝・内閣批判を展開した東林派と対比させる形で張居正政治が論じられ、東林派が郷村へゲモニーによって明末の危機を打開し、天下の輿論を積極的に政治に反映させようとしたのに対し、張居正は皇帝専制支配を強化して国家ヘゲモニーによる国難打開をめざし、朝野にまたがる自由な言論を封殺するという強権的なイメージをもってえがかれ、その国家主義的・中央集権的な性格が強調される。(14)小野氏はとくに隆慶和議についても論じており、和議実現にあたって、山西商人の家に出身した官僚たちが積極的な役割をはたしていたことをあきらかにした上で、そこに国家主義的な政策を推進する張居正と国家に寄生する形で利益を得る山西商人との利益の一致をみる。さらに、和議維持のための財政支出の増大や休戦による辺境防衛軍の弱体化といったあらたな火種が生じたことをも視野に入れつつ、隆慶和議の評価は「決して一筋縄でいかないもの」と述べている。(15)

以上の両者は、ひとしく張居正という対象を論じながら、そこでむすばれる像は正反対といってもよい。ただ、保革対立構図をとる韋慶遠氏にせよ、中央対地方ないし国家へゲモニー対郷村へゲモニーといった構図をとる溝口氏・小野氏にせよ、いずれも二項対立的な構図のもとに政治史をえがいている点では共通している。こうした構図も、それぞれがおかれた時代ないし国情の制約をまぬかれなかったといえるのかもしれないが、まさにその構図のゆえにみえにくくなっている部分があるのも、また否めないように思われる。溝口氏・小野氏の議論は、東林派のアンチテーゼとして張居正政治が措定されていることにもよろうが、そうした国家主義的・強権的な内閣政治のあり方を登場させた要因はなんであったのかについて、さほどつっこんだ説明がなされているとは思われない。さらにいえば、そもそもなぜこの時期に内閣権力の著しい伸長傾向がみられるのかという問題についても、当時の政治・社会状況とのかかわりのなかで具体的に説明されているようにない。内閣権力の強化という史実じたいは、静態的な視角からする制度史研究においてもつとに指摘されていたとはいえ、韋慶遠氏が説くように、張居正の執政をそれ以前の弊政に対する「改革」と手ばなしで肯定的に位置づけることには、溝口・小野両氏の所説もふまえれば、やはり躊躇をおぼえざるをえない。韋氏がいうところの「改革」というのが、いかなる状況に対して、どういう立場からみたものなのかという点にまでつっこんだ検討が必要と思われる。

韋慶遠氏の検討視角ないし議論の前提に右のような問題を指摘するのは、近年すすめられている嘉靖政治史研究の視角・手法にもそれが認められるのみならず、まさしくそうした問題のゆえに、政治の展開を実証的に検討するというのとは異なる方向へと議論をむかわせる一面があると思われるからである。内閣の権力伸長が顕著になるとされる嘉靖年間の政治史は、これまで善悪二元的な人物評価をベースとして、きわめて否定的な受けとめ方がなされてきた。そこで主流を占めていたのは、政務を放棄した皇帝世宗のもと、嘉靖初年の張璁あるいは嘉靖中後期の夏言・厳嵩といった首輔たちが、ひたすら帝に迎合することによってみずからの権力維持につとめるのみで、北虜南倭の問題をはじめとする内憂外患に効果的な対策を打ちだせなかった、という理解である。最近になって、こうした否定一辺倒のみかたを再検討しようという試みもすすめられてはいるものの、それらは総じて、緊密な君臣関係の構築につとめ、主体的に政務にとりくもうとする世宗のイメージをえがきだすとともに[16]、史料のバイアスをことさらに強調することで、当時の内閣・首輔に対する否定的なみかたをくつがえすことに重点がおかれているようにもみえる[17]。論者によっては、韋慶遠氏が説く張居正「改革」との共通性を指摘することによって、検討対象の歴史的な意義をみいだそうとするものすらある。結局のところ、人物評価に傾斜した善悪二元的な構図はそのままに、たんに善玉と悪玉を入れかえただけともいえ、ともすれば恣意的ともいえる史料操作によって、従来の評価をささえてきた史料の記述をしりぞけていくような議論もおおく、十分な説得力をもちえているとはいいがたい。

アルタンが明への圧力をつよめた嘉靖二十年代以降の時期は、ちょうど内閣権力がつよまったとされる時期とかさなっていたことになる。とすれば、そのときどきにおける対モンゴル政策の策定にあたっての内閣の動向やその背景にあった彼らの判断、および政局にあたえた影響などについては、一般に内閣の権力強化といわれる史実をより具体的にえがきだし、その背景要因をあきらかにするという見地からも、実証的な検証がなされてしかるべきである。にもかかわらず、上にふれた先行研究は、かならずしもそうした問いに十分にこたえるものではない。北虜南倭の外圧のたかまりに直面した嘉靖時代の明朝が、結果的に侵寇を激化させたとはいえ、かたくななまでに強硬路線を維持したのはなぜなのか、その背後で内閣をはじめとする諸アクターはいかなる動きをとったのかという問題は、隆慶和議の実現を高拱・張居正「改革」の典型とみなす二項対立的な構図を裏がえして、「守旧」派の無策・腐敗によるものと単純にかたづけてしまえるものではあるまい。また、隆慶和議を内閣主導の「改革」の典型とする理解も、小野和子氏が指摘するような正負あいなかばする隆慶和議の複雑な側面、ひいてはそれを推進した高拱・張居正の政治運営に対する再検討の試みをはばんでしまうおそれなしとはしない。この点についても、従来の二項対立的な構図からいったんはなれたところから、当該政治過程を具体的に検討していくことがもとめられよう。それゆえ本書においては、張居正の登場をもってピークをむかえるとされる内閣の権力強化という現象がいかなる政治状況のなかで生成したのか、あるいは、ひとしく「権力強化」ということばで語られるにしても、その内実は時代によってどのように変化していくのか、といった諸点についても、対モンゴル政策の展開過程に即して検討していくこととしたい。そうした作業は、皇帝の秘書・輔政機構にすぎなかった内閣を、事実上、六部をしのぐ地位へとおしあげていった明朝政治の変容過程をあとづけていくことでもあり、本書の副題に「明代内閣政治の展開と変容」とかかげた意図もこの点にある。あるいはわれわれは、こうした作業をつうじて、対立構図の奥底で明朝ひいては中国政治を伝統的に規定してきたパターンをあきらかにする糸口を手にすることができるのかもしれない。

以上に述べたところによって、本書の課題および分析の視角はほぼあきらかになったであろう。こうした視角から、本書では、モンゴルの圧力がつよまった嘉靖後半期から隆慶和議という政策転換が実現した隆慶年間に至るまでの対モンゴル問題をめぐる明朝側の政治過程をあとづけていく。最終決裁者たる皇帝をはじめ、中央の内閣大学士や具体的な案件処理にかかわる六部・都察院の官僚、往々にしてはげしい政権批判を展開した給事中・監察御史のほか、北辺の現場で諸問題に直接対峙していた総督・巡撫以下の地方官など、当該事案にかかわった諸アクターの言説を可能なかぎり集積し、分析していく作業がその中心となる。近年、陸続と出版されている大型叢書所収の諸史料や中国・台湾の図書館に手つかずの状態でねむっていた新史料によって、より詳細なレヴェルで官僚士大夫の言説をあつめることが可能となっており、本書の分析もこうした諸史料によってささえられているところがすくなくない。

本書の構成および各章における検討内容は、以下のとおりである。

最初に嘉靖時代の政治動向について論ずる。この時代を特徴づける極端なまでの対外強硬方針を堅持せしめた背景要因はなにか、という問題が切り口となるが、これに対して、ふたつの方向からアプローチしてみたい。ひとつは、嘉靖政治のありようを根底の部分で規定していた皇帝世宗の案件決裁のあり方に光をあてる。政務を放棄した暗君か、はたまた政務に積極的にとりくんだ名君かと評価のわかれる世宗であるが、第一章において、嘉靖二十五年(一五四六)末に提起されたオルドス回復計画をめぐる政治過程分析をおこない、世宗の案件決裁のありようが、官僚たちがになう政策立案・政務遂行のプロセスにいかなる影響をおよぼしたのかを考えていく。それをふまえて第二章では、嘉靖三十年(一五五一)におこなわれた明蒙間の馬市をめぐる政治過程から嘉靖政治の展開パターンの抽出を試みる。この馬市は朝貢の形をとらない交易としておこなわれ、先述の「互市」生成の流れの上にも位置づけられている。結果的にわずか一年しかおこなわれなかったとはいえ、そうした交易が嘉靖時代において公認されるに至った経緯と要因とに、この時代の対外強硬姿勢が畢竟なにに由来していたのかをみることができるはずである。また、この馬市がおこなわれたときに首輔であった厳嵩は「奸臣」として悪名だかく、嘉靖朝の代表的な専権首輔と目されている。本章では、厳嵩をはじめとする当事者の動向に実証的な検討をくわえることにより、権力伸長著しいとされる嘉靖時代の内閣が、意思決定プロセスの上でいかなる存在としてふるまっていたのかという点についても、あきらかにしていくことになろう。

第三章では、隆慶時代の内閣政治の展開をたどり、隆慶和議実現までのプロセスにみられるような強力なリーダーシップを発揮する内閣がいかにして登場してきたのかを考察する。本章の議論は、保革対立構図によって隆慶時代の内閣政治の展開を説明した韋慶遠氏の所説に対する再検討の試みとも位置づけられる。具体的には、隆慶時代の大学士たちが内閣あるいは大学士としての職分をどのようなものと認識していたのかを、彼らの言説を逐一検討することによってあきらかにしていくとともに、各大学士がそうした認識をもつに至った要因を彼らがおかれた政治状況のなかにさぐっていく。

こうして登場した内閣が隆慶和議の実現・推進にいかなる役割をはたしたのかを論ずるのが、第四章・第五章である。第四章では、いわゆるアルタンの封貢と宣府・大同・山西地区での互市が決定するまでのプロセスを検討し、しばしば「専権」と称される内閣主導の政治運営の積極的側面をあきらかにする。これに対して第五章は、そうした政治運営の負の側面をおなじく隆慶和議の一環をなす陝西地区での互市実施をめぐる政治過程に即してえがきだしていくものである。本章の内容は、本書では直接論ずることのできない万暦以降の政治状況をみとおしつつ、和議を実現にみちびき、それゆえに往々にして肯定的な評価をあたえられる高拱・張居正の政治手法に内包されていた矛盾を浮きぼりにするものとなろう。

第六章は、政客として当時の政界にその名をとどろかせた邵芳なる人物の事跡をたどり、官身分をもたない政客や幕客といったアクターがときに政治をおおきく動かすような活動をくりひろげる、いわば朝政の舞台裏ともいうべき部分のありようについて考察をくわえるものである。対モンゴル問題をめぐる政治過程を論じたものではないが、内憂外患にゆれる明朝政界の一面を活写するとともに、当時の中国における政治社会のありようを考える上で重要な示唆をあたえるものと考え、ここに収録した。

第七章では、おもだった中央官僚の全体会議ともいうべき廷議の分析をつうじて、明朝の意思決定プロセスにおける意見集約ないし合意形成のありようを考察する。廷議にかかわる一連のプロセスのうち、いかなる方法で参会諸官の意見を徴し、それをどのようにして会議の決議案へととりまとめていったのかという技術的な側面からの検討とともに、諸官の意見を決議案へと集約させていく際にいかなる原則あるいは価値観が共有されていたのかについて、具体的な廷議の事例に即して検討していく。これによって、皇帝独裁という明朝の国家意思決定の大原則のもとで、百官の合議たる廷議がどのような位置を占めていたのかを考える際の切り口を提示することができるであろう。

なお、個別の政治課題をめぐる政治過程をおっていくという本書の性格上、その叙述は、しばしば文書制度・官僚制度にかかわる細かな事柄を前提としてすすめられる。本書における用語の整理もかねて、以下、上奏文処理プロセスと官制の概要とについて、それぞれまとめておくこととしたい。

(i) 上奏文処理プロセス(18)

あらためていうまでもなく、明朝の意思決定プロセスは、官僚からの上奏に対して皇帝が決裁をくだすというパターンのくりかえしによって展開する。皇帝の意思・命令などを臣下に知らしめる文書にも厳密にはさまざまな形式があるが、本書では、とくに必要な場合をのぞいて、すべて**諭旨**と記す。一方、官僚からの上奏について、本書が対象とする明の後半期になると、公事については題本という書式をもって上奏するのが一般的となっていた。便宜上、本書では、題本によって上奏することを**題奏**、その上奏文を**題疏**とそれぞれ称することとする。題疏の上呈から皇帝の諭旨を得て公布・施行にうつされるまでの一連の流れをまとめると【図3】のようになる。【図3】中、実線は上行文書を、点線は下行文書を、破線は宮中と内閣とのあいだでの文書往復をそれぞれ示す。また、本文中の括弧でくくった丸数字は【図3】中の矢印番号を示す。

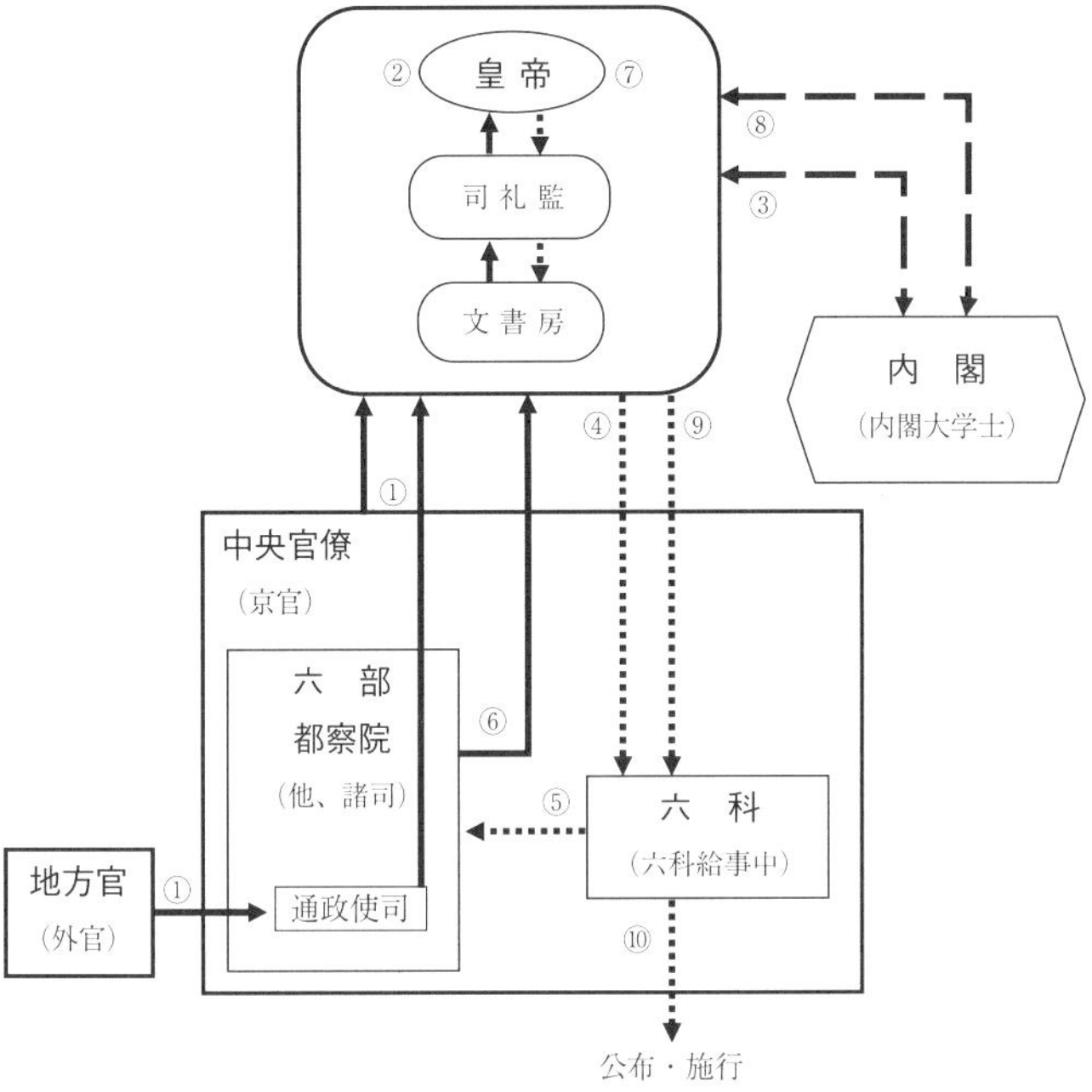

【図3】上奏文（題本）処理プロセス概念図

およそ百官が題奏する場合、地方官の題疏は通政使司を経由して、中央官僚の題疏は会極門（左順門とも称す）の担当宦官に直接提出する形で、いずれも宮中の文書房にとどけられる（①）。文書房での整理を経た題疏は、内廷の宦官機構の中心ともいうべき司礼監へととどけられ、そこから皇帝の御覧に供される（②）。

題疏のほか、内閣大学士の票擬もふくめ、文書房にとどけられた文書はこの経路をとおって御覧に達するのであり、皇帝から発下される場合にはこれとは逆の経路をたどる。御覧を経た題疏は、司礼監・文書房を経て皇帝の秘書官・顧問官たる内閣大学士にくだされ、大学士は当該題奏内容の要約と皇帝がくだすべき諭旨の原案とを添付して上呈する（③）。ここでのぼされる題疏の要約と諭旨の原案は**票擬**とよばれ、その作成は内閣のもっとも重要な職務であった。内閣が政策決定におおきな影響力をおよぼしえたのも、ひとえにこの票擬の権をにぎっていたからにほかならない。票擬を受けた皇帝は、題疏に朱筆で諭旨を書きいれ（批紅）、司礼監・文書房を経て外廷へとくだす（④）。このとき、皇帝が票擬の内容に満足しなければ、内閣にさしもどして再票擬を命ずることもあり、この票擬のやりなおしを改票という[19]。また、批紅が往々にして宦官の代筆によったことは、宦官の専横をまねいた最大の要因として、おおくの論者が指摘するところである。こうして諭旨を得た題疏は、朝報・邸報として京師の内外に公布されるまえに[20]、六科を経由する。六科給事中は、諭旨の内容に失当あれば、これをチェックして宮中にさしもどすという封駁の任をおびていたからである。

題疏の上呈から、それに対する皇帝の判断が示されるまでのサイクルは以上のようなものであるが、官僚からなんらかの建議が題奏された際には、まず当該事案を管轄する部署にくだし、その可否ないし具体的な対応策を答申させるとの諭旨がくだされるのが一般的であった（⑤）。これを受けて、当該部署が皇帝におこなう答申は「覆」字であらわされ、史料上「議覆」・「覆奏」などのようにみえる。本書では、これまた便宜上の措置として、皇帝への答申内容を**覆議**、覆議を記した上奏文を**覆疏**、そして覆疏を上奏することを**覆奏**とそれぞれよぶこととする。覆議も公事に属する以上は題本によって上奏されるのであり（⑥）、やはり皇帝の御覧（⑦）、内閣の票擬（⑧）、および批紅を経て六科にくだされ（⑨）、六科をつうじて官界に公布さ

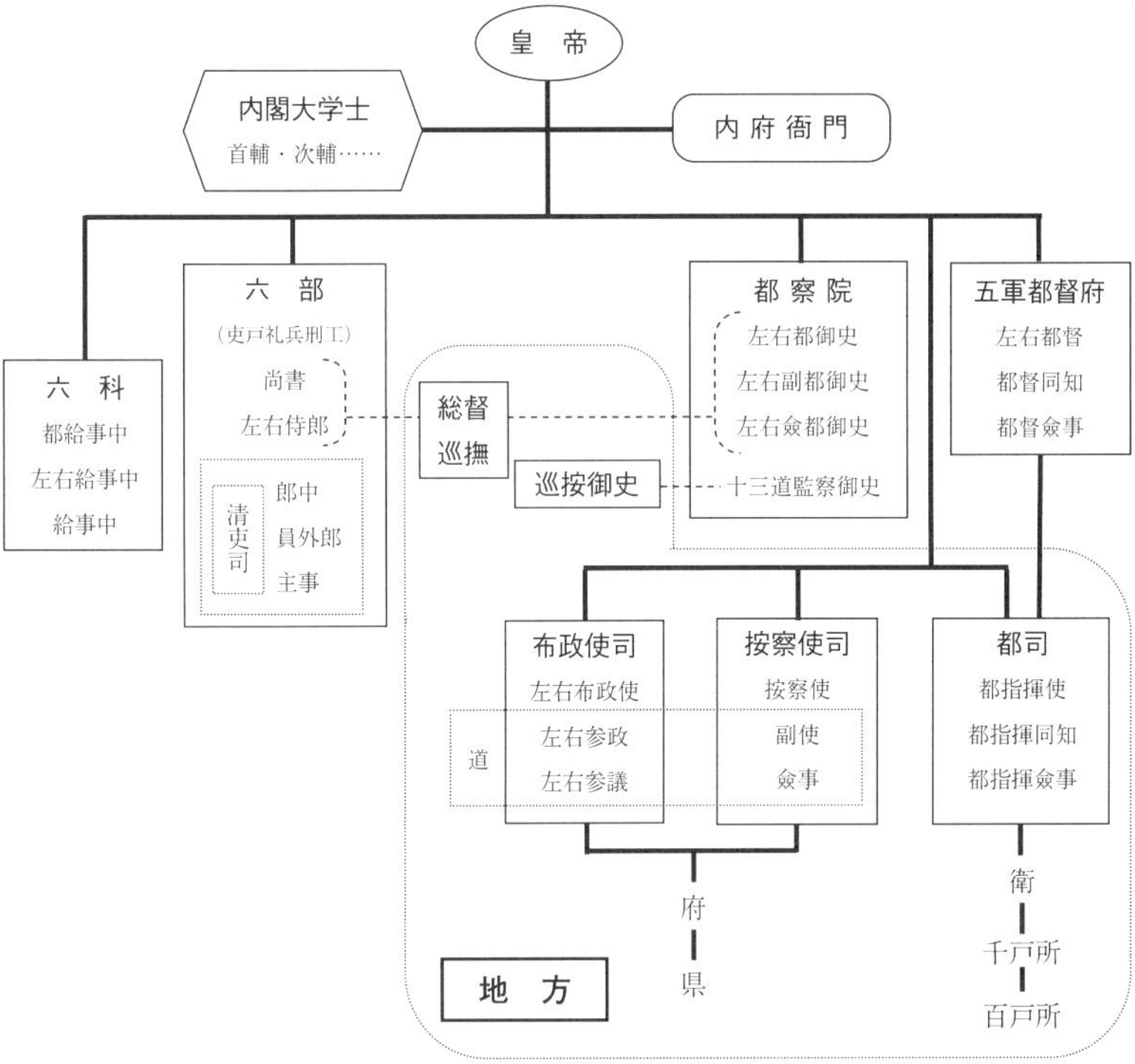

【図４】　中央・地方官制概念図

れ、関係部署での施行にうつされる[10]。また、覆議を命ずる際に皇帝が必要と判断する、あるいは当該部署が必要と判断して奏請する形で、中央のおもだった官僚による全体会議＝**廷議**が開催され、そこでの協議をふまえて覆議がのぼされることもあった。

（ⅱ）中央・地方官制[21]

明の官制は、中央・地方における行政・監察・軍務を管轄するあらゆる機構がすべて皇帝に直属し、皇帝独裁体制が著しく強化されたところに最大の特色がある。その最たるものが、洪武十三年（一三八〇）の胡惟庸の獄を機に中書省ならびに行政の最高責任者たる丞相を廃止し、皇帝が六部の報告を直接受けて決裁をおこなう形にあらためられたことである。軍務については、それまでの大都督府を五分割して五軍都督府をおき、地方官制においても、洪武九年（一三七六）の空印の獄を機に行中書省を廃止し、軍事・民政・司法監察の権限をそれぞれ都指揮使司（都司）・承宣布政使司（布政使司）・提刑按察使司（按察使司）の地方三司に分割した。このような体制がとられたものの、実際に多岐にわたる業務を皇帝ひとりでこなすのは相当の困難がある。それを解消すべく成祖が設置した秘書・輔政機構が**内閣大学士**のはじまりであること、すでに述べた。以後、制度の整備がすすみ、諭旨の原案を作成する票擬をつうじて内閣は政策決定時に重要な役割をはたすようにはなるものの、制度上はあくまで皇帝の秘書・輔政機構でしかなく、六部などの他機構と統属関係にはなかったことも、先述のとおりである。また、時代がくだるにつれて内閣内部にも序列が生じ、おおむね就任のはやい者から順に**首輔**、**次輔**、……と称した。本書で対象とする時期には、首輔が票擬作成の筆をとるのが慣例になっていたが、これらもまた明確な規定があるわけではなく、あくまでも慣例の域を出ないものであった。

中央の行政機構として、まずあげねばならないのは**六部**である。吏・戸・礼・兵・刑・工の六つの役所であり、基本的な構成は、長官にあたる**尚書**（正二品）が一名、次官に相当する**左侍郎・右侍郎**（いずれも正三品）が各一名、その下はいくつかの部局＝清吏司にわかれ、それぞれに郎中（正五品）・員外郎（従五品）・主事（正六品）がおかれた。**吏部**は文官の人事、**戸部**は財政を担当し、**礼部**は儀礼および科挙にかかわる事務のほか、諸外国の朝貢に関する事務も礼部の所轄である。武官の人事や軍事は**兵部**の管轄であり、封貢・互市の可否もふくめ、本書でとりあげる対モンゴル問題がらみの案件をおもに担当したのも兵部であった。このほか**刑部**は司法を、**工部**は土木事業をそれぞれつかさどる。

中央の監察機構としておかれた**都察院**は、人事に関する監察と弾劾とをおもな任務とし、吏部とともに百官の勤務評定である考察にもかかわった。都察院の長官にあたるのが左右都御史（正二品）二名であり、以下、左右副都御史（正三品）二名、左右僉都御史（正四品）四名がおかれ、これとは別に十三道監察御史（正七品）がおかれた。これは十三省ごとに七名ないし十一名が配置されたもので、中央の行政・考試・財政などについて監察をおこなうのにくわえ、各道監察御史のなかから毎年一名ないし二名が各省を巡按し（＝**巡按御史**）、「天子の耳目」として地方行政の監察と情報収集にあたった。

都察院とは系統を異にする監察機構として**六科**がある。吏・戸・礼・兵・刑・工の各科に都給事中（正八品）一名、左右給事中（いずれも従八品）各一名、給事中（正九品）四名ないし十名がおかれた。都給事中は官印をおび、掌科と称されたが、左右給事中・給事中と統属関係にあったわけではない。既述のとおり、諭旨および皇帝の決裁を受けた百官の上疏は、すべて六科をつうじて公布され、内容に問題がある場合、六科はこれをさしもどして訂正をもとめる（＝封駁）権利を有した。各科は、それぞれに対応する六部の行政について監察をおこなうのみならず、朝政全般にわたって意見を具申することもできた。以上の**六科給事中**と**十三道監察御史**とをあわせて**科道官**と総称し、また、六部尚書とならんで七卿のひとつに数えられる都察院の都御史とともに、掌科・掌道官も廷議への参加資格を有した。(22)

このほか、宦官によって構成される内府衙門があり、司礼監を筆頭とする二十四衙門を中心として、皇城内の管理事務をつかさどっていた。

地方官制にうつろう。地方政府の最末端には県、その上には府がおかれたが、その上級の現在の省に相当するレヴェルにおかれたのが、上述の都司・布政使司・按察使司である。布政使司は左右布政使（従二品）各一名、および左右参政（従三品）・左右参議（従四品）からなり、按察使司は按察使（正三品）一名、および副使（正四品）・僉事（正五品）からなる。布政使司・按察使司はその所轄区域をいくつかの道に分け、参政・参議あるいは副使・僉事を派遣して道内の事務を管轄させていた。布政使司系統の道には分守道・督糧道などが、按察使司系統の道には分巡道・兵備道のほか、提督学道・清軍道・駅伝道などがある。

既述のとおり、権力の集中をふせごうとする太祖の意図のもと構築された地方三司の分立体制であったが、時代がくだるにつれて、権力の分散がかえって迅速かつ的確な対応のさまたげとなるケースが問題となる。そこでまず、三司を統轄する官として省単位で**巡撫**がおかれ、さらに複数の省を管轄するものとして**総督**がおかれた。総督・巡撫は地方三司を統轄するという立場上、それよりも上のランクでかつ監察を任とする都察院の都御史・副都御史・僉都御史あるいは六部の尚書・侍郎の官銜をおびた。当初、督撫はあくまでも臨時に派遣されていたが、明代も中期以降は常設化し、本書であつかう時期の北辺では、順天・遼東・保定・宣府・大同・山西・陝西・延綏・寧夏・甘粛の各地に巡撫がおかれるとともに、薊遼保定総督・宣大山西総督・陝西三辺総督がおかれた。嘉靖から万暦にかけての時期、督撫は財政・民政や監察のみならず強大な軍事的権限も掌握し、事実上、地方の最高責任者としての地位を占めたのである。対モンゴル問題にかかわる事案について、現地の状況を報告し、巡撫以下の関係諸官の建議をとりまとめて中央に上呈したのは総督であり、本書でも、しばしば総督の題疏にもとづいて検討をすすめていくことになる。

【表2】 鎮守軍の骨格

名称・種類	鎮	分守	守備・把総・提調
支配地域	一地方	一路	城・堡・関・隘
統轄官	総兵官・副総兵	参将・遊撃将軍	遊撃将軍・把総・提調

［川越泰博-2001］p.175 より

軍事機構についてもふれておこう。中央におかれた軍務の最高機関は五軍都督府（五府）であり、それぞれに左右都督（正一品）・都督同知（従一品）・都督僉事（正二品）がおかれた。その下に地方軍事機構である都司が属し、都指揮使（正二品）一名、都指揮同知（従二品）二人、都指揮僉事（正三品）四名がおかれ、所轄地区の衛所を統轄していた。以上は平時の指揮系統であり、有事の際には必要に応じて衛所の軍が動員され、総兵官を任じて統率させる形がとられた。しかし、作戦の長期化などにより、もとは臨時のものであった如上の行軍組織が作戦地域に常駐するということがおこってくる。これが**鎮守軍**であり、九辺鎮をはじめとする北辺の各鎮もこれに相当する。鎮守軍の兵士は、各地の衛所から徴発されて定期的に辺鎮のまもりについた（班軍番戍）。鎮守軍における将領の統属関係は、**【表2】**に示すとおり、当該鎮全体を鎮守する総兵官・副総兵官の下に、一路を分守する参将もしくは遊撃将軍がおかれ、さらにその下に一城一堡あるいは関隘を守備する遊撃将軍または把総・提調がおかれた。総兵官・副総兵には公侯伯の勲臣か都督クラス、参将には都指揮クラス、遊撃将軍には指揮クラスの武官がそれぞれ任命された。本来、彼ら武官は文官とは指揮・命令系統を異にしていたが、本書が対象とする時期の北辺において、総督軍務・賛理軍務などの職務をおびた督撫の統制・権限は往々にして武官をしのぐものであった(23)。

最後に、本書の内容と旧稿との関係について述べておきたい。本書のもととなった旧稿は以下に示すとおりである。

①隆慶和議の政治過程――明代後期の内閣専権の背景――（『東洋学報』九六―二、二〇〇四年。本書第四章）

②明嘉靖「復套」考（『集刊東洋学』九八、二〇〇七年。本書第一章）

③張居正政治的生成過程――明代隆慶時期内閣政治与北辺防衛政策的展開――（北京大学歴史学系編『北大史学』一三、二〇〇八年。本書第三章）

④陝西における互市実施をめぐって——中国国家図書館蔵『兵部奏疏』よりみる隆慶和議の一側面——

（『東方学』一一七、二〇〇九年。本書第五章）

⑤丹陽布衣邵芳考——政客の活動をとおしてみる明代後期の政治世界——

（『東洋史研究』六八—三、二〇〇九年。本書第六章）

⑥明嘉靖馬市考

（『史学雑誌』一二〇—三、二〇一一年。本書第二章）

⑦俺答封貢与隆慶五年（一五七一）三月的廷議——兼談『兵部奏疏』的史料価値——

（『第十三届明史国際学術研討会論文集』湖南人民出版社、二〇一一年。本書付章および第七章）

旧稿①については、発表後に『少保鑑川王公督府奏議』および『兵部奏疏』を披閲する機会を得たため、本書ではこれによって大幅な加筆・修正をおこなうとともに、あらたに一節をくわえた。旧稿⑦は、二〇〇九年八月に中国湘潭市でひらかれた第十三届明史国際学術研討会での提出論文である。このうちの第二・三章の内容が本書第七章のもととなった部分であるが、のちに旧稿段階からさらに考えをすすめ、それにともなって事例・史料も大幅に増やしたため、結果的に第七章の内容は、議論のすすめ方もふくめて、ほとんど原形をとどめぬものとなっている。したがって、当該部分をとりあげられる場合には、旧稿ではなく本書によられたい。そのほかの各章は、基本的に旧稿の内容・論旨を踏襲しているが、あやまりを正し、表現にも手を入れたほか、史料についてもすくなからず補充している。

（1）こうしたシステムの形成過程は、［檀上寛-一九九七］にくわしい。

（2）明代中期までのモンゴル朝貢については、［原田理恵-一九八三］、［松本隆晴-二〇〇一］一八七―一九七頁、［川越泰博-二〇〇三］一八六―二三五頁などを参照。

（3）以上に述べたモンゴルの状況については、［森川哲雄-一九九九］二四五―二五三頁を参照。

（4）板升については、［和田清-一九五九］七五五―七六〇頁、［青木富太郎-一九七二］七一―一二二頁、［夫馬進-一九七六］一二―二〇頁、［萩原淳平-一九八〇］二六九―二八七頁、［野口鐵郎-一九八六］二一三―二五三頁などを参照。

（5）以上、この時期の明の北辺地帯における諸動向については、［岩井茂樹-一九九六］、［岸本美緒-一九九八］一〇―一八頁を参照。

（6）［岩井茂樹-二〇〇四］。

（7）［松本隆晴-二〇〇一］一九七―二〇四頁。

（8）［岩井茂樹-二〇〇九］四八―五〇頁。

（9）［岡本隆司-二〇〇七］九三―九七頁。なお、［中島楽章-二〇一一］は「一五七〇年前後に、……朝貢体制に代わる新たな貿易システム」、すなわち「朝貢なくして互市なし」（貢市一体）の原則にもとづく「朝貢貿易体制」に対し、「状況に応じて「貢」（朝貢貿易）と「市」（互市・往市）が現実的に認められる、「貢市併存」を特徴と」する「一五七〇年システム」が構築されたとし、こうした体制を「貢市体制」と称するべきだと主張する（二一一―二一三頁）。同論考、四―五頁で「主要な先行研究にもとづき」、「もっぱら貿易面に焦点をしぼり、礼制・外交面については必要な範囲で言及するにとどめ」ると述べられているように、中島氏がいう「貢市体制」とは、あくまで対外貿易の現象面にかぎった検討からみちびきだされたものである。ただ、こと明代の対外交易について「貢市体制」なる体制を措定しようとするならば、そうした体制をささえていたであろう構造・理念が、明朝の「祖宗の制」たる「朝貢一元体制」のそれをのりこえたのか否か、両者のあいだに質的な相違はあるのかといった点について、個々の交易の実態ともからめた実証的な検討が不可欠と思われる。岡本氏の指摘のほか、本書でも論じていくように、隆慶和議の実現にかかわった当事者たちの実質的な主眼が「互市」の実施におかれていたにせよ、対外方針をめぐる政策決定のレヴェルでは、それがあくまでも「封貢」と不可分であったという事実を考慮すれば、明朝の政治過程を検討しようとする本書において、現段階での中島氏の議論には慎重にならざるをえない。本書の叙述においても、しばしば「貢市」なる語をもちいるが、それはあくまでも「朝貢」と「互市」というふたつの事柄の並称としてもちいていることをあらかじめことわっておく。

(10)［高橋亨-二〇一二］は、永楽年間の内閣が、もっぱら詔書をはじめとする文書作成をその役割としていたことをあきらかにしている。

(11)［山本隆義-一九八五］四八八―四九〇頁。

(12)［韋慶遠-一九九九］三―五頁・一九七―二九八頁。

(13)［韋慶遠-一九九九］三六四―三九三頁。

(14)［溝口雄三-一九七八］一三五―一四三頁、［小野和子-一九九六］五二―五五頁。

(15)［小野和子-一九九六］一〇五頁。

(16)［大石隆夫-二〇〇二］、［大石隆夫-二〇〇三］。

(17)たとえば、大礼の議を機に権力をにぎった張璁・桂萼ら議礼派の立場から嘉靖初年の政治動向を論じた［田澍-二〇〇二］や、奸臣として知られる厳嵩執政の再検討をかかげる［蘇均煒-一九八二］、［曹国慶他-一九八九］などに、その傾向は顕著である。

(18)本項の内容は、基本的に［羅輝映-一九八六］五四―五八頁、［欒井俊郎-一九九二］、［張治安-一九九九］七七―九八頁・二三〇―二三七頁によった。そのほか、とくに関係する先行研究については、別途注記する。

(19)改票については、［谷井俊仁-一九九二］にくわしい。

(20)朝報・邸報など、題奏内容の官界への公布については、［尹韻公-一九九〇］二六―二七頁を参照。

(21)明代の官制を論じた研究は枚挙にいとまがない。各機構の概要を把握できるものとして、さしあたり本項では［王天有-一九九二］・［関文発・顔広文-一九九五］を参照した。以下、とくにことわらないかぎり本項の叙述はこの両書により、煩をさけるため頁数の注記も省略する。

(22)都察院・六科給事中に関する以上の叙述は、［小野和子-一九九六］一六六―一七三頁によった。六科給事中の職掌については、［張治安-一九九九］二六九―三〇四頁も参照。

(23)以上、軍事機構については、［川越泰博-二〇〇一］一五七―二二九頁、［奥山憲夫-二〇〇三］二三―二五頁・三八四―四一一頁を参照した。

第一章　皇帝「親裁」に翻弄されたオルドス回復計画
——総督曾銑の「復套」をめぐって

はじめに

あらゆる案件の最終決裁権が皇帝ただひとりの手ににぎられていた明朝の意思決定システムにあって、そこで進行していく個々の意思決定過程とその集積として叙述される政治史の展開を左右する要因として、皇帝の案件決裁のありようは決定的な作用をおよぼす。いささか極端ともいえる強硬姿勢をもって特徴づけられる嘉靖時代（一五二二—一五六六）の対モンゴル政策、およびそうした政策を維持せしめた当時の政治動向をみていく上でも、まずその前提として、世宗という皇帝がいかなる態度で案件決裁にのぞんでいたかを検討する必要があろう。本章ではそうした立場から、ときの陝西三辺総督曾銑の建議を受けて、嘉靖二十五年（一五四六）末から同二十七年（一五四八）はじめにかけてすすめられたオルドス回復計画——いわゆる「復套」——をめぐる政治過程を検討していく。

嘉靖朝の政治動向についてはさまざまなところで論じられ、そこでは世宗の政治姿勢についてもすくなからず言及されている。先代の武宗（正徳帝）が継嗣なく崩じたのち、湖広安陸（現、湖北省鍾祥市）の興王府から迎立された世宗の治世は、彼の実父の祭祀をめぐる大礼の議で幕をあけた。この政争によって首輔楊廷和をはじめとする廷臣への不信感をつのらせた世宗は、みずからに迎合する者のみを信任するようになり、彼自身が西苑（紫禁城の西側、現在の北海・中南海一帯）にひきこもって道教の祈祷に明け暮れ、政務をかえりみなくなったこととともあいまって、張璁・夏言・厳嵩のような専権首輔の権力壟断と政治の停滞・混乱をまねいた、という理解がこれまで主流を占めてきた。最近になってこうした理解に再検討をせまる研究が発表され、たとえば田澍氏は、世宗に迎合することで権力をにぎったと否定的な評価をされてきた張璁・桂萼・方献夫らのいわゆる議礼派は、むしろ楊廷和らの保守派による弊政打開をめざした改革派として肯定的にとらえるべきであり、その方向性はのちの張居正「改革」ともつながるものであったとの説を提起している。(1)

日本人研究者によるものとして、大石隆夫氏の研究も同様の流れに位置づけることができる。(2)氏は、たとえば嘉靖初年に整備された密掲制度について、主体的に政務にかかわろうとする世宗の政治姿勢を反映し、皇帝が大学士とのあいだに親密な関係を構築できたことを示すものと評価する。(3)また大石氏は、嘉靖中期以降に世宗が居をうつし、政治上重要な位置を占めた西苑の再建過程を検討し、従来ともすれば道教の祈祷と淫楽にふける場とされてきた西苑は、みずから積極的に大臣を引見し、主体的に政策決定をおこなう皇帝親政の舞台として機能したと述べている。(4)大石氏の所説は、政務を放棄した暗君という従来のイメージとは異なる世宗像を具体的にえがきだしたという点では評価できるものの、そうした世宗の姿勢が、官僚たちによってになわれる政策審議・政務遂行のプロセスにどのように影響したのかという点については、かならずしも十分な検討がなされているとはいいがたい。皇帝のみが最終決裁権をもつ王朝政治にあって、たしかに皇帝みずからが主体的に政務・決裁にとりくむ「親裁」は理想的なあり方とみなされがちではある。とはいえ、皇帝の決裁も、官僚による政策提言にはじまり、関係部署での審議を経て、大学士の票擬に至る一連の政策審議を受けてなされる以上、皇帝の決裁のありようについても、一連の意思決定プロセス全体とのかかわりのなかで考えていかねばなるまい。大石氏ないし田澍氏の議論では、嘉靖政治の特徴ともいうべき重要な側面が捨象されているとの感を禁じえない理由は、まさにこの点にある。

そうした点を具体的に検証し、嘉靖政治の実像によりちかづいていくために本章で論じようとしているのが、明代史の分野では「復套」として比較的よく知られているオルドス回復計画をめぐる政治過程である。オルドスとは、東は黄甫川堡から西は寧夏の花馬池に至る長城ラインと黄河湾曲部とにはさまれた一帯をいい、漢語では「河套」と記される。「復套」とは、この河套を明朝の側に回復するとの謂である。洪武四年（一三七一）、東勝州（現、内蒙古自治区托克托県）を東勝衛にあらため、これによってオルドスは明の勢力下に入った[5]。ところが、永楽（一四〇三—一四二四）初年までに東勝左右中前後の五衛はすべて北直隷の盧龍・遵化・懐仁の地にうつされ、正統三年（一四三八）九月にいったん復活するも、ほどなくしてふたたび廃止される。この地における対モンゴル防衛の拠点は延綏鎮をのこすのみとなり、明の防衛線がオルドス南縁までさがったところに、モンゴルの勢力が入ってきたのである。成化年間（一四六五—一四八七）のはじめには、オルドスはほぼモンゴルの勢力下に入り、延綏・寧夏の沿辺地域のほか、陝西の内地や山西・大同にもその攻掠がおよぶようになった。明の側では、成化年間から弘治（一四八八—一五〇五）・正徳（一五〇六—一五二一）年間をつうじて、断続的にオルドス回復計画が提起されれは

【図５】　オルドス周辺地図

するものの、いずれも実現をみず、かわって延綏巡撫余子俊らによって、長城修築を主とする防衛策への転換がはかられ、嘉靖年間に至っていた(6)。

ところが嘉靖二十五年（一五四六）十月、陝西三辺総督曾銑が突如「復套」計画を建議したのである。曾銑の建議上呈直後より、明朝中央は一貫してこれを推進する方向で動いていたが、嘉靖二十七年（一五四八）正月の諭旨により突如中止され、計画を主導した曾銑と首輔夏言とが処刑された。その方針のあまりの急転ぶりとともに、首輔が処刑されるというのは明朝の歴史上これがはじめてのことであり、また夏言の失脚を機として、そののち十数年にもおよぶ厳嵩の執政がはじまることから、この事件は北辺防衛史のみならず政治史の分野でも注目をあつめてきた(7)。とはいえ「復套」が嘉靖政治史上ひとつの画期をなす事件であるにもかかわらず、先行研究はおおむね事件の概略を示すにとどまり、現場の地方官をはじめとする官僚層の動きにもほとんど論及されていないようになく、推進から中止へと方針がくつがえされた具体的な経緯やその影響についても、さほどつっこんだ検討がなされているわけではない。そこで本章では、政権中枢のみならず、地方官や在野の士大夫の動向をも視野に入れた形で「復套」をめぐる政治過程を検討し、それによって嘉靖中後期政局の一具体像をえがきだしていく。その上で、皇帝世宗の案件決裁のあり方が一連の政策決定・政務遂行プロセスの展開にいかなる影響をおよぼしたのかを考えてみたい。

なお本書では、とくにことわらないかぎり、曾銑が提起したオルドス回復計画を「復套」と称する。また本章で嘉靖年間の事柄について述べる場合、必要な場合をのぞいて年号・西暦を省略して記すものとする。

第一節　総督曾銑の建議

陝西三辺総督曾銑が「復套」を建議したのは二十五年十月のことである。曾銑、字は子重、号は石塘、揚州江都（現、江蘇省揚州市）の人。嘉靖八年（一五二九）の進士で、山東巡撫・山西巡撫などを経て二十五年四月に陝西三辺総督に着任した。彼が題奏した「復套」の建議は「為乞昭聖武光祖烈、以隆万世治安事」（『復套議』巻上）にみることができる。このなかで曾銑は、長城修築は数十年単位の計略でしかなく、モンゴルの脅威を根本からなくすものではないとの認識の上に、オルドスに出兵して当地からモンゴルの勢力をおいだすことを主張した。これにさきだって曾銑は、延綏管区の西は定辺営から東は黄甫川におよぶ千五百余里の長城修築を建議しており[8]、これもふまえて以下のような出兵計画を示している。すなわち、陝西の兵六万にくわえて山東の槍手（鉄砲隊）二千を動員し、春夏の時期に水陸双方のルートでオルドスに攻めこみ、モンゴルが攻めてくる秋には長城によってこれを阻止するというものであり、このサイクルを三年つづければオルドス回復はなるという[9]。一回の出征は五十日とし、その分の費用として、兵士の糧食・塩菜、乗馬および駄馬・牛・騾馬の料草、山東の槍手動員のための費用のほか、賞賜のための銀両をあわせて総額銀三十七万余両とみつもった上で、当面の準備費用として銀四十万両を帑銀（国庫金）より支給するようもとめている[10]。人事面でも、みずからをその任につけるよう示唆しつつ、「復套」計画を統べる大臣一名を派遣するようもとめるとともに、戸部の堂上官（尚書・侍郎クラス）一名に糧食・料草の調達を、兵部の司官二名に軍馬の点検をおこなわせ、かつそれぞれについて科道官一名を派遣し、その進捗状況や各官の功績をチェックさせるよう要請している。また、陝西および隣省の地方官で有能な者を任用して「復套」計画に参与させるようもとめてもいる[11]。

このとき明朝はすでに積極策を放棄してひさしく、現に嘉靖年間に入ってから提起された二度のオルドス回復計画も、いずれも実行されずに終わっていた[12]。にもかかわらず、曾銑はあえて「復套」という積極策を建議したのであり、したがってこれに対する官界の反応も決して積極的なものではなかった。そのことは、曾銑の題奏から二ヶ月を経た十二月十四日になって、兵部尚書陳経がようやく覆奏したことからもうかがえる[13]。陳経の覆議は曾銑『復套議』巻上に引用されており、これには、

但二者相較、復套尤難。……欲圖復套、必當先務於修邊也。……邊牆既修、內地完固、虜賊不能犯、而氣日沮。我軍有所恃、而勢日張、則蒐套之擧、動可期成、復套之功、亦將馴致矣。

しかし双方をくらべると「復套」はより困難です。……「復套」をおこなおうとするならば、まず長城修築につとめるべきです。……長城が修築されて内地の守備が堅固になれば、モンゴルも侵犯することができず、士気も日々なえていくでしょう。わが軍によるべき拠点ができ、勢力も日々さかんになれば、オルドス出兵も成功をみこめますし、「復套」もおのずと達成されましょう。

とある。ここからみるに、陳経の基本姿勢はあくまでも従来の防衛策を優先し、「復套」は事実上棚上げしようとするものであったといってよい。その上で彼は、長城をきずく場所や人夫・工事費用の調達、修築工事中のモンゴルの攻撃をどうふせぐかといった長城修築工事にかかわる諸点にくわえ、「復套」にかかわる将兵の選抜・訓練や秋季の防衛・春季の出兵についても、具体策を建議するよう督撫以下の関係地方官にもとめている[14]。

ところが『実録』嘉靖二十五年十二月庚子（十七日）条に伝えられる世宗の諭旨は、

上曰、虜據河套、爲中國患、久矣。連歳、關陝横被荼毒、朕宵旰念之、而邊臣無分主憂者。今銑能倡逐虜復套之謀、厥猷甚壯。本兵乃久之始覆、迄無定見、何也。

お上は「モンゴルがオルドスに勢力をはり、中国の患となってひさしい。毎年、陝西があまねく被害を受けていること、朕は日夜気にかけているが、辺臣に主君のうれいを共有する者はなかった。いま曾銑はよくぞモンゴルを駆逐する「復套」計画を提起したが、その計、はなはだ壮かんである。しかるに兵部尚書がずいぶんたってからようやく覆奏し、まったく定見なきありさまは、なんとしたことか」といわれた。

というものであった。世宗は「復套」がこれまでオルドスのモンゴルの侵寇を憂慮してきたみずからの意に沿うものだと述べて、曾銑の忠義を強調する一方、消極的な態度を示した兵部尚書陳経を叱責したのである。その上で、辺臣たちには長城修復とともに「復套」の具体案をまとめるよう命じ、兵部には曾銑に対する銀二十万両の発給を命じている(15)。

この論旨の背景について、後述する二十七年正月四日付の世宗の御批には、曾銑の建議上呈時に「人臣に未だ銑の如きの忠有らず」という夏言の密奏が伝えられていたとある。この御批は「復套」中止が決定的となった時点で、計画推進の責任を夏言におしつけるべくのぼされた厳嵩の上奏に対してくだされたものである。それゆえ、このことばからただちに夏言の強力なあとおしがあったとみるのは、いささか速断にすぎるかもしれない。しかし、当の夏言が弁解のためにのぼした「奏辯奸邪大臣朋謀誣陷欺罔疏」(『夏桂洲先生文集』巻十四)のなかで、当該票擬について、

臣先前票擬、止於行撫鎭等官議、看事體可否。未嘗責銑出套、以啓邊釁。

臣がさきに票擬したのは、ただ巡撫・総兵などの官に対し、議してことの可否を判断させるというこ
とだけです。曾銑をオルドスへ出兵させ、辺境で戦端をひらこうとしたことなどありません。

と述べて、「復套」に対する自身の積極性を否定せんとする文脈においても、なお辺臣に覆奏させるという票擬を起草したことは認めている。ここからみれば、兵部の反対をおしきって「復套」の具体的な計画案の策定を命じた十二月十七日の諭旨は、やはり夏言の意向を一定程度反映したものとみてよい。

曾銑の無謀ともいえる建議を夏言が支持したことについて、政権の側に対する冷めた視線をもって同時代の政局をみつめた王世貞や沈徳符は、翰林院に入れず給事中から官歴をスタートさせた夏言が、首輔として功績をあげ、公侯に封ぜられたいという功名心をいだいていたことをその理由にあげている。[16] ただ、おおくの論者が指摘しているのは、曾銑から夏言に流れた賄賂の影響である。「復套」の中止から夏言処刑に至るまでの関連文書をあつめた『兵部問寧夏案』（『玄覧堂叢書』所収）には、錦衣衛鎮撫司でおこなわれた夏言の尋問記録がおさめられている。これによると夏言は、曾銑と同郷で夏言の妻の父でもあった蘇剛をつうじて、曾銑からの賄賂を受けとり、建議上呈以前の二十五年八月段階で、曾銑からの「復套掲帖」を受けとっていたとされている。[17] その一方で、「復套」中止後にのぼした前掲「奏辯奸邪大臣朋謀誣陥欺罔疏」のなかで夏言は、みずからが首輔に復帰する以前、曾銑が山西巡撫に異動になった際、厳嵩にうらまれていることをおそれて、山西出身の京山侯崔元をつうじて厳嵩に五百金をおくり、そののちも贈賄によって有利な決定を引きだしたことがあったと暴露している。のみならず「復套」建議時にもすくなからぬ銀両が厳嵩に流れていたと示唆している。[18] 自身への弾劾に対する反論という史料の性格上、その理解には一定の慎重さがもとめられようが、[19] ただ、夏言の関与のみが強調されてきた「復套」の一件に関して、その対立者とされる厳嵩にも

曾銑からの贈賄がおこなわれていたという点に、ここでは注意しておきたい。当時の官界において、地方官が有利な決定を引きだすために、大学士に対するこのようなはたらきかけがおこなわれていたという事実は、政策決定時に大学士がおよぼす影響力のおおきさを物語るものといえよう。

こうして政局は内閣のあとおしにより「復套」実施へむけて動きだした。十二月二十二日、病気辞職をねがいでた延綏巡撫の張問行が為民（官身分剥奪）処分を受け、同年四月に山西巡撫に任じられたばかりの楊守謙が後任に充てられた。『実録』には「有事」をまえにして辞任を請うのは皇帝の委託にそむくものであるとの更迭理由を述べた諭旨が伝えられており、一連の人事が「復套」推進の動きを背景としたものであったとみてよい[20]。その一方で曾銑の発言力はつよまり、二十六年五月には、延綏では毎年の税糧や北京から発給される京運年例銀だけでは足りないとの理由で、在庫の事例銀二万五千余両を延綏の軍餉に転用するようもとめ、裁可を得た[21]。その直後にも、進士・挙人・監生のうち優秀な者を重点的に北辺の地方官に登用し、昇進時にもとくに優遇するようもとめ、これも許可されている[22]。

こうしたなか、さきに「復套」への消極姿勢を示した兵部尚書陳経は、二十六年六月、モンゴルが攻勢をつよめてくる秋季の防衛要綱を上呈した。そのことを記す『実録』嘉靖二十六年六月癸巳（十四日）条には、

一、銑前奏復套出塞。雖已得請、然使虜知我有備、畏威遠遁、止宜申飭防範。若復振旅出邊、窮搗巢穴、亦非上策。

一、曾銑はさきに「復套」のための出兵を奏請しました。すでに裁可を得てはいますが、もしモンゴルがわが方でも防備をかためていると知れば、威をおそれて、とおくへしりぞいていくでしょうから、ただ防備を厳重にさせればよいのです。軍をおこして長城を越え、〔モンゴルの〕根拠地を攻撃すると

いうのは、上策ではありません。

とあって、あくまでも防備をかためることを主張し、オルドスへ攻めこむのは上策ではないとまで述べている。しかし『実録』同条にみえる諭旨は、

得旨、倶允行。但謂振旅出邊、窮搗巣穴、亦非上策、語復皆背。邊臣不得縁此疑沮。

諭旨を得たところ、「ともにおこなうことを許可する。ただ「軍をおこして長城を越え、〔モンゴルの〕根拠地を攻撃するというのは、上策ではありません」というのは、みな〔上意に〕そむいている。辺臣はこれによって、うたがいをいだいてはならない」とあった。

とあるように、陳経の建議をしりぞけ、辺臣がこれにとらわれることのないよう命ずることで、あらためて「復套」容認の姿勢を明確に示すものであった。結局、陳経は同年八月に南京給事中張思誠・御史宋治の弾劾を受けて、辞任を余儀なくされることになる(23)。

第二節　計画の推移

曾銑が提起した「復套」計画は、これを支持するという再三の諭旨によって実行にむけて動きだした。とはいえ、周知のごとく当時の辺境防衛体制の弱体化は深刻であり、現状維持さえままならぬ状況であった。したがって、そうした状況下であえて出兵を強行しようという「復套」計画に対して、おおくの官僚・士大夫から反対論が提起されたのも無理からぬことであったといえよう。たとえば、二十一年十二月より兵部職

方司主事として宣大総督のもとに派遣され、辺境の状況を実見した劉燾は、[24]「答元老本兵、議復河套書」(『明経世文編』巻三百五『劉帯川書稿』一)のなかで、

嘗聞、諸先達者曰、河套可復也。予亦曰、河套可復也。及至宦游邊圉、躬臨其地、始知前日之談亦妄也。……今之謂河套之當復者、是不量其時與勢也。……如河套果能復之、不復亦可也。

かつて諸先達が「オルドスは回復すべきだ」と主張するのを聞き、私もそう考えていました。辺地の官となり、みずから現地に赴任して、はじめてかつての説があやまりだと知りました。……いまオルドスをとりもどすべきだという者は、時勢を考えていない者です。……もしオルドスを回復できるとしても、回復せずともよいのです。

と書いている。「復套」の主張に対する批判とともに、オルドスの地など無理にとりかえす必要もないと述べているところに、北辺で直接モンゴルと対峙する辺臣の本音を垣間みることができる。

劉燾はまた同書簡のなかで、「復套」実行によって、メルゲンの弟であるアルタンがオルドスの勢力をあわせて大同方面へ攻めてくる危険性を指摘し、その侵攻は山西・大同のみならず、京師にもおよぶとのみかたを示している。[25] 同様の懸念は、十九年十二月に削籍(免職)処分を受けて家居していた唐順之の曾銑宛て書簡「答曾石塘総制」三(『重刊荊川先生文集』巻八)のなかでも表明されている。[26] また、当時宣大総督の任にあった翁万達も、「復套」の問題点を「復河套議」(『翁東涯集』巻四)にまとめている。[27] 彼らの書簡・議文では、軍備のたてなおしがはかられているとはいえ弱体化著しい明軍にひきかえ、三、四十万を擁するモンゴルの強勢は明初の比ではなく、[28] よしんばモンゴルの勢力を一時的にオルドスから撤退させえたとしても、明軍の方も遠征が長期化し、よるべき城堡もないとあっては、モンゴル側もすきをついて反撃してくることが

予想されるのであり、出兵よりもむしろオルドスをどう守るのかが問題だとして[29]、一様に「復套」の非が説かれている。そのほかにも、たとえば明側の情報収集に関して、唐順之は、百年来オルドスに入った者がなく、当地へ至るルートもとざされてひさしいため、現地の情報が十分に得られておらず、もたらされる情報は投降してきたモンゴル人とスパイからのわずかな情報のみであると述べている[30]。翁万達も、長城以南の形勢すらまともに把握していない明軍の将官・兵士なのであるから、辺外の状況など知りようはずもないと指摘している[31]。また唐順之は、曾銑が攻撃に有利だとしている春には、モンゴルの馬と同様に明の軍馬もやせるばかりでなく、火薬がしめって火器もつかえない、というような細かな点まで逐一指摘している[32]。紙幅の都合上、すべての論点をあげることはできないが、いずれにせよこれらの史料では、曾銑の建議に対して、きわめて具体的な問題点に至るまで細かく指摘されており、「復套」批判の具体的な内容を伝えてくれる。

こうした個々の内容とともに注目したいのは、彼らの「復套」批判がどのような形で展開されていたのかということである。さきにかかげた劉燾の書簡が「元老」・「本兵」に「答」えたものであることから、彼と大学士・兵部尚書とのあいだで直接の情報交換がおこなわれていたことが知られるが、このあたりの状況をより具体的に伝えてくれるのが、翁万達の鄒守愚宛て書簡「与鄒一山書」第二書（『稽愆集』巻四）に付された「別楮」である[33]。このなかで翁万達は、みずからが「復河套議」を書いた経緯を、

去年春、桂洲貽書問余。余作河套議、極言其不可、而此公不能聽、且以爲疑、輒云、復套兵興、則賊必東走、而宣・大爲劇。某慮當其劇也、故爲必不可復之説。而不知我軍套中、則虜將西擁、合力拒我、宣・大可無匹騎擾邊之憂、且得乘時出塞、俘其老幼、坐收奇功。乃反謂當其劇邪。余意在維持國是、愼重邊畫耳。

去年の春、桂州（夏言の号）が手紙をよこしてわたしにたずねてきました。わたしは「河套の議」をつくり、口をきわめてその不可を説きましたが、彼は聞きいれることができなかったばかりか、疑念をいだき、「『復套』の兵をおこせば、モンゴルはかならず東へとすすみ、宣府・大同をはげしく攻撃するであろう。あなたはそのはげしい攻撃にあたるのをおそれて、ことさらに『復套』をおこなってはならないと説くのであろう」といってきました。しかし、わが方がオルドスに進軍すれば、モンゴルは西方に勢力を結集して、わが軍の攻撃をふせごうとするのであり、宣府・大同には一騎たりとも辺境侵犯の心配がないばかりか、ときに乗じて出兵し、その老幼を捕虜とすれば、座しておおくの功をあげることができるではありませんか。それなのに、どうしてモンゴルのはげしい攻撃にあたることなどいいましょう。わたしの意図は国是を堅持し、辺境防衛を慎重にすることにのみあるのです。

と書いている。この書簡の冒頭には、

石唐竟坐交結近侍官之條、棄市曹矣。夏桂洲已械至京、當亦坐此律、不知得末減否。

石唐（曾銑の号）は、結局「近侍の官員に交結す」の条にあてられて処刑されました。[34]夏桂洲もすでに枷をつけて京師に護送されてきており、彼もまた律の当該条にあてられるにちがいないでしょうが、減刑されるでしょうか。

とあり、曾銑の死刑が執行された二十七年三月から、同年四月の夏言の死刑判決確定までのあいだに書かれているため、[35]さきの引文中の「去年の春」とは二十六年春ということになる。最初に「復套」容認の諭旨が出たのが二十五年十二月であるから、その直後の段階で、夏言から計画の是非を問う書簡がおくられてきたのに対し、その不可を主張するために翁万達は「河套の議」をつくったのである。さらに翁万達の反対意見に対し、夏言が「モンゴル迎撃を避けようとしているのではないか」という疑念をいだき、はげしく反駁してきたことも、この書簡ではあきらかにされている。首輔夏言が総督翁万達のような辺境の関係地方官と直接可否を論ずるなかで、反対意見にはげしく反論し、これをしりぞけていくさまが如実に示されているという点で、この書簡にはとくに注目しておきたい。

このほかにも、唐順之の曾銑宛て書簡である「答曾石塘総制」二（『重刊荊川先生文集』巻八）によれば、射手の胡宣なる人物をつうじて、曾銑からの手紙と上奏文の原稿および地図が唐順之のもとにおくられていたようである。[36] さらに、曾銑が二十六年十一月に「復套」の具体案を上呈したあとに書かれた前掲「答曾石塘総制」三には、

近見邸報、得吾丈條陳邊事一疏。竊以萬全之算、多具此中、而邸報止載條鋼。願得全疏、一觀之。幷三鎭巡撫所議、與河套詳細地圖、倶望一見示。

ちかごろ邸報を目にし、あなたが辺事について述べた上疏を拝見しました。ここにもりこまれていることのおおくは万全の策だとは思いますが、邸報は概略を載せるばかりです。どうか上疏の全文を一度拝見させていただきたい。あわせて三鎮の巡撫の建議内容とオルドスの詳細な地図も、ともに拝見させていただきたく存じます。

とあり、邸報所載の概略のみでは不足として、上奏文の全文と巡撫たちの咨文およびオルドスの詳細な地図をおくるよう直接曾銑にもとめている。[37]

以上にみた劉燾・唐順之・翁万達の書簡から、題奏や廷議など、いわば表むきの政策審議プロセスとは異

なる場においても、「復套」積極派と消極派とのあいだで双方向的な議論がおこなわれていたことを確認しておきたい。そこでは、具体的かつ多岐にわたる「復套」への反対意見が夏言・曾銑に直接伝えられていたのであった。こうした状況のなかで「復套」が推進されたことを考えるとき、翁万達の書簡に伝えられる夏言の態度から端的にうかがえるように、「復套」推進の圧力がいかにつよいものであったのかが知られる。

ところで、序章でも述べたように、このころはげしさを増したアルタンの侵寇は、中国物資入手という切実な要求を背景としており、モンゴル側は軍事的な圧力をつよめる一方、頻繁に朝貢の許可をもとめていた。明朝でも、宣大総督の翁万達などはこれを容認する方向で動いていたが[38]、「復套」はアルタンの朝貢をめぐる問題のゆくえをもおおきく左右した。二十六年、翁万達は「北虜屡次求貢疏」（『翁東涯集』巻十）を上呈し、アルタンが右翼モンゴルの有力諸侯と連名で朝貢をもとめる番文をおくってきていることを中央に伝えた。彼は、辞をひくくして朝貢をもとめるモンゴル側に対し、従来のような強硬姿勢で要求を拒絶すれば、非を明側にあらしめるのみならず、モンゴルの侵攻はかならずはげしいものとなり、現状の兵力では太刀打ちできないとして、朝貢を許可するようもとめた[39]。その上で、翁万達はつぎのように述べている。

顧任此在邊臣、而主張在廊廟。況宣・大・遼・陝諸邊、本同一體。傳聞陝西頃者統師出塞、未知是否。設果有之、則虜必蓄怨、求貢之事、似已相左。當候廟算約會另行、尤恐非臣等所敢遽擬者。

実際にことにあたるのは辺臣ですが、しかし方針を定めるのは朝廷です。まして宣府・大同・遼東・陝西の各辺鎮が一体であること、いうまでもありません。伝え聞くところでは、陝西ではちかく軍をひきいて出征せんとしているそうですが、本当でしょうか。もしそうであれば、モンゴルはかならずやうらみをいだき、求貢のこととも矛盾します。朝廷の方策がまとまるのをまって、別におこなわれるべきではありますが、臣らがにわかには対処しかねることを、もっともおそれています。

北辺諸鎮は一体である以上、陝西で出兵を強行することは、自分たちのところに伝えられた貢市要求を拒絶するにひとしく、そうなればモンゴルの侵攻は必至で、宣大地区の地方官では対応できないと述べ、中央が出兵の決定をくだすことへのつよい懸念が表明されている。しかし、翁万達の建議は裁可されるどころか、逆にモンゴルの虚言を信じるものとして叱責された。すなわち『実録』嘉靖二十六年四月己酉（二十八日）条には、

得旨、黠虜節年寇邊、罪逆深重。邊臣未能除兇報國、乃敢聽信求貢詭言、輒騁浮詞、代爲聞奏、殊爲瀆罔。

諭旨を得たところ、「モンゴルは年々辺境をおかしており、その罪は深重である。辺臣はその害をのぞいて国に報ずることもできず、かえって朝貢をもとめるという虚言を信じてうわついたことばをならべ、かわりに上奏するとは、ことにみだりがましいことである」とあった。

という世宗の諭旨が伝えられている。さらに同条には、

蓋是時陝西有復套之議、將督兵出塞、當事者主之。故力絀貢議爾。

このとき陝西で「復套」の計画があり、兵をひきいて出征しようとしており、当事者もこれを主導していた。それゆえつとめて求貢の議をしりぞけたのである。

と記され、当該諭旨の背景に「復套」をすすめる「当事者」の影響があったと指摘されている。このほか二

十六年三月には、西海の綽卜ら二人による講和と交易の請求が却下されるなど[40]、モンゴル以外の周辺諸国に対しても明朝は強硬な姿勢でのぞんでおり、「復套」の推進は明朝の対外方針全般に影響をおよぼしたといってよい。

こうしたなか、二十六年五月十七日と二十二日の両日、曾銑への論功行賞がおこなわれた。前者は同年三月に、後者は二十五年七月に、いずれも曾銑がモンゴルの侵寇を撃退したことに対しておこなわれたものであった[41]。しかし、二十六年十二月に曾銑との対立が原因で失脚することになる甘粛総兵官の仇鸞が[42]、のちに「総制撫臣、謀国不忠、貪功生事欺罔、嫉悪辺臣諫阻、風聞朋謀陥害事」（『兵部問寧夏案』所収）のなかで暴露したところによれば、二十五年七月のモンゴルの侵攻時には相当多数の死者を出し、二十六年三月には戦死者六百七十名、うしなった軍馬も三千余匹を数える被害を出したという。にもかかわらず、曾銑は将官・兵士から徴収した銀両をふたたび蘇剛経由で夏言におくり、「さしたる被害はなく、査察官を派遣するにはおよばない」という諭旨を引きだして、論功行賞にあずかったとされている[43]。また、兵科都給事中斉誉が上奏した「辺臣詭険貪残、専肆欺罔、懇乞聖明併勅差官、勘報重罪、以彰法紀、以垂永戒事」（『兵部問寧夏案』所収）では、曾銑が正式な裁可を得ずに出兵したことのほか、軍馬購入のための銀両預借や兵器製造のための鉄器供出の命令などにより、民が妻子を売り農機具まで供出するのみならず、徴発にあたる官僚までもが曾銑をおそれ、官をすてて逃げだすに至っているとして、曾銑が「復套」の準備と称して陝西の民から苛烈な収奪をおこなったことが弾劾されている[44]。仇鸞と斉誉の上奏は、いずれも「復套」中止後にのぼされたものであり、たしかに曾銑の非を誇張している面は否めない。しかし、弾劾内容の真偽はともかく、二件の論功行賞が二十六年五月というほぼおなじ時点でおこなわれた背景には、やはり「復套」推進派の政治的意図がはたらいていたとみてよいであろう。

こうして、曾銑が中央の支持を背景として強引なまでに「復套」計画をすすめていくのに対し、曾銑のもとにあった陝西の地方官たちがどのように対応したのかをみてみよう。曾銑が二十六年七月にのぼした「為条陳辺務、以保治安事」（『復套議』巻上）によれば、彼は二十五年十二月十七日の諭旨によって発給された銀両が到着したのを受けて、長城修築の準備をすすめるとともに、所轄下の各地方官に具体案を上呈するようもとめた。しかし、各官は春が終わろうという時期になってもいっこうに建議をあげてこなかったという。三月もなかばをすぎてようやく工事をはじめたものの、さきの長城修築工事についても上奏していない上、夏の炎熱を伝える各官からの報告もあり、結局、五月末に停止せざるをえなくなってしまった(45)。諸官のこうした消極姿勢に対して曾銑は、長城修築および「復套」に困難があるのであれば、上奏して帝の判断をあおぐべきであって、いたずらに時間を空費すべきでないと述べ、「復套」推進の方向で意見を集約すべきだとの意を示唆しつつ、巡撫・総兵官以下の関係地方官に対して、あらためて長城修築および「復套」の可否を考慮の上、報告させるようもとめている(46)。これを受けた兵部は、七月十二日、すでに帝の裁可を得た「復套」およびその前提となる長城修築に対して各官が消極的であることを責め、十一月を期限として、巡撫以下の地方官の意見を総督に集約させるよう覆奏した(47)。その翌々日の諭旨においても、諸官の対応を責めるとともに、期限におくれた場合は総督に弾劾させるよう命じられている(48)。

このように政局が推移するなかで、陝西巡撫謝蘭・寧夏巡撫王邦瑞・延綏巡撫楊守謙は、「復套」に対する見解をまとめた咨文を総督曾銑におくった。曾銑の上奏に引用される咨文をみるかぎり、三人の巡撫は表むき「復套」を支持してはいる(49)。しかし、たとえば陝西巡撫の謝蘭の対応について、王崇古「通議大夫資治尹兵部右侍郎畹溪謝公蘭墓志銘」（焦竑『国朝献徴録』巻四十一）には(50)、

會督臣誤議復東勝、咨公同上便宜狀。公力言其不可、謂必挑禍殃民、貽西顧憂。時藩臬中一二少年、迎督臣意以抗公。公卽大計、直指其罪狀、咸斥去。

総督があやまって東勝衛をとりもどそうと建議したとき、公にも一緒にその利を上言させようとした。公はつとめてその不可を説き、かならずやわざわいを引きおこして民を害し、西顧の憂をのこすことになるといった。このとき、布政使司・按察使司の一、二の年若い属官が、総督に迎合して公に反対した。公は考察の際に彼らの罪状を指摘し、みなしりぞけた。

とあり、曾銑の意をむかえて「復套」支持を主張した布按二司の属官を、外官の考察（大計）の際に弾劾して罷免においこんだと伝えられている。ここからみれば、謝蘭は実際には「復套」反対の立場で動いていたといってよい。さらに、当時翰林院検討の任にあって、北辺問題にもつよい関心をもっていたとされる陝西華州（現、陝西省華県）出身の王維楨が、[51] 王邦瑞に宛てた「答鳳泉先生復套書」（『槐野先生存笥稿』巻二十一）は、当時の実情をよく伝える注目すべき史料である。すなわち、

今讀所條九事、似猶因人附說。意者非本願乎。……今創此議者一人、而令三鎭撫臣效計。其念爲同功哉、將以分過也。識者睹、其終懼坐之、詘言莫敢爭、然伺其後事者、在内者十人而九、在邊者十人而十也。

あなたが建議した九事を読みますと、他人の意見にあわせたようにみえます。ご自身の本意ではないのではないでしょうか。……いま、このことを主張しているのはひとりだけであり、三鎮の巡撫をこの計画にしたがわせようとしています。その意図は、一緒に功をあげようというのではなく、失敗の責任を分散することにあるのです。識者のみるところ、このことで処罰されるのをおそれ、みなあや

まったことをいって、あえて諫止しようとする者はありませんが、しかし京官では十人中九人が、辺地では十人いれば十人が、のちのことのなりゆきを注視しています。

とあるように、王維楨は王邦瑞が咨文で示した九事は彼の本意ではないと推察するのみならず、曾銑の意図は「復套」失敗の責任を巡撫たちにもおわせることにあるとさえ述べている。さらに後半部分では、処罰をおそれるあまり、誰も表だって「復套」反対を表明してはいないが、中央で「復套」を主導する少数の者をのぞいて、大多数の官僚は「其の後事を伺う」、すなわち「復套」は失敗するとみて、ことのなりゆきを注視していると記されている。王維楨のこの書簡は、強引に「復套」へとつきすすむ曾銑に対する官僚たちの反応を如実に伝えているという点で、きわめて注目に値する史料といえよう。

以上のように、巡撫たちが曾銑の圧力によって「復套」支持を表明したのを受け、曾銑は二十六年十一月十五日、ふたたび「為条陳辺務、以保治安事」(『復套議』上・下)と題奏し、十八項目からなる「復套」の具体案にくわえて、八つの「営陣図」を上呈した。当該建議においても、曾銑の強気の姿勢が前面におしだされている。たとえば動員すべき兵数について、謝蘭と楊守謙が出した十万、あるいは王邦瑞が示した十二万という数字を「多きを以て貴と為すも、精を以て貴と為すを知らず」、すなわち、数をたのむばかりで少数精鋭たることを知らないものと評した上で、延綏・寧夏・固原の各鎮の兵に総督の直属部隊をあわせた六万を基本とし、増員するのであれば、甘粛および山西・偏頭関・老営堡から六千づつ動員するほか、山東の鎗手千人ないし二千人をくわえるのみでよいと建議している[52]。出征の費用についても、毎年一回の出征にかかる軍費を銀五十万両強と算出し、これを三年つづけて、秋季防衛費として各鎮に支給される年例糧餉とは別に中央から銀両を発給するよう上請した[53]。さらに、宣大軍区における客兵動員に要する費用を提示し、それと比較して「復套」の利点を主張するというように、「復套」への反対意見に対して逐一反論を展開するのみならず、[54]科道官・巡按御史をおいて、もっぱらデマのとりしまりにあたらせるようもとめてもいる。[55]

以上の題奏に対する十一月二十八日付の兵部覆議は、『復套議』巻下におさめられている。兵部尚書王以旂は、曾銑の建議を五軍都督府・九卿堂上官・詹事府・翰林院・六科・十三道の各官におくって検討させ、とくに銭糧の調達や兵士・軍馬の動員、宣府・大同および薊州・遼東方面の防衛など、「復套」の実行にかかわる具体的な問題について、廷議において可否を議すよう上請した。[56]さらに、廷議への参加資格の有無にかかわらず、良案をもつ者や兵事に精通した者については、その上奏も受けつけるようもとめている。[57]世宗は十一月三十日に諭旨をくだし、前年十二月の諭旨と同様、長年オルドスの問題を憂慮しつつも、ことに当たろうとする臣下がいないことをうれえていたと述べて、「復套」決行をつよくうながす形で覆議を命じた。[58]十二月三十日には曾銑が数万の兵をひきいて出兵しようとするなど、[59]「復套」の開始は、まさに目前にせまっていたのである。

第三節　突然の計画中止と世宗の「親裁」

こうした動きを一転させたのが、二十七年正月の諭旨であった。『実録』嘉靖二十七年正月己卯（二日）条に、

上諭輔臣、陝西奏災異、云山崩移。且昨辛未日、風沙大作。占曰、主兵火、有邊警。朕惟、氣數固莫能逃、然亦不可坐視。況上天示象、儆戒昭然、而防備消弭、當盡人事。朕居君位、總理于上、

無親事之理、本兵等皆各有專責。卿等其宣示朕意、俾皆悉心經畫。

お上は大学士に諭して「陝西から災異発生の上奏があり、山がくずれて動いたという。また、さきの辛未の日におおいに風沙がおこった。占いによれば「戦をおこせば、モンゴルが攻めてくる」とのことだ。朕が思うに、運命はもとよりのがれられないが、かといって座視しているわけにもいくまい。まして上天があきらかに予兆を示していましめているのだから、防備をかためてわざわいをのぞくことに人事をつくさねばならぬ。朕は帝位にあって万機を総攬するのであって、みずからことに対処しなければならない道理はないが、兵部尚書らにはみなそれぞれに責任がある。卿らは朕の意を伝え、みなに心をつくして計を立てさせよ」といわれた。

とみえるように、陝西から「災異」の報告があり、かつ辛未の日（前年十二月二十四日）の風沙を占ったところ、「兵火を主せば、辺警有り」との卦が出たため、世宗は大学士に対し、兵部尚書をはじめ百官に対策を講じさせるよう命じたのである。さらに『実録』同条では、右の諭旨を受けて上疏した兵部に対し、世宗が各辺の防備に慎重を期すよう命ずる諭旨をくだしている。[60]

ところで、ここにいう陝西の「災異」は、二十六年七月におこったものであった。[61]『会典』に記されているところでは、災異発生時には、ただちに有司の官から巡撫・巡按御史を経由して中央に上奏せよとの規定がみえる。[62]ところが、この地震の場合、発生から世宗のもとにその報がとどくまでに、半年ほどのタイム・ラグがある。これについて、夏言は前掲「奏辯奸邪大臣朋謀誣陷欺罔疏」のなかで、

如陝西澄城縣山崩、係嘉靖二十六年七月二十四日、却乃延至本年十二月初四日、該縣始行具申。至年終兵部復套本上、巡撫謝蘭、然後奏到。自來地方極大災傷、該縣法當即時具呈、撫・按亦該

卽時具奏、如何遲留半年、直待議套之時而至、果仰煩聖衷憂念、因此下諭本兵。蓋謝蘭爲崔元之甥、〔嚴〕嵩招元同謀以害臣、故授以深意、互相隱匿六箇月、務在乘機搆虐、以爲策免大臣之繇。

陝西澄城県（現、陝西省澄城県）の山くずれは、嘉靖二十六年七月二十四日に発生しましたが、当県は同年十二月初四日になって、はじめて報告してきました。年末に兵部が「復套」について上奏したあとになってから、巡撫謝蘭の上奏がとどいたのです。もともと地方でおおきな災害がおこったときには、当該県がすぐに報告し、巡撫・巡按御史もただちに上奏しなければならないはずなのに、どうして半年もおくれて、「復套」を議するタイミングをまったかのようにとどき、はたして陛下に憂慮をいだかしめ、兵部尚書に諭旨をくだされるということになったのでしょうか。思うに、謝蘭は崔元の甥なので、厳嵩は崔元をひきこみ、臣をおとしいれようとはかってことさらに意をふくめ、たがいに六か月も隠匿しておき、機に乗じて残虐をほしいままにして、大臣を失脚させる口実にしようとしたのです。

と述べ、厳嵩が夏言おいおとしをねらって京山侯崔元とはかり、崔元の甥にあたる陝西巡撫謝蘭に因果をふくめ、情報伝達を故意におくらせたとされているのである(63)。

こうしたなか、兵部は諭旨にこたえる形で「復套」の可否を覆奏した。兵部尚書王以旂は、オルドスのモンゴルによる辺境侵犯は「神人共に憤る」ことであるとして、「復套」の大義名分は認める一方、曾銑の軽挙妄動をいましめている。さらに、督餉の大臣を派遣して糧草を調達させるとともに、御史を派遣して現地の将官とともに練兵にあたり、延綏の月糧を確保させるといった出兵の準備をすすめながらも、糧食や兵器および兵士の訓練がととのわないうちは、軽々に出兵しないと上言した。曾銑がもとめた山東の槍手・河南の水夫および偏頭関・保定・甘粛の兵馬の動員と神機営の火薬の発給とについては、当面これをおこなわず、帝の裁可をまつと覆奏している[64]。この覆議の内容に関連して、謝少南の撰した「光禄大夫太子太保兵部尚書兼都察院右僉都御史贈少保諡襄敏石岡王公以旂行状」（焦竑『国朝献徴録』巻五十七）には[65]、

陝西總督侍郎曾公銑、倡議復套、已奉命集議。公至部謂、河套中國故疆、討賊本兵職任。況訓兵馬積芻糧、雖不復套、亦不可已。

陝西三辺総督の曾公銑が「復套」を提議し、命を受けて集議した。公は兵部にやってきて、「オルドスは中国固有の領域であり、モンゴルを討つのは兵部尚書の任務である。いうまでもなく兵馬の訓練・糧草の調達は、「復套」をおこなわなくてもやらねばならない」といった。

という王以旂の発言が伝えられている。たとえ「復套」をおこなわなくても軍糧調達と練兵は必要であるという発言からは、諭旨に示された帝意が突然「復套」への消極姿勢を示唆し、政局が微妙な展開をみせるなかで出された覆議の背景をうかがうことができる。

右の覆議を受けた世宗は、内閣につぎのような諭旨をくだした。『実録』嘉靖二十七年正月癸未（六日）条に、

疏入、上諭輔臣曰、套虜之患久矣。今以征逐爲名、不知出師果有名否、及兵果有餘力、食果有餘積、預見成功可必否。昨王三平、未論功賞、臣下有怏怏心。今欲行此大事、一銑何足言。祇恐百姓受無罪之殺。我欲不言、此非他欺罔比、與害幾家幾民之命者不同。我内居上處、外事下情、何知可否。卿等職任輔弼。果眞知眞見、當行、擬行之。

上疏が宮中に入り、お上は大学士に諭して「オルドスのモンゴルが害をなしてひさしい。いま彼らを征伐・駆逐することを名目としているが、はたして出征の名目が立つのかどうか、兵力・軍糧に余裕はあり、かならず成功するというみとおしはあるのかどうか。さきに王三が伏誅されたが、論功行賞をおこなわなかったことに臣下は不満をいだいた(66)。いま、この大事を決行しようとするにあたり、曾銑ひとりのことなどいうにおよばない。ただ民が罪なく殺されるのをおそれるのみである。私はいいたくはないが、これはほかの欺罔の罪行の比ではなく、おおくの民草の命がうばわれるという点で異なる。私は宮中おくふかくにおり、外のことや下々の事情の可否など知るはずもない。卿らは輔弼の臣である。いつわりなき知見にもとづいて〔復套を〕おこなうべきだというのなら、諭旨を起草しておこなえ」といわれた。

とみえるように、世宗は出兵の名分や兵力・軍餉の点から「復套」成功の可能性に疑問を呈し、消極姿勢を明確にしつつ内閣に票擬を命じた。かつ「復套」によって民におおくの犠牲が出ることへの懸念をとくに強調するとともに、「復套」のために出兵しようとする曾銑の行動は「他の欺罔の比には非ず」との認識を示し、曾銑の忠義を強調してきたこれまでの諭旨とは正反対の姿勢をここではじめて表明したのである。これにつづけて『実録』同条には、

閣臣夏言等不敢決、請上斷。上命以前諭付司禮監、刊印百餘道、發兵部、徧給與議諸臣、令數日再會疏以聞。

大学士夏言らはあえて決断せず、宸断を請うた。お上はさきの諭旨を司礼監におくって百部あまりを刊印させ、兵部にくだして廷議に参加する諸官におくり、数日後にふたたび〔諸官の〕建議をあつめ

て上聞させるよう命じた。

と伝えられるが、はじめて世宗の消極姿勢に接し、みずから判断できなかったという夏言の困惑は、想像にかたくない。そして世宗は当該諭旨を刻刊させ、兵部をつうじて廷議に参加する各官に配布し、再度覆奏するよう命じたのである。

ここに至って、厳嵩が「論復套事、自劾乞罷」(『歴官表奏』巻十一)をのぼした。彼は「復套」の兵をおこせば財力・民力を蕩尽することになるとして、諭旨に沿った形で「復套」の非を述べ、曾銑および「復套」の非を明言しなかった百官・兵部を非難した。さらに「復套」のような国家の安危にかかわる重大事案をめぐって、事前に方針をただすことができなかったとして、輔臣としての責任を認め、諸政において功績顕著な夏言ではなく、みずからを罷免するようねがいでたのである[67]。その本意は、夏言が諸政をとりしきってきたことを強調し、「復套」推進の責任をおしつけることにあったといえよう。これに対して世宗は御批をくだしたが、その内容は『歴官表奏』に、

嘉靖二十七年正月初四日、奉御批、爾既知未可、如何不力正。言於銑疏初至、卽密具奏帖、亟口稱、人臣未有如銑之忠。朕以燭其私、但肆其所爲、不顧國安危、民生死了、其曾銑之殘欲耳。朕一字未答、以示未可。後見你毎擬票、只管誇許、朕亦思爲、言已具可之奏、必語爾爲朕知而主之、爾未宜沮其謀者。昨部疏・會奏上、是果行之命、豈可眞從之。故朕方言。不准辭、着照舊盡忠供職。

嘉靖二十七年正月初四日、御批を奉じたところ「おまえはその不可なることを知っていたのなら、なぜつとめてたださなかったのか。夏言ははじめて曾銑の上疏がとどくとすぐに密奏し、口をきわめて

「人臣に曾銑のような忠臣はありません」とたたえた。朕は、その本意はたんにやりたいことを勝手にやり、国の安危や民の生死をかえりみず、曾銑の残欲から出ただけのものだとみぬいていた。朕が一字たりとも答諭をくださなかったのは、それで不可なることを示したのである。のちにおまえたちが票擬するたびに、ひたすら「許可すべし」と誇張していたのを目にしたが、朕は「夏言がすでに可と上奏したのは、きっとおまえに「陛下も承知の上で主導しているのだから、おまえはその計画をはばんではならない」と語ったからにちがいないと思っていたのだ。さきに兵部の上疏・廷議の会疏がのぼされたが、みな「決行すべきだ」というものであり、とてもこれにしたがうことなどできない。それで朕ははじめて口をひらいたのである。辞職はゆるさず、これまでどおり忠をつくして在職させよ」

とあった。

と伝えられている。これによれば、世宗は当初より曾銑が国の安危や民の生死をかえりみずに「復套」を主張していたことをみぬき、答諭をくださないことで、その不可を示していたという。さらに帝は、これまで出されていた「復套」推進の票擬は、夏言が世宗の了解のもとに「復套」を主導していると厳嵩を説きふせた上でなされたものだと述べて、厳嵩の責任を不問に付すとの態度を示した。そしてそれは、この御批を伝える『実録』嘉靖二十七年正月癸未（六日）条が、当該御批を引用したあとにつづけて「時に上、已に大いに言を疑う」というように、批判の矛先が夏言へとむけられていることを示すものであった。はたしてこののち、夏言もみずからの責任を認めて辞任をねがいでたが、世宗は裁可を得ずに勝手に上意と称して「復套」をすすめたことを叱責し、吏・礼二部と都察院に対し、夏言を弾劾するよう命じた(68)。世宗の態度があきらかになるや、厳嵩はさきの御批に対して上奏し、これまで「復套」にかかわる票擬の内容について夏言と相談したことはなく、たんに名前をつらねただけであるとし、政務全般において夏言は厳嵩が口出しすることを嫌い、去年以来、夏言が起草した票擬が夜になっておくられてくるのをみるだけになっていたと上言している(69)。ただ、この点については夏言も反論しており、票擬の起草に際しては、かならず厳嵩をよびに人をつかわし、彼がくれば一緒に票擬を作成し、こない場合でも草稿をとどけて判断をもとめるというように、決して独断ではおこなっていないと述べている。また、厳嵩が西苑に宿直して近距離にいるにもかかわらず、よばれても出てこようとせず、票擬の原案がおくられてきても、いたずらに判断をおくらせていたと非難している(70)。しかしながら、以上の一連のやりとりによって、「復套」推進の票擬が夏言の独断にかかるものであることが世宗に強調される結果になった(71)。結局、吏部尚書聞淵らが夏言を弾劾する覆議をのぼし、夏言は罷免されることになる(72)。

他方、兵部は「復套」への消極姿勢を表明した諭旨を受けて再度覆奏し、「復套」の即時中止を上言する一方、曾銑がもとめていた延綏の月糧と三鎮の軍馬についてはこれを発給し、用間の計も九辺鎮全体でおこなうようもとめた。これに対して、世宗は「復套」の非を明確に覆奏しなかったことを責めて、廷議に参与した官に奪俸一月、兵部侍郎と兵部の司官に奪俸一年の処分をくだし、科道官には廷杖をくわえた上、奪俸四月とした。さらに曾銑を罷免し、身柄を京師に護送して尋問するよう錦衣衛に命じ、後任の陝西三辺総督には兵部尚書王以旂を充てた(73)。こうして曾銑の「復套」計画は中止され、事態は曾銑・夏言の処刑へとすすんでいくことになる。

以上に検討した「復套」中止をめぐる過程で重要なポイントとなるのは、なぜ帝意が突如ひるがえったのかという点である。これは世宗の案件決裁のありようを考える上でも非常に重要な点であるが、以下、突然の方針転換がいかなる要因によってもたらされたのかを世宗の政治姿勢ともからめつつ考えてみよう。

よく知られているように、明代中期以降、政務を放棄した皇帝にかわって、司礼太監が批紅をおこなうという例がすくなからず認められるようになる。しかし、こと世宗がそうであったかといえば、やはり否というべきであろう。たとえば厳嵩は『直廬稿』の自序のなかで、西苑における当直について、以下のように記している。

時召面對、恭承天語、至夜分、或達旦乃退。其始間日、或三五日、一賜出沐、其後留直、毎踰旬日。上親庶政、日覽章奏、而於邊報戎機、尤亟亟處裁、無頃刻滯。上嘗諭曰、召卿等入、以便於票擬耳。故凡視草代言、閣中事務、悉於此供辦。……當其供奉文字、酬對諭問、筆不停揮、中官督促、立竢封進。其爲勞劇如此。

ときに面対に召され、皇帝のおことばをうけたまわるときには、夜中あるいは朝になって退出することもあった。はじめのうちは一日おき、もしくは三日ないし五日おきに一度、沐浴に出ることをゆるされたが、のちには十日以上も直所にとどまりつづけるのが常となった。お上はみずから政務にあたり、日々上奏をごらんになって、辺境からの報告や軍事案件については、とくにすみやかに決断をくだされ、かたときもとどこおることがなかった。お上はかつて「卿らを召して当直させるのは、票擬に都合がよいようにするためだ」とおおせであった。それゆえ、諭旨の起草や内閣の仕事は、みなここでおこなった。……文書を作成したり、ご下問への答申を書いたりする際には、ずっと筆をふるいつづけていても、中官が催促し、封をして上奏するのをそばで立ってまっている。その激務ぶりたるや、このようであった。

夜中あるいは翌朝まで面議をおこない、十日以上も直所をはなれることができず、宦官がそばに立って催促するのにおわれながら、諭旨の原案や下問への答申を作成するというように、その仕事はきわめて過酷なものであった。そして、大学士にこれほどの激務が課されることになったのは、厳嵩も述べているように、世宗がみずから政務にとりくみ、章奏の決裁をとどこおりなくおこなおうとしたからであった。この自序には「嘉靖壬子（三十一年・一五五二）孟冬之朔」の日付があるが、万暦二年（一五七四）の進士である范守己『曲洧新聞』巻二（『御龍子集』巻二十二）にも、

予在徐少師子升家、見世廟批答及御劄甚多。……其閣臣擬旨、……上覽畢、用硃筆擿定、甚者至存數字耳。亦有駁下再擬者、再擬不當、則出別劄讓之。……至于祈謝祝辭、亦皆閣臣具草、上裁定之、塗擿改易、不一而足。世廟之英明剛斷、類如此、當時閣臣、亦猶有所顧忌云。

わたしは徐少師子升（徐階。字は子升）の家で、きわめておおくの世宗の批答・御劄を目にした。……大学士が諭旨の原案を起草し、……お上はご覧になると朱筆で添削するのだが、〔もとの原稿は〕わずかに数字をのこすのみということすらあった。さしもどして再度起草させることもあり、それでも意に沿わないときは、別に劄をくだして叱責した。……祈謝・祝辞についても、みな大学士が原案を起草し、お上が決裁するが、添削・改変した部分はひとつやふたつではすまない。世宗の英明剛断さはおおむねこのようであり、当時の閣臣もいとうところであったという。

という記事が伝えられている。范守己は、厳嵩失脚後に首輔となった徐階の家で、世宗がくだした数多の批答・御劄を目にしたのだが、政務にかかわる諭旨から儀式の祝詞に至るまで、およそ大学士が起草した草稿に対して、世宗はときに数文字しかとどめないほどに手を入れ、みずからの意にあわない場合には、譴責の御劄をくだすこともあったという。こうした世宗の「英明剛断」さには、当時の閣臣もいささかうんざりし

ていたともいわれている。いずれにせよ、これらふたつの記事からは、本章冒頭でふれた大石隆夫氏が述べているごとく、主体的かつ積極的に政務にとりくもうという世宗の姿勢が、治世の末年まで持続していたとみてよい。

それでは、「復套」をめぐる一連の動きからみいだせる世宗の案件決裁のありようはいかなるものであっただろうか。この点に関して世宗自身が述べているのは、さきに引用した二十七年正月四日の御批である。このなかで世宗は、当初より「復套」には反対であり、可否について答諭をくださないことによって、そうした意向を示していたが、二十七年正月の兵部覆奏を受けて、はじめて「復套」への疑問を明言したと述べていた。世宗のこうした発言は、兵部覆奏以前の段階における自身の消極的な姿勢を強調するものということができる。

しかしながら、二十六年末までの過程で「復套」推進の諭旨はたしかに出されていた。これについて夏言は、釈明のためにのぼした「自陳不職、有妨賢能、懇乞天恩、特賜罷黜、以全臣節事」（『兵部問寧夏案』所収）のなかで、

殊不知、自來票擬雖臣下代具、然一經御覽、可否卽係親奉聖斷、非臣下所敢毫髮輕預。臣又何有詞說、以誣聖明。此理勢之所必無者。

これまで票擬は臣下がかわりに起草していますが、しかしひとたび御覧を経た以上は、その可否は聖断によるものであり、わずかたりとも臣下が軽々に関与できるようなものではないではありませんか。臣は言を弄して陛下をそしっているのではありません。ことのなりゆきからいって、絶対にありえないことです。

と述べて、皇帝に責任をおしつけているととられかねない状況にありながらも、票擬が皇帝のもとにおくられ、諭旨として発下されるまでのプロセスに大学士が関与するなどということは「理勢として必ず無かるべき所」であり、「復套」推進の諭旨は、あくまでも皇帝の聖断にかかるものであると主張している。さきに引用した厳嵩『直廬稿』自序や范守己『曲洧新聞』の記事からうかがえた世宗の政務へのとりくみ方から考えても、二十七年正月以前に出されていた「復套」推進の諭旨が、世宗自身の意思表示なきままにくだされたとは、やはり考えにくい(74)。

とするならば、世宗は二十七年正月になって突如これまでの積極姿勢をひるがえし、「復套」への消極姿勢を表明したことになる。世宗の前掲の御批によれば、そのきっかけは二十七年正月の兵部の覆議であったという。しかしながらその覆議は、占いの結果を受けてくだされた正月二日の諭旨を受けてのぼされたのであった。謝少南が記していたように、「復套」をおこなうか否かを問わず、軍糧調達と練兵は必要だという兵部尚書王以旂の発言は、政局のゆくえが不透明感を増す微妙な状況下における担当官僚の心理を伝えるとともに、帝の翻意があまりに唐突であったことを如実に物語っているように思われる。二十六年八月に辞任した兵部尚書陳経や朝貢許可を模索していた総督翁万達が「復套」の非を上言しつづけたように、政策審議の場において提出された幾多の反対意見が世宗の判断に直接の影響をあたえることはなく、陝西での地震という突発的な「災異」が世宗を動かしたのであった。「復套」推進から消極姿勢へと一転した諭旨をまえに、皇帝にもっともちかい立場にあったはずの首輔夏言ですら、なすすべもなく聖断をあおぐほかなかったことに象徴されるように、「復套」をめぐる一連の政治過程、なかんづくその中止をめぐる動きからは、官僚たちによる政策審議とはまったく異なる要因によって動く世宗の案件決裁のありようが浮かびあがってくるのである。

おわりに

本章で検討してきた「復套」をめぐる政治過程からは、一面ではたしかに内閣権力のつよまりをみることができる。曾銑はみずからに有利な決定を引きだすために、「復套」の建議上呈時のみならず、それ以前から大学士に対して贈賄していたとされるが、それはとりもなおさず、当時の政界において、政策決定における内閣の影響力のつよさがひろく認識されていたことを示すものといえよう。そうした内閣の影響力があればこそ、「復套」への反対意見はことごとくしりぞけられ、朝貢要求の却下や財政・人事などの関係案件についても、「復套」推進の方針に合致する決定がくだされたのである。

その一方で、よりつよく印象づけられるのは、諭旨を得て推進されたはずの「復套」が、その諭旨によってくつがえされたという事実である。モンゴルの侵寇激化に「中国」皇帝としての憂慮を示し、そのうれいをわかちあう者として曾銑の忠義を強調するというように、多分に道義的な側面を強調し、消極姿勢を示した官僚たちを罷免・叱責してまで、無謀ともいえる「復套」にのめりこんでいった世宗の姿勢は、次章でみる嘉靖馬市をめぐるプロセスにも同様のものをみいだすことができ、その意味で、世宗の基本スタンスがそこに反映されているといってよい。ところが、そのように国家の計画としてすすめられたにもかかわらず、題奏・覆奏など政策審議の過程で提起された反対意見への裁可としてではなく、あくまでも突発的な「災異」を契機として、世宗の側から独自に出された諭旨によって、「復套」は中止においこまれたのであった。

こうした世宗の案件決裁のありようは、主体的に政務にとりくみ、王朝政治における理想像である「皇帝親裁」をつよく志向するものであったといえなくはない。しかし、すくなくとも本章で検討した「復套」をめぐる官界全体の動きを視野に入れたなかで、世宗のこうした案件決裁の姿勢を考えるならば、結局それは

いたずらに官界の混乱をまねくのみであり、臣下たちとのあいだに安定した君臣関係をきずいていたという
にもほどとおい状況にあったといわざるをえない。

こうした状況をよく伝えているのが、張居正が翰林院編修時代にのぼした「論時政疏」（『張太岳集』巻十
五）である。[75] この奏疏は「復套」中止の翌年にあたる二十八年にのぼされ、張居正が現状に対する五つの具
体的な問題を指摘したものである。ここで注目したいのは、彼が当時の政治状況を血気のかよわない身体に
たとえ、[76] 個々の問題の根底に存在する原因として、君臣間の連絡のすくなさをあげている点である。すなわ
ち、彼は、

雖陛下神聖獨運、萬幾之務、無有留滯、然天道下濟而光明。自古聖帝明王、未有不親近文學侍從
之臣、而能獨治者也。

陛下は神聖で、ご自身で万機を決裁され、およそ政務がとどこおることはありませんが、しかし「天
道下済して光明なり」と申します。[77] いにしえより聖帝明王で文学侍従の臣としたしまず、ひとりで天
下をおさめた君主はありません。

と述べており、世宗が政治案件をとどこおりなく決裁していることは認めながらも、いわゆる「文学侍従の
臣」たる大学士・翰林官などの官僚たちにはかることなく決裁をおこなっている点については、むしろ否定
的な目をむけているのである。

張居正のこの発言は、世宗の「親裁」のありようを端的にいいあらわしていると同時に、隆慶時代（一五
六七―一五七二）へとつながる政治の流れを考える上でも非常に示唆的である。本書第三章でくわしく検討
するが、世宗の没後、首輔徐階は嘉靖後期の弊政打開のために公論重視の方針を打ちだし、百官がその職分

に応じてひとしく政治に関与できることをめざした。彼のあとに首輔となる高拱・張居正は、たんなる公論重視からさらにふみこんで、諸問題に対峙する現場の意向を政策決定により反映させることを重視し、内閣が官僚機構の頂点に立って政務を主導していくような政治運営を志向した。両者のあいだには重点のおき方に相違はあるものの、実際の政務にたずさわる官僚たちの意向を反映させながら政策決定をおこなうことをめざすという点において共通点をみいだすことができる。(78) とすれば、万暦（一五七三―一六二〇）初頭の張居正政治へとつながる隆慶朝政治の出発点となったのは、まさしく官僚たちの政策審議と皇帝がおこなう案件決裁とが乖離しているという嘉靖中後期以来つづいてきた状況を克服しようとする動きであったといえるのではなかろうか。そして、もっぱら大学士に政務をまかせ、みずからは政務に無関心であったとされる穆宗の即位を契機として、(79) こうした動きが活発になってくることは、嘉靖朝のみならず、中国政治における皇帝権力が実際面においていかにあるべき存在とされていたのかを考える手がかりとなるようにも思われるのである。

注

（1）［田澍-二〇〇二］。
（2）［大石隆夫-二〇〇二］、［大石隆夫-二〇〇三］。
（3）［大石隆夫-二〇〇二］五一頁。
（4）［大石隆夫-二〇〇三］一六頁。
（5）［周松-二〇〇八］一一二頁、図七、参照。
（6）モンゴルのオルドス進出および嘉靖以前における明朝のオルドス回復計画については、［伊志-一九三四］七―一三頁、［胡凡・徐淑恵-二〇〇〇］、［胡長春-二〇〇二］七〇―七一頁、［張連銀-二〇〇四］などを参照。また［松本隆晴-二〇〇一」一一〇―一四九頁では、延綏巡撫余子俊による長城修築について詳述されており、オルドスをめぐる明蒙の動きについても言及されている。

(7)［伊志―一九三四］一三―一六頁、［張連銀―二〇〇四］は北辺防衛史の立場から「復套」について論じている。政治史の立場からするものとしては、世宗の伝記のなかで概説するもののほか、［張顕清―一九九二］一三九―一六九頁では夏言と厳嵩との権力闘争のひとつとして、また［王剣―二〇〇五］一〇二―一〇六頁・一五四―一五七頁では密疏の機能を分析する視点から、それぞれ「復套」について言及している。

(8)『実録』嘉靖二十五年十二月庚子（十七日）条

……宜分地定工、次第修擧。西起自定邊營而東至龍州堡、計長四百四十餘里爲西段。迺環慶・保安要塞、所當先築。自龍州堡而東至雙山堡、計長四百九十餘里爲中段。自雙山堡而東至黄甫川、計長五百九十餘里爲東段。歳修一段、期以三年竣事、庶幾保障功完、全陜攸賴。乞破常格發帑銀、如宣・大・山西故事。

(9)曾銑「為乞昭聖武光祖烈、以隆万世治安事」

臣願、練兵六萬、再調山東槍手二千、多備矢石、毎於春夏之閒、水陸竝進、直抵虜巣、乘其無備。我聚而攻、彼分而守、……賊縱有援、旬月斯集、目前震蕩、勢必難支。……然後、班師而歸、守我分地、秋高之時、賊如復讐而來、我軍據險以守。……如是三年、虜勢自衰、將遠遁之不暇、而又敢據我河套也耶。至是、則祖宗故地已復。

(10)曾銑が「為乞昭聖武光祖烈、以隆万世治安事」で一回の出征にかかる費用として示したみつもりは下の【表】のとおり。

その上で、

伏乞、敕下該部、擬議先發帑銀四十萬兩、交付總理糧儲大臣、督同延綏・陜西・寧夏三巡撫處、預先會計召買、聽候行軍之費。

と述べている。

(11)曾銑「為乞昭聖武光祖烈、以隆万世治安事」

【表】

兵士の行糧	54,000両
1.5升（1人1日）×60,000人×50日＝45,000石	
1石＝銀1両2銭	
塩菜銀	30,000両
1分（1人1日）×60,000人×50日	
馬料	63,000両
3升（1匹1日）×60,000匹×50日＝90,000万石	
1石＝銀7銭	
馬草	60,000両
1束（1匹1日）×60,000匹＝60,000束	
1束＝銀2銭／×50日	
駄馬・牛騾の草	51,200両方
25,000匹分	
山東の槍手動員	13,000両
6分（1人1日）×2,000人＋往来の路費1,000両	
将領廩給	5,000両
賞犒	100,000両
合　計	376,200両

伏乞、特敕廷臣、議擬公擧文武兼資大臣一員前來、專統其事。脱不以臣爲卑鄙、亦使備役行陣、參協其議、雖竭膏骨、所不敢辭。但慮非所長也、仍乞戸部堂上官一員、專理芻餉、兵部司官二員、稽査軍馬、又乞簡差科道官各一員前來、於選將・練兵・厲器・牧馬等項、有所督責、比臨期紀驗功次、而各鎭撫按、實相成之。凡本省・隣省布按司府等方面官員、公忠而有才識者、亦聽委用、不得推托。

(12)『実録』嘉靖十七年十一月戊子（十八日）条には、

巡按山西御史何賛言、河套沃野、幾二千里、爲吾中國門庭之險、而近爲虜酋吉囊所據、併吞諸戎、兵力日盛。外連西戎海賊、內通大同逆卒、虜兵一出、莫敢誰何。臣等以爲宜亟剿除之。……疏下、兵部請令本鎭守臣勘議。上以其事無可勘、報罷。

とあり、オルドスのモンゴルを駆逐するようもとめた陝西巡按御史何賛の建議をしりぞける諭旨が出されている。また、范守己『皇明粛皇外史』巻二十五、乙巳嘉靖二十有四年春閏正月条にも、

巡按山西御史陳豪上言、……乞下廷臣、集議萬全之策、期于必戰盡復套地、庶可攝其內擾之志、而邊境無虞矣。下兵部議行。

とみえ、山西巡按御史陳豪の建議に対して、兵部に覆議させるとの諭旨が出されただけで終わっている。

(13) 覆議の日付は、曾銑『復套議』巻上による。

(14) 曾銑『復套議』巻上

合無備行總督曾銑、會同撫按等官謝蘭等、及督同總・參・守・巡等官、……要見某處形勝險阨、勢所當據、某處水土利便、力所當因。夫役錢糧、作何徵派措置、若何而會計程督、使財不耗於虛糜、若何而防護撫安、使人不苦於擾累。戰守將士、作何選練調度。秋而守也、何以據險設奇、使我無可乘之隙。春而蒐也、何以擣虛制勝、使賊有坐困之形。天時地利、各用其宜、我力彼情、審求其實、逐一議處停當、務在計出萬全。

(15)『実録』嘉靖二十五年十二月庚子（十七日）条

其令銑更與諸邊臣、悉心圖議、務求長算、嗣上方略。第此邊境千里沙漠、與宣・大地異、祇可就要害修築。兵部其發銀二十萬兩予銑、聽其修邊・餉兵・造器、便宜調度支用、備明年防禦計。

(16) 王世貞『嘉靖以来內閣首輔伝』巻三、夏言伝に、

河套之議起。始言繇書生、以片言合上意、驟起鼎貴、欲建立奇功名、以自顯固。

とある。また、沈徳符『万暦野獲編』巻八、計陥にも同様の記事を載せる。

(17) 錦衣衛鎮撫司「欽奉聖諭事」(『兵部問寧夏案』所収)

問得、犯人夏言、……招稱、有先任總督陝西三邊軍務都御史、今已處決曾銑、幷已問追贓完日發遣見監蘇剛、鄕親熟識、平日書信往還。蘇剛係言妻父。嘉靖貳拾伍年捌月內、銑見得河套虜賊爲患、妄意欲議要興師蒐套、希圖加陞官職、取大富貴、先具復套揭帖、幷書禮物、令伊男監生已送問曾淳、帶領家人・夜不收曾仁等、馱銀壹萬兩來京送、送剛托親與言處道達、要成此事。是言又不合聽允。有蘇剛將銀貳千兩送與、言又不合接受。

(18) 夏言「奏辯奸邪大臣朋謀誣陥欺罔疏」

使銑有千金、必行分送諸處、廣布人情、使衆論無異。雖承行吏胥、亦不可遺。若銀至數萬、嵩必得數千。誰有一人敢外嵩者。……臣向年家居、將銑以山東巡撫調山西。嵩偶懷私恨於銑、銑懼而求解於〔崔〕元。蓋元之原籍山西。遂爲過送銀五百兩於嵩、自此與之交好。……後銑因與同官有爭競事情、又託元致五百金與嵩。旨下、竟從銑議。

(19) 当該史料の冒頭に、

臣於正月二十二日、拜違闕廷、二十四日、自潞河發舟。二月初四、行至天津地方、忽聞咸寧侯仇鸞具奏、奉聖旨、這奏內、曾銑出境覆軍、失事重大、隱匿不報、及科索銀兩、扣剋軍糧等項事情、選差公正給事中幷錦衣衛千戶各一員前去査勘、具實回奏。……欽此。臣聞命、自天神魂飛越、心骨戰驚、卽欲面叩闕廷陳訴。復思、仇鸞所奏、或止於報復曾銑私讐、初不爲臣。……及後、訪知爲大學士嚴嵩設心計謀、裝陥臣罪。……臣於此時、若不叫號、哀鳴于君父之前、則勢必死于嵩手矣。

とあり、夏言が罷免されて帰郷する途中の二十七年二月四日、曾銑の贈賄を弾劾する咸寧侯仇鸞の上奏を機として、嚴嵩が夏言をおとしいれようとしているのを知り、当該上疏をのぼしたと述べられている。

(20) 『実録』嘉靖二十五年十二月乙巳(二十二日)条に、

巡撫延綏右副都御史張問行、引疾乞休。上以延綏地方正有事防禦、問行輒以疾求退、深負委託、罷爲民、調山西巡撫楊守謙代之。

とある。この人事について、『明史』巻二百四、曾銑伝には、

諸巡撫延綏張問行・陝西謝蘭・寧夏王邦瑞及巡按御史盛唐以爲難、久不會奏。銑怒、疏請於帝、帝爲責讓諸巡撫。會問行已罷、楊守謙代之、意與銑同。

と記されている。

(21) 『実録』嘉靖二十六年五月壬子（二日）条

總督陝西三邊侍郎曾銑奏、延綏一鎮、歳派糧料與京運年例等銀、倶不足用。況邇年歳派積逋數多、卒難完辦。乞將原收在庫事例銀二萬五千餘兩、轉給該鎮供餉、仍將開納事例、於該鎮准行。戸部議覆、從之。

(22) 『実録』嘉靖二十六年五月丙辰（六日）条

總督陝西三邊侍郎曾銑奏、邊方守令、所係甚重。乞於進士・擧人・監生內、選擇年力精鋭、材幹强敏者銓補、稱職者、特加奬擢。……吏部覆如其言。上曰、邇西北邊防多事、兵備・守巡・有司官、職任至重。今後務愼選、以充其政績卓異者、聽總督等官不時奏保陞擢、不才僨事者、亦即劾罷。

(23) 『実録』嘉靖二十六年八月甲辰（二十六日）条、参照。なお、『実録』嘉靖二十九年二月己亥（四日）条に陳経が卒したことが伝えられるが、彼の墓誌銘「明故資徳大夫正治上卿太子少保兵部尚書陳公神道碑」は、厳嵩『鈐山堂集』巻三十八におさめられている。陳経の墓誌銘が厳嵩によって書かれていることは、その政治的立場を示唆する事実として指摘しておきたい。

(24) 『実録』嘉靖二十一年十二月辛丑（二十六日）条、参照。

(25) 劉燾「答元老本兵、議復河套書」

就使能復之而能守之、則河套之虜、肯投河而死。必北入雲谷、仍與俺答合夥。吉囊兄也、俺答弟也、勢必相連。今俺答之虜、帶甲數萬、宣・大已不能支矣。若使再益以吉囊之衆、其勢愈猖、不但爲雲谷・晉陽之患、燕京可安枕而臥乎。

(26) 唐順之「答曾石塘総制」三

萬一虜人自知不敵、結連套外之虜、幷聚於套中、合力以抗我、其騎兵必且十餘萬計。

なお、唐順之が皇太子出閣を請うて削籍処分を受けたことは、『実録』嘉靖十九年十二月壬午（二十五日）条にみえる。ちなみに唐順之と曾銑とは嘉靖八年（一五二九）の同年進士であった。

(27) 「復河套議」の内容については、［朱仲玉―一九九三］一四一―一四九頁でもふれている。

(28) 翁万達「復河套議」

即今小王子・吉囊・俺答諸部落、可三四十萬。視昔之奔命窮荒、不見馬矢者、盛邪、衰邪。强邪、弱邪。而我承平日久、軍政多偸、三五年來、雖頼廊廟注意邊防、漸次振擧、而其竭籌慮、耗財用、其功業也不少矣、回視二祖之時、其强弱盈縮、又何如邪。

(29) 唐順之「答曾石塘総制」三
大率今日之事、不惟一戰逐虜、掃空巣穴之爲難、而虜人既遯之後、城堡未立之前、軍士經時曠日、野處露宿、散布於二千里空虚之地、能使戀巣殘虜、一無所窺伺突發。乘間之爲難、又非杜塞。虜人窺伺、乘間之爲難、而一時遷徙二千里之軍民、一時創築二千里之牆堡、以塡實二千里百餘年空虚之地、能使內境一無儳敵騒動之爲難。故不難於攻、而難於守。

(30) 唐順之「答曾石塘総制」三
自百餘年來、中國無一人一騎入套中者、此路閉塞已久、則得地形爲難。而今之所謂得敵情・地形者、祇是據降胡・偵卒一二人之口。

(31) 翁万達「復河套議」
夫塞以內、我中國地也、將領講求其形勢、卒伍諳記其要害、尙不能悉、而況塞以外乎。

(32) 唐順之「答曾石塘総制」三
春夏之虜馬、以乏草瘠、而我馬於此時、固亦不能藉草於敵。虜弓以春夏解膠、而春夏多雨、濕我之火藥、火器亦有時而不適於用。

(33) 鄒守愚は福建莆田(現、福建省莆田市)の人で、嘉靖五年(一五二六)の進士。翁万達との親交がふかく、彼の手になる「資善大夫兵部尚書東涯翁公万達行状」が焦竑『国朝献徴録』巻三十九におさめられているほか、翁万達の文集『翁東涯集』の整理・出版にもかかわり、みずから序文を寄せている。

(34) 『大明律』巻二、吏律一、職制、交結近侍官員
凡諸衙門官吏、若與內官及近侍人員、互相交結、漏泄事情、夤緣作弊、而符同奏啓者、皆斬。妻子流二千里安置。

(35) 曾銑の斬首は『実録』嘉靖二十七年三月癸巳(十八日)条にみえる。夏言については、『実録』嘉靖二十七年四月丁未(二日)条に、曾銑とつうじていたことをもって律にあてて斬とすることが決定され、同書、嘉靖二十七年十月癸卯(二日)条に死刑執行の記事が伝えられている。

(36) 唐順之「答曾石塘総制」二
射手胡宣回、承惠手書及疏稿・邊圖。

(37) 以上に述べた曾銑と唐順之との情報交換については、[中砂明徳 二〇〇二] 一三四頁でも言及されている。

(38) 翁万達のアルタン貢市容認の主張については、[朱仲玉―一九九三]、[周少川―一九九三] および [松本隆晴―二〇〇一] 一七七―二一七頁にくわしい。

(39) 翁万達「北虜屡次求貢疏」

今遣通事、投遞番文、以求貢者、俺答也。據其對寫漢字、開有小王子・俺答・吉嚢爲大頭目者三、把都兒台吉等爲小頭目者九、誓以東西不犯我邊、以結永好。詞頗遜順。……虜自去夏至今、懇懇以求貢爲言、諭之遣之、去而復來、莫能止也。計必斬其使者、或因其近邊、搗其廬居、俘其生口、乃可以一意拒絶。但恐、直在彼而曲在我。俺答固梟獍之雄也、執詞鼓衆雪恥、而報讎攻我必力。我將不得已而應之、衆寡强弱、實不相當。……如撫・鎭之所計處者、再加詳酌、持以示俺答等謂、必如此而後許、不如此則不許。彼若悉聽處分、則吾之計得矣、卽許之貢、無弗可者。

(40)『実録』嘉靖二十六年三月乙卯(四日)条に、

先是、西海虜酋大同、令其部落倬卜等二人、款塞求市。總督侍郎曾銑等以聞。……得旨、茲夷投降納款、原非眞誠效順。邊臣毋輕信要功、自貽後患。

とある。同条では「倬」字と「綽」字の両方がつかわれており、校勘記も「旧校改作綽卜」と記すのみで、どちらかに確定されてはいない。

(41)『実録』嘉靖二十六年五月丁卯(十七日)条、嘉靖二十六年五月壬申(二十二日)条をそれぞれ参照。

(42) 綽卜らの貢市要求がしりぞけられたのとおなじ『実録』嘉靖二十六年三月乙卯(四日)条には、

初二十四年十月、馬黒麻速擅付關納款、土魯番夷使火者・阿克力等八百餘人、因而叩關。時總兵官仇鸞・都御史傅鳳翔、不能阻回、盡驗入安插於甘州。故事、夷人五年一貢、貢夷入關、半留肅州、半留甘州。及都御史楊博代鳳翔、諸夷固欲先期起送、且不願分住肅州。博省諭止之、仍分其半往肅州。至是、有詔議處。……議入、上曰、……先撫・鎭官濫放入關、新巡撫官不卽參論、竝當究治。鳳翔・鸞、姑奪俸各三月。博、一月。兵備・參將等官、兩月。如再失處、重治不貸。

とあり、トルファンからの使節八百余人をみだりに入関させたとして、仇鸞が巡撫傅鳳翔・楊博とともに奪俸(俸禄停止)処分を受けている。また、『実録』嘉靖二十六年五月癸丑(三日)条には、

兵部覆、總督陝西三邊侍郎曾銑奏、正月一日、虜犯永昌。……巡撫都御史楊博・總兵官仇鸞、亦當薄罰。詔、……博・鸞俱免究。

とみえ、同年正月のモンゴル侵攻への対応をめぐって、曾銑が仇鸞への「薄罰」を要求している。さらに、『実録』嘉靖二

十六年六月庚子（二十一日）条には、

總督陝西三邊侍郎曾銑言、延・寧大虜壓境、修邊之役、尚未畢工。故臣徴調莊浪・魯經兵三千、暫駐蘭州適中之地、以備應援。乃甘肅總兵官仇鸞疏、摭本鎭兵寡、故誤節制、不聽調遣、而巡撫都御史楊博、附和上請。幷乞責戒。上曰、鸞脅制撫臣、抗違督府、沮撓軍機、妨誤邊事。本宜重究、念防秋之際、姑從輕罰、住祿米半年。博亦停俸四月。

とあり、仇鸞の所轄である荘浪・魯経の兵士を長城修復工事に動員しようとした曾銑の命に、仇鸞がしたがわなかったとして、曾銑の上言を容れる形で、仇鸞のへ禄米支給を半年停止する処分が出されている。これに関連して同条には、兵部尚書陳経が、

尚書陳經等言、鸞・博已罰治、乞通敕諸鎭、自後、總督官務虚心酌採、勿執己見。撫鎭官毋循默面從、臨事奏瀆。

と上言し、総督がみずからの主張に固執しないようもとめているのに対し、世宗は、

上曰、朝廷設立總督、節制諸鎭撫・總等官、正爲假以事權、齊一軍令。……部議依違倒置、不合事體。

と述べて、総督の節制を重視する姿勢を示しており、曾銑に有利な決定がくだされたといってよい。こうした経緯を経て、『実録』嘉靖二十六年十二月辛酉（十四日）条には、錦衣衛に仇鸞の逮捕・北京護送を命ずる諭旨がくだされたことがみえるが、このときは「復套」の開始を目前にひかえた時期であった。

（43）仇鸞「総制撫臣、謀国不忠、貪功生事欺罔、嫉悪辺臣諫阻、風聞朋謀陥害事」に、

〔曾銑〕貳拾伍年柒月内、提兵花馬池地方、縦賊乾溝地方深入。……殺死居民、不知共幾千萬人。……銑除將重大失事情由、通行隱匿、止將失事略節、朦朧奏報、却乃將三邊將官總付《ママ》（副？）遊參毎員索銀壹百伍拾兩、千把總毎員壹兩、管隊官毎員伍錢、軍毎名銀壹錢、共得數萬、倶送伊男監生曾淳、接送親家蘇剛家打點、以致皇上有今歳失事頗輕、必不差官査勘之旨。……又于貳拾陸年貳月内、定巡營出境、分部楡林人馬爲前哨、被賊人知覺、將指揮鄭稍等貳千伍百員名、全軍覆沒。各路將官名下殺死官軍陸柒百名、搶去官馬參千餘匹。銑通行隱匿、不行奏聞、仍照前科派三邊、差送伊男打點。

と述べられている。なお、二十五年七月の死者数について『実録』嘉靖二十六年五月壬申（二十二日）条に「殺掠男婦八千四十四人」とみえるほか、『実録』嘉靖二十六年五月丁卯（十七日）条では三月とされている出兵の時期を、仇鸞は二十六年二月のこととしている。

（44）斉誉「辺臣詭険貪残、専肆欺罔、懇乞聖明併勅差官、勘報重罪、以彰法紀、以垂永戒事」

銑雖奉旨復套、陛下明旨、止命會同圖議、嗣上方略、初未許其必行也。聞、銑於嘉靖貳拾陸年春月、輒自二次徴兵出塞、且稱於人曰、吾將小試復套之大端也。夫朝廷討叛、制曰天討、人臣之分、可輕試乎。銑輒冒而爲之、此何等專擅。……陝西地方、連年災傷、民多困乏、銑乃行各府州縣、預借小民銀兩、收買馬羸。民無措辦、卒皆變產貨居、賣妻鬻子、以償其費。官司一時追併不前者、又畏銑威福、多致棄官而逃。……閭閻小民、鍬鋤犁鏵之外、所藏鐵器無幾。銑乃責令各府州縣、派民出鐵、置造鉛子、每家限出若干。民措辦艱難、盡將農器交官苟免刑、併致使農具一空。

(45) 曾銑「為条陳辺務、以保治安事」
臣預行守巡河西道、將解到銀兩、公同原解官員收寄、適中慶陽府貯庫、一面委官就彼支銀分投、羅買糧料・草束、置造火器・火藥・鉛子等項、以備今秋防禦、及區處修邊、合用器具、徴派夫役。一面催行各該委官、查照原行、作速勘議呈報。比因春月已盡、各該委官會勘、彼此遷延。若候其勘議至日興工、不無玩愒歲月、致悞防邊大計。……謹於嘉靖二十六年三月十八日、先行動土興工、至五月二十五日、臣因前工未經議奏、且各官稟稱天氣暄炎、姑行停止。

(46) 曾銑「為条陳辺務、以保治安事」
苟以修邊・復套之圖、事體重大、兵馬・錢糧、卒難就緒、自宜條分縷析、各以所見、及時建白、可否進止、取自上裁。不宜彼此遷延、以曠廢時日。若以臣言或有可取、亦必有至當歸一之論、以盡同寅協恭之義、今顧遲回猶豫。……今方集衆人之議、而復俾臣愚參於其間、此各官所以觀望難言也。如蒙伏乞敕下該部、行令各該撫・鎮諸臣、督同原委司・道等官、備將前項事理、虛心勘議。

(47) 曾銑『復套議』巻上
該本部議照、……先該總督奏稱、修邊以遏衝突、搜套以蕩巢穴。荷蒙聖明俞允、修築要害、以塞賊衝、會官協議、以上方略、眞帝王以全取勝之謀也。爲諸臣者、正宜秉公攄忠、盡言獻身、會行總督、計議奏聞。夫何遷延稽報、心懷觀望、迹涉畏避。既該總督論奏前來、若不勒限勘議、恐誤事機。伏望、皇上叮嚀戒諭陝西・寧夏・延綏巡撫・總兵等官、轉行副參・守巡・司道等官、遵照先今事理、虛心勘議、呈報總督衙門、裁酌歸一之論、限防秋後十一月中回奏。……本月十二日題覆。

(48) 『実録』嘉靖二十六年七月癸亥（十四日）条
詔譲諸臣避難畏事、期以秋防後、再遲回者、總督官奏治之。

(49) 曾銑『復套議』巻上に引用される巡撫たちの咨文によれば、陝西巡撫謝蘭は、

……決逐之於沙漠之外、然後據河爲険、築牆爲防、受降之城、可以復之。外而宣・大三關、可保無虞、内而平・固・延・慶、可高枕而臥矣。

と述べ、寧夏巡撫王邦瑞は、

虜自據套、漸致繁滋。蓋禽獸孳息者既蕃、而掠去中國之人又衆。以此勢日衆强、穹廬益固、遂爲門庭之寇、貽中國之患。邊氓罹害、荼毒未已、列鎭戍守、勞費無窮。……俯愈總督重臣復套之請、命上方略、期復故宇、眞中國之曠擧、而振古之鴻猷也。

と述べている。延綏巡撫楊守謙は、「復套」の利点として、黄河を防衛線として守ることができること、黄河の水運によって水軍を動員し、軍餉輸送も便利になること、屯田できる土地がひろがること、などをふくむ六点をあげている。

(50) 謝蘭の籍貫は山西振武衛（現、山西省代県）であり、王崇古もまた山西蒲州（現、山西省永済市の属）の出身である。

(51) 何良俊『四友斎叢説』巻六、史二に、

余在南館時、府公王槐野先生（王維楨の号）、喜談西北事。

とみえる。また、王維楨は若いころから王邦瑞との関係があり、瞿景淳「南京国子監祭酒槐野王公行状」（『瞿文懿公集』巻十四）には、

……甫弱冠、督學漁石唐公（唐龍。号は漁石）・鳳泉王公（王邦瑞。号は鳳泉）、咸以國士期之。

と伝えられている。

(52) 曾銑「為条陳辺務、以保治安事」（『復套議』巻下）

陝西撫鎭等官謝蘭等議稱、當軍機之任者、選練精兵。馬軍六萬、歩軍四萬、共十萬人馬、……。寧夏撫鎭等官王邦瑞等議稱、……由是觀之、多多益善。若不能辦、非十二萬人不可。大約馬軍六萬、歩軍六萬、……。延綏撫鎭等官楊守謙等議稱、……計延・寧・固原之兵、可得六萬人。再調甘肅五千人、寧武・偏老一萬人、大同一萬二千人、宣府八千人。合之十萬人、復套之師具矣。……夫進兵之計、諸臣之見、各有不同。大抵以多爲貴、而不知以精爲貴。……臣前疏、復套之役、須六萬人、山東槍手二千人者。蓋延・寧・固原及臣中營之兵、止有此數。必欲再加、惟甘肅六千、山西・偏・老六千、合之共七萬二千人。益以槍手二千、如不可得、須調一千。

(53) 曾銑「爲條陳邊務、以保治安事」（『復套議』巻下）

臣看得、復套官軍、止用七萬三千。比之各鎭所議一十二萬、糧餉可以省半。……共用銀五十萬九千六百三十餘兩、可給

一征之費、而三征之費、可以類知。然此特復套所用耳。至于各鎮防秋年例糧餉、自有該鎮會計、不在此數。乞敕該部議擬、照數速發帑銀。

(54) 曾銑「為条陳辺務、以保治安事」(『復套議』巻上)
即以宣・大三關言之、客兵歳費百五十萬。今事併守、然亦歳常百二十萬。直以百年爲準、須銭穀萬萬猶未已也。若復套之費、不過宣・大一年之費。

(55) 曾銑「為条陳辺務、以保治安事」(『復套議』巻下)
伏乞、聖明敕下該部、嚴加禁約、申明文武官員說謊之典、軍中訛言惑衆之例、或特設隨軍科道、或專行巡按御史、紀録功過、兼察訛言。倘有仍蹈故轍、沮撓軍機、陰壞成功者、根究所由、許臣幷言官、指名糾治。

(56) 曾銑『復套議』巻下
……合候命下本部、將曾銑前後奏疏、分送五府・九卿堂上官、詹事・翰林院、六科・十三道各掌印官、先時詳閲、逐款參酌、有無窒礙。如果可行、即今急務、銭糧作何處辦、而後數充。軍馬作何選補、而後足用。賊既追出、勢必亂奔、宣・大・薊・遼、愈當防範、偏・老・甘肅、恐難調兵。春蒐秋守、期定三年、所費應否先備。築城戍守、果在何時、其計應否豫圖。以至大將偏裨督餉・兵備、各分理庶職、一時何以盡得其人。務要虛心商確、熟思審處、以候會議施行。

(57) 曾銑『復套議』巻下
如各官幷寮屬內、別有奇算長策、達於兵機制勝者、不拘應否與議、俱限旬日之內、另疏具奏。本部一併議行、奏請定奪。

これにつづいて、兵部尚書王以旂は、

若或照常會議於倉卒立談之頃、恐無至當歸一之論、彼此觀望、漫無可否、止憑本部具稿、乃復退有後言、終非事體所宜、而諸臣謀國之忠、亦無以自白也。

と述べている。第七章でも論ずるが、通常の会議のように「倉卒立談」するのみでは、議論を集約して明確な結論を出すに至らず、兵部の原案をそのまま上呈するだけになるという王以旂の言は、当時の廷議の実情を伝える記事として注意しておきたい。なお、当該廷議に関連して『実録』嘉靖二十六年十二月丁丑(三十日)条では、監察御史饒天民が、

……及會議條格、不宜刊布、恐泄軍機。

と上言し、廷議の議案書を事前に刊布することによる軍機漏洩への懸念を示している。しかし同条に、

上曰、……奏議刊播無礙。且王師烏用掩襲爲也。

とあり、饒天民の懸念を一蹴するかのような諭旨が出された。こうしたところにも、中央政府の強気の姿勢をうかがうことができよう。

(58) 『実録』嘉靖二十六年十一月丁未（三十日）条
上曰、虜據河套、爲國家患、朕軫懷宵旰有年矣、念無任事之臣。今銑前後所上方略、卿等既看詳、卽會衆協忠、定策以聞。

(59) 談遷『国榷』巻五十九、丁未嘉靖二十六年十二月丁丑（三十日）条に、
總督陝西侍郎曾銑、率師數萬、除夕襲套虜。適餉不繼、未卽進。

とある。このときは軍餉の準備がととのわなかったため、出兵はおこなわれなかったという。

(60) 『実録』嘉靖二十七年正月己卯（二日）条
於是、禮・兵二部、各上疏請修省。……諭兵部、以戒飭各邊、益愼防守、用答上天仁愛之意。

(61) 『実録』嘉靖二十六年七月癸酉（二十四日）条、参照。

(62) 万暦『明会典』巻百三、礼部六十一、祥異には、
洪武元年、敕天下有司、但遇災異、具實奏聞。二年、令災異卽奏、無論大小。……二十六年、遂著爲令。……如有非時災異、卽時奏聞。
とあるが、同規定について、正徳『明会典』巻九十五、礼部五十四、祥異に、
〔洪武〕四年令、天下勿奏瑞祥。若災異、卽時奏聞。凡天下災異、有司申達巡撫・巡按等官、卽行具奏。
とあり、有司から巡撫・巡按御史をつうじて報告するよう定められている。

(63) ここで夏言がいう陰謀が具体的にどのようにおこなわれたのかは、いまひとつはっきりしない。第二節で述べたように、二十五年七月十四日付の諭旨で、同年十一月末までに「復套」の具体策を題奏するよう命ぜられていたため、七月二十四日の地震発生の時点で、厳嵩がこれを夏言追放の切り札にしようと考え、そのタイミングをはかるということは、不可能な話ではない。しかし、かりにそうだとしても、実際に報告があったとされる十二月までには、やはりいくばくかのタイム・ラグがある。万暦『明会典』巻百三、礼部六十一には、災異の報告について、注（62）に引用した部分につづけて、
凡各處地震、山川異常、雨暘愆期等項奏到禮部、案候年終類奏、通行在京大小衙門及南京禮部幷各被災地方、一體修省。或有異常災變、不在類奏之例者、卽行具題。

とあり、災害発生を伝える現地からの上奏は、年末に礼部がまとめて類奏するよう規定されている。実際の例として、『礼部志稿』巻八十八、類奏災異に、

嘉靖二年、禮部類奏四方災異。天鼓鳴五、地震六十三、星隕八、氷雹十一、火六、氣二、雪寒二、雷擊者三、山崩三、水溢八、產妖二、疫一。

とあり、「山崩」も類奏の対象となっていた。世宗が年明け早々の正月二日に諭旨をくだしていることから推せば、厳嵩はあるいはこの規定を利用して陰謀をめぐらしたのかもしれないが、いずれにせよ詳細はわからない。

このときの「山崩」の報告をめぐっては、王剣氏も検討をおこなっている。［王剣―二〇〇五］一〇三頁では、山くずれや地震のような大災害の場合、地方の有司がただちに報告するとともに、欽天監の官員が密疏をもって上聞するよう定められていたと述べている。さらに同書、二五五頁、注①では、厳嵩の行動について、巡撫謝蘭・巡按徐祚の上奏が北京にとどいたとき、厳嵩が崔元とはかって地方官からの上奏文の出納をあずかる通政使に指図し、当該上奏をとどめおいてタイミングをはかり、二十七年正月になって密奏した、としている。まず指摘すべきは、すくなくとも「山崩」という災害に欽天監は関与しなかったと思われることである。王氏は『明史』巻七十四、職官三、欽天監の記事に依拠しているが、ここに、

監正・副、掌察天文、定曆數・占候・推步之事。凡日月・星辰・風雲・氣色、率其屬而測候焉、有變異、密疏以聞。

とあることからいえば、欽天監はあくまでも「日月・星辰・風雲・気色」の観測で「変異が有」った際に、密疏によって報告したと解釈すべきである。したがって「山崩」がおこった場合は、前掲『明会典』の規定どおり、巡撫・巡按御史による題奏によって報告されたと考えられる。また、夏言の上疏によるかぎり、厳嵩と崔元とは陝西巡撫謝蘭にはたらきかけて、現地からの報告をおくらせたのであり、それが可能だったのは、謝蘭が崔元の甥だったからである。中央の通政使の関与の有無を問題にする王剣氏の議論は、いささか的はずれであるとの感を否めない。

(64) 王以旂「欽奉聖諭事」（『兵部問寧夏案』所収）

套虜數爲邊患、神人共憤。但事體重大。總督侍郎曾銑、既以身任其事、必須加慎圖成、不許輕率寡謀、致誤事機。……合無先請差命官督餉大臣、量帶司屬官前去、羅買糧草。添設憲職、督同該鎭將官、操練士卒、預處延綏月糧、漸收沙汰老弱。待其士飽馬騰、食足器利、百務軍務、俱有次第、然後奏請差科道官員、欽遵事理行。倘儲蓄・器械未備、各營軍士、訓練未精、俱不得輕擧妄動。曾銑奏討山東槍手、河南水夫及神機營火藥、偏・保・甘肅等處兵馬、俱未敢議奏給發、恭候聖裁。

(65) 謝少南は南直隷上元県（現、江蘇省南京市の属）の人で嘉靖十一年（一五三二）の進士。おなじく南直隷江寧県（現、江蘇省南京市の属）出身の王以旂とは、同郷といってよい。

(66) 王三は大同左衛指揮王鐸の子。『実録』嘉靖二十三年十月己丑（二十四日）条によれば、メルゲンと密通していた父につかわされたのを機にメルゲンのもとにとどまるようになり、モンゴルが明辺を侵攻する際には常にこれを嚮導していたが、のちに捕縛され磔刑に処された。同条には、参将張鳳が王三捕縛をみずからの功績にしようとして虚偽の報告をおこない、そのために謫辺されたと伝えられている。こうした事情もあってか、『実録』嘉靖二十三年十一月丙午（十一日）条には、王三捕縛を受けて献俘の挙行と百官の称賀をもとめた礼部に対し、世宗が、

上曰、此逆卒原非夷種、乃我叛人。皇祖于各邊設文武守臣、高官厚祿、未嘗有薄、何乃始不能多方擒之、中不能多方驅之、終復縱視以至于今。茲朕躬叩玄威、神將效力、假手義勇、故成擒耳。爾等所言、雖是禮儀、終爲欺世飾詞。大將爲誰、何地交戰而擒者。是可欺也、孰不可欺也。

と述べて、高禄を得ながら辺防の実をあげることもできず、明人である王三の叛逆をまねいたとして、辺臣を叱責している。結局このときは郊廟社稷への告謝のみをおこない、百官の称賀はおこなわれなかった。ただ、世宗がなぜここで如上の王三の事件に言及したのかについては、他史料と対照してもあきらかでなく、後考に期したい。

(67) 厳嵩「論復套事、自劾乞罷」

今師一出、糜財殃民、將無寧日。銑以好大喜功之心、爲此窮兵黷武之擧、不思生靈受無罪之殺。在廷之臣、皆知此事爲難、但心懷疑懼、而不敢明言。該部和同附會上奏。……但臣思、大凡政務、建議雖由所司、平章實在輔弼。臣備員輔職、此等干係國家安危大政、不能先事匡正、致上勞聖心。古語日、將焉用彼哉。臣與夏言同官、言於他事儘有功勞、臣則有負聖恩委用、分毫無補、理當自劾。

(68) 夏言「才職《ママ》（識？）庸昧、輔理無狀、懇乞天恩、特賜寛宥、以曲全臣愚事」（『兵部問寧夏案』所収）

但臣數以擬票、俱同嵩會看、私議未嘗有異。嵩先臣具奏、詞雖引以自劾、然罪實在臣。尚幸仰賴聖明、先事降諭、軍旅未興。否則、誤國家大事、誠如嵩言、臣將不知死所矣。……伏乞天恩、寛臣斧鉞之誅、赦臣萬罪無任、干冒天威、俯伏待罪之至、等因。奉聖旨、你毎朝廷倚政之本、凡百自當先事邦民爲心、如何專徇私情、强君脅衆、密奏未諭、乃敢詐稱上意必行。這本又無認罪之詞。吏・禮二部、會同都察院、參看來說。

(69) 厳嵩「乞恩認罪、自陳不職、不堪任使、懇乞天恩、亟賜罷斥、以全臣節事」（『兵部問寧夏案』所収）

復河套大事、夏言力主其議、自始至今、竝無一字與臣論。及前復疏至、言已知上意擬票、臣竝不干預。且奏帖不過列署臣名而已。……一切政務、夏言忌臣干預、竝不與臣商確。臣有言、彼亦不從、懼恐臣之言也。去年以來、同在直所日閒、竝不票本。毎至夜閒、彼自票議、令票官不過送看而已。

(70) 夏言「自陳不職、有妨賢能、懇乞天恩、特賜罷黜、以全臣節事」(『兵部問寧夏案』所収)
毎次入閣辯理、臣必遣人於嵩宅、邀請至三至再。至則公同票擬、不至必令中書官送看、互相可否、然後謄寫。此則衆官之所共知、吏卒之所共見者也。若本到稍晩、或直文字、且早閒有延至暮夜二三次、亦出勢不得已、竝未嘗獨票不行送看。況直所密邇、易於往來、夜則尤爲肅靜、請會尤不肯來、送看漫不可否。

(71) 以上に述べた夏言と厳嵩の動向については、[張顕清－一九九二]一五一―一五八頁、[王剣－二〇〇五]一〇二―一〇六頁・二五四―二五七頁などでもふれている。

(72)『実録』嘉靖二十七年正月癸未（六日）条、参照。

(73) 以上の経過については、『実録』嘉靖二十七年正月癸未（六日）条を参照。

(74)［夫馬進－二〇〇七］二四一―二四二頁では、夏言らが主唱したようにいわれる嘉靖十五年（一五三六）のヴェトナム征討も、そのじつは派兵を主導する世宗の意をくむ形で礼部・兵部が建議したものであるとして、世宗のイニシアティヴを重視する見解が示されている。世宗の主導によって対外強硬策がすすめられるという点は「復套」とも共通するといえよう。

(75)「論時政疏」の内容については、［韋慶遠－一九九九］八一―八七頁でもくわしく論じている。

(76) 張居正「論時政疏」
一或壅閼、則血氣不能升降、而臃腫痿痺之患生矣。臣竊推、今之事勢、血氣壅閼之病一、而臃腫痿痺之病五。

(77)「天道下済而光明」は『易』謙卦の彖伝にみえる語。［本田済－一九六六］一二六頁では、「陽気下降して万物を救済し、光り輝くのが天の道である」と訳している。張居正の主張は、天の道とおなじく、皇帝の方から臣下との親密な関係をきずくようつとめるべきである、というものといえよう。

(78)［川勝守－一九九〇］および［櫻井俊郎－一九九六］が指摘しているように、首輔と地方大官との書簡のやりとりがこの時期におおくみられるようになることも、こうした動きに対応するものといえよう。

(79)［韋慶遠－一九九七］一九〇―一九一頁、参照。

第二章　朝貢の理念と現実
――嘉靖馬市をめぐる政治過程

はじめに

前章での検討から、世宗の案件決裁がときに官僚たちによる政策審議・政務遂行のプロセスとは異なる要因によって動いていたこと、また中止に転ずる以前の段階で世宗が「復套」支持の意向を示した諭旨では、モンゴルの侵寇激化に「中国」皇帝として憂慮を示し、そのうれいをわかちあう者として曾銑の忠義を強調するというように、多分に道義的な意義が強調されていたことを指摘した。本章の課題は、そうした世宗の姿勢がいかなる理念によって裏うちされていたのか、それは交易解禁をもとめてアルタンが圧力をつよめる状況のなかでどのように作用したのか、また嘉靖朝（一五二二―一五六六）の官僚たちは世宗のスタンスと深刻化する外圧とのあいだでいかなる対応をせまられたのか、といった点をあきらかにしていくことにある。そのための具体的な題材として、本章では嘉靖三十年（一五五一）におこなわれた馬市――章題にいう「嘉靖馬市」とはこのことをさす――をめぐる政治過程をとりあげることとしたい。

馬市の制度は、明朝に帰順したウリヤンハン三衛のモンゴルやジュシェン諸部に対して、馬匹などの交易を認めたもので、永楽年間（一四〇三―一四二四）から遼東地域でおこなわれていた。ただし、それは一般の商業取引ではなく、あくまでも彼らの懐柔を目的としたものであり、したがって交易品目も限定され、その種類ごとに絹や綿布とのバーター価格が明側によって定められていた(1)。嘉靖馬市も基本的には遼東での例にならい、宣府・大同・寧夏の辺外に交易場が設けられ、モンゴルの馬匹と明の紬段（絹）・梭布（綿）などの高級織物とをおもな品目とする交易がおこなわれた。

序章で述べたとおり、嘉靖馬市がおこなわれる前年の嘉靖二十九年（一五五〇）八月、モンゴルの大軍が長駆して北京城を包囲し、圧倒的な軍事力を背景に朝貢の許可をせまるという庚戌の変がおこった。明朝政府はその翌年の嘉靖三十年（一五五一）三月に馬市の開設を決定し、上記の各地で順次交易がおこなわれた。しかし、交易品目の拡大をもとめるアルタンの要求を明側が拒絶したことから、モンゴル側はふたたび攻勢に転じ、ついに嘉靖三十一年（一五五二）九月、明朝政府は馬市禁絶を決定するに至る。結局、嘉靖馬市は開始からわずか一年あまりの短期間で閉鎖においこまれたのであった(2)。

とはいえ、嘉靖馬市が強硬路線を基調とする嘉靖時代において、それとは方向性を異にする政策が採用された事例であったことにかわりはない。とすれば、嘉靖朝における対モンゴル政策の展開上、嘉靖馬市はいかなる位置を占めるのか、あるいは馬市の構想を現実の政策として政治過程の上に浮上せしめた契機はなんであったのかといった点は、個々の政策の根底で嘉靖政治の動向を規定していた要因ないしその展開パターンを浮かびあがらせる糸口となりうる。

ところが、先行研究において、そうした視点から嘉靖馬市を嘉靖政治史の文脈に位置づけようとする試みは、かならずしも十分になされてはこなかった。一般に、嘉靖馬市の実施から中止に至る経緯は、庚戌の変でつきつけられた軍事的脅威に屈して、明朝は馬市をひらいてみたものの、当時、首輔として絶大な権力をにぎっていた厳嵩の無策ぶりにくわえ、激烈な厳嵩批判とからめて展開された兵部員外郎楊継盛らによる馬市反対論も出されたため、モンゴル側の要求に積極的な対応をとれず、わずか一年で中止においこまれ、明蒙間和平の好機をみすみすつぶしてしまった、と理解されている。しかし、庚戌の変が明朝政界にすくなからぬ衝撃をあたえたことはたしかであるにせよ、それが馬市実施の直接の契機になったと断じてよいかどうかという点は、本章で論じていくように、慎重に検討する必要がある。また、馬市反対をとなえた楊継盛らを排除して馬市実施にふみきったにもかかわらず、一年あまりで閉鎖に至ったことは、首輔厳嵩の専権およびび彼をはじめとする明朝政府の場あたり的な対応を批判する文脈で、しばしば引きあいに出される。しかしながら、それも結局は善悪二元的な人物評価の議論の構図にあてはめただけといってよく、首輔としての厳嵩あるいは当時の内閣が、いかなる立場で政策決定にかかわっていたのかを具体的に説明するものではない。世宗への迎合と賄賂の横行とによって政治を混乱・停滞させた「奸臣」として、とかく否定的に論じられてきた厳嵩の執政についてでは、八〇年代に史料批判的な検討を主とする再検討の試みがおこなわれたものの、そこでの議論は、従来の善悪二元的な枠内で、たんに善玉と悪玉を入れかえただけのようにもみえる。(3)九〇年代に入ると、そうした厳嵩評価そのものの形成過程を論じた研究のほか、(4)厳嵩自身の手になる史料に依拠して、その執政の全体像をえがいた伝記研究が出され、そのなかでも馬市をめぐる厳嵩の動向に実証的な分析がくわえられてはいる。(5)ただ、伝記というスタイルのためもあってか、皇帝や総督・巡撫などの地方官あるいは六部官僚といった諸アクターもふくむ官界全体の動きのなかで、厳嵩の行動・判断がいかなる意味をもったのかというところまで、つっこんだ検討がなされているようには思われない。嘉靖朝の代表的な専権首輔といわれる厳嵩なればこそ、その執政の性格ないし特質を具体的な政治過程に即して洗いだしていくことは、権力強化がすすんだとされる嘉靖以降の内閣政治の展開を考えていく上でも、重要な作業となるはずである。

いまひとつ重要な問題として、そもそもアルタンが北京包囲という強硬手段をも辞さずに明朝に要求してきたのが「朝貢」の許可であったにもかかわらず、なぜ「馬市」という形におちついたのかという問題についても検討の必要がある。先行研究でも指摘され、また本章でも論じていくように、嘉靖馬市をめぐる一連のプロセスにおいては、「朝貢」の形をとらない交易として「馬市」が提起・実施された。この点について、アルタンの「求貢」が、実質的には当時の北辺でさかんにおこなわれていた密貿易の公認をもとめるものであったとの指摘はつとになされており、[6] 朝貢とは異なる形の交易が明廷において提起されたという点で、いわゆる「互市」を核とするあらたな交易秩序を模索する動きのなかに嘉靖馬市を位置づける見解も示されている。[7] これらは当時の北辺の実情を述べたものとしては、たしかに当を得た指摘といってよい。しかし、馬市をおこなうという決定が、あくまでも政策決定の場においてなされた以上、その要因を当該の政治過程に即して説明することもまた欠くべからざる作業である。さきまわりしていえば、アルタンの「朝貢」要求に対して、明朝政府が「馬市」という方策を出した点にこそ、嘉靖政治史の縮図を端的にみることができるように思われるのだが、その点についても本章での論述によってあきらかになるであろう。

以上のような視角から、本章では、嘉靖馬市をめぐる政治過程を検討していく。具体的には、アルタンの朝貢要求への対応をみていく関係から、嘉靖二十九年（一五五〇）八月の庚戌の変をめぐる動きから検討をはじめ、嘉靖三十一年（一五五二）九月に馬市の全面禁絶の諭旨が出されるまでの時期を対象とする。分析にあたっては、内閣大学士や六部尚書などの中央官僚、あるいは現地の総督・巡撫など、可能なかぎり当事者としてかかわった官僚の手になる史料に依拠するようつとめたい。というのも、馬市を主導した厳嵩・仇鸞は、いずれものちに失脚して政界から葬られた人物であり、彼らを故意におとしめる史料もすくなくないためであり、人物評価に傾斜しがちな議論からはなれて嘉靖政治史をえがいていくという見地からも、この点はとくに注意しておきたい。

なお、以下、本章で嘉靖年間の事柄を記す場合、とくに必要な場合をのぞいて年号と西暦とを省略する。

第一節　アルタンの北京包囲と朝貢要求への対応

本節ではまず、庚戌の変をめぐる明朝側の動向を検討する。本節での検討をつうじて、アルタンの朝貢要求に対して、明朝側に存在した三つの立場のちがいを洗いだしてみたい。

二十九年八月二十一日、アルタンの軍勢は北京城下にせまり、モンゴル軍の捕虜となった湖渠馬房内官の楊増をつうじて、朝貢をもとめるアルタンの「番書」が明側にとどけられた。世宗はこれを内閣大学士の厳嵩・李本および礼部尚書の徐階に示し、当時、帝が居をうつしていた西苑に彼らを召して対応策をはかった。ここで世宗は礼部尚書徐階の建議を採用し、これをおもだった中央官僚の全体会議である廷議にかけるよう命ずる。廷議は徐階が主催し、そこでの決議を経て当該建議は正式に帝の裁可を得た[8]。このとき徐階が提示した方策は、①漢文の書簡ではアルタンの真意かどうか判断できず、そもそも京師を包囲して朝貢許可をせまるという道理はないため、朝貢は許可しない。②アルタンに対しては、長城外まで撤兵したのち、しかるべき使者とモンゴル文の表文（番文）とによって、あらためて朝貢許可をもとめるよう伝え、そのあいだに明の防備をととのえる、というものであった[9]。現に京師を包囲されている状況下で提起されたこの方策の主眼は、一刻もはやくモンゴル軍を撤退させ、軍備をかためることにあり、その点においては世宗と百官の見解も一致していたといってよい。しかし、その裏にこめられた双方の思惑には、決定的ともいうべき相違があった。この点『実録』の記すところはいまひとつはっきりしないが、廷議の決議内容を上奏した徐階「会議北虜求貢」（『世経堂集』巻七）には、双方の重点のおきどころのちがいを明確な形でみることができる。

上に述べたとおり、徐階は朝貢要求をしりぞけ、モンゴル軍を撤兵させる口実として、モンゴル文の表文としかるべき使者が立てられていないという、いわば朝貢の手つづきの問題を指摘していた。これは「会議北虜求貢」にも記され(10)、廷議を経て世宗の裁可を得たわけだが、その前提として、当該覆疏のなかで徐階が以下のような見解を示しているのに注目したい。

臣等竊以爲、今次求貢、決不可許、但王者之於夷狄、禽獸畜之、來者不拒、去者不追。俺答前此屢曾求貢、邊臣上請、未蒙准行。今又有此、所據來歸之情、似難峻拒。

臣らが思いますに、今回の朝貢要求は決して認めるわけにはいきませんが、しかし、王者が夷狄に対するのは、禽獣を受入れるようなものであり、くる者はこばまず、去る者はおいません。アルタンはこれまでにもたびたび朝貢をもとめ、辺臣も上請しましたが、いまだ許可されておりません。いま、また朝貢をもとめてきたのは、帰順をもとめる心情によるものであり、きびしく拒絶するのはむずかしいように思います。

今回の朝貢要求は決して認めるべきではないとしつつも、アルタンのたびかさなる要求は「来帰の情に拠る所」から出ており、「峻拒し難きに似たり」とのいい方からして、おそらく徐階は朝貢許可を現実のものとして考慮していたとみてよい。そして、これが中央高官の全体会議たる廷議の議決として覆奏されたものである以上、その内容はたんに徐階個人の見解というだけでなしに、百官の総意として示されたことになる。

ところが、これに対する諭旨は、当該上奏の末尾に、

奉聖旨、這虜酋入犯、悖逆天道、神人共憤、却乃詐稱求貢。着集兵、併力勦殺、不許輕縱。

聖旨を奉じたところ、「この虜酋《アルタン》が攻めこみ、天の道にそむいたこと、神も人もみないきどおっているところであるにもかかわらず、朝貢をもとめるなどと詐称している。兵をあつめ、力をあわせて殲滅

させ、かるがるしく逃がしてはならない」とあった。

とあるように、朝貢要求を「詐称」と断じ、兵をあつめてモンゴル軍を殲滅するよう命ずるものであった。この論旨からは、世宗がいかなる論理によってアルタンの朝貢要求を拒絶しつづけたのかを読みとることができる。

世宗が継嗣のない武宗亡きあと外藩から迎立され、実父の祭祀をめぐって廷臣と衝突した大礼の議については、前章でもふれた。嘉靖年間にすすめられた一連の礼制改革について論じた小島毅氏によれば、こうした即位事情が、皇帝としての資格と能力とを天下に示し、帝位の正当性を確認しようとする世宗の意をつよめたのであり、それが原理主義的ともいえる礼制理念の体現をめざす礼制改革へと世宗をかりたてる動機になったとされる(11)。また、世宗がおこなった西苑再建についても、君臣関係を密にし、みずから主体的に政策決定をおこなえる場を整備しようとする意図がこめられていたとの指摘が、大石隆夫氏によってなされている(12)。礼制理念の実現をめざす礼制改革、王朝政治の理想型たる皇帝親裁強化の一環としての西苑再建という両者に通底するのは、理想的・原則的なあるべきすがたを回復させる名君たらんとする志向であり、おそらくそれは外藩出身者なるがゆえに芽生え、つよめられたのであろう。とするならば、こうした世宗の姿勢が対外政策においても同様に発揮されたと考えても不思議はあるまい。もともと明初に構築された朝貢制度の一義的な目的は、諸外国が臣属を表明することによって、明朝を頂点とする礼制上の天下秩序を具現化するにあり、経済的な利潤は副次的なものとされていた(13)。名君たることを示すべく、とかく理念・原則を強調する世宗の立場からすれば、侵寇をくりかえすアルタンの朝貢要求など、その本来の意義を体さない「詐称」以外のなにものでもなく、したがって、朝貢要求の手つづきの不備を指摘することによって撤兵させるなど

【図6】 第2章関係地図

という発想じたい存在するはずもない。唯一の方法は、まさに徐階の覆疏に対する諭旨にいうごとく、兵をあつめてモンゴル軍を撃退・殲滅するのみということになる。はたしてこののち世宗は強硬の度をいっそうつよめ、ついにはアルタン征討の具体化を命ずるようになる(14)。

アルタンの朝貢要求に対して、以上の二者とは異なる立場から提起されたのが、大同総兵官の咸寧侯仇鸞による馬市の建議である。これ以降、一貫して馬市実施を主張する仇鸞は、庚戌の変の際に平虜大将軍に任ぜられ、世宗の信頼を背景に強大な兵権を手にした。同時に、彼は大学士とともに西苑での会議に参加するなど、政策決定の上でもすくなからぬ影響力をもった。その裏で仇鸞はアルタンと密通しており、馬市の建議もアルタンが大同を攻撃しないみかえりに提起されたともいわれるが、最後にはその罪をあばかれ、死の直後に屍をさらされることになる(15)。『実録』嘉靖二十九年八月丁丑(十六日)条にみえる仇鸞の建議では、モンゴルの侵寇は必要物資を調達できないことによるとの認識が示され、中央で朝貢が許可されないなかでも、先任の総兵官である周尚文が部下をつうじておこなっていた密貿易によって、一定の小康状態がたもたれていたと指摘されている(16)。こうした状況をふまえて仇鸞は、遼東・甘粛・薊州・喜峰口でおこなわれている互市の例にならって辺外での馬匹の取引を解禁し、その代価として朝廷から賞賜をあたえるよう建議したのであった(17)。その要諦は『実録』同条にみえる、

夫通貢之事、固不可行。然與其使邊臣違禁交通、利歸於下、孰若朝廷大開賞格、恩出於上。
そもそも通貢は当然おこなうことはできません。しかし、辺臣に違法にモンゴルと通交させておいて利益が下に帰してしまうのと、朝廷がおおいに賞格をひらいて恩を上より出すのとでは、どちらが得策でしょうか。

という仇鸞のことばが端的に示すように、あくまでも朝貢の形はとらず、とくに「利の下に帰するよりは……」ということばが示唆するように、交易による実利を重視する点にあった(18)。その点において、仇鸞の構想は、問題を朝貢の可否として論じ、防衛体制の強化を前面におしだしていた徐階の建議とは性質を異にするものと位置づけることができる。

以上、アルタンの朝貢要求に対する明側の三つの立場をあきらかにした。ひとつには礼部尚書徐階の建議に代表されるように、明の防衛体制の強化を主眼とし、そのためにアルタンの朝貢許可をも視野に入れるという立場があった。これに対して世宗は、朝貢の礼制上の意義に固執し、侵寇をくりかえすアルタンに服属の意を認められないとの立場から要求を拒絶するのみならず、アルタンを征伐すべしという強硬姿勢をもってのぞんだ。仇鸞の立場は、アルタンの朝貢要求は中国物資への需要に起因するとの認識に立ち、朝貢の形をとらずに交易をおこなおうとするものであった。この仇鸞の建議に対しては、兵部に審議・覆奏させると

の諭旨が出されているのみで、ただちに具体的な対応がとられたようにはみえない[19]。しかし、アルタンの撤兵後、この構想は具体的な形をなすようになる。その契機となったのは、アルタン征討の決行をつよくうながす世宗の諭旨であった。

第二節　世宗によるアルタン征討の提起と馬市構想の浮上

アルタンを征伐せよという世宗の意向は、すでに徐階「会議北虜求貢」への諭旨のなかで示されていたが、そののち帝はたてつづけに三度諭旨をくだし、計画の具体化をつよく命ずるようになる。『実録』嘉靖二十九年十月癸酉（十三日）条には、内閣にくだされた二件の諭旨が伝えられているが、その二件目の諭旨で世宗は、みずからの本意は国初のようにモンゴルに遠征することにあると強調し、その名目も十分に立つとしながらも、現状では軍餉・兵力がととのっていないため、やむをえず防衛に徹しているだけだとの認識を示している。のみならず帝は、二件の諭旨を五軍都督府・六部・科道官に示し、帝意を知らしめるよう命じている[20]。徴兵・練兵と軍餉調達という実際上の問題について、関係部署の建議にさきんじて帝の方から自発的に言及し、みずからの意向を文武百官に周知させるようとくに命じているところに、世宗の意気ごみのほどがみてとれる。さらに、『実録』嘉靖二十九年十月癸未（二十三日）条では、

> 上諭閣臣曰、昨入犯之虜、華人爲多。外域之臣、敢於我前帯信、坐観城池、可歎。不一征誅、何以示懲。……惟財用乏、固非君理之事。然所司不奉旨曰、不敢便行、今先集兵聚糧爲要。卿等示兵・戸二部臣知。

お上は閣臣に諭して、「さきに攻めこんできた者どものなかには、華人もおおくいたという。外域の臣たる者が、あえてわたしのところに要求書をつきつけ、悠然と城を包囲するなどということがあってよいものか。一度も征伐せずして、どうやってこらしめるというのか。……おもうに財政の窮乏は、もともと君主が処理することではない。それなのに、所司は諭旨を奉ずることなく、「〔征討は〕すぐにはおこなえません。いまはまず兵をあつめ軍餉を調達するのが重要です」などといっている。卿らは〔諭旨を〕兵部・戸部の臣に示して知らしめよ」といわれた。

という諭旨が伝えられている。かさねて征討決行の意を示すのみならず、財政上の問題は担当の部署が処理すべきであるのに、彼らは兵士徴発・軍餉調達がまず必要だというばかりで、征討をおこなおうとする上意を体していないとの不満を表明し、これを兵部・戸部に伝えるよう閣臣に命じたのである。また同条では、帝の諭旨にこたえる形で、仇鸞が翌年三月という出兵の時期を提示するとともに、宣府・大同・薊州・遼東および偏頭関・延綏の兵馬を自身の指揮下におくようもとめ、十二月にみずから前線へおもむいて、モンゴルの動静をさぐりつつ出撃の可否を判断すると述べている。これに世宗はよろこび、仇鸞の建議を兵部に示し、廷議にかけて征討実施案を上呈するよう命じている(21)。

このように、庚戌の変の直後から、世宗の強引なまでのイニシアティヴによって、アルタン征討へむけた流れがにわかにつよまったのであった。帝がたてつづけに征討の意を表明するのみならず、関係部署への不満をあらわにし、彼らを叱責しつつ計画の具体化を命ずるとあっては、官僚たちには相当おおきな圧力として受けとめられたに相違ない。具体的な出兵の時期と段どりを示した仇鸞の建議も、あきらかに世宗のつよい意向におされる形で出されたものといってよい。

しかし、世宗の意向とは裏腹に、現実は征討の実施などとてもおぼつかない状況であった。当時、宣大山西総督の任にあった蘇祐は、「陳言禦虜要計、以永治安疏」（『穀原先生奏議』所収『督府疏議』巻二）のなかで、征討にむけた兵士・軍馬動員や糧草調達の状況を伝えている。これによると、宣府では兵士と軍馬とをそれぞれ三万動員すべきところ、実際には兵士は二万七千人しかおらず、動員可能な軍馬も一万八千匹に満たないとある。(22) 大同の状況も似たようなもので、本来であれば、やはり三万弱の軍勢を動員すべきところ、軍馬を有する武官・兵士は一万九千八百九十六名という数字が示されている。つまり両鎮とも本来の三分の二ほどの軍勢しか動員できない状況にあり、それとても「弱兵痩馬」のみであったという。(23) 糧草についても、各衝口あたり五千の兵馬が三か月出征できる分の糧草を調達するよう兵部がもとめたのに対し、宣府では四十五万両、大同でも五十万両が必要と算出している。これも往年の倍以上の額に相当し、到底すぐにまかなえるようなものではなかった。(24) すくなくとも蘇祐の当該題疏によるかぎり、征討成功の可能性はかぎりなく無にちかかったと断じてさしつかえない。とはいえ、征討がほかならぬ帝命によるものである以上、違背することもまたゆるされない。このような板ばさみの状況にあって、関係官僚たちはいかなる対応をとったのだろうか。

まずとりあげるのは、『実録』嘉靖二十九年十一月己亥（十日）条所載の「征虜方略」である。先述のとおり、仇鸞が三月出兵を上奏した際、これに沿って征討実施案を上呈するよう命ぜられたが、この「征虜方略」は、当該の諭旨を受けて、兵部左侍郎史道が上呈したものである。ところで、なぜここで次官たる兵部左侍郎の史道が上呈したかについては、すこし説明が必要であろう。ことは庚戌の変までさかのぼる。当時の兵部尚書であった丁汝夔が事件の責任を問われて処刑されたのち、彼の前任者で服喪のため任をはなれた翁万達が再起用された。(25) ところが、広東掲陽県（現、広東省掲陽市）出身の翁万達の北京到着がおくれたため、当該「方略」が上呈されたのとおなじ十一月十日、兵部左侍郎王邦瑞が兵部尚書に昇格した(26)。つまり庚戌の変ののちは、事実上の兵部尚書不在状態がつづいていたのである。そして、このあいだに兵部の事務を代行したのが兵部左侍郎の史道であった(27)。彼は、十五年十一月より二十年六月まで大同巡撫をつとめたのち、兵部左侍郎にうつるも(28)、巡撫在任中のモンゴル侵攻への対応を弾劾され、二十一年二月に為民（官身分剥奪）処分を受けた(29)。そののち、アルタンの軍勢が北京へとせまっていた二十九年八月二十二日、北辺での在職経験があり、兵略にもつうじているとして、原職の兵部左侍郎に再起用されたのである(30)。史道はまた大同巡撫を離任する直前に、アルタン朝貢の許可を奏請するのみならず(31)、みずからも積極的に馬市の利を主張し、三十年三月の馬市実施に際しても、大同におもむいて馬市にかかわる諸事務をとりしきった。こうした事情をふまえて『実録』所載の「征虜方略」をみると、兵馬の補充・兵の配備と糧草の備蓄・軍馬の購入・火器の準備などとならんで、つぎの二件の建議が目を引くのである。

一、令二鎮督撫等官、陽爲與虜通好、而陰以計圖之。一、以後奏陳征討之事、止宜以預備來年防守爲說。毋宣示章疏、爲虜所窺。

一、宣府・大同二鎮の総督・巡撫らの官に対して、表むきはモンゴルとよしみをつうずるようにしつつ、裏では計略をもってこれをおとしいれさせる。一、以後、征討のことを上奏する際には、ただ「あらかじめ来年の防備をととのえる」との名目で上奏すべきである。章疏に明記して、モンゴル側に察知されてはならない。

前者については、二十九年十二月に宣大総督蘇祐が題奏した「接報夷情疏」（『督府疏議』巻二）のなかに、

案査、先爲欽奉聖諭事、准兵部咨、該本部等衙門左侍郎等官史道等會議款開、廣開諜以得情。……乞降密札于宣大總督・撫・鎮、令其仰體上心、共衜國事、假以講許通貢、易買馬匹爲由、不惜小費、少荅來意。莫作撲殺劫營小舉、以阻壞大事。始而少相往來、繼則彼此孚信。

しらべたところ、さきに受けとった「欽《つつし》みて聖諭を奉ずる事」について、兵部が咨送してきた本部左侍郎史道らの会議条項に、「諜報網をひろげて情報を得ること。……宣府・大同の総督・巡撫・総兵官に密札をくだし、彼らにお上の意を体して、ともに国事にしたがい、通貢を認め、馬匹を購入するとみせかけ、すこしばかりの費用をおしまず、〔モンゴル側の〕意にこたえさせるようにせよ。〔モンゴル側の者を〕撲殺したり、攻撃をくわえたりするといったつまらないことをして、大事を台無しにしてはならない。はじめはすこしずつ往来し、これがつづいていけば、たがいの信頼関係もできてくるだろう」とありました。

との引用があり、これが廷議を経て史道が上呈したものであることもふくめて、その具体的な内容を知ることができる。ここでは、征討にむけた情報収集のためと称して、無用な紛擾を禁止するのみならず、表むき通貢を認めて馬を購入するとの名目で、出費をおしむことなくモンゴル側の歓心をつなぎ、通交をたもつことがもとめられている。こうしたいい方からすると、その目的こそ征討のためとされてはいるものの、実際には明蒙間の通交を維持し、事実上交易の許可をも示唆するものとみてよい。とすれば、先引「方略」の後者、すなわち征討の件については翌年の防衛策との名目で上奏し、「章疏」をもちいないというのも、その具体的内容までつまびらかにしうる材料はもちあわせないため、推測の域を出ないが、モンゴルへの情報漏洩の防止という表むきの目的の裏に、六科を経て官界に公布される題奏の手つづきをふまず、名目を翌年の防衛策とすることで、征討の一件を表沙汰にせず、あわよくばうやむやのうちに葬り去ろうとする意図すらこめられていたのではあるまいか。

こうした推測は、つぎにとりあげる二十九年十二月段階での朝貢要求をめぐる対応をみることで、よりたしかなものとなる。宣大総督蘇祐は、前掲「接報夷情疏」のなかで、アルタンの方から朝貢をもとめてきているのを機に、モンゴルに羈縻を示し、その内情をさぐりつつ軍備増強をすすめるようもとめた(32)。蘇祐の建議は廷議に付されたのち、大学士厳嵩・李本、成国公朱希忠、咸寧侯仇鸞、礼部尚書徐階の五人による西苑での会議にまわされた。その結果を伝える厳嵩の奏対には、兵士の徴募・訓練はすすまず、糧餉も不十分な現状では、要求を拒絶した場合に想定されるモンゴルの侵攻に応戦できないとの判断から、モンゴル側が辺境侵犯をおこなわなければ、翌秋に朝貢の可否を議すとの旨をアルタンに伝える、とある。つまり廷議・西苑会議とも、蘇祐の建議に沿う結論を出したのであった(33)。この結果を受けた世宗の諭旨とそれに対する厳嵩の再上奏は、十二月十九日付の厳嵩「論備虜事情」(『嘉靖奏対録』巻六)に、

伏蒙諭答、……朕意、亦不許貢、亦不許答話、一意集兵措財、必一加伐之爲正。……此爲大義之正所必當行者。但今衆論以謂目前權宜之計、暫且羈縻、用以緩彼之入、而我得預爲之備耳。此在臣下委曲計處、未可毎事上勞聖心。

伏して諭答を受けましたところ、「……朕の意は通貢もゆるさず、〔アルタンへの〕回答もゆるさず、ただ一心に兵をあつめて軍費を調達し、かならずやつらを一度征伐してしかるべし、というものだ」とありました。……これぞ大義としてまさしくかならずおこなわねばならぬものです。ただ、目下みなが当面のさしあたりの計というのは、ひとまず〔アルタンを〕羈縻し、それによって彼らの侵寇をゆる

め、わが方があらかじめこれに備えることができるようにすることをいっているだけです。このことは臣下が仔細に検討して処理すればよく、逐一上奏して、お上の心中をわずらわせるべきものではありません。

と伝えられている。「亦《また》貢も許さず、亦《また》答話も許さず」とのことばに、世宗の強硬姿勢のほどをみてとることができる一方、この建議がアルタンの侵寇をおさえ、軍備をととのえる時間をかせぐための当面の策であるという厳嵩の言は、大多数の官僚たちのねらいがどこにおかれていたのかを端的に示している。さらに注目したいのは、「此、臣下に在りて委曲に計処し、未だ事ごとに上して聖心を労《なや》ますべからず」という厳嵩のことばである。世宗が「君逸臣労」なる語をもちいて臣下を叱責したり、みずからが視朝しないことを批判された際に反論したりする例が『実録』に散見されるが[34]、厳嵩のこの発言には、いにしえの聖天子が無為にして天下をおさめたように、盛世にあって君主は苦労しないという「君逸臣労」の理念を逆手にとって、帝を説得するのみならず、あるいは征討にこだわる世宗を蚊帳のそとにおいてしまおうという意図すらこめられていたのではあるまいか。これに対する諭旨は、世宗と厳嵩との直接のやりとりを伝える『嘉靖奏対録』には記されていない。ただ、『実録』二十九年十二月庚辰（二十一日）条には、このときの朝貢要求について、廷議でまとめられた方策に同意し、軍備増強につとめるよう命ずる諭旨が伝えられている[35]。その背景を伝える史料として、徐階「復王東華給事」（『世経堂集』巻二十二）に、

北伐之議、向來聖意甚鋭、今則頗聴二三臣之言謂、不萬全、不擧矣。所可憂懼者、自虜退後、已踰三月、百司因循玩愒、練兵・峙糧、一無所有。

北伐の件、以前はお上もたいへん意気ごんでおられたのですが、ここへきて二、三の臣の言をたいそ

うよくお聞きいれになり、「万全な状態にならなければ決行しない」とおっしゃっております。気がかりなのは、モンゴル軍が撤退してもう三か月がすぎたというのに、百司がくずくずと〔征討への準備を〕おこたり、練兵や軍餉調達もいっこうにすすんでいないことです。

とあるのを提示しておきたい。二十九年八月末にアルタンが撤兵してから三か月がすぎたというのだから、この書簡は同年十一月末以降のものということになる。徐階は、このころの世宗が「万全ならざれば、挙げざるなり」との姿勢を示すようになったことを、「北伐の議」への意気ごみが減退したものと認識し、そうした軟化が「二三の臣」の言によってもたらされたと述べている。宛先の王東華というのは、浙江永嘉県（現、浙江省温州市の属）出身で二十七年十一月に戸科給事中となった王徳なる人物である(36)。彼の墓表を書いた王世貞によれば、王徳は「執政」・「権相」にたてついて広東按察司僉事に左遷されたほか、アルタンが京城にせまった際には、みずから討死を覚悟で兵をつのったという(37)。こうした人物に対して、かならずしも肯定的ならざるニュアンスをもって世宗の征討の意が後退したとの認識を示し、練兵・軍餉調達がすすんでいないことへの憂慮を示した徐階の言は、厳嵩ら「二三の臣」の説得によって世宗の姿勢が軟化したことを物語るのみならず、所司が征討決行とは反対の方向で動いていたことをも示唆する。

以上のふたつの事例からみて、関係する官僚たちが表むきには征討決行をめざす世宗の意を奉じながら、その裏ではまったく逆の動きをとっていたとみてほぼまちがいあるまい。彼らは征討のための軍備をととのえるとの名目で世宗を説得する一方、アルタンに対しては朝貢の可否を判断する期間をおくと応ずることで、戦端がひらかれるのを回避しようとしていた。こうした状況のなかで、とくに史道の「征虜方略」が示唆するように、モンゴルとの交易実施が現実的な方策として浮上してきたのである。

当時、薊遼総督の任にあった陝西長安県（現、陝西省西安市）出身の何棟は、陝西三辺総督王以旂に宛てた「与石岡王総督」（『太華山人集』巻三）の中で、

> 今虜人懇乞進貢。生已數次開掲、與内閣・本兵及當事者、委曲言之、欲進貢、又有欲開市者、先行之。只恐、處之不善、致生釁端、但虜情頗眞、或亦無事。今歳萬無侵犯也、近日聖明亦知邊臣之難、凡事寛假、庶得從容盡力。

> いまモンゴル人たちは切に進貢をのぞんでいます。生《わたし》はすでに内閣大学士・兵部尚書から当事者に至るまで、たびたび掲帖をおくり、つぶさに「〔モンゴル側は〕進貢をもとめていますが、また市をひらくことをのぞんでいる者もいるので、まずこれだけでもおこないましょう。懸念されるのは、対応をあやまって戦端をひらくことになることのみですが、しかし、モンゴル側の申し出にも、まずまちがいはなさそうですし、おそらくは問題ないでしょう。今年はまったく侵寇してくる様子もない上、このところお上も辺臣の難を知り、万事寛容をこととされるようになったので、おちついて力をつくすことができるでしょう」と説明しています。

と書いている。彼が提督薊州軍務（のち薊遼総督）に起用されたのは二十九年十一月であるから、[38]「今歳は万も侵犯する無し」といわれている当該書簡は、翌三十年のはやい時期に書かれたものと考えられる。この段階で何棟は、モンゴル側が朝貢もさることながら、交易の実施をとくにもとめていることについて、対処をあやまれば戦端をひらくことにもなりかねないが、彼らの主張は真情から出ているため問題はないとのみおしを示し、まず開市だけでもおこなうべきだと主張している。しかも何棟は、そうした見解を内閣大学士や兵部尚書をはじめとする中央の関係各官に何度も伝えていたという。さらに、交易実施にふみきる好機と

して、モンゴルの辺境侵犯がないこととともに、「凡《およ》そ寛仮を事とす」るようになったとされる世宗の姿勢があげられていることにも注目したい。帝の軟化によって計画実現にむけて尽力できるという彼のことばこそ、征討決行をうながす世宗の強硬姿勢が、決してのぞましからざる要因として前線の地方官に受けとめられていたことのなによりの証左となる。

何棟がいうように、織物や穀物の取引だけでも認められれば、明の北辺への侵寇を停止し、翌年の朝貢許可をまつというアルタンの意向は、三十年正月には宣府・大同の辺臣に伝えられていた(39)。さらに同年二月、アルタン側から四名の人質と明の逃亡兵である朱錦・李宝の身柄を明側に引きわたしてきたのを受け(40)、蘇祐は、宣府・大同および延綏・寧夏の各辺に交易場を設けて、明の布製品や穀物とモンゴルの家畜との取引をおこない、そのあいだに軍備をととのえるという建議をとりまとめて題奏した(41)。おなじころ、史道も「題北虜求貢疏」(『明経世文編』巻百六十六『史督撫奏議』)をのぼし、馬市の利を説いている(42)。このなかで彼は、

犬羊悪類、醜穢難容、不可使雑入。漢官威儀、當有一別嫌。
犬羊のような連中のこと、そのみぐるしいさまはたえがたいので、みだりに入れるべきではありません。明の官職の威儀についても、きちんと弁別すべきです。

と述べて、モンゴル人の入境をゆるさず、官職の授与も認めない、つまり馬市が封貢の形式をとるものではないと明言している。その上で、多額の宴賞・供応費用をかけて進貢馬を得ていた朝貢にくらべて、安価で良馬を入手できる馬市の利益はその三倍にのぼるのみならず、モンゴル騎馬軍の力をそぎ、明軍の戦力増強にも益すると説いている(43)。朝貢形式ではないことを強調し、交易による経済的・軍事的な利益を積極的に主張している点で、史道の建議は、前節でとりあげた仇鸞の構想と同様の性格をもつとともに、朝貢本来の意

義にこだわる世宗の反対をかわそうとする意図もこめられていたといえよう。さらに史道は、

出塞之擧、臣嘗力贊聖明以行、其在今日、若不可以直遂之者。……必若聖諭所謂、食足兵雄、乃能以萬全爲期者也。其今二《ママ》月之師、似當徐徐爲計。

出塞の件について、臣はかつて極力お上をたすけてこれを決行しようとしましたが、今日にあっては、すぐにこれを達成できるという状況にはないようです。……かならず諭旨にあるように、軍餉がそなわり、兵力も強化され、万全を期せるようになってからにすべきです。この二月（三月？）の出兵は、徐々に計をなすべきかと存じます。

と述べて、現状での征討実行は不可能だと明言し、軍備がととのうまで出兵を延期すべきだと建議したのである。このように、朝貢の形式をとらないことを強調し、事実上の征討中止をもとめた史道の当該建議は、馬市という方策が、世宗がつよい意欲を示すアルタン征討を回避すべく浮上してきたことを裏づけるもののように思われる。

第三節　反対論の提起と馬市実施の決定

蘇祐の建議に対して、世宗は廷議をひらいて可否を議すよう兵部に命じ、これを受けた兵部尚書趙錦は、遼東での例にならって馬市を認めるべきだと覆奏した[44]。同時に趙錦は、①文職の大臣一名と武官一名とを大同に派遣し、モンゴル側に辺境侵犯の停止を誓約させた上で、大同辺外において馬市を実施する。②兵部から馬価銀十万両を発給し[45]、交易品の織物を調達する。③宣府および延綏・寧夏もふくめて、各辺で一年に四

回、取引頭数をかぎって冬季に馬市をおこなう。④モンゴル側との対応や警備など馬市関係の一切の事務は、大同に派遣した大臣にとりしきらせる、という馬市の実施要領を提示している(46)。

趙錦の覆議に対して、世宗は自身では可否を決めかね、内閣大学士に下問した(47)。厳嵩は兵部の覆議どおり馬市をおこなうようもとめたものの、一回に銀十万両かかる馬市を年四回おこなうのはおおすぎるとして、一年二回とするよう上奏している(48)。世宗はこれを容れ、この直前の二月二十八日に考察後の留任者からさらに不適任者を摘発する拾遺によって致仕（強制退職）せしめた史道を再起用し、大同におもむいて諸事をとりしきらせるよう吏部に命じた(49)。

こうして馬市の建議はひとまず帝の裁可を得た。しかし、廷議の結論に対して可否を判断しかねたというところにうかがえるように、世宗は征討への意欲を多少後退させたとはいえ、モンゴルへの強硬姿勢そのものまで軟化させたわけでは決してなかった。くわえてこの段階で公になった馬市の計画に対しては、強硬な反対論が噴出したのであり、最終的に実施に至るまでには、なお曲折を経なければならなかった。

馬市をめぐる官界の状況を伝える史料として、陝西華州（現、陝西省華県）出身の王維楨が陝西巡撫鮑象賢に宛てた「答鮑思菴巡撫書」（『槐野先生存笥稿』巻二十三）をまずとりあげよう。このとき翰林院修撰の任にあった王維楨は、当該書簡のなかで、

宣・大新開馬市、國人可者半、不可者半、于高明謂何。……目前應卒、不可言計。避難逭責、冀以身免、而不顧其他者也。主上注念邊略、思埽胡塵、置疆埸于萬年之固、至惓惓也、其誰爲圖此計乎。僕以翁曠覽深謀、赤衷體國、必嘗設算于懷。幸先以示相知、乃後謁聞于上、可也。(50)

宣府・大同であらたに馬市をひらくことについて、国論はこれを可とする者、不可とする者が半々で

すが、貴殿はいかがお考えでしょうか。……目前の急に応ずるだけでは、計とはいえません。難を避けて責任をのがれ、みずからの保身をねがうばかりで、ほかのことをかえりみていないのです。主上が北辺の計略に意をそそぎ、モンゴルを駆逐して辺境を長期的に安定させようとしていること、至って切なるものがあるのに、だれがこんな計略を立てたのでしょうか。僕《わたし》は翁《きでん》が博覧深謀、赤心より国を体しておられるがゆえ、かならずや心算があるものと思います。どうかまず相知《わたし》にお示しいただき、そのあとでお上に上奏すればよいでしょう。

と書いている。馬市は目前の難をのがれるためだけの方策であり、計略とよぶに値しないとまで述べているところから、王維楨個人の馬市に対するみかたがきわめて批判的であったのはあきらかである。そうした批判の根拠は、モンゴルを駆逐して北辺の安定化をはかろうとする帝意にもとるという言に端的に示されているように、征討決行を命ずる世宗の諭旨におかれていた。その一方で王維楨は、馬市の是非をめぐって国論は二分されているという現状を伝えるとともに、博覧深謀の鮑象賢であれば、かならずやなにか方策を考えているはずであり、彼の意見をふまえて上奏したいと述べている。うがったみかたをすれば、王維楨は鮑象賢の意見をもとめなければ、馬市反対の自説を実現する現実的方策を提示しえなかったという状況を、ここから読みとれるのではあるまいか。このように、馬市にかわる有効な対案を示しえないなかで、征討への意欲を示した世宗の諭旨をよりどころとして馬市批判が展開されるという状況は、嘉靖馬市といえばかならずとりあげられる兵部車駕司員外郎楊継盛の「請罷馬市疏」(『楊忠愍集』巻一)にも同様に認めることができる。

楊継盛のこの題疏は、馬市の「十不可」を列挙した上で、「五謬」として馬市推進論者への反論を展開したものである。そこでは、辺境防衛の弛緩や不法な通交の増加(51)、あるいはモンゴル側が際限なく要求を拡大することで馬市による休戦状態は破綻する、といった実際上の問題も指摘されてはいる。しかし、それ以上に強調されているのは、たとえば当該題疏の最後で、

竊惟、皇上初時震怒奮武、其氣若此之壯、命將征討、其志若此之勇、則知今日馬市之開、乃議者之姦計、斷非皇上之本心也。

ひそかにおもいますに、陛下が当初たいへんにお怒りになって〔アルタンを〕征伐せんとなさったこと、その気はかくまでにさかんであり、将軍に征討を命じたこと、その志もかくまでに勇みたっておられたのですから、今日、馬市をひらくなどというのも、所詮は建議した者の姦計であり、断じて陛下の本心ではないことが知れようというものです。

とみえるように、馬市は征討決行を強調してきた世宗の本意によるものではなく、征討を実行できない責任をのがれ、当座の急をしのぐだけの策であり、帝の信任を裏切る「姦計」だとの批判であった[53]。

このように楊継盛は、征討をめざす上意への違背という点を全面におしだすことで激烈な馬市反対論を展開したのだが[54]、彼はこの上奏をおこなうに至った経緯をみずから「自著年譜」（『楊忠愍集』巻三）に書きのこしている。これによると、楊継盛は馬市の建議上呈時にすぐ反対の旨を上奏しようとしていたが、皮肉にも馬市の実施要領案を起草するよう命ぜられたらしい。すでに担当の大臣が派遣されていたため、彼はアルタンの愛子を人質にとる一方、モンゴル側に拉致した漢人を返還させ、諸部の侵寇をとりしまらせるほか、軍備を厳重にし、公正な価格を定めて取引をおこなうというように、問題を事前にふせぐための原案を起草した。ところが、その内容を知った兵部尚書趙錦が、それでは馬市がひらけなくなるとして、主事の張才に書きなおさせたために、彼は上奏にふみきったという[55]。また、楊継盛上奏への対応を議した西苑での会議にお

いて、兵部右侍郎聶豹が述べたところによれば、「おまえのいうとおり馬市をひらかずして、モンゴルが攻めてきたらどうするのか」という聶豹の問いに対し、楊継盛は返答に窮したという[56]。ここからみるに、上意への違背という多分に道義的な側面を強調した楊継盛の批判も、じつのところ、現実的見地に立てば、馬市以外の方策は不可能であることの裏がえしであったとみるべきである。逆に内閣や兵部、前線の地方官らの立場からすれば、馬市がもはや不可避であるにもかかわらず、その実施はすなわち上意にそむくことだという致命的な批判を受けたことになる。中央のこうした状況について、薊遼総督何棟は陝西三辺総督王以旂に宛てた前掲「与石岡王総督」のなかで、

奈何、議論横生、事多掣肘、朝更夕改、終無定見。勢急於張弩、事困於觸藩。欲望任事之臣、效力致命、難矣、難矣。

むやみと議論がわきおこり、ことはおおく掣肘され、方針がころころとかわってまったく定見なきありさま、いったいどうしたものでしょうか。事態は弩をはったように緊迫しており、垣根にさえぎられた以上に進退きわまった状態です。ことに任ずる臣が懸命に尽力してくれるのをのぞむばかりですが、なんともむずかしいことです。

と記している。小康状態がいつやぶられるとも知れぬ前線の緊迫した状況のなかで、沸騰する反対論のために中央で実施決定にふみきれないことへのいらだちが示されているとともに、政局は「藩に触るるより困なり」[57]、すなわちすすむにすすめず、しりぞくにしりぞけない状況にあると述べ、馬市実施へのみとおしを「難きなり、難きなり」と嘆じた何棟のことばこそ、まさに馬市をめぐる政界の状況を如実に伝えているといってよい。こうした図式で対立が先鋭化していく状況は、政権側にきわめて困難な政局運営をしいるもの

であった。しかも楊継盛の題奏を受けて、三月四日にいったん馬市許可の諭旨をくだした世宗の姿勢が、ふたたびゆらぎはじめるのである。

楊継盛によると、世宗は彼の馬市反対の主張を是とする姿勢を示しつつ、内閣に票擬を命じたという。[58]これを受けて、大学士厳嵩・李本、礼部尚書徐階、成国公朱希忠、兵部尚書趙錦と聶豹・張時徹の両兵部侍郎に咸寧侯仇鸞をくわえた八人が西苑の直所にあつまり、馬市の可否を再度審議した。しかし、アルタンが人質を出し、担当官の史道も現地におもむいている以上、中止することはできないとの結論に達した。[59]ここに至って、世宗は楊継盛の処罰を示唆する一方、[60]馬市を毎年二回おこなうとした諭旨をひるがえし、さしあたり今年一回のみ実施したのち、十年間侵犯がなければ再度実施するとの諭旨をくだした。[61]三月四日時点での内容を後退させた案を提示したのである。厳嵩は三月十四日に上奏し、兵部の原案を減じて二度とした経緯からして、これ以上回数を減らせば、人質まで出して誠意を示しているアルタンの信をうしないかねないと述べ、当初の諭旨どおり年二回の開催をもとめた。[62]結局、世宗は三月十五日に楊継盛を陝西狄道県（現、甘粛省臨洮県）典史に左遷するよう命じ、[63]翌十六日には厳嵩の上奏を容れ、南京兵部の貯蔵銀十万両と各所の余剰銀とを馬匹の購入に充てるという兵部の建議も裁可している。[64]

この三月十六日付諭旨を受けて、馬市は実施にむけて動いていくが、じつはその翌日の三月十七日付の厳嵩「再奉諭山殿及馬市対」（『嘉靖奏対録』巻六）に、

蒙問、馬市果可塞彼貪否。

ご下問を受けましたところ、「馬市によってはたして彼の貪心をふさぐことができるのか」とありました。

とあるように、開市決定の諭旨をくだしたあとも、世宗は、馬市によってモンゴルの要求を満たせるかどうか懸念を示していたのである。厳嵩はかさねて説得し、帝の懸念をおしきってはいるものの[65]、世宗が三月四日の諭旨をいったんひるがえしていたことを考えれば、この時点で如上の諭旨が出されていたということは、三月十六日の諭旨がいつまたひるがえってもおかしくない状況にあったことを物語る。世宗とのあいだでこうした緊張をはらみつつ馬市が開始されたことは、これ以降の政局の動向を左右する重要な要素として留意しておきたい。

第四節　馬市の実施から破綻まで

三月十六日の諭旨を受けて、四月二十五日より大同鎮羌堡で、五月には宣府新開口堡で馬市がひらかれ、十二月には寧夏花馬池での馬市完了が報告された。七月にはアルタンがモンゴルに投じていた白蓮教徒の蕭芹・呂明鎮らの身柄を明側に引きわたすなど、馬市はひとまず順調にすべりだしたといえよう[66]。しかし、モンゴル側の需要に対して、明の布製品調達のための財源がおいつかないという状況は、開市当初からあきらかであった。蘇祐の題疏に引用される巡撫劉璽の報告によって、宣府での馬市の状況をみると、五月二十四日から二十六日までおこなわれた取引は、モンゴル側に支払う織物が底をついたため、馬二千余匹を購入したところで終了となり、劉璽はセンゲ（心愛）らにのこった馬匹をひいてかえるよう指示した。馬を売れなかったモンゴル人のなかにはなかなかかえろうとしない者もいたが、センゲは彼らをよびあつめ、二十七日にはみなもどっていった。しかしながら、モンゴル側のこうした事情は劉璽にも理解できないことではなく、結局は各城堡の武官・兵士に二百余匹を買いとらせることで、彼らのもとめに応じたという[67]。とはいえ、宣府の台所事情はくるしく、馬市開始にあたって、中央政府は当地の地畝・椿朋銀・馬価銀をすべて馬匹購入にあてるほか、五万両を宣府に発給して織物の購入に充て、さらに戸部からも銀両を発給して馬市の用にそなえると決定した(68)。ところが、戸部からの銀両は、事前に現状確認をおこなう科道官が到着しなかったために発給されず(69)、結局、京運銀・椿朋銀や馬価銀の余剰分など手もちの銀両をかきあつめてようやくまかなわれた(70)。劉璽の報告によれば、紬段・梭布・酒肉の調達や馬匹購入に総額銀一万六千六百九十五両余を支出したのに対し、次年の馬市に要する布製品購入に充てられるのは総計銀八千二百両余であったという(71)。これでは当年かかった分の半分弱の額にしかならないが、椿朋銀の滞納もおおく、兵士への月糧支給も三か月とどこおっている状況にあっては、もはや劉璽にも中央に銀両発給をあおぐ以外にすべはなかった(72)。

こうした状況を尻目にモンゴル側は要求を拡大させてくるのである。三十年七月、アルタンは馬をもたないまずしいモンゴル人でも供出できる牛羊と穀物との取引をもとめてきた。要求をとりついだ史道は、これを許可するようもとめたものの、官界の大勢は消極的であった。結局、米価高騰のさなか、モンゴルに供給する余裕はないとする大同巡撫何思の報告をふまえて、厳嵩は要求をしりぞけるよう上奏し、これを受けて、大同に派遣していた史道を解任し、北京に召還するとの決定がくだされた(73)。この決定を転機として、モンゴル側は交易継続・拡大をもとめて圧力をつよめる一方、北辺での略奪がふたたびはげしさを増したとされる。三十年末から三十一年初頭にかけて大同・山西で大規模な侵寇がつづき、三十一年八・九月ごろには薊州・宣府方面にも侵寇がおよぶようになった(74)。

前節までにみたように、そもそも馬市という政策は、世宗がつよい意欲を示すアルタン征討を回避すべく、交易実施によって休戦状態をもたらし、そのあいだに軍備増強をすすめるという前提で実施にふみきったものであった。したがって、モンゴルの侵寇がふたたび激化することは、最後まで馬市への消極姿勢を示しつづけた世宗への説明の前提がくずれたことを意味した。こうしたなか、これまで征討回避という点で一致して馬市を推進してきた官僚たちの思惑のちがいが露呈しはじめ、それがいかにして世宗の信頼をつなぎとめて主導権をにぎるかという抗争ともむすびつきながら事態は展開していく。

仇鸞・史道がおもに経済的な観点から馬市実施を主張したことはすでに述べたが、開市後の北辺情勢の悪化に対しても、彼らは馬市の継続・拡大によって打開しようとした。史道は、アルタンがもとめた牛羊・穀物取引の具体策として、辺牆修築工事を二十日間停止し、それによって浮いた分の糧料や、弘賜堡などに備蓄してある糧米を供出し、軍隊への俸糧を牛羊で支給するとの案を示している(75)。また、『実録』嘉靖三十年十月己巳（十五日）条では、仇鸞が馬市継続の具体策として、馬匹を孳牧する馬戸が起解すべき馬一匹あたり銀二十両に換算し、南直隷・河南・山東での徴収分は織物購入に、北直隷での徴収分は各鎮に十万両ずつ発給して軍馬購入にそれぞれ充てるほかは、馬政を管轄する太僕寺におくって民間の寄養に充てるという案を提示している(76)。『実録』同条には、こうした方策の前提として仇鸞が、

調邊兵・開馬市、缺一不可。調邊兵、則我有内恃、而馬市可開。開馬市、則我有遠交、而賊黨可散。計無出此者。

北辺軍を動員することと馬市をひらくこととは、ひとつでも欠いてはなりません。北辺軍を動員することで、わが方は内にたのむところができ、馬市もひらくことができます。馬市をひらくことで、われわれは〔アルタンとの〕遠交を維持することができ、ほかの諸勢力をおいはらうことができます。これにまさる計はございません。

と述べたと伝えられる。ここにあきらかなように、彼らは軍隊の動員とならぶ辺境防衛の不可欠の要素とし

て馬市を位置づけており、その実行のためにはアルタンとの通交を維持することが必要だと認識していたのである。しかし、それは世宗の意向とは絶対にあいいれないものであった。既述のとおり、史道がとりついだアルタンの穀物取引要求は却下され、彼自身も北京に召還された。これについて『実録』には、史道が明の官職の授与をもとめるアルタンの表文をとりついだことが、その理由であったと記されている。(77) おそらく彼は、上述の馬市継続プランの前提として、封貢関係の樹立を視野に入れていたのではないかと思われるが、それを中央に伝えたことによって解任されたのであった。さらに、『実録』嘉靖三十一年正月辛丑（十八日）条には、モンゴルの辺境侵犯の激化は辺臣が休戦をよいことに防備をおこたったことによると述べた諭旨を受けて、仇鸞が内心不安を感じ、みずから辺外への出兵をねがいでたと伝えられる。(78) 全軍権を一手に掌握していた仇鸞にとって、世宗が侵寇激化の原因は馬市にあるとの態度を示すようになっては、自身の保身をはかるためにも、帝に迎合して征討決行の意を表明せざるをえなくなっていったといえよう。穀物取引要求を拒絶した直後の三十年八月、前年のアルタンの進攻をそそのかしたとして、ウリヤンハン三衛のひとつであるダヤン衛への征討を建議し、(79) 三十一年正月には、南下するモンゴル軍を辺内で挟撃したのち、辺外へ出兵すると上言するなど、(80) このころの仇鸞が出兵をたてつづけに主張するようになるのも、こうした状況によるものであったと考えられる。

しかし、それでは征討決行を阻止すべく動いてきた官僚たちからみれば、本末転倒である。三十年末ごろからモンゴル侵寇がはげしさを増したことに朝議は沸騰し、みなその原因を馬市に帰したと伝えられるが、(81) 中央のおおくの官僚たちの認識は、三十一年二月初六日付の厳嵩「論馬市當絶」（『嘉靖奏対録』巻七）に、

至於開市一節、去歳原議、用此爲羈縻之術、以修武備。然武備未見實修、而虜賊旋復入搶不已、

可見開市之無益矣。茲當申飭所司、一意修備、遇賊入犯、必大加逐勦、使遭挫畏遁、不可復爲開市之說也。

馬市をひらくことについて、去年提出されたもともとの建議では、これによって〔モンゴルを〕羈縻し、軍備をととのえるとのことでした。しかしながら、軍備はいっこうにととのった様子がなく、モンゴルもふたたび侵寇に転じてやむことがないのをみれば、馬市をひらく利益がないのはあきらかです。こうなっては、所司をいましめて一心に防備をととのえ、敵が攻めこんできたら、かならずおおいに攻撃をくわえ、士気をくじいて撤退させるようにし、馬市をひらくということにふたたび言及しないようにすべきです。

とあるように、あくまでもモンゴルの侵寇を緩和し、軍備増強をすすめるために馬市を実施したのであって、辺境侵犯がふたたび激化し、馬市の無益があきらかになった以上は、馬市にかわる別の方策によって防備をかため、侵寇を撃退すべしというものであった。こうした認識は、馬市の利益を積極的に主張する仇鸞・史道とは対照的である一方、裏をかえせば、小康状態を維持できるかぎりは馬市を継続するということでもある。三十一年正月には宣府巡撫劉璽が、宣府では馬市によって安定がたもたれているため、一年二回の制限にかかわらず継続的に交易をおこなうようもとめたのに対し、銀五万両・馬五千匹以内という制限つきながらこれを認める決定がなされている[82]。同年三月にも、兵科給事中朱伯辰の上奏に対して、兵部が宣府・延綏・寧夏ではモンゴルが攻撃に転ずる様子が認められないため、順逆の情を慎重にみきわめて馬市の継続・停止を判断するよう覆奏している[83]。これらは、馬市によって略奪・侵攻をおさえられるのであれば、これを継続すべきだという認識が、中央・地方の関係各官のあいだで共有されていたことを示すものといえる。

さらに、先引厳嵩「論馬市當絶」が、あくまでも侵攻に対する防備・迎撃についてのみ言及していた点にも注意したい。この点に関して、厳嵩は当該上奏の前日にあたる三十一年二月初五日付の「再対虜患及大将出辺」（『嘉靖奏対録』巻六）で、

但今之計、欲明興兵出討、此恐難行。蓋中國擧動、虜皆知之。一聞興師、移營遠徙、我兵至彼、無尋蹤跡、是空勞無益。

しかし、いまの計として、表だって兵をおこし征伐しようとするのは、おそらく困難でしょう。というのも、中国の挙動について、モンゴル側はみなこれを察知しています。ひとたび〔わが方が〕軍をおこすと聞けば、営帳をうつしてとおくまで移動し、わが軍はかの地に至って、ゆくえをさがすべもなく、むだに骨折るばかりで利益がないということになります。

と述べて、明の方から兵を出すのは「労を空しくして益無し」とまで断言し、明軍の出征の不可を強調している。[84]これが「大将出辺」、すなわち大将軍仇鸞の出兵に関してのぼされていることから知られるように、彼は先述した仇鸞の出征への動きを阻止する方向で動いていた。そして、こうした形で仇鸞と厳嵩との主導権あらそいもはげしさを増していったのである。[85]厳嵩ら当局者たちの最大の目的が、明軍による辺外への出撃を回避することにあり、馬市も当面の急をしのぐ策としてしか位置づけられていなかった以上、北辺での休戦が破綻するのみならず、世宗みずからも馬市が北辺軍弱体化の元凶となっているとの認識を示すようになっては、もはや馬市を積極的に支持する理由はなかったのである。[86]

こうしたなか、三十一年八月の仇鸞の死によって、馬市をふくむ北辺政策は大きく転換することとなる。仇鸞が病にふすや、すでに入閣していた徐階の密奏を受けて錦衣衛に捜索が命ぜられ、仇鸞がアルタンと密

通していたことがあかるみに出た。世宗の怒りははなはだしく、仇鸞は謀反の律にあてられ(87)、馬市も彼の叛逆行為のひとつに数えられることになる(88)。そして三十一年九月、宣府での馬市を中止するようもとめた巡按直隷御史蔡朴の上奏に対し、世宗は「馬市を建議する者は斬」とのきびしい姿勢をもって、馬市の全面禁絶を命じたのであった(89)。

おわりに

本章冒頭、嘉靖馬市にかかわる先行研究の議論を整理した際、なお検討を要すると思われるいくつかの点を指摘した。そのひとつとして、嘉靖馬市実施の契機を庚戌の変でつきつけられた軍事的脅威にもとめるみかたをあげておいた。たしかに、京師を包囲されるという事態が、官僚たちの心理ひいては政局の動向に甚大な影響をあたえたことは否定すべくもない。しかし、すくなくともアルタンの朝貢要求への対応という点にかぎってみれば、庚戌の変のほか、二十九年十二月時点での朝貢要求も、結果としてはしりぞけたのである。また、朝貢許可もやむなしとする各官の判断を世宗が拒否するという図式が、この事件によって変化したようでもない。とするならば、明朝の政策決定の場において、馬市実施への動きを加速させた直接の契機は、やはり世宗がアルタン征討の意をつよめたことにあったとみなければなるまい。

このことは、本章冒頭で設定した問題のうち、アルタンの「朝貢」要求に対してなぜ「馬市」という方策がとられたのかという点とも関係する。みずから北辺にあった仇鸞らの認識を反映し、朝貢の形をとらない交易として浮上してきた馬市の構想は、朝貢本来の意義に固執してアルタンの要求を拒絶しつづける世宗の反対をかわそうという動きのなかでこそ、国家の政策という形をなしえたのである。そうした状況は、馬市が倉卒のうちに開始され、一年あまりで全面停止においこまれたことによっても裏づけられよう。史料の文面にあらわれているかぎり、中央・地方のおおくの官僚たちにとって、あくまでも馬市は防衛体制をととのえる時間をかせぐための当座の方策としてしか受けとめられていなかった。仇鸞と同様に馬市の利を主張した史道でさえも、最終的にアルタンの表文をとりついだことからみれば、「封貢」の概念から完全に自由であったかどうかはうたがわしい。馬市の目的ないし位置づけについて、関係各官のあいだでかならずしも十分な共通認識がなかったことは、馬市が破綻にむかう過程で露呈し、政局迷走の要因ともなった。しかし、逆にそうした状況でありながらも、なお明朝政界を馬市推進へとむかわせたのはなんだったかと考えれば、やはり当局者たちの上におもくのしかかっていた帝意の存在を意識せざるをえまい。

こう考えてくると、嘉靖馬市をめぐる一連政治過程からは、原理主義的ともいうべき世宗の方針と、それでは対処しようのない現実とのせめぎあいのなかで、首輔以下の官僚たちがなんとか双方に折りあいをつけられるような方法をひねり出し、それによって事態の軟着陸をはかる、という展開パターンが浮かびあがってくるように思われる。本章での検討からみえてきた世宗の姿勢には、前章で論じた「復套」をめぐる政治過程から浮かびあがってきたのと同様、「中国」皇帝としての道義的・原則的立場を強調し、官僚の政策審議・政務遂行プロセスとは異なる要因による決裁によって、しばしば官界を混乱におとしいれる要因にもなるという一面をみいだすことができる。モンゴルの外圧を緩和するには、朝貢許可もやむなしとする官僚たちの建議をことごとく却下するのみならず、京師を包囲されるほどの劣勢をかえりみずに征討決行を命じたことは、まさにその最たるものといってよい。では、なにが世宗をそうした方向へとかりたてたのか。それは、おそらく庚戌の変の際に徐階「会議北虜求貢」に対してくだされた諭旨のほか、礼制改革や西苑再建などの事業にも共通して認められるように、あるべき理想の秩序を回復・体現しようとする志向であったと思われる。モンゴルに対する極端なまでの強硬路線を主張しつづけたのも、理想的・原則的なあり方へと回帰することで、みずからが君臨する明朝がみまわれた内憂外患をのりきろうという世宗なりの処方箋であったともいえなくはない。楊継盛・王維禎らによるはげしい馬市反対論のよりどころとして、征討決行の諭旨がきわめておおきなウェイトを占めていたこともまた、そうした一面を示唆する。嘉靖時代を特徴づける明朝の対外強硬路線は、多分にそうした世宗の理想主義的・原理主義的な姿勢に起因していたといってよい。

しかし、それがまったくといってよいほどに現実味を欠いていたことは、あらそえない事実であった。宣大総督蘇祐が上奏した各鎮の兵力・財力の状況から考えて、征討の決行は文字どおり明朝に壊滅的な打撃をあたえたであろう。そうしたなか、たとえ帝意とはいえ、国家を破滅へとみちびくような方針を採用するわけにはいかなかった官僚たちの立場もまた想像にかたくない。二十九年十一月段階で史道が上呈した「征虜方略」は、征討決行の名目はかかげながらも、これを表沙汰にしないばかりか、馬匹取引の実施をも示唆するかのような方策を示すなど、実際には上意とはまったく逆の方向へと事態を動かし、征討計画を骨ぬきにしようとしていた。官界のトップに立つ首輔厳嵩も首尾一貫して明軍出辺阻止の方針をとり、馬市実施にむけて世宗を説得していた。とくに二十九年十二月のアルタンの朝貢要求をめぐって、帝がたびたびもちだす「君逸臣労」の理念を逆手にとって、皇帝すらも蚊帳のそとにおくかのような対応をとるに至っては、ある意味、そこに厳嵩が十五年ものながきにわたって政権を維持しえた積極的な要因を垣間みる思いがする。こうした対応は、楊継盛らに批判されたように、まちがいなく上意に違背するものであり、それが厳嵩の「奸臣」イメージをささえる要素ともなってきたといえよう。しかし、たとえば自身最前線にあった薊遼総督何棟の「与石岡王総督」から読みとれたように、世宗の強硬姿勢は、現場の督撫たちに決してのぞましいものとして受けとめられてはいなかった。しかも何棟は、開市にふみきるよう大学士をはじめとする中央の関係各官に積極的にはたらきかけ、期待と不安をもって彼らの対応をみまもっていたのである。してみると厳嵩らの対応は、現場の意向に沿いつつ事態を軟着陸させるという点で、むしろ積極的な役割をはたしたというべきであろう。さらには、そこに内閣・首輔の著しい権力伸長が認められるとされる嘉靖後期の内閣政治の実態およびその特徴をみることもできるのではなかろうか。

大学士を西苑に当直させ、意思決定プロセスの各段階において彼らの答申をもとめていたことが物語るように、皇帝親裁強化をめざす世宗にとって、大学士はみずから決裁をおこなう際の顧問官・秘書官として重要な存在であった。他方、総督・巡撫など現場の諸問題に直接対峙しなければならない官僚たちに必要とされていたのは、目前の事態に有効な対応をとれるような決定であった。しかし、現場の意向を政策決定に反映させようにも、皇帝世宗は西苑にうつり住み、官僚たちの政策審議の場から物理的にもはなれたところで、みずからの理想にもとづく「親裁」をおこなっていたのである。こうした状況のゆえに、何棟の前掲書簡が物語るように、彼らの意向を皇帝の決裁に反映させうる存在として内閣に期待があつまっただろうし、内閣もまた、厳嵩があの手この手で世宗を説得しながら馬市実現へとこぎつけたように、そうした期待を背に世宗とのあいだをとりもつという形で政策決定におおきな影響力をおよぼしえたといえよう。しかしながら、辺境の現実と帝意との矛盾を如何ともできなくなった帰結として馬市が破綻という結果に終わったように、帝意が厳然として存在している以上、そこからはなれた方策を内閣が独自に打ちだしていくことは不可能であった。その点において、次章で検討する隆慶時代の内閣政治のありようとは、いささかおもむきを異にする。内閣が政策決定にすくなからぬプレゼンスを占めるという状態は、嘉靖後半の約二十年という時間のなかで定着していったと考えられるとはいえ、世宗とは対照的に、政務への積極性を示さなかった穆宗のような皇帝のもとで、内閣が調停に徹しているだけでは、政務の停滞は避けられまい。内閣のプレゼンスがおきなものになっていればこそ、方針を示し、政務を主導していく役割を内閣にもとめる動きもつよかったであろう。その意味で、厳嵩失脚後に嘉靖末年の政局をリードした首輔徐階が、隆慶二年（一五六八）という時点で政治の表舞台から退場していったことは、そののちの高拱・張居正の主導権確立とあわせて考えるとき、まさに嘉靖と隆慶という時代の相違を象徴する事件として位置づけられる。

以上に述べた諸点をふくめ、世宗から穆宗への代がわりによって、明朝の政治のあり方にいかなる変化がみられるのか。その点を具体的に検討していくのが、次章の課題となる。

注

（1）［稲葉岩吉一九一三］第一号四九―五四頁・六〇―六三頁、［岩井茂樹二〇〇九］四八頁。
（2）［侯仁之一九三八］一九〇―二〇七頁、［田村実造一九四一］六―九頁、［林章一九五二］一―四頁、［松本隆晴二〇〇一］一九七―二〇四頁などを参照。
（3）［蘇均煒一九八二］、［曹国慶他一九八九］などはこうした傾向が顕著である。
（4）［梁希哲・王剣一九九六］・［大木康一九九七］。
（5）［張顕清一九九二］一九八―二一四頁。
（6）［松本隆晴二〇〇一］二〇〇頁。
（7）［岩井茂樹一九九六］六三三―六三四頁。
（8）以上の経緯は、『実録』嘉靖二十九年八月壬午（二十一日）条、および同書、嘉靖二十九年八月甲申（二十三日）条を参照。
（9）『実録』嘉靖二十九年八月壬午（二十一日）条
階請以計款之言、①其書皆漢文、朝廷疑而不信。且無臨城脅貢之理。②可退出大邊外、另遣使齎番文、因大同守臣爲奏、事乃可從。如此往廻之間、四方援兵皆至、我戰守有備矣。

(10) 徐階「会議北虜求貢」

合無請敕一道、選差通事二員、齎捧往諭俺答、若果悔罪求貢、宜卽日斂兵出境、另具番字表文、差的當頭目於大同提督・總兵官處投進、聽候朝廷處分。

(11) ［小島毅-一九九二］四一七頁。

(12) ［大石隆夫-二〇〇三］四―六頁・一〇―一六頁。

(13) ［檀上寛-一九九七］二一五頁、［岩井茂樹-二〇〇五］一二四―一三〇頁。

(14) ［夫馬進-二〇〇七］二四二―二四三頁では、世宗が礼制に執着し、朝鮮との礼制上のバランスをとろうとしてヴェトナム出兵を主張したと指摘されている。これも礼制へのこだわりが対外姿勢を硬化させる要因になっていたことの一例といえよう。

(15) 仇鸞の事跡については、［張顕清-一九九二］二一五―二一七頁にくわしい。仇鸞もふくめて、当時の北辺防衛軍の将軍・兵士によるモンゴルとの通交がひろくおこなわれていたことは、［岩井茂樹-一九九六］六三四―六三五頁で言及されている。彼の馬市の建議の裏に、アルタンとの密約があったとする点については、［侯仁之-一九三八］一九五―一九六頁、［松本隆晴-二〇〇一］二〇七頁、参照。

(16) 『実録』嘉靖二十九年八月丁丑（十六日）条

臣竊以爲、虜中生齒浩繁、事事仰給中國。若或缺用、則必需求、需求不得、則必搶掠。……往時虜曾請貢、廷議未從。尙文懼虜衆缺望、必將肆毒、乃乘其效順之機、投以貨賂之利。虜卽如願、邊亦少寧。

(17) 『実録』嘉靖二十九年八月丁丑（十六日）条

卽今、遼東・甘肅・薊州・喜峰口、俱有互市之例。若皇上霈然發詔、遣人至二邊外、諭虜遠塞許其市馬、如諸邊例、仍嚴立限制、量加賞給、則彼之感恩慕義、當世世爲外臣。比於軍吏自相結納者、功相萬也。

当該建議については、［侯仁之-一九三八］一三六頁、［林章-一九五二］二一一―二一三頁、［松本隆晴-二〇〇一］二〇〇頁、［岩井茂樹-一九九六］六三四頁などでも言及されている。

(18) 仇鸞は、正徳年間（一五〇六―一五二一）に安化王寘鐇の乱の鎮定に活躍し、のちに寧夏総兵官となった仇鉞の孫である。楊廷和「咸寧伯進封侯謚武襄仇鉞墓誌」（焦竑『国朝献徴録』巻十）には、

公諱鉞、姓仇氏、字廷威、揚州江都人也。高祖成、洪武初、従征有功、授揚州衛百戸。

とあり、仇鉞の祖先が明初に揚州にうつったとする。しかし、万暦『歙志』伝巻四、志十四、勲烈には、

仇鉞、王充人、貫籍江都。

とみえ、さらに同書、載記巻一、志二十一には、「国憝」として仇鸞が立伝されており、仇鉞・仇鸞が徽州歙県の王充仇氏の流れをくむ人物であったことが知られる。このことは、仇鸞の裏に新安商人の人脈があった可能性を示唆するようにも思われるが、目下、確証は得られておらず、今後の課題としたい。

(19)『実録』嘉靖二十九年八月丁丑（十六日）条

上曰、此疏所言利害、不但一時一鎭可行。兵部卽詳議奏聞、毋得推避。

(20)『実録』嘉靖二十九年十月癸酉（十三日）条

又諭云、今若直搗巣穴而殺之、未爲無名、所難食居一、兵二也。縦有財無粟、軍何由給。雖大豊三五歳、鮮旱澇之災、食足兵雄、乃可。如皇祖時、長驅三千里、茲便欲大伐、祇恐未得時耳。虜既未遭大挫、必復欺犯。今只備此爲是。二諭勿祕。示諸府・部・科道、令皆曉朕謂。

(21)『実録』嘉靖二十九年十月癸未（二十三日）条

上復諭仇鸞曰、卿勿怠此戎務。必如皇祖時、長驅胡虜三千里、乃可。鸞對言、方冬虜中馬肥、以來歳三月、大擧搗巣。……鸞復對、……乞敕下廷臣集議、或姑假臣經略之名、凡宣・大・薊・遼・偏關・延綏等處、悉聽節制、以便統調人馬。臣于十二月中、前赴宣・大適中之地、伺虜動靜、以爲進止、愼重保固、必不貽皇上北顧之憂。上喜、優詔答之、仍以其言示兵部、令集議方略。

(22)蘇祐「陳言禦虜要計、以永治安疏」

查得、宣府一鎭、可以出戰者、……共該軍三萬、馬亦如之。今軍止二萬七千有奇、……止餘馬不及一萬八千。

(23)蘇祐「陳言禦虜要計、以永治安疏」

今查、大同一鎭、可以出戰者、……共有馬官・軍二萬九千七百八十六員名。……今止餘有馬官・軍一萬九千六百八十六員名。……所餘者、多弱兵瘦馬而已。

(24)蘇祐「陳言禦虜要計、以永治安疏」

今該部議、令臨邊城堡衝口、毎處收買糧草、以兵馬五千、足支三月爲度。夫宣府衝口可以出兵者、不下十數處、共計所

用、約該銀四十五萬兩。比之往年所用、不啻加倍。竊恐、本鎭所產、不能辦也。……大同衛口可以出兵者、約有十數處、欲各召買兵馬五千、足支三月糧料・草束、共該用銀五十萬餘兩。竊恐、大同一隅之地、所產有限。

(25)『実録』嘉靖二十九年九月丁巳（二十七日）条。

(26)『実録』嘉靖二十九年十一月己亥（十日）条。

(27)楊淪「太子少保兵部尚書鹿野史公行状」（朱大韶編『皇明名臣墓銘』兌集）

二十九年秋、虜賊入犯畿輔、特蒙恩召、復任兵部左侍郎。……公至、卽署事部中。

(28)『実録』嘉靖十五年十一月甲寅（二日）条、および同書、嘉靖二十年六月乙丑（十日）条。

(29)『実録』嘉靖二十一年二月庚午（十九日）条。

(30)『実録』嘉靖二十九年八月癸未（二十二日）条。

(31)『実録』嘉靖二十年七月丁酉（十三日）条。

(32)蘇祐「接報夷情疏」

臣愚待罪邊方、惟當擐甲待征、仰裨廟算。但査、近奉欽依、輕許則恐墮姦謀、直拒則慮乖機事。合無因其求貢、外示羈縻之術、以探其情、內修攻戰之備、以務其實、乘其不意、相機出奇。斯兵甲之一算也。

(33)厳嵩「論北虜求貢事情」（『嘉靖奏対録』巻六。十二月十九日付）

臣切思、虜賊逆天犯順、本不可許貢。然直拒之而無處、彼得藉口肆擾。今各兵調募未集、京軍訓練未久、糧餉未充、猝難議戰。臣嵩・臣本、會同臣希忠・臣鸞・臣階等計得、合無行與兩鎭邊臣、明白曉以天朝威命云、爾等今歲犯順、朝廷震怒、調集諸路兵馬、要問罪致討。今爾等求貢、果出誠意、俺答鈐束部落、在邊安靜住牧、我等爲你懇切奏聞、明秋無犯、聖怒稍回、然後議貢。

なお、西苑会議にさきだつ廷議の決議内容は、『実録』嘉靖二十九年十二月庚辰（二十一日）条にみえる。

(34)『実録』嘉靖二十二年十一月癸丑（十三日）条、および同書、嘉靖二十九年八月癸未（二十二日）条など。「君逸臣労」の語は、張載『横渠易説』巻三に、『易』繫辞下の

黄帝堯舜、垂衣裳而天下治。蓋取諸乾坤。

への注としてみえる。

(35)『実録』嘉靖二十九年十二月庚辰（二十一日）条

上然之、命所司一意整集兵糧、相機戰守、不得輕信弛備。

(36) 蕭彦『掖垣人鑑』巻十四。

(37) 王世貞「広東按察司僉事贈太僕寺少卿東華王公墓表」（『弇州山人四部稿』巻九十四）

入給事中、數上書論事、執政固目攝之矣。而會敵闌寇塞內、傅大都。公遂欲死敵、而以募兵出。歸復欲以死爭權相不果、而遷按察僉事兵備嶺南以去。

(38) 『実録』嘉靖二十九年十一月戊戌（九日）条。提督薊州軍務をあらためて薊遼総督を設置したことは、『実録』嘉靖二十九年十二月甲子（五日）条にみえる。

(39) 蘇祐「接報夷情疏」（『督府疏議』巻二）所引の宣府巡撫劉璽の咨文に、

審據藍伏勝供稱、正月二十五日、同衆達子行七日、始到俺答營內。見俺答說、……若肯先與我作幾場買賣、換些段布・糧米、勾我吃用、今年且不去搶、等到明年、准我進貢也罷。

とある。おなじく大同巡撫何思の咨文にも、三十年正月初九日ころに、アルタンから同様の申し出を受けたことを伝える通事袁相らの報告が引用されている。

(40) 蘇祐「接報夷情疏」

至〔二月〕十二日、……仍當留達賊虎喇記・井十太・瓦凹・宰鶏兒四名在堡。……至十三日酉時分、虜使丫頭智幷通事卜彦千、領達賊六騎、將不知名白蓮教二人、送至寧虜堡。……職等審得、達賊送來說是白蓮教二名朱錦・李寶、乃係我邊墩軍、叛入虜中、走透消息之人。非眞白蓮教也。

なお、このとき明側で交渉にあたった時義なる人物は、当該題疏に、

咸寧侯原差來哨探家人時義……

とあるように、仇鸞の家丁であった。

(41) 蘇祐「接報夷情疏」

職（劉璽）會同總兵官趙國忠議得……若令其將衆部落、分於宣・大・延綏・寧夏、俱各開市、以我之紬布・米糧、易彼之牛羊・騾馬、既可以中其所欲、因借以實我邊備。……爲此、今將原來印信番文一紙、合咨軍門、煩爲具題施行。

(42) 当該題疏文中に、

今歳敢復入犯畿輔、……而彼復以進貢爲請。

とあるため、二十九年十二月の朝貢要求があった直後に上呈されたものと考えられる。

(43) 史道「題北虜求貢疏」
先年北虜進貢、毎一次宴賞・供應、通計費銀七萬五千餘兩、而彼中進貢馬匹、亦若足以少償。其或馬市復開、健馬輕値、利當三倍。況乎彼中所恃之爲强者、馬也。我以薄惡之物、可以易彼善戰之馬、是奪彼所恃、而歸之於我、强不專在乎彼、我亦分有焉。

(44) 『実録』嘉靖三十年三月壬辰（四日）条
詔兵部會廷臣、從長計議以聞。於是、兵部尚書趙錦會同咸寧侯仇鸞等・吏部侍郎李默等議稱、……今虜酋俺答等、求開馬市、既以所親信夷使虎剌記等爲質、復縛送我叛人朱錦・李寶、情詞誠款、似宜比照遼東事例、暫爲允許。

(45) 馬価銀とは、民間で孳牧したのち、馬政を管轄する太僕寺に起解する備用馬を折銀した銀両のこと。[谷光隆一九七二] 四一一―四一二頁、参照。

(46) 『実録』嘉靖三十年三月壬辰（四日）条
①請簡命練習邊事、爲夷虜知名文職大臣一員、奉敕前詣大同、選委夷虜素服參・遊武臣一員、會同總督・鎭・巡、召集虜酋、宣諭威德、果能約束部落、再不敢犯塞、許於大同五堡邊外、開立馬市。②本部發馬價銀十萬兩、令買紬段等物充用。③其宣府・延・寧諸鎭、聽各督撫官、酌量地方、與就近各夷部落、開市毎年四次、俱各於冬季、約限馬數、仍諭各鎭、嚴兵益備、用戒不虞。④一應綏接・防範事宜、悉聽差去大臣、從宜酌處。

(47) 『実録』嘉靖三十年三月壬辰（四日）条
疏入、上意未決、以問内閣大學士。

(48) 嚴嵩「論通馬市」（『嘉靖奏対録』巻六。三月初四日付）
既該兵部會官、議擬明白、相應暫准開行。但一年四次、毎次用馬價銀十萬兩、似期密而費廣。且犬羊溪壑、將來難以限阻。合無一年止許二次。又馬市與通貢不同、禮部屬官、原非職掌。

末尾の一文で、とくに「朝貢ではないので礼部の所轄ではない」と述べているのは、世宗の反対をやわらげる意図のほか、あるいは礼部尚書徐階の影響力を排除しようとの意図がこめられていたのかもしれない。

(49) 『実録』嘉靖三十年三月壬辰（四日）条
上然之、乃下其疏曰、爾等謂邊臣譯審、虜情誠懇、准歳開馬市二次、馬價如議給發。文武二臣、所司各擧以聞。各總鎭官、仍嚴緝姦細、無令私自交通、爭利啓釁、漏泄邊情。違者重治不貸。餘悉如擬。尋又諭吏部、致仕侍郎史道、亟取來京、命以原職、兼右僉都御史、前赴大同、經略邊事。

(50)『実録』嘉靖二十八年十月乙卯（十九日）条。

(51)楊継盛「請罷馬市疏」

今馬市一開、則擧相謂曰、中國外域已和、天下已無事矣。將焉用武哉。有邊鎭之責者、日弛其封守之防、無兵戎之寄者、益惰其偸安之氣矣。……今馬市一開、則彼之交通者、乃王法所不禁、將來勾引之禍、可勝言乎。此開邊方通賊之門。

(52)楊継盛「請罷馬市疏」

賊性無饜、請開馬市之後、或別有所請。許之、再有所請、又許之、請之不已、漸至於甚不堪者。一不如意、彼卽違約、則彼之入寇爲有名、我之不應其所求、爲失信矣。

(53)楊継盛「請罷馬市疏」

彼議而行之者、其意以爲征討之事、已難收拾、賊再入寇、皇上剛明必追究。夫謀國者之不忠、專征者之不勇、誤事之禍、何以能免。況前日交通、已有成效、莫若委曲致開馬市、猶可二三年苟延、日後時事未知如何、且暫免目前之禍、暫固目前之寵、賊縱背約、再爲脫避之計、未晩也。然不思、皇上所以寵任之專、禮遇之厚、爵位之重、錫予之隆者、蓋欲其主張國是、征討逆賊也、豈徒欲開馬市而已哉。

(54)こうした論法による政府批判は、三十年正月に厳嵩を弾劾した錦衣衛経歴司経歴の沈錬「早正奸臣悞国之罪疏」（張鹵『皇明嘉隆疏鈔』巻二十）にも、

今之欲阻北伐、其心曰、事成則歸功於將帥、事失則歸罪於輔臣。此所以倡爲不可戰之説於其閒。其爲欺君誤國之罪、又大矣。

とみえ、実現の可能性が皆無にひとしいにもかかわらず、征討決行を命じた諭旨がきわめておもく受けとめられていたことが知られる。

(55)楊継盛「自著年譜」

時有開馬市之議。予曰、馬市一開、天下事尚可爲哉。卽欲疏陳其不可。然方議、遣予行乃草開市稿、候命下卽上。大意云、馬市決不可開、然旣已遣臣、臣言其不可、是避難也。謹條陳開市五事、一、欲諳達愛子入質。二、欲盡還擄去人口。三、欲別部落入寇、俱在諳達承管。四、欲平其馬價、分爲三等。五、欲整兵以備、戰守竝用。適一同僚見之、乃報本部

尙書趙守朴公諱錦。守朴曰、若此疏上、則馬市決不得開、乃別遣張主事才行。予遂上阻馬市之疏。

(56) 厳嵩「奉諭開市事会諸臣対」(『嘉靖奏対録』巻六。三月十三日付)

臣豹曰、繼盛今日來見、道其上疏。豹曰、……依你罷開馬市、且論猝有侵犯、作何方略應之。繼盛語塞。

(57) 「触藩」の語は『易』大壮の

上六、羝羊觸藩、不能退、不能遂、无攸利。

の句をふまえたもので、垣根にふれて動きのとれない状態をいう。

(58) 楊継盛「自著年譜」

皇上連三閲、卽敕曰、繼盛之言是也、下閣臣擬票。

(59) 厳嵩「奉諭開市事会諸臣対」

目今、虜使質留在堡、大臣已去在途、委難中止。

(60) 厳嵩「又」(『嘉靖奏対録』巻六。三月十四日付)

仰見皇上洞燭繼盛等之情狀、誠如聖諭、今不之禁、國事何日定焉。

(61) 厳嵩「又」

蒙諭、歳市二次、此可止。只與目前一行。仍急行文〔史〕道等、令示以中國尊上、祇體好生、俯軫民受擾害、特准一市。自是已後、十年不敢犯、輸情上表、方再准一次。

(62) 厳嵩「又」

昨者兵部原議、馬市歳開四次、奉旨止許二次。已經咨行總督等官、傳諭虜營、約束部落待命。今復裁止、恐無以示信外夷。且彼虜遣人留質、情詞誠懇。伏望、皇上仍前明旨、容開二次。

(63) 『実録』嘉靖三十年三月癸卯(十五日)条。

(64) 『実録』嘉靖三十年三月甲辰(十六日)条。なお、本節で以上に述べた楊継盛上奏をめぐる動きについては、〔張顕清一九九二〕二〇一—二〇六頁でもふれている。

(65) 厳嵩「再奉諭山殿及馬市対」

昨據邊臣奏稱、彼情誠懇。奉旨許開二次、及傳示邊臣、不許輕聽過求。〔史〕道等宣布天威、彼自退塞、而不敢肆矣。此事、道等果能處置得宜、可保無患。

(66) ［侯仁之-一九三八］二〇〇―二〇一頁、［張顕清-一九九二］二〇六―二〇七頁、参照。

(67) 蘇祐「接報夷情疏」（『督府疏議』巻三）
二十四日至二十六日、通共易馬二千七匹、段紬・布疋用盡。職等令人傳諭心愛等、將未賣馬匹、且令牽回。……中間亦有未經賣馬達子、遲留顧戀。心愛等俱招呼率領、至二十七日、盡數去訖。……比臣看得、宣府措處段紬不多、各處運買未到、且虜馬數多、求賣懇切、情難直拒、查照兵部咨文事理、權宜召集城堡官・軍、諭買二百二十餘匹、以慰虜心。

(68) 蘇祐「遵明旨効愚忠、以図補報疏」（『督府疏議』巻三）
准巡撫宣府地方都察院右僉都御史劉［璽］咨、准兵部咨、……合用銀兩、各儘見在地畝・椿朋・馬價銀兩、盡充易馬之用、仍於宣府發銀五萬兩、先期給發、多方收買紬段・布疋、毋得遲延誤事。及議、太僕寺馬價、誠恐一時徵解不及、合行戸部、查發原取贓罰等項助邊之銀八萬兩、以備馬市之用。……又准戸部咨稱、見今各邊應發錢糧、尚欠數多、本部已慮無措。合候命下、移咨總督・鎮巡等官、將來歲擺邊之兵、量爲減省銀兩、准作馬市之用。

椿朋銀とは、官・軍の倒失馬主に課される椿頭銀と、各馬隊の武官・兵士が共同で倒失馬主の買馬を帮助するための朋合銀の合称。［谷光隆-一九七二］三九五頁、参照。

(69) 蘇祐「遵明旨効愚忠、以図補報疏」
其戸部議行、來歲擺邊之兵、合用錢糧、見蒙敕差科道官查議、會同職等酌量地方緩急、節省設備具奏、以憑給發防秋銀兩。今各官未到地方、銀兩未曾發到。

(70) 蘇祐「遵明旨効愚忠、以図補報疏」
查得、宣府鎮循環簿內開、見在京運・椿朋等銀二萬一千二百五十四兩有零、該應盡充易馬之用、備咨照數動支。……去年十二月內、該兵部節議、運發本鎮馬價正附銀、……尚餘銀一萬一千九百五十七兩五錢。續爲接報夷情事、將前餘銀幷京發・市馬及借支事例等銀、盡行委官、收買段紬等物備用。

京運銀は、戸部管下の太倉庫あるいは内府庫から軍事費として各辺鎮に支給される銀両のこと。［寺田隆信-一九七二］四四頁、参照。

(71) 蘇祐「遵明旨効愚忠、以図補報疏」
今年五月二十三日起、至九月初一日止、節次開市、共易馬二千六百九十九匹、用過段紬・梭布・酒肉等項、……通共用過銀一萬六千六百九十五兩二錢八分三釐八毫、已經備細造册奏繳。……今開市易馬、合用段紬等物、正當乘時處備。查得、都司貯庫、止有前項京運・馬價餘剰、買備段紬等件用剰、計該銀六千三百九十九兩八錢七分一釐七毫、大同領來該復奇兵買馬銀一千八百六十二兩。此外再無別項官銀可以動支。

(72) 蘇祐「遵明旨効愚忠、以図補報疏」

雖有節年拖欠椿朋銀兩數多、然軍士艱難、月糧尚欠三箇月、一加追併、未免逃竄。職等日夜憂思、計無所出、不得不仰祈於君父也。

(73) 〔侯仁之‐一九三八〕二〇二―二〇三頁、〔張顕清‐一九九二〕二〇八―二一〇頁、参照。

(74) 〔侯仁之‐一九三八〕二〇三―二〇五頁、〔張顕清‐一九九二〕二一〇―二一三頁、参照。

(75) 『実録』嘉靖三十年八月壬戌（七日）条

擺邊之費、最爲無益。其在今日、尤謬妄非計。若暫停二十日、移其所省糧料、即可辦此市費。其弘賜等堡所蓄衡《ママ》口之糧、今日乃無所用之。權宜假借、亦足支給。至于所易牛羊、估充官・軍俸糧、爲利亦博。

黄彰健氏の校勘によれば、広方言本・天一閣本では「衡」字を「衝」字につくるという。

(76) 『実録』嘉靖三十年十月己巳（十五日）条

咸寧侯仇鸞言、……但馬市之開倉卒、未有定議、今欲爲經久之計。宜將各處當出馬者、每匹徵其值二十兩。其在南直隸・河南・山東、令委官易貿段疋。其在北直隸、解兵部、轉發宣・大・延・寧四鎮。鎮各十萬兩、計買馬萬匹、補給官軍、而以其餘者、悉送太僕寺、發民間寄養、以備官軍騎征。

(77) 『実録』嘉靖三十年八月壬戌（七日）条

已俺荅遣使、……且乞賜職役誥命。〔史〕道以其表聞。得旨、虜乞請無厭。史道不思處置邊備、乃爲瀆奏。其令即日回京。

(78) 『実録』嘉靖三十一年正月辛丑（十八日）条

虜侵犯大同益數。上復諭兵部曰、虜非時侵犯、必邊臣平日恃和不戒、爲虜所窺。其令督撫官、嚴飭諸將、血戰立功。有顧望不前者、重治之。於是、仇鸞内不自安、乃上書請將營兵出邊、往正其罪。

(79) 『実録』嘉靖三十年八月戊寅（二十三日）条

咸寧侯仇鸞言、朶顔諸夷影克・哈哈赤・哈舟兒・陳通事等、昨歳導虜犯順。今虜已納款、復行誑惑。請亟加征討。

(80) 『実録』嘉靖三十一年正月丁亥（四日）条

咸寧侯仇鸞慮見譴、乃上疏曰、……虜如入犯、令古北口諸將勿遏、縱其南下。臣當死戰于內、而出精兵、搗其巣于外。

(81)『実録』嘉靖三十一年正月丁亥（四日）条

警報沓至、朝議籍籍、咸追咎馬市非計。

(82)『実録』嘉靖三十一年正月丁未（二十四日）条

撫臣劉璽言、自開互市、大同寇盜、不爲衰止、而宣府晏然。今乘其效順之機、撫之易耳。請無拘臣以一年兩次之期、容令絡繹開市。……兵部覆、璽議可行。但原限銀無過五萬、馬無過五千。能守此則、雖一年數市、亦當聽之。報可。

ただ、最終的には劉璽も、蘇祐『督府疏議』巻四「哨報賊情疏」で、

職等竊料、此虜今年市亦搶、不市亦搶。市而搶、則推稱人衆不能獨止。不市、即將執以爲詞。爲今之計、戰守之外、再無別策。

と述べて、軍事的手段をとる方向へとかたむいていくが、この判断も、馬市によってモンゴルの略奪を抑止できないという状況をふまえてのものであることに注意したい。

(83)『実録』嘉靖三十一年三月戊戌（十六日）条

兵科給事中朱伯辰條陳、宣・大二鎮給餉・選兵・愼馬市・重事權四事。兵部覆言、……馬市開後、大同警報日聞、惟宣府・延・寧、未有反覆。宜令守臣、熟察虜情之順逆、以定市議之行止。

このほか、『実録』嘉靖三十一年三月丁亥（五日）条には、巡撫何思ら大同の文武官の対応のまずさを批判する文脈ではあるが、

宣府亦開馬市、今且六七次、未聞一有蹉跌。蓋彼有人馬、處置適宜故也。

という代府饒陽王充熫の上言が伝えられている。

(84)厳嵩がモンゴル問題に対して一貫して専守防衛の方針をとったことは、［蘇均煒－一九八二］八三六―八三七頁で指摘されている。

(85)仇鸞と厳嵩との抗争については、［張顕清－一九九二］二一五―二一七頁にくわしい。張氏が言及していない事例として、先述した仇鸞のダヤン衛征討の建議に対しては、『実録』嘉靖三十年八月戊寅（二十三日）条に伝えられるように、侵寇を教唆した者がいたというだけで帰順してひさしいダヤン衛を討つことに対し、兵部は、外夷を手なづけやすんずるという「中国」の立場、あるいは遠征長期化による財政的な問題を指摘した上で、現地の総督以下の各官に詳議させるよう覆奏し

た。これを受けて、総督何棟が侵寇を教唆した者のみをとらえればよいと上言し、結局、出兵は沙汰やみとなった。これについて、厳嵩の何棟宛て書簡「與何大華司馬」（『直廬稿』巻六）に、

力阻栥顔用兵、公之陰德、全活民命。何限只此可以自慰矣。

とある。何棟を手ばなしで称賛する厳嵩のことばも、出兵を主張した仇鸞との対立を示唆しよう。

(86) 『実録』嘉靖三十一年八月壬戌（十二日）条。

(87) 『実録』嘉靖三十一年八月乙亥（二十五日）条。

(88) 『実録』嘉靖三十一年九月癸未（四日）条

先是、上諭禮部曰、逆臣作亂、存心甚險、非一日。爲謀馬市、朕數言不可。……彼逆所爲、志圖匪細、敢欺天欺人、如宋之巨姦。

(89) 『実録』嘉靖三十一年九月癸卯（二十四日）条

巡按直隷御史蔡朴上疏、請罷宣府馬市。……上曰、各邊開市、悉令禁止。敢有效逆建言者、斬。

第三章 「顧問団」から「行政府」へ

——対モンゴル問題への対応にみる隆慶時代の内閣政治の展開

はじめに

嘉靖四十五年(一五六六)十二月、世宗は紫禁城乾清宮にて崩御し、裕王朱載坖が即位した。これが穆宗である。彼の在位期間はわずかに五年半でしかなかったものの、序章でも述べたとおり、隆慶年間(一五六七—一五七二)には、南北ほぼときをおなじくして通交・交易の禁絶から開放へという対外政策の転換がおこなわれた。その象徴ともいえる隆慶和議実現の裏に、ときの内閣の強力なバックアップがあったこともすでに周知の事実に属する。前二章での検討から、その理想主義・原則主義のゆえに皇帝親裁をつよく志向し、対外強硬路線に固執した世宗と、そうした皇帝の姿勢によって深刻さを増す現実の諸問題に対処しなければならない官僚とのあいだをとりもつ存在として、内閣が意思決定プロセスにおけるプレゼンスをたかめていくという嘉靖政治の構図が浮かびあがってきた。では、隆慶和議の実現にむけて強力なリーダーシップを発揮したとされる当時の内閣は、嘉靖時代(一五二二—一五六六)と同様の状況ないし要因によって、そうした影響力を行使することができたのか。もし異なっていたとすれば、両者の差異はどのように説明できるのか。これが本章で考察すべき課題となる。こうした関心から、本章では、隆慶年間の内閣政治の展開をあとづけるとともに、明代内閣政治の到達点とされ、かつ万暦年間(一五七三—一六二〇)以降もモンゴルとの和議の実現・維持につとめた内閣首輔張居正が台頭してくる背景についてもさぐっていくこととしたい。

【表3】 隆慶年間における閣臣の交替

嘉靖45年12月	**徐階**	李春芳	郭朴	高拱						
隆慶元年2月	**徐階**	李春芳	郭朴	高拱	陳以勤	張居正				
隆慶元年5月	**徐階**	李春芳	郭朴	×	陳以勤	張居正				
隆慶元年9月	**徐階**	李春芳	×		陳以勤	張居正				
隆慶2年7月	×	**李春芳**			陳以勤	張居正				
隆慶3年8月		**李春芳**			陳以勤	張居正	趙貞吉			
隆慶3年12月		**李春芳**		高拱	陳以勤	張居正	趙貞吉			
隆慶4年7月		**李春芳**		高拱	×	張居正	趙貞吉			
隆慶4年11月		**李春芳**		高拱		張居正	×	殷士儋		
隆慶5年5月		×		**高拱**		張居正		殷士儋		
隆慶5年11月				**高拱**		張居正		×		
隆慶6年4月				**高拱**		張居正			高儀	
隆慶6年6月				×		**張居正**			×	呂調陽

※左から首輔（太字）、次輔、……の順。×は辞任・罷免・死去を示す。『明史』巻110、宰輔年表2による。

ごく最近に至るまで、隆慶という時代は研究史のなかでもほとんど注目されてこなかったといって過言ではない。嘉靖四十五年、万暦四十八年という長期間つづいた前後の時代——しかも世宗・神宗とも強烈な個性をもって君臨し、なにかと話題にこと欠かない——にはさまれる形での実質五年半という期間のみじかさが、隆慶という時代の影をうすくしているおそらく最大の理由であろう。隆慶時代で比較的よくとりあげられるトピックといっても、対外政策の転換に関する問題をのぞけば、張居正台頭の背景・要因をさぐろうという関心から、徐階・高拱らによってくりひろげられた抗争を軸として、内閣政治の展開について概説的に言及される程度である[1]。

では、隆慶時代の内閣政治が平板に推移していったかといえば、決してそうではない。むしろその逆であった。わずか五年半という短期間ながら、穆宗の在位期には徐階・李春芳・高拱という三人の首輔が交替し、郭朴・陳以勤・張居正・趙貞吉・殷士儋・高儀をあわせ、のべ九人もの内閣大学士が出入閣をくりかえした。上掲**【表3】**に示したように、嘉靖四十五年（一五六六）十二月の世宗崩御時における内閣は、首輔徐階、次輔李芳春以下、郭朴・高拱という構成であった。しかし、首輔徐階と高拱とが対立をふかめ、隆慶元年（一五六七）五月に高拱が職を解かれる。同年九月には高拱とおなじ河南出身の郭朴も内閣を去り、さらに翌隆慶二年（一五六八）七月には首輔徐階も辞任する。徐階辞任後、首輔は李春芳が引きつぎ、彼の下に隆慶元年（一五六七）二月に入閣した陳以勤・張居正のふたりが在任するという構成となった。そこに隆慶三年（一五六九）八月、趙貞吉が入閣する。この趙貞吉とあわなかった張居正が、趙を牽制すべく画策した結果、同年十二月、高拱が再入閣をはたした。高拱・張居正と趙貞吉との対立がはげしくなるなかで、陳以勤は隆慶四年（一五七〇）七月に辞職し、趙貞吉も抗争に敗れて同年十一月に職を辞した。さらに隆慶五年（一五七一）五月、首輔李春芳の辞任により、内閣は名実ともに首輔高拱・次輔張居正のふたりが主導するところとなる。趙貞吉の後任である殷士儋も、隆慶五年（一五七一）十一月、在職わずか一年で辞任。隆慶六年（一五七二）四月には高儀が入閣するも、在任二か月で死去する。そして同年五月の穆宗の崩御を機として、翌六月に高拱が罷免され、張居正が首輔となるのである。このように、隆慶時代の内閣政治は、徐階と高拱との対立にはじまり、高拱・張居正と趙貞吉との抗争を経て高・張の主導権が確立し、最終的に張居正が高拱を追放する形で、そののち十年におよぶ張居正時代が幕をあける、という流れですすんでいく。こうした内閣政治の展開について、先行研究では、張居正が高拱とむすんで最後に独裁的な権力を掌中にする「混闘」、すなわち複雑に錯綜した権力闘争のプロセスとして理解されるのみであった(2)。

こうした従来の理解に対して、独自の座標軸を設定し、この時期の内閣政治の展開をあとづけたのが韋慶遠氏である。韋氏はまず、当時の内閣政治の前提として、凡庸で政治に関心を示さなかった皇帝穆宗が内閣大学士を信任し、彼らに政治をまかせるスタンスをとったことが、徐階・高拱・張居正らがその才能を発揮しうる基礎を提供したとする(3)。その上で、万暦初頭の張居正「改革」は決して単独で出現したのではなく、その基本方針や個々の政策の内容、各方面への影響などは、隆慶年間とりわけ首輔高拱のもとですすめられた諸政策と同様のものであると説き、両者を一連の改革運動＝「隆（慶）万（暦）大改革」ととらえ、そこに明代中後期政治史におけるひとつの転機をみいだすべきだと述べている。[4] こうした議論のなかで、隆慶年間の大学士たちはつぎのような保革両派にカテゴライズされる。すなわち、徐階・李春芳・陳以勤が正徳（一五〇六―一五二一）・嘉靖年間以来の政治混乱の収拾を旨とするのみであったのに対し、高拱・張居正は政治・経済・辺境防衛・文化学術などあらゆる方面における大幅な改革の断行をめざしており、郭朴もこれに同調していたという。[5] また、徐階・李春芳・趙貞吉が陸・王の心学に傾倒していたのに対し、高拱・張居正は実学を重視するというように、双方の差異はそれぞれの思想的背景にも由来していたとされる。[6] 以上を総ずるに、韋慶遠氏のいわゆる「隆万大改革」論の特徴は、はげしい抗争をともなう隆慶年間の内閣政治の展開、とくに徐階・李春芳から高拱・張居正へと受けつがれていく首輔権力の移行を、保守派から改革派へという二項対立的構図をもってとらえる点にあるといえよう。[7]

膨大な同時代史料を駆使した精緻な分析の上に展開される韋慶遠氏の議論には、なるほど首肯できる部分もすくなくない。複雑な様相を呈した内閣政治の展開を分析する座標軸として設定された保革対立の構図も、たしかに明快なものではある。しかし、その明快な構図こそが、韋氏の議論に疑問を感じさせる一因になっている一面も否定しがたい。そもそも氏のいう「隆万大改革」とは、いったいなにを「改革」しようとするものであり、いかなる基準・立場から「改革」と称するのだろうか。たとえば、張居正と対比させつつ東林党の思想的背景を論じた溝口雄三氏などは、皇帝一元体制を強化し、国家へゲモニーによって国難をのりきろうとした「旧」の流れに属するものとして張居正を位置づけている。[8] また韋氏の議論において、徐階・李春芳・趙貞吉らと高拱・張居正という両派については、その対立と権力移行のプロセスが比較的はっきりとした構図のもとに説明されている一方で、高拱と張居正との対立についてのみは、それとは別の要因によって説明されており、まさにその点において、韋氏が示した構図もいささか整合性を欠いているとの印象をぬぐいがたいのである(9)。

こうした点は、おそらく韋慶遠氏の議論が「張居正＝改革者」という前提をもとに構築されていることにその一因があろう。しかし、その「張居正＝改革者」という理解も一面的なものでしかないことは、序章であげた溝口雄三・小野和子両氏の所論からも知られる。張居正の執政が、その絶大な首輔権力およびそれを背景として断行された諸政策のゆえに、明代内閣政治の到達点としての位置を占めるものであればこそ、善悪二元的な得失論にもとづく前提そのものを相対化し、考察の対象や視角・手法をより具体化して、張居正の権力掌握過程や彼の施策について検討していく必要があるのではなかろうか。そうした作業によってこそ、ともすれば評価軸の如何を明確にしないまま、漠然と「保守」対「革新」というような構図に収斂させていくだけの議論を克服し、張居正政治ひいてはその前段階にあたる隆慶時代の政治状況を具体的に説明することも可能になるはずである。韋慶遠氏によってあますところなく検討されたかにもみえる隆慶時代の内閣政治について、本章であえて再検討を試みるのは以上のような意図による。

ならば本章でどのような点に着目するのかを具体的に示さねばなるまい。あえてひとくちにいうならば、隆慶時代の内閣大学士たちが内閣あるいは首輔という存在をどのような役割をになうべきものと考えていたのかという点に着目する、ということになろう。九〇年代以降、張居正のほかにも、徐階・高拱・趙貞吉らの大学士について、まとまった伝記ないし各人の立場から政治史をえがいた論著も出されている(10)。本章では、それらの成果にもよりつつも、文集などにのこされた言説から、当時の内閣大学士たちが大学士・首輔の職分をどのように認識していたのかをさぐっていく。さらに、彼らのそうした認識がどのような状況のなかで形成されたのか、個々の政見あるいは閣臣間の政見の相違がいかなる形で政治過程の上にあらわれてくるのかをみる際には、対モンゴル問題にかかわる諸事案を具体例として検討することとしたい。高拱・張居正の主導権確立後の状況については、本書第四・第五の各章において隆慶和議をめぐる政治過程とからめて論ずるため、本章では徐階・李春芳の首輔在任期についてのみとりあげることとする。以上の作業をつうじて、隆慶期の閣内抗争がいかなる構図のもとで展開していったのかについて私見を示すとともに、隆慶和議に象徴される政策転換を実現しえたような強力なリーダーシップを発揮する内閣は、一連の政治過程の展開上どのような存在として位置を占めており、その背景にいかなる状況が存在していたのかについても論じてみたい。

なお、以下、本章において隆慶時代の事柄を記す際には、とくに必要な場合をのぞいて年号と西暦表記とを省略するものとする。

第一節　世宗と穆宗

嘉靖時代の対外政策あるいは内閣のありようを左右する要因として、皇帝世宗の政治姿勢がきわめておおきな影響をおよぼしたこと、前二章の論述によってあきらかにしたが、隆慶時代における政治の展開を考える上でも、皇帝穆宗の政治姿勢はその前提条件としておさえておかねばなるまい。内閣政治の展開におよぼした影響を考えるのみならず、世宗と穆宗とのあいだでなにがかわったのかを対比的にみていくという点でも、大学士の増員をめぐる動きは穆宗の政治姿勢の特徴をはっきりした形で浮かびあがらせてくれる。本節では、大学士の増員をめぐる世宗・穆宗それぞれの対応を対比させていくことで、穆宗の政治姿勢の一端をあきらかにし、それが隆慶朝の政治にいかなる影響をおよぼしたのかを考えてみたい。なお、嘉靖末年の閣臣増員については、厳嵩失脚後に首輔となった徐階と世宗とのやりとりが軸となってことがすすんでいく。したがって本節では、首輔として嘉靖－隆慶交替期の政局をリードした徐階の政治方針についても、あわせてみていくこととする。

世宗の理想主義的・原則主義的な一面についてはすでに述べた。このほかにも、世宗が廷臣につよい猜疑心をいだく一方、ひとたび信がおけるとみるや、即、当人を破格の高官に昇進させるなど、信任するわずかな大臣のみをそばちかくにおき、彼らをつうじて政治を動かしたともいわれ、論者によってはそれを張璁・夏言・厳嵩らによる首輔専権の一因にあげる者もある。嘉靖二十一年（一五四二）十月、帝が就寝中に宮女におそわれ、あやうく一命をとりとめたという事件（壬寅宮変）ののち、世宗がほとんど宮中にもどらず、西苑にこもって政務をおこなうようになっていった要因として、あるいは帝のそうした性格をそのひとつに数えることもできるのかもしれない。世宗の信頼を得て西苑に当直することのできた大学士たちには、第一章で引用した厳嵩『直廬稿』の自序が伝えているように、夜中から翌朝まで面議をおこない、十日以上も直所につめたままというのもめずらしくなく、宦官が立って催促しているなかで諭旨の起草・潤色をおこなうというような、きわめて過酷な任務が課されたのであった。

こうしたところから、世宗が大学士の増員に積極的ではなかったと推すのは、そう困難なことではなかろう。『実録』嘉靖四十年六月丁亥（二十九日）条では、都給事中梁夢龍らが、閣臣のポストがひさしく空席になっているとして、九卿・科道官が会同して候補者を推挙する廷推によって補充するよう上請している。ところが世宗はこの上奏によろこばず、梁夢龍らの題疏に「わが明朝に講読・史職〔たる翰林院の官〕に機務をつかさどらせるのは、おもうにただ適任者を得ることのみを意図したのです」とある部分をとらえて、「この上奏でいわんとしている「講読・史職〔の官〕」にあらざる者〔で閣臣に推挙したい者〕というのは、いったいだれなのか」と難癖をつけ、梁夢龍らの俸禄をうばう処分をくだしている(11)。官僚が朋党化することへの警戒感や給事中が人事に口を出すことへの不快感を示しているところに、「親裁」強化の志向や猜疑心のつよさをみることができると同時に、それと根をおなじくして生じている閣臣増員に対する世宗の消極姿勢も、この記事からは読みとることができる。

世宗のこうした姿勢は、嘉靖四十一年（一五六二）五月の厳嵩の失脚後には、それ以前に増してつよまった。厳嵩罷免後に世宗と徐階とのあいだでおこなわれた閣臣増員をめぐるやりとりについては、姜徳成氏が徐階『世経堂集』巻二・巻三所収の関係奏対を網羅して詳細な検討をおこなっている。そこでも引用されている嘉靖四十二年（一五六三）正月初十日付の「答欽簡閣臣」（『世経堂集』巻二）では、だれが大学士に適任であるかなど臣下たるみずからには判断できないとして、宸断によって選任するようもとめた徐階に対し、世宗はつぎのように述べて徐階の上請をしりぞけている。すなわち、政権を壟断し、種々の不正をはたらいた厳嵩のような者を起用したのは、ほかでもない自分である。宰相を君主がえらぶというのは堯・舜や太祖のような聖天子にしてはじめて可能なことであって、自分のような「後世宮生の主」にはとても無理だ、と(12)。

しかし、徐階はそれからも幾度となく閣臣増員を要請しつづけた。厳嵩失脚の時点で内閣には徐階と袁煒しかおらず、その袁煒も嘉靖四十四年（一五六五）三月に病死する。ここに至って、徐階は嘉靖四十四年（一五六五）三月十四日付で「答補閣臣」（『世経堂集』巻三）という二件の奏対をのぼし、閣臣の補充を要請した。しかし帝の裁可を得られなかったため、徐階はふたたび同月二十六日付奏対「再請補閣臣」（『世経堂集』巻三）をのぼし、そこでようやく「少しく歳月を待て」という諭旨を得た。ところが、そののちも具体的な動きはなかったため、徐階は同年四月初九日付で「答添閣臣諭」（『世経堂集』巻三）という二件の奏対を上呈し、すみやかに閣臣を任用するようもとめたのである。世宗はここでも消極的な態度を示したものの、最終的には徐階の上請を容れ、同月、厳訥と李春芳の入閣が実現した(13)。

徐階が閣臣増員にこだわったのは、内閣の事務が繁多で、ひとりやふたりで処理できるようなものではなく、その習熟にも相応の時間がかかるという実際上の見地からする部分もたしかにあった(14)。しかし、それ以上に重視しなければならないのは、閣臣増員の要請の裏にあった徐階の政治上の理念である。それはたとえば「答補閣臣諭」一に、

臣惟、閣臣地親任重。祖宗時、毎用三四員、蓋本不欲權有所專、而閣中先臣、毎事皆相商確、亦無敢專者。自夏某暴狠、人莫敢犯、繼以嵩受制逆子、欲便其私。於是、事皆獨斷、而權始有所專矣。今皇上有意、復成祖之制、誠乃攬乾綱、收政柄之要務。

臣が思いますに、閣臣は皇帝のそばちかくにおり、その任務は重大です。祖宗のとき、つねに三、四人の閣臣を任用したのは、その権をもっぱらにする者がないようにするためであり、歴代の閣臣たちも、ことあるごとにみなで相談し、あえて専横する者はありませんでした。ところが、夏言の横暴がはじまってから、だれも彼にさからおうとはしなくなり、ついで厳嵩が逆子（厳世蕃）に制せられて、その権を私するのに都合よくしようとしました。こうして、ことはすべて独断に決せられ、権力が独占されるようになったのです。いま、陛下がお考えのように、成祖の制にもどすことは、まことに君権を統べ、政治の大権をとりもどす要務であります。

とあるところに端的に示されている。国初、複数の大学士を入閣させた目的は、なによりも専権をふせぐためであったとし、夏言・厳嵩の登場を機におこなわれるようになった首輔専権をあらためるべく、成祖の制

にならって複数の大学士を入閣させるべきだというのである。あえて夏言・厳嵩に言及しているのは、首輔専権の原因を失脚したふたりにおわせることで、彼らを重用した世宗の責任にふれず、閣臣増員に消極的な世宗の抵抗をすくなくし、スムーズに閣臣増員を実現したいという意図から出たレトリックとも解せなくはないものの、首輔専権を回避せんとする徐階の方針をここから読みとることはゆるされよう。また、閣臣が共同で票擬を作成するようもとめた嘉靖四十一年（一五六二）五月二十七日付奏対「請公同票擬奏」二（『世経堂集』巻二）のなかでも、徐階は、

臣惟、天下之事、同於衆則公、公則百美基焉。専於己則私、私則百弊生焉。
臣が思いますに、およそ天下のことは、みなとおなじくすれば公であり、すべてよいことは公にもとづくものです。みずからにのみもっぱらにすれば私であり、すべての弊害は私より生ずるのです。

と述べて、「専」に対する「公」、すなわち、すこしでもおおくの意見・主張を反映させつつ政治をすすめていくことこそが、ただしい政治の基礎になるとの見解を明確にしている(15)。こののち、嘉靖四十五年（一五六六）三月に高拱・郭朴が、元年二月には陳以勤・張居正がそれぞれ入閣するが、これも徐階の如上の理念に沿ったものとみてよい(16)。次節で述べるように、徐階のこうした公論重視の理念は、内閣内部にとどまらず、諸司との関係においても主張されたのであった。

以上、いささかまわり道になったが、世宗が閣臣の増員に対してきわめて消極的であったこと、そうした帝の姿勢によって生じた首輔専権の弊害を是正すべく、徐階が公論重視の姿勢をつよく打ちだしたことを述べた。こうした世宗の政治姿勢とくらべて、穆宗の内閣に対するスタンスはどのようなものであったのだろうか。

この点、本章冒頭でふれた韋慶遠氏の所説は、おおむね当を得たものといえるであろう。即位後の穆宗は、内廷での享楽的な生活にふけり、視朝や上奏の決裁もおこたりがちではあったものの、猜疑心のつよかった世宗とは異なり、一貫して大学士を信任し、実質的な可否判断をほとんど大学士にゆだねていたとされる。こうした帝の姿勢が形成された背景として、韋氏も指摘するように、皇子時代の彼の境遇を考慮せねばなるまい。道教を妄信し、不老不死を信じていた世宗は、嘉靖二十八年（一五四九）の皇太子（荘敬太子）死去後、ながらく皇太子を立てなかった。そのため、裕王と弟の景王との並立状態が長期化し、皇位継承問題にからんで厳嵩と徐階との暗闘もくりひろげられた。結局、嘉靖四十四年（一五六五）正月の景王の死により[17]、裕王の皇位継承が確定したとはいえ、皇子時代の穆宗はきわめて不安定な立場におかれていたのである。こうした状況にあった裕王をささえたのが、裕王府づきの講読官たちであった。当時次輔であった徐階は、裕王の立太子をあとおしすべく、高拱・郭朴・陳以勤・張居正・殷士儋ら有能な若手官僚を裕王講官に登用し、その周囲をかためたのである。不安定な状況にあったがゆえに講読官に対する裕王の信頼感はつよく、隆慶年間に至って彼らはみな大学士に起用された[18]。

隆慶朝の閣臣というと、こうした裕王時代につちかわれた穆宗との関係が強調されるが、そのほかにも、内閣政治の展開をみていくと、穆宗の基本的な姿勢として、みずからが信頼できるとみた者であれば、政見の如何やほかの大学士との関係などを考慮せずに閣臣に起用するところがあったようであり、裕王講官経験者の積極的な閣臣起用も、むしろその一環として位置づけるべきもののようにも思われる。こうした穆宗の姿勢を示す典型的な例が、三年八月の趙貞吉の入閣である。松江府華亭県（現、上海市の属）出身の何良俊『四友斎叢説』巻八、史四には、趙貞吉の入閣にまつわるつぎのような記事が伝えられている。

近代宰相、不由中人援引、則是營求而得。唯趙大周入閣、出自聖裁。蓋穆宗皇帝初登極時、大周爲國子祭酒。舊制、天子幸學、則祭酒講書。是日大周進講、言多諷諭、甚爲切直。聖上大悅、遂加眷注。然其人秉心持正、且剛直有口、遇事輒發、不能藏垢。大臣有不合且忌之者、卽打發至南京矣。聖上數問、前日講書這老兒、如何不見。左右對以今任南京禮部侍郎、聖上卽有召還之命、不久遂眞拜矣。然一直不容於群枉、故不久而以論罷。

ちかごろの宰相は、宦官の引きによるのでなければ、みずから運動してそのポストを得る。しかし、趙大周（趙貞吉の号は大洲。以下同）の入閣のみは宸断によるものであった。穆宗皇帝が即位されたとき、大周は国子祭酒（国子監の長）であった。旧例では、天子が国子監に行幸されると、祭酒が進講することになっていた。この日の大周の進講はとおまわしにさとすことばがおおく、その内容も切直なものであった。お上はたいへんよろこばれ、それ以来、彼に目をかけるようになった。しかし、その心持がただしく、剛直で直言をはばからない性格のために、ことがあるとすぐに公言し、だまっていることができなかった。大臣のなかにそりがあわず、彼を嫌う者があったために、南京へ左遷されてしまった。お上はたびたび「先日、講義をしたあの老人は、なぜいないのか」とご下問になり、側近が「いまは南京礼部侍郎に任ぜられております」とおこたえすると、お上はただちに北京に召還するよう命じ、すぐに大学士に任じた。しかしながら、一貫してまがったことをゆるさず、そのためいくらもたたずに弾劾を受け、辞任においこまれた。(19)

趙貞吉の清廉剛直な清官としての一面をとくに強調している点についてはひとまずおくとして、何良俊は、趙貞吉の進講にふかい印象を受けた穆宗が、南京に左遷されていた彼をわざわざ召還して大学士に起用したと記し、趙貞吉の入閣が帝みずからの意向によるものであったことを強調している。ただ、その趙が往々にしてほかの高官と対立し、「群枉を容《ゆる》さ」ざるがゆえに大学士辞職においこまれたというのは、うがったみかたをすれば、趙貞吉を重用しようとする穆宗の意向が、ほかの官僚たちの意向とはかならずしも一致していなかったことを示唆する。現に趙貞吉入閣時には、彼と対立することになる張居正が内閣にいたのであるから、内閣の側が趙の入閣にとくに積極的であったとは思われない。そうみていくと、何良俊が伝える上引記事は、閣臣個々の理念や大学士どうしの関係などを考慮せず、みずからが信のおける者であればだれでも閣臣に登用するという穆宗の姿勢が、閣内抗争の一因になっていたことを示す記事として位置づけられるのではなかろうか。

そうした状況を裏づけるのが、『実録』隆慶五年十一月丁丑（十九日）条にみえる刑科都給事中胡価の上奏である。胡価は湖広宜城（現、湖北省宜城市）の人で、嘉靖四十一年（一五六二）の進士。元年二月に礼科給事中となって以降、服喪の期間をはさんで、六年に河南布政司右参政にうつるまで、一貫して給事中の任にあった[20]。当該上奏のなかで胡価は、五年十一月に大学士殷士儋が辞任したことにふれて、つぎのように上言している。

刑科都給事中胡價上言、……陛下臨御五年、輔臣之去者三四、倏焉而進、忽焉而退。任之未幾、去之如遺、于國體亦少褻矣。……臣愚竊謂、内閣之任、不必備、惟其人。輔弼之臣、不貴多、惟其當。如其賢且才也、卽一二人、不爲少。使非賢且才也、雖四五人焉、適足以蠹政而僨事。

刑科都給事中の胡価が「……陛下が即位されて五年のうちに、輔臣の任を去った者はすでに三、四人、にわかに昇進したかと思うと、たちまち辞任してしまいます。任用していくらもたたぬうちに、まるですててしまうかのように罷免するのは、いささか国体をけがすところがございます。……臣が思いますに、閣臣を任ずる上で、人数がそろっていることはかならずしも重要ではなく、重視すべきはただその人物の如何のみです。輔弼の臣はおおければよいというのではなく、あくまでも当にかなっているかどうかが重要です。もし賢にして才能ある人物であれば、たとえひとりふたりしかいなくても、すくなくはありません。そうでなければ、四、五人いたとしても、政治を害し、ことをそこなうことになります」と上言した。

胡価の建言の主旨は、大学士の交替が頻繁にすぎるのは国体上あるべきすがたではなく、人数をそろえることより、少数であっても任にたえる人物を入閣させるようにすべきだというものである。[21] 裏をかえせば、穆宗が大学士の力量やその政治姿勢はともかく、みずからが信任する閣臣を一定数確保しておくことにより重点をおいていたということになる。皇帝穆宗のこうした政治姿勢は、政見の異なる大学士がともに入閣するという状況を生みだし、結果的に隆慶期のはげしい閣内対立と頻繁な閣臣交替とを引きおこす要因になっていたのである。

第二節　首輔徐階の政治運営

前節での検討のなかで、世宗の姿勢とあわせて徐階の政治理念にもふれた。その要諦をひとことでいえば、前掲「請公同票擬奏」二にみられたとおり、「公」の実現ということになろう。首輔専権の弊を是正すべく、徐階は極力多数の意見を反映させて政治を運営するという公論重視の方針を打ちだした。そしてそれは、以下に論じていくように、閣内のみならず内閣と諸司・科道官・地方官との関係においてもその実現がめざされた。本節では、徐階がとくに他部署との関係において内閣はいかにあるべきだと考えていたのかをあきらかにした上で、そうした理念にもとづく彼の政治運営が現実の政治過程にどのような影響をおよぼしたのかを、辺境防衛・軍餉発給などの具体策策定や北辺官の人事など、対モンゴル問題にかかわる諸事案への対応を具体例として考えてみたい。

徐階の施政方針を象徴するものとして、おおくの論者が言及することばがある。前掲徐階「答添閣臣諭」二に、

> 臣惟、人臣之罪、莫大於専。臣自壬戌之夏、大書壁間云、以威福還朝廷、以政務還諸司、以用舎刑賞還公論。
>
> 臣が思いますに、およそ人臣の罪で、専よりおおきなものはありません。臣は壬戌（嘉靖四十一年・一五六二）の夏から、壁に「賞罰の大権はお上にかえし、政務の権は諸司にもどし、任用・罷免や刑罰・行賞は公論にゆだねる」と大書してあります。[22]

とあるように、直所の壁に大書したという三語がそれである。首輔専権の弊にかんがみ、臣下の罪として「専」ほどの大罪はないとの認識から、徐階は、賞罰の権は皇帝にかえすとともに、政務執行の権を諸司にもどし、人事・刑罰は官界の公論に依拠しておこなうとのスローガンを壁に書きつけたという。韋慶遠氏が指摘するように、君臣関係、内閣と部院・地方官との関係、そして内閣と科道官・輿論との関係を調整することこそ政治の要諦であるという徐階の認識が、この三語には端的に示されている。[23]

こうした分権公治的な政治をすすめていく上で、内閣は具体的にどのような機能をはたすべきか。その点

に関する徐階の認識を、対モンゴル問題への対応をめぐる議論に即してみていくことにしよう。二年七月、戸科左給事中張斉が徐階を弾劾する上奏をおこなった。『実録』隆慶二年七月甲子（十七日）条によると、その批判のひとつは、

戶科左給事中張齊上疏、劾大學士徐階不職狀。其略言、……比者、各邊告急、皇上屢廑宣諭、階略不省聞。惟務養交固寵、擅作威福。

戸科左給事中の張斉が上疏し、大学士徐階がその職にたえないと弾劾した。その大略は、「……さきごろ各辺の情勢が急を告げ、陛下がたびたび宣諭につとめられたにもかかわらず、階はきちんとしらべて上聞しませんでした。ただ派閥をつくってその地位をかためるのにつとめ、権勢をほしいままにしただけです」というものであった。

とある。北辺の状況が急を告げ、皇帝の諭旨が出ているにもかかわらず、徐階は対応策を上呈しないばかりか、もっぱら私党を結成し、皇帝の寵をかためて政治を壟断しているとの批判であった。これに対して徐階は、翌十八日に「被論乞休」（『世経堂集』巻十）をのぼし、

至我朝、革丞相、設六卿、兵事盡以歸之兵部、閣臣之職、止是票擬。……凡內外臣工、論奏邊事、觀其緩急、擬請下部看詳。及兵部題覆、觀其當否、擬請斷處。間値事情重大緊迫、擬旨上請傳行。蓋爲閣臣者、其職如此而已。非若督撫等官、親臨邊塞、幹理戰守之務也。

わが明朝になって、丞相を廃して六部尚書をおいてより、軍事案件はすべて兵部の管轄となり、閣臣の職はただ票擬だけとなりました。……およそ内外の臣下が辺事について上奏した場合、その緩急を

みて、票擬して兵部にくだして審議させるよう上請します。兵部の覆議が題奏されれば、その当否をみて、やはり票擬して決裁を請います。ときに事情が重大かつ緊迫した事案にあたった場合には、諭旨の原案を起草し、それをくだしていただくよう上請することもあります。閣臣の職はこれだけにすぎません。督撫のように、みずから辺境におもむき、軍務にあたるものではないのです。

と反論している。国初に宰相が廃されてより、軍事案件や北辺防衛は兵部や北辺の督撫の職掌となったのであり、大学士の職務はあくまで票擬をおこなうだけである。したがって、「対応策を建議しない」という張斉の批判はあたらない、というのが徐階の反論の主旨である。ここに端的にみられるように、彼の内閣観は、実際の政務遂行を部院・地方官にゆだねる一方、みずからは皇帝の顧問として票擬に徹し、全体の政務執行がスムーズにおこなわれるよう案件の緩急や覆奏内容の当否を判断する点に、その役割を認めるものであった。

しかしながら、実際に諸問題に対応していく上で、徐階のこうした認識が逆にそのさまたげとなるようなケースも指摘されるようになる。『実録』隆慶元年九月戊午（七日）条には、兵科給事中厳用和の建議に対する戸部の覆議と諭旨が、

兵科給事中嚴用和言、邊臣請餉、旦夕待命、部臣會議給發、往往稽延、至于旬時、殊非同心共濟之義。今後、有因此悞事者、請連坐之。戸部覆、言官建白、止據一人意見、而該部職司所繫、必須詳稽博訪、然後敢覆。況事下戸・兵會議、關涉兩部、卽難獨斷。至給發時、亦必視帑藏多寡、彼中緩急、而卽縮調停之。不當概以遲緩見罪。上是部臣言。(24)

兵科給事中の厳用和が、「辺臣が軍餉の発給を請う際には、非常に切迫した状況で命がくだるのをまっ

ているのに、部臣が発給を議すのが往々にして遅延し、十日もかかるようなことになるのは、協力して困難を解決するという意義に著しくもとるものです。今後、これによってことをあやまる者があれば、連座させていただきたい」と上言した。戸部は、「言官の建議は、ただひとりの意見によるだけですが、該部の所司の管轄となっている案件については、かならず詳細かつ広範に検討してから覆奏しなければなりません。まして戸部と兵部とにくだされ、会同して覆議をのぼすべき案件については、ふたつの部がかかわりますので、独断でおこなうわけにはいきません。実際に発給するときも、かならず帑蔵（国庫）の多寡や発給先の緩急をしらべ、極力、節約して処置しなければなりません。一概に遅延を理由として処罰すべきではありません」と覆奏した。お上は部臣の言を是とした。

と伝えられている。厳用和の上言は、辺臣が軍餉の発給をもとめても、六部が発給にむけて動きだすまでに時間がかかり、前線の急をすくうことができないため、今後もしこれによって北辺での事態の悪化をまねいた場合には、部臣も処罰の対象にすべきだというものである。これに対して戸部は、案件の審議は詳細を期さねばならず、その内容が複数の部署の所轄にかかわる場合、独断はできないと反論し、実際に軍餉を発給する際にも、財政状況や前線の緩急を確認しなければならないとも述べている。結局、穆宗は戸部の覆議を裁可した。

厳用和が指摘するように、当該部院の所司間あるいは関係部院間での方案策定にむけた調整に時間がかかり、それによって現場での活動に支障をきたすという問題は、関係各部署が相互の職分をおかすことなく、それぞれの職分に応じて案件の処理をおこなうという状況にあっては、不可避的におこる事態といってよい。その点からいえば、官界における「公」の実現をめざす徐階の方針は、こうした問題を助長しこそすれ、改善の方向へむかわせるものではなかったといえよう。

さらに、こうした状況のなかでは、ともすれば各部署が相互に牽制しあうことによって、問題への適切な対処のさまたげになるということもおこるようになる。こうした問題がもっとも深刻なものとなって浮かびあがってくるのは、中央と地方ないし文官と武官との関係においてであった。厳用和の上奏とおなじ元年九月、アルタンひきいるモンゴル軍が大同より侵入し、同月十二日には石州（現、山西省離石県。一五七頁【図7】参照）をおとして知州王亮来を殺害するという事件がおこった。(25) こうした非常事態を受けて、山西副総兵田世威が三十項目におよぶ建議を上呈した。『実録』隆慶元年九月辛未（二十日）条に伝えられる彼の上言のなかに、

山西副總兵田世威、條陳安攘大計三十事。……其立紀功。謂、科道官寄耳目於人、擧劾不公。請以其事屬之各道州縣官、使身自督戰、隨營紀功、則士氣自倍、可以免他日行勘之煩。其寛繩墨。謂、文臣多設疑事、以嘗將領。欲戰則責其不能守、欲守則其責其不能戰、展轉牽制。非大破常格、不可以成功。

山西副総兵の田世威が、わざわいをのぞき天下を安定させる大計三十事を上奏した。……軍功を記録することについて、「科道官はひとの見聞にたよっているので、その弾劾は公平ではありません。このことは道員や州県の官にゆだね、彼らがみずから督戦し、軍中で功績を記録させるようにすれば、おのずと軍の士気も倍増し、後日、軍功をチェックする面倒もはぶくことができます」といった。規制をゆるめることについて、「文臣はおおく断処にくるしむことを設けて将領をためそうとします。たたかおうとすればまもれないことを責め、まもろうとすればたたかえないことを責め、ころころと言を

かえては将領の活動を牽制します。通例をおおいに打破しなければ功をなすことはできません」と
いった。

とある。中央から派遣される科道官が功罪を調査するのでは実情が反映されず、弾劾も公正なものではないとして、現地の地方官を軍中に帯同させて功績の記録にあたらせるようもとめるとともに、文官のいうことがなにごとによらず武官の活動を牽制していると批判し、そのことについても抜本的な改善をもとめている。

このときのアルタン侵攻に関連して示された徐階の見解は、同年十一月二十八日付の奏対「繳詳議辺計」(『世経堂集』巻四)のなかに、

竊思、邇年邊事廢弛、多因邊臣循習舊套、不務殫心幹理、拘泥常格、不知隨時變通。

ひそかに思いますに、近年の辺境防衛の弛緩は、おおくは辺臣が旧来のやり方に因循し、心をつくしてことにあたろうとせず、通例にこだわり、時宜にしたがって臨機応変に対処しないことによります。

と示されている。内閣は票擬を担当し、政務は諸司・地方官がおこなうものである以上、北辺防衛の弱体化の原因は、辺臣が時宜に即して効果的な対策をとらないことにあるのであって、その失敗の責任も一義的には彼らがおうべきである、というのが徐階の見解であった。明朝の諸制度がもつ中央偏重・文官重視の傾向は、すでにすくなからぬ論者が指摘するところであるが、「常格」を廃してまで文官の掣肘を減らすよううったえた田世威と、あくまでも責任は辺臣の側にこそあるという徐階の所説を対比的にみるとき、各部署の職分を尊重しようとした徐階のバランス感覚も、結局はそうした中央・文官偏重の枠を出るものではなかったといわねばなるまい。そして、まさに徐階がかかげた「用舎刑賞を以て、公論に還《かえ》す」のスローガン

のとおり、このときの辺臣の責任追及は、「公論」のにない手たる科道官によっておこなわれた。モンゴル撤退後の十月七日、給事中欧陽一敬・御史郝杰らが山西巡撫王継洛・山西総兵官申維岳・岢嵐兵備道副使王学謨を罷免し、他官については巡按御史に功罪を調べさせるようもとめ、これを裁可する形で、王継洛・申維岳のほか、薊遼総督劉燾・宣大総督王之誥・順天巡撫耿随卿および薊州総兵官の李世達の俸禄を停止し、処分をまたせるとの決定がなされた。[26] さらに同月十五日、御史凌儒および欧陽一敬らの弾劾を受けて、その前日に回籍（原籍地帰還）とされた劉燾のほか、[27] 王継洛・申維岳・耿随卿・李世達を逮捕し、京師に護送して尋問せよとの命がくだっている。[28] そして十月二十九日、山西巡按御史王漸の弾劾を受けて、総督王之誥の回籍処分とともに、文官の対応を批判した田世威を獄にくだすことが命ぜられている。田世威が「耳目を人に寄し、挙劾公ならず」、「守らんと欲せば則ち其の戦う能わざるを責む」と批判していた科道官が、彼の「逗遛して戦わ」ざることを弾劾したことによる処分であった。[29]

　以上、本節では、首輔徐階の政治理念が実際の政務遂行の過程でどのような作用をおよぼすものであったのかを検討してきた。徐階は、内閣内部におけるのと同様、内閣と部院・地方官との関係においても分権公治的な政治運営をめざしたといえる。そうした理念は、内閣はあくまでも票擬に徹し、実際の政務遂行は諸司・地方官にまかせ、各部署がひとしくその職能を発揮できるように政界の均衡をたもつ存在であるべしという主張となって具体的には提起された。

　しかし、対モンゴル問題にかかわる諸事案への対応をめぐる議論からうかがえたように、現実の政務遂行の場でもとめられたのは、急を要する案件にも対応できる迅速かつ効果的な決定のあり方であり、地方官・武官にかかる掣肘をおさえ、現地の状況に即した活動をおこなえるようにすることであった。そこでは、それぞれの職分を重視する六部より上位に立って政務を主導する存在、中央官僚・地方官の双方よりも上の立場から掣肘をおさえる存在がもとめられていたといえよう。本来であれば、こうした役割は皇帝がになうべきものである。しかし、穆宗はみずから主体的に政務を総攬するタイプではなく、そうした要求に積極的にこたえることはなかった。となれば、つぎにその役割が期待されるのは、票擬という形で諭旨の原案を作成する内閣ということになる。張斉の徐階弾劾はこうした要求を背景としていた一面もあるようにも思われるが、しかし徐階はついにそうした役割を引き受けようとはしなかったのである。かくして徐階は二年七月に内閣を去り、首輔は李春芳に引きつがれることになった。

第三節　徐階辞任後の内閣

嘉靖-隆慶交替期の政治をリードした徐階の退場によって、政局はあらたな局面をむかえた。本章冒頭所掲の【表3】のとおり、李春芳は五年五月まで首輔をつとめ、その下に、それ以前から入閣していた陳以勤・張居正のほか趙貞吉・殷士儋があらたに入閣する。さらに徐階との対立をふかめて内閣を去った高拱も再入閣をはたし、隆慶時代の内閣政治を特徴づける閣内抗争がはげしさを増すこととなる。本節では、こうした対立の背景をさぐるため、第五節でふれる殷士儋をのぞいて、李春芳・陳以勤・趙貞吉・高拱・張居正の政治姿勢について個別に検討をくわえていく。それらをふまえて具体的な抗争の過程を次節でみていくこととしたい。

最初に首輔の李春芳からみていこう。彼は揚州府興化県（現、江蘇省興化市）の出身で、嘉靖二十六年（一五四七）の状元である。青詞という道教の祭文の作成によって世宗の眷顧を受け、大学士となるまでの六度の昇進は、すべて廷推ではなく世宗の特旨によったため、しばしば「青詞宰相」と揶揄されたという[30]。徐階・高拱という強烈な個性を発揮した首輔のはざまにあって、いまひとつ影がうすく、そのため彼の政治姿勢やその政治史上の位置づけについては、これまでほとんどかえりみられることはなかった。とはいえ、嘉靖以降の政局における首輔のプレゼンスの増大という状況を考慮するならば、当時の内閣政治の展開過程をみていく場合、李春芳がどのような内閣・首輔を志向したのかについても、やはり一定の注意をはらっておく必要があろう。

李春芳が自身の政治理念をみずから語っている史料として、五年五月に上された「二乞休」（『李文定公貽安堂集』巻一）をとりあげたい。この上奏は、同年四月の南京吏科給事中王楨らの弾劾を受けて、首輔を辞することをもとめたものである。このなかで李春芳は、

臣幼學聖賢之道、志切君親之倫。自叨鼎輔、毎懼覆餗、惟念治道、去其太甚、不必紛更、臣道止於代終、不敢恣肆。希心周公吐握之風、妄意丙魏同心之誼。期以集思廣益、仰贊皇上蕩蕩平平之治。而言者乃詆臣爲庸瑣闒茸、將欲臣俯視百僚、紊亂成法。然後可以爲賢乎。在臣則不敢也。

臣はおさないころから聖賢の道をまなび、志は君主につかえる倫《みち》を思うこと切なるものがあります。大学士を拝命してからは、つねに任にたえずにことを台無しにしてしまうことをおそれ、[31]ただひたすらに天下をおさめる道を思い、ゆきすぎをなくし、なんでもむやみに改変してしまうのではなく、臣下としての本分は先人の遺業を継承するのみで、自分勝手なことをしてはならないと考えてきました。周公が食事中であれば食べ物をはきだし、沐浴中であれば髪をにぎったまま面会に応ずるというほどに賢者を礼遇したという風をしたい、[32]丙吉・魏相が心をひとつにして国政にあたったという故事に、[33]およばずながらならおうとしてきました。衆人の知恵をあつめて有益な意見をひろくとりいれ、泰平

なる陛下の治世を補佐しようとしてきたのです。しかし、言官は臣のことを「見識がなく凡庸だ」と批判し、臣に百官をみおろすような立場に立って法令をみだりにかえさせようとしています。そんなことで賢者たりうるのでしょうか。臣にはとてもできないことです。

と述べている。李春芳によれば、言官たちの批判は、彼が百官よりも上の立場から政治を総攬することなく、また諸制を改変できないとの理由によるという。(34) しかし、みずからの理念はそれとはまったく逆であり、大学士となって以来、ゆきすぎをおさえて万事穏当にことをすすめ、先人の遺業を継承して、むやみな改革はおこなわないようにしてきたのであり、賢才をもとめ、ほかの大学士とも協力して政務にあたり、百官の意見をひろくあつめて、官界全体の利益をはかることをめざしてきたと述べている。「百僚を俯視する」ことなく「集思広益」を旨とするなどということばに、内閣・首輔への集権をふせぎ、各部署がひとしく政策決定・執行にあずかれるようにするという徐階と同様の方向性を認めることができる。「内魏同心の誼」にならおうとしたという言も、李春芳がほかの大学士より上の立場から内閣をリードするというタイプの首輔ではなかったことを示すものといってよい。そうした首輔としての彼のふるまいをよく伝えているのが、王世貞『嘉靖以来内閣首輔伝』巻六、高拱伝に、

春芳雖以拱之故、不得舒、然猶時取裁酌、不至過甚。

春芳は〔高〕拱によって制せられてはいたが、それでもときにはみずから裁量をくだし、ゆきすぎた事態におちいることはなかった。

とある記事である。高拱の勢力におされながらも、ときにはみずから調整にのりだし、それによってゆきす

ぎた事態におちいるのをまぬがれたというこの記事からは、高拱をはじめとする自己主張のつよい閣臣たちのあいだで、閣内のバランス維持に腐心する李春芳のすがたがみえてくる。いま一歩ふみこんでいえば、彼のような首輔であればこそ、高拱・張居正・趙貞吉のようにみずからの方針をつよく主張するタイプの閣臣による路線対立が表面化しながらも、彼らが同時に入閣している状態がたもたれていたともいえよう。

つぎにとりあげるのは陳以勤である。彼は四川順慶府南充県（現、四川省南充市）の人で、嘉靖二十年（一五四一）の進士。万暦二十二年（一五九四）から二十四年（一五九六）まで大学士をつとめた陳于陛は彼の息子である。陳以勤もまた裕王講官を歴任し、元年二月に張居正とともに入閣した。彼には『青居山房稿』なる文集が伝えられているが、管見のかぎり本史料の現存は確認できず、したがって彼の政治姿勢、とくに彼が内閣・大学士の職分をいかなるものと認識していたのかを彼自身のことばによってさぐる手がかりは、かなりかぎられている。ここではひとまず万暦十一年（一五八三）から十九年（一五九一）まで首輔をつとめた申時行の手になる陳以勤の神道碑銘「光禄大夫柱国少傅兼太子太師吏部尚書武英殿大学士贈太保文端陳公神道碑銘」（『賜間堂集』巻十九）の記事を提示しておきたい[35]。このなかで申時行は、

又言、輔弼之任、惟以威福歸主上、公議付大廷、虚心潔己、提綱挈維、蠲煩苛、抑躁競、毋空取祖宗約束、而紛更之、恬然而天下理矣。

〔陳以勤は〕また「輔弼の任とは、ただ威福をお上のもとにかえし、公議は朝廷にゆだね、虚心におのれを律して、方針をしっかりとかかげ、煩瑣で苛酷〔な法令〕をのぞくとともに、ゆきすぎた競争をおさえ、祖宗の法令を空文としてむやみにかえたりすることがなければ、恬然として天下はおさまるのだ」ともいっていた。

という陳以勤のことばを伝えている。大学士の任務は大権を皇帝にゆだねるとともに、官界の輿論を尊重し、みずからは虚心坦懐に政務の要を把握することにある。その上で、ゆきすぎをおさえ、祖宗の制をあらためるようなむやみな改革をおこなってはならない。こうした発言から考えるならば、陳以勤もまた徐階・李春芳と同様、公論重視の方針を理想とし、改革の推進者ないし政務を主導していく存在としてではなく、あくまでも政界のバランスをたもつことに大学士としての職分を認めていたと考えられる。(36)

三年八月に入閣した趙貞吉は四川成都府内江県(現、四川省内江市)の人で、嘉靖十四年(一五三五)の進士であり、当時の閣臣のうちではもっとも官歴のながい人物であった。さきに引用した『四友斎叢説』の記事にみられたように、まがったことをゆるせない剛直な清官として好意的に趙貞吉のことをえがいていた何良俊も、第一節での引文の直後に、

大周《ママ》毎事泥古、不通時變、誠亦有之。然其忠誠許國、奮不顧身、何可掩也。

大周がなにかにつけてふるきにこだわり、時世の変化につうじていなかったというのは、たしかにそのとおりである。しかし、彼が忠誠をもって国のためにつくし、みずからの身をかえりみることなく奮闘したことも、またおおいがたいではないか。

と記している。高拱・張居正とはげしく対立したことでも知られるように、とかく趙貞吉がほかの官僚との軋轢がたえなかった一因として、そのあまりに尚古主義・原則主義的な姿勢を指摘している。王世貞に至っては、『嘉靖以来内閣首輔伝』巻六、高拱伝に、

趙貞吉自詹事府入。……既入、多所紛更。欲創革兵制、與兵部尚書霍冀異、使言官諫而逐之。又

縁冀孽、吏部尚書楊博于陳洪復逐之、中外皆側目。

趙貞吉が詹事府から入閣した。……入閣すると、むやみな改革をおこなうことがおおかった。兵制改革をめぐって兵部尚書の霍冀と対立し、言官に弾劾させて失脚においこんだ。また、霍冀の罪によって、吏部尚書楊博も〔司礼太監の〕陳洪とはかって辞任においこみ、内外の官僚はみな目をそばめてみていた。

と記しているように、彼の施策を「紛更」と酷評しているほどである。その具体例として王世貞が槍玉にあげている「兵制を創革す」というのは、趙貞吉が四年正月に発議した京営再編案のことである。嘉靖二十九年（一五五〇）の庚戌の変後の制度改革によって、中央軍たる京営を三大営に分け、総督戎政一名が統率する形がとられた。ところが趙貞吉は、国初の制にならって京営を五つに分割し、営ごとに将領をおくとともに、文官による監視・統制を強化しようとしたのである。彼の建議には反対もすくなくなく、ことは大学士趙貞吉と兵部尚書霍冀との対立へと発展していった(37)。王世貞は、趙貞吉がこれを機に霍冀および吏部尚書楊博を辞任においこんだことで、内外の官僚からおおいに顰蹙を買ったと伝えている。

しかしながら、当の趙貞吉本人は入閣に際してなみなみならぬ息ごみをもっていたようである。『実録』隆慶三年八月壬戌（二十一日）条は、趙貞吉が入閣にあたって、

貞吉復言、近日朝廷紀綱、邊方政務、多有廢弛。臣欲捐身任事、未免致怨。惟皇上主張于上、臣不敢負任使、以干明典。

貞吉はまた「ちかごろ朝廷の綱紀や辺方の政務はおおいにゆるんでおります。臣が身を賭してことにあたろうとすれば、うらみを買うのはまぬかれないでしょう。ただ陛下が〔綱紀粛正を〕主張されるの

であれば、臣もあえて任命にそむいて法にふれるようなことといたしません」といった。

と述べたと伝えている。趙貞吉は、中央政界の綱紀と北辺防衛の弛緩こそが目下最大の問題であると述べ、みずからがほかの官僚たちからうらまれるのをおそれず、一身をなげうってでも改革にあたる決意を表明している。「惟だ皇上の上に主張せば、臣も敢えて任使に負《そむ》きて、以て明典を干《おか》さず」というように、皇帝の断固たる支持を大学士起用の命を受ける条件とするかのようないい方からも、綱紀粛正にかける趙貞吉の意気ごみがいかにつよいものであったかが知られる。

趙貞吉のこうした発言について注意しておきたいのは、そこで前提とされている内閣ないし大学士としてのあり方が、徐階・李春芳・陳以勤のように、閣内あるいは各部署間のバランスを調整する存在としてではなく、内閣大学士たるみずからを政務推進の主体とみなすものであるということである。そうした認識があればこそ、みずからの方針とは異なる主張をもつ者とのあいだには、諸々の政策をどのような方針ですすめ、それを実現するのにいかなる施策を打つのか、といった具体的なレヴェルで対立が生ずるようになったといえよう。

内閣・大学士を政治推進の主体とみなしていたという点では、趙貞吉と対立した高拱も同様であった。高拱は河南開封府新鄭（現、河南省新鄭市）の人で、嘉靖二十年（一五四一）の進士。首輔就任後の彼が首輔を事実上の宰相とみなしていたことについては後述するが、高拱がすでに首輔就任以前からそうした認識をもっていたことは、郭正域「光禄大夫柱国少師兼太子太師吏部尚書中極殿大学士贈太師高文襄公墓志銘」（『合併黄離草』巻二十四）に、

閣臣入直西苑、自世皇中年始。有事在直、無事在閣。世皇諭閣臣曰、閣中政本、可輪一人往。徐

文貞竟不往曰、不能離陛下也。袁文榮亦不往曰、不能離陛下也。公正色、問文貞曰、公元老、常直可矣。不才與李・郭兩公、願日輪一人、詣閣中、習故事。文貞拂然不樂。

閣臣が西苑に当直するのは嘉靖の中葉からはじまった。ことがあるときには直所におり、なにもなければ内閣で執務した。世宗は閣臣に「内閣は政治の枢要なのだから、輪番でひとりはつめているように」と諭旨をくだした。しかし、徐文貞（徐階の諡は文貞）は結局おもむくことなく、「陛下のおそばをはなれることはできない」といい、袁文栄（袁煒の諡は文栄）もまた同様であった。公（高拱）は色をただして、「公は首輔ですから、つねに西苑に当直していてもよいでしょう。不才《わたし》と李〔春芳〕・郭〔朴〕の両公とで輪番してひとりが内閣におもむくこと、慣例どおりにしていただきたい」と文貞を問いつめた。文貞は憮然とした様子であった。

とあるエピソードによって知ることができる。あくまでも「政本」たる内閣の構成員としての職分をおもくみる高拱の認識が、皇帝の顧問として帝のそばに当直することを重視する徐階との対比をつうじて浮きぼりにされている。両者のこうした認識のちがいは、政務を総攬することへのつよい意識をもった皇帝のもとで、秘書官・顧問官としての大学士の役割がおもんぜられた嘉靖朝と、皇帝が案件の可否判断を大学士にゆだね、内閣が政治運営の主体として機能するようになる隆慶朝という時代の相違を象徴するものとしても注目したい。大学士としての高拱について、有効な政策を打ちだし、それを強力に推進したことが評価される一方で、みずからの意見を強引におしとおし、独断専行的に物事をすすめたことがしばしば非難の的になるのも、(38) さきにみた趙貞吉と同様、高拱のこうした内閣観・大学士観と無関係ではあるまい。

張居正の政治姿勢についてはすでに幾多の先行研究が論じており、もはや贅言するまでもなかろう。彼が内閣大学士を事実上の宰相とみなしていたことは、中書省廃止後の洪武十三年（一三八〇）九月に太祖が設置した四輔官について、[39]「雑著」（『張太岳集』巻十八）のなかで、

按、……自胡惟庸誅、雖罷丞相、分任六卿、而四輔實居論思之地、則雖無相名、實有相道也。

按ずるに、……胡惟庸が誅殺されてから、丞相を廃してその任を六部尚書に分けたが、四輔官は皇帝が側近と商議する場にいたのだから、宰相の名こそないけれども、事実上は宰相だったのだ。

と述べているところにうかがえる。張居正が政務を遂行する主体としての立場から、当時の政界にあって積極的に動いていたことは、彼の膨大な書簡が物語っている。各地の地方官を中心とする官僚たちとの往復書簡を活用し、そのなかで情報収集をおこなったり、具体的な対策や建議の上呈を指示したりするほか、[40]地方官の意向にそった決定がおこなわれるよう張居正が中央の関係方面にはたらきかけたことを伝える書簡もすくなくない。そうした書簡往復が隆慶和議実現にむけた動きのなかで重要な役割をになったことは次章以降でみることとし、ここではひとつだけ例をあげるにとどめたい。二年六月、薊遼総督譚綸がみずからと総兵官戚継光に薊州鎮での練兵を専任させ、三年間は御史の査察をおこなわないようもとめた。[41]これに対して御史の劉翾・孫代が異議をとなえたが、兵部・都察院の覆議を経て、最終的に譚綸の建議どおりに裁可するとの諭旨がくだされた。[42]この一連の経過について、張居正は譚綸に宛てた「与薊遼総督」（『張太岳集』巻二十二）の中で、

薊中事、公所措畫、咸極精當。本兵一一題覆、初亦有一二異同之論。僕據事理譬解之、今皆帖然矣。戚帥復總理、不載議中、諒公有難言者。已具部疏、擬特旨行之。即有言者、無足慮矣。

薊州鎮の件、公の措置はきわめて正確で当を得ています。本兵はそれぞれ覆奏しましたが、最初はひとつふたつ異なる部分がありました。わたしが事理に即して説明しておきましたので、いまではすっかり問題ありません。戚将軍にふたたび統轄させることを建議のなかにもりこまなかったこと、公にもいいにくかったのは承知しています。兵部の覆疏がのぼされ、とくに論旨をくだしてこれをおこなうようにしました。もしなにかいい出す者があっても、心配にはおよびません。

と記している。彼が兵部尚書を直接説得した結果、譚綸の建議どおりにことがはこんだのみならず、譚綸が当初もりこんでいなかった戚継光に統轄させることについても、譚綸の意をくんで「特旨」によってこれを決したと述べている(43)。この時期の張居正は群輔のひとりであったとはいえ、各部署へのはたらきかけや論旨の起草をつうじて、政務推進に際してすくなからぬ影響力を発揮していたことをこの書簡はよく伝えている。

以上、本節では、閣内抗争が激化した首輔李春芳在任期の大学士について、彼らの政治理念ないし内閣・大学士観をそれぞれ検討してきた。李春芳・陳以勤は徐階と同様、公論重視の政治運営を志向し、それぞれの職分に応じて政務に関与することができるよう皇帝・六部・地方官・科道官などの諸アクター間の関係を調停することに大学士の職分を認めていた。これに対して、趙貞吉・高拱・張居正は内閣を政務推進の主体と認識していた。それゆえ彼らが主張する施政方針あるいは個々の事案への対応は、より具体的なレヴェルにまでふみこんだものであったし、次節でみるように、三者の方針の相違は現実の政治抗争となって表面化することとなった。その一方で、いわば閣内不一致ともいえる状態が短期間とはいえ維持された要因として、第一節で述べた皇帝穆宗の閣臣登用の姿勢のほか、バランス維持を旨とする首輔李春芳の存在を考慮すべきであろう。李春芳の首輔在任期の内閣のありようは、政務遂行の具体的なレヴェルで対立をふかめる閣臣たちを調停型の首輔がまとめる、というように性格づけられる。そして、これ以降の展開をもあわせて考えるならば、そこに嘉靖時代のいわば顧問団としての内閣から、政務を大学士にまかせきりにした皇帝のもとで、内閣が政治を主導する存在へと変化していく過渡期的性格を認めることができるのである。

第四節　北辺官の処分をめぐる閣内対立

三年九月、万を数えるモンゴル軍が大同右衛の鎮川堡より攻めこみ、大同府下の山陰県・応州・懐仁県・渾源州の各州県を攻掠した[44]。モンゴル軍の撤兵後、その対応をめぐって督撫以下の関係諸官に対する処分がおこなわれた。じつはこの処分をめぐって、高拱・張居正と趙貞吉の主張が真二つにわれたのである。本節では、前節で述べた閣臣たちの政治姿勢ないし施政方針の相違が現実の政治過程の上に表面化してくる具体例として、当該事案をめぐる三人の対応をみていくこととしたい[45]。

まずはことの経緯を確認しよう。大同府内を攻掠したモンゴルの軍勢が撤退したのち、宣大山西総督陳其学・大同巡撫李秋が上奏し、大同では事前にモンゴル侵攻の情報を察知して防備をかためておいたため、モンゴル軍も得るところなく撤退したとし、敵を撃退した大同総兵官趙岢に論功行賞をおこなうようもとめた。これに対して巡按御史燕儒宦が、モンゴル軍に対して明軍ほとんど反撃しておらず、陥落した堡塞や略奪された人畜も相当数にのぼるとの査察報告をのぼしたほか、都給事中張鹵も辺臣が虚偽の報告をしたと弾劾、いずれも関係諸官の処罰をもとめた。兵部は、御史に実情をしらべて報告させるよう覆奏し、穆宗は、総兵官趙岢の処遇について、その罪を認定して軍功により贖罪させる（戴罪立功）こととし、ひきつづき防衛にあたらせるよう諭旨をくだした。さらに給事中査鐸・御史王圻らは総督陳其学・巡撫李秋についても罪ありとし、査察報告がなされるのをまって処分をおこなうようもとめている。そののち巡按御史燕儒宦がふたたび査察報告をおこない、趙岢はみずからの罪を認めずに督撫をあざむき、督撫もそれをみぬけず、結果として皇帝をあざむくことになったとして、趙岢・陳其学・李秋を処罰すべきだと上奏した。これを受けて三年十月四日、趙岢を三級降格、陳其学を降俸二級、李秋を奪俸半年、関係の武官にも降俸・謫戍（辺境での従軍）などの処分をくだすとともに、総兵官と巡撫とを配置がえとすることがあわせて命ぜられた(46)。翌四年正月一日には大同総兵官趙岢と宣府総兵官馬芳、大同巡撫李秋と遼東巡撫方逢時とをそれぞれ入れかえる人事がおこなわれ(47)、同月十六日には、都給事中張鹵の建言によって、総督陳其学を回籍聴用（原籍地で任用待機）とする決定がくだされた(48)。結局この事案にかかわって、督撫・総兵官をはじめとする大同の関係官僚はいずれも降格・奪俸・配置がえ・回籍の処分を受けたのであった。

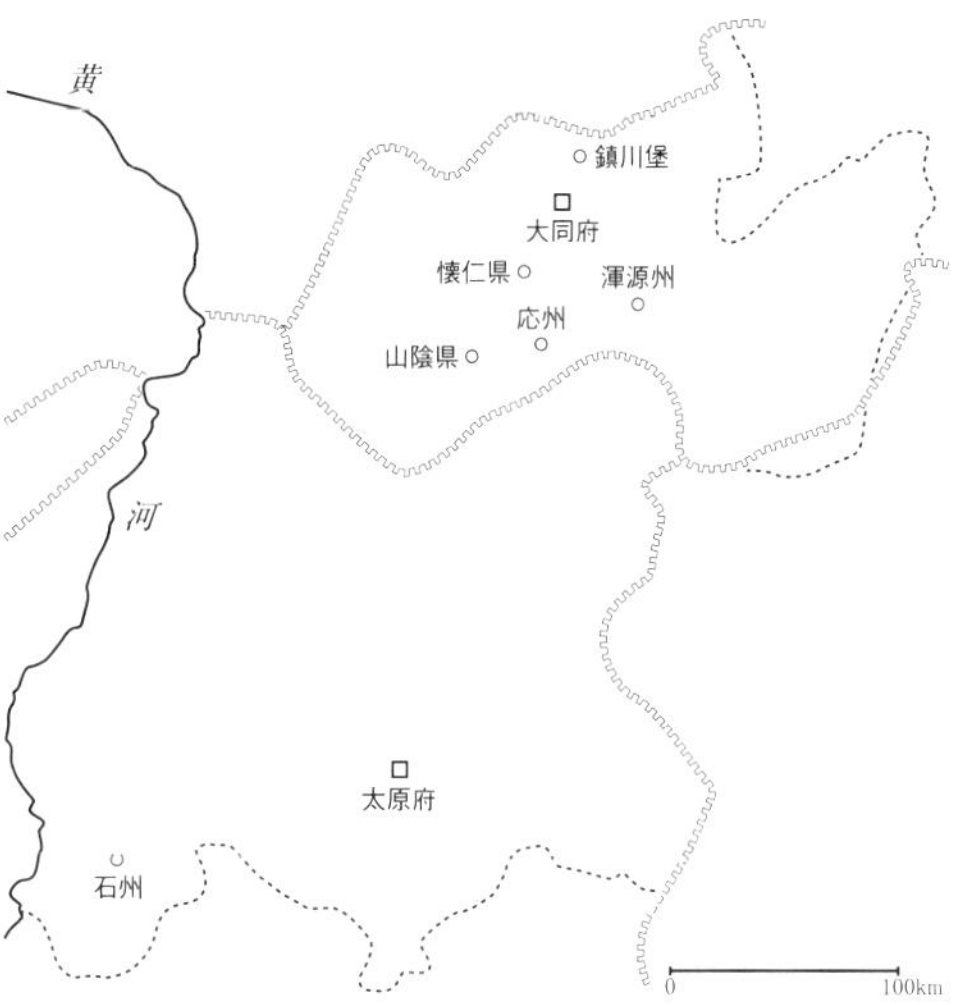

【図7】　大同府・太原府地図

さて、このとき宣府総兵官に配置がえとなった趙岢に対して、高拱は「答趙総兵」（『高文襄公集』巻六『政府書答』）をおくっている。そこには、

将軍久在邊境、勞苦而功高、僕甚知之。宜安心爲國報效。聖上在上、必不負於將軍。

将軍がながらく辺境にあって、たいへんな苦労の上におおきな功績をあげていること、わたしはよく承知しています。どうか安心して国のために力をつくされたい。お上がいらっしゃる以上、将軍の意にそむくことにはならないはずです。

とある。また、当該書簡の表題には、

時趙方懐懼。故有此答。

このとき趙はちょうどおそれをいだいていた。それでこの返信を書いた。

という注がある。趙岢の不安をなぐさめるとともに、彼への支持を示したものとみてよい。

高拱のこうした発言の裏には、後引の何良俊『四友斎叢説』巻八、史四の記事が伝えるように、趙岢が彼の門生であったということもたしかに関係していよう。しかし、かならずしもそれだけがすべてというわけではなかったと思われる。というのも、高拱の北辺官重視の方針については、すでにおおくの論者が論じているところであり(49)、そこでもしばしば引用される四年三月十八日付の「議処本兵及辺方督撫兵備之臣、以裨安攘大計疏」(『高文襄公集』巻八『掌銓題藁』)では、軍事にはたかい専門性がもとめられるとの認識の上に、平素からその方面に長じた人材をやしなっておくべきことが主張されている(50)。さらに高拱は、最前線でモンゴルと対峙する重責をおい、失策があれば、即、厳罰をもって処分される北辺官の任務のきびしさは、他官とはくらべものにならないとも述べ、ともすれば彼らを冷遇することになってきた従来の制をあらため、その重責にみあうだけの賞与・昇進面での優遇措置を講ずるようもとめている(51)。こうした主張から推せば、高拱は、北辺官に対してことごとに過失をとがめだてして短期間で交替させるのではなく、一定の在任期間を保証して経験をつませた方が、辺境防衛の実をあげることができるとの立場であったと考えられる。とすれば、ながらく北辺での軍務に従事してきた趙岢がこの一件によって離任することは、高拱にとって北辺防衛に益することとは認識されなかったと思われる。先引の趙岢宛て書簡で高拱が「聖上、上に在れば、必ずや将軍に負《そむ》かざるべし」と記していることは、あるいは彼が皇帝に直接はたらきかけて、処分の回避ないし軽減をはかったことすら示唆する。いずれにせよ高拱は、如上の北辺官重視の見地から趙岢の処分をかるくすませたいとの意向をもっていたとみて大過なかろう。

　ところが、これとはまったく異なる主張を展開したのが趙貞吉であった。彼がこの件に関して上呈した「議辺事疏」（『趙文粛公集』巻八）では、関係諸官の罪状を指弾する燕儒宦・王圻・査鐸の上奏が出たことを「朝廷の公論が彼らによってややあきらかになった」と評価する一方、兵科・御史による再査察をおこなうべしと覆奏した兵部については、従来の慣例に因循するのみで不当に辺臣をかばいだてするものだと批判している(52)。さらに趙貞吉の批判は内閣にもおよび、上につづけて同題疏では、

　蒙皇上發下內閣、令臣等看詳擬票間、臣卽與大學士李說道、國家之事、最重者在邊防。欲整理邊防、在正朝廷紀綱耳。賞罰乃紀綱之大者。若大同一鎭、功罪不明、賞罰不當、則諸邊視效、因循怠玩、皆不可復整理矣。……于時、閣臣不以臣言爲然。臣亦隱忍、不敢瀆聞者、以爲俟其再査、果如奏劾所論、則請正其罪、未晚也。今該巡按燕如宦覆査失事罪狀、益加詳著。況未經再査之先、大同失事之情弊、已昭布人人之耳目、而不可掩矣。今兵部題覆、仍循回護之方、閣臣擬票、尙存姑息之意。

陛下から〔題疏〕が内閣にくだされ、臣らに審議・票擬させるとの命を受けた際、臣はただちに大学士李芳春に対して、「およそ国家のことで、もっとも重要なのは辺境防衛です。辺境防衛をただそうと

するならば、朝廷の綱紀を粛正することにつきます。賞罰は綱紀の大なるものです。もし大同一鎮で功罪があきらかにならず、賞罰も当にかなっていなければ、ほかの辺鎮でもこれにならって、因循して職務をおろそかにし、粛正することができなくなるにちがいありません」と説きました。……そのとき閣臣は臣の言を聞きいれず、臣もまた我慢して、あえてみだりに上奏しなかったのは、再査察の結果、やはり弾劾のとおりであったと判明したときに、その罪をただすよう上請してもおそくはないと考えたからです。いま巡按御史の燕儒宦がふたたび辺臣の過失について査察をおこない、その状はますますつまびらかになっています。まして再査察をおこなうまえから、大同の諸官の過失はすでに人々に知れわたってかくしようもないこと、いうまでもありません。いま兵部の覆議は依然として〔辺臣を〕かばおうとするものであり、閣臣の票擬にもなお姑息の意がこめられています。

と述べられている。前節で引用した趙貞吉の入閣を伝える『実録』の記事と同様、辺境防衛は国家の最重要課題であり、徹底した綱紀粛正によってその振粛をはかるべきだとの主張にもとづき、趙貞吉は、首輔の李春芳に関係各官をきびしく処罰するようとくにもとめたという。ところが、巡按御史燕儒宦の再度の査察報告によって、辺臣の罪状はだれの目にもあきらかになったにもかかわらず、兵部は依然として辺臣をかばう覆議をのぼし、内閣の票擬も「姑息の意を存す」るものでしかないとして、同官たる内閣大学士に対しても痛烈な批判を展開したのであった。

ところで、このときの北辺官の処分については、何良俊『四友斎叢説』巻八、史四にも関係の記事が伝えられている。これまでにも引用しているように、本史料における何良俊の筆致は、こと趙貞吉に対してはかなり好意的なものである。以下に引用する記事は、何良俊がみずからと同郷の松江府華亭県（現、上海市の属）の人で、嘉靖四十四年（一五六五）の進士である陸万鍾（号、敬斎）から伝え聞いた話として記しているもので、やはり同様の傾向が認められる。

敬齋言、大周《ママ》平日深憤邊政紊亂。毎年將官與撻虜買和、總督虛張報捷、當事者納其重賄、卽濫冒功賞。……此時、將官關節、已到京師、又趙苛《ママ》者、一大臣門下人也、遂置不問。王弘洲發其事、疏中言頗切直。大周卽昌言於朝曰、衙門中有一王御史、方纔成箇都察院。且言、臺省諸人、身任國家之重、今分受幾車白銀・黃鼠、卽不顧朝廷利害。大臣固當如是耶。諸老一聞、遂銜之切齒。……適有滄州一差、仕扎京城、以時出巡、乃道中第一美差也。貲次正該弘洲、論者以爲大周私於弘洲、弘洲卽陞僉事、繼遭貶謫。

敬斎がいうには、「大周は普段から北辺の政務がみだれていることにいきどおっていた。毎年、将官は賄賂によってモンゴルと和し、総督はいつわりの戦勝報告をおこない、当事者も彼らから莫大な賄賂を受け、みだりに論功行賞にあずかっていた。…（陳其学および燕儒宦の上奏がおこなわれ）…このとき、将官からの賄賂がすでに京師にとどいており、また趙岢というのもある大臣の門下の者であったため、結局、不問に付された。王弘洲（王圻の号）はそのことを暴露し、上疏の言辞はすこぶる率直であった。大周もただちに朝廷で「わが衙門に王御史がいたおかげで、はじめて都察院の体をなした」と公言した[53]。かつ「中央の諸官は、みずから国家の重責をになっておりながら、目下、車何台分もの金銀を受けとり、国家の利害をかえりみずにおります。大臣たる者、かくあるべきでしょうか」ともいった。諸大臣はこの言を聞くや、歯がみして彼らをうらんだ。……たまたまそのとき滄州の一差があった。これは普段は京城に駐在し、必要なときに現地へおもむけばよかったので、当該道中で一番の人気のある任務であったのに、順番からいえば弘洲があたるべきであったのに、反対派が大周と弘洲とがつうじているとさわいだために、弘洲は僉事に昇進し、ついで左遷の憂き目をみたのだ」と。

高拱の先引書簡から推すに、引文中にいう「一大臣」というのは、おそらくは高拱であろう。陸万鍾の言にしたがえば、趙岢はその門生であり、今回の一件に際しても、前線の将官・総督と中央の「当事者」とのあいだで贈収賄がおこなわれていたという。辺境防衛の実をあげるとの見地から北辺官を優遇すべしとした高拱の主張は、こうした癒着へと容易にむすびつく一面もあったといえよう。綱紀粛正を第一にかかげる趙貞吉にとって、それは北辺防衛不振の元凶にほかならなかったわけである。その一方で、辺臣と中央高官との癒着をあばく上奏をおこなった御史の王圻が、「滄州の一差」にかかわって、趙貞吉の私人だとの批判をあびたという引文後半のエピソードにも注目したい。大運河沿いに位置する滄州（現、河北省滄州市）には長蘆都転運塩使司がおかれており、毎年、御史を一名派遣して私塩のとりしまりや塩課の督促にあたらせていた(54)。用務のときにのみ出かけていけばよく、そのために「道中第一の美差」とされていたというこの任務に王圻があたるべきところ、趙貞吉の私人であると目されたため、按察司僉事への昇格という形で体よくはずされてしまったという(55)。趙貞吉に肩入れする側からの叙述であるから、不正をあばいた清官に対する不当な批判というニュアンスが全面におしだされてはいるものの、大学士の周辺にあつまって党派をなす官僚たちがおり、それぞれが相手を批判するという構図、さらにはそこに督撫・将官からの賄賂やポストのよしあしがからむという状況は、双方から共通してみいだすことができよう。穆宗の治世を「権臣が排斥しあい、しだいに派閥が形成された」と総括するのは『明史』穆宗本紀の賛語であるが(56)、大学士間の方針の相違や対立が内閣の内部のみでとどまるものではなく、官界全体をまきこむ派閥あらそいとして展開していったことを具体的に伝える記事として、『四友斎叢説』の当該記事を位置づけておきたい。

最後に張居正の対応についてもふれておこう。彼は、この事件の余波を受けて遼東巡撫から大同巡撫へと配置がえになる方逢時に「答遼撫方金湖」（『張太岳集』巻二十一）と題する二通の書簡をおくっている。そのうちの第一書には、

二帥更換、原非鄙意。但議者以彼中鎮・巡、頗不相能、欲借曲處之耳。

両総兵官の入れかえはもとより本意ではありません。ただ、これを発議する者が、かの地の総兵官・巡撫がすこぶる任にたえないといって、これにかこつけて無理やり処分しようとしているだけなのです。


とある。大同総兵趙岢・宣府総兵馬芳の「二帥」を入れかえることはみずからの意にそうものではないと明言するのみならず、配置がえを主張する者の意図をとくに「借りて曲げて之を処さんと欲するのみ」と述べているところに、彼の不満のほどを読みとることができる。しかし、処分決定後に書かれた第二書には、

適借東藩、又移西鎮。諸老之意、僕不能違。

たまたま東藩のことにかりて西鎮をもうつそうとしたのです。大臣たちの意向にわたしはさからうことができませんでした。


とみえ、当該の決定をめぐって「諸老」の意向にはさからえなかったといわれている。高拱・趙貞吉の双方がそれぞれの主義主張を真っ向からたたかわせていた状況をふまえて、張居正がもらした「諸老の意、僕、違う能《あた》わず」ということばを考えるとき、当時の内閣における意思決定がどれほどはげしい対立の末になさ

れていたのかを如実にみることができるように思われる。

以上、本節では、三年末から四年はじめにかけておこなわれた北辺官の処分をめぐる高拱・趙貞吉・張居正の動向を検討した。北辺防衛の弱体化を憂慮し、徹底した綱紀粛正によってこれを改善しようとする趙貞吉は、関係諸官への厳罰を主張した。これに対して高拱は、実戦経験をつうじて軍事の才を育成し、北辺官を優遇することで辺防の充実をはかろうとする立場にもとづき、総兵官趙岢との師弟関係ともあいまって、処分の軽減をはかろうとした。総兵官・巡撫の配置がえに反対するという点で、張居正はどちらかといえば高拱にちかい立場にあったとみてよかろう。高拱と趙貞吉の主義主張の相違は、たんにそれのみにとどまらず、北辺官の処分・人事という具体的な案件処理をめぐる対立となって表面化し、そこに官僚たちの派閥が形成され、種々の利権ともからみながら、官界全体をまきこむような形で展開していったのである。

第五節　高拱の首輔就任と内閣の「行政府」化

趙貞吉と高拱との対立は四年十月の科道官考察を機に決定的なものとなり[57]、同年十一月の趙貞吉の辞任によって、事実上、内閣の主導権は高拱および張居正に帰した。五年五月の李春芳の辞任により高拱は首輔となり、名実ともに内閣の首班を占めるに至る。みずからと異なる方針をかかげる者との対立をも辞さずに自身の政治理念の具体化をめざした高拱の首輔就任によって、内閣の性格はどのようにかわっていくのだろうか。

大学士・首輔としての高拱の政治運営のありようを考える上で注目したいのが、趙貞吉の後任となった殷士儋の入閣をめぐる動きである。殷士儋は山東済南府歴城県（現、山東省済南市の属）の人で、李春芳・張居正とおなじく嘉靖二十六年（一五四七）の進士である。裕王講官を経て、三年十二月に礼部尚書となったのち、四年十一月に入閣した[58]。彼の入閣について、王世貞『嘉靖以来内閣首輔伝』巻六、高拱伝には、

殷士儋亦裕邸故臣。自禮部入、累遷至少保武英殿大學士矣。士儋之入、亦中人援、以不由拱、故拱不能無忌、而居正亦厭之。士儋椎、不能曲事拱。而拱素賢張四維、自諭德躐爲學士、又躐爲吏部左侍郎、幾欲前薦之入閣、而士儋得之。

殷士儋もまた裕王府の旧臣であった。礼部から入閣し、少保武英殿大学士にまで昇進した。士儋の入閣もまた宦官の引きによるもので、〔高〕拱によるものではなかったので、拱の忌むところとならざるをえず、〔張〕居正もまた彼を嫌っていた。士儋の方もかたくなで、おのれをまげて拱につかえることができなかった。拱はもともと張四維をかっており、諭徳から学士に特進させ、さらに吏部左侍郎にまで引きたて、〔殷士儋よりも〕さきに推薦して入閣させようとすらしていたのだが、結局、士儋が入閣をはたした。

とある。ここからは、まず殷士儋の入閣に際して、穆宗および宦官の意向がつよく影響したことが指摘できる。王世貞も述べているように、殷士儋も裕王講官を歴任しており、彼に対する穆宗の信頼はあつかったと考えられる。また、彼には内書堂での教習経験もあり[59]、おそらくは宦官とのあいだにもコネクションをもっていたであろう[60]。第一節でみたように、外廷の都合はともかく、みずからの信頼する者を入閣させようという穆宗の姿勢がここでも発揮されたわけである。しかし、それはかならずしも内閣の意向と一致するものではなかった。王世貞によれば、このとき次輔高拱は張四維の入閣をおしていたという。当時、張四維は吏部左侍郎の任にあり、吏部尚書を兼任していた高拱の属官であった[61]。山西商人の家に生まれた張四維が、商人

特有の合理的かつ堅実な思考をもって、隆慶和議の実現にむけて高拱・張居正のもとで実務面を一手に引き受けていたこと、彼が張居正内閣でも次輔をつとめ、張居正の行財政政策推進にあたって一定の役割をはたしたことは、小野和子氏があきらかにしている[62]。こうした点を考えれば、張四維という人物は、なんらかの方針を政策として具体化していくのにたけた実務家肌の人物とみることができよう。そして、高拱がそうした人物の入閣をおしていたということは、徐階や李春芳のように次輔以下の大学士とも対等の立場で政務にあたるというのではなく、首輔の提示する方針を政策として推進していくような内閣を彼が志向していたことの証左となる。そうした内閣にあってもとめられるのは、首輔と同等の立場で政策の協議・立案にかかわるのではなく、首輔の属官のような立場で首輔が提示する方針を具体化し、それを施行していくようなタイプの人材であろう。高拱が裕王府時代の同僚であった殷士儋ではなく、自身の属官でもあった張四維の入閣をおした意図は、まさにこの点にあったのだと考えられる。

　しかしながら、王世貞が伝えるように、このときは張四維ではなく殷士儋が入閣をはたした。結果的に高拱の意向はとおらなかったわけだが、それでも高拱の主導権は、事実上、首輔の李春芳をしのぐものであり、彼の首輔就任はもはや不可逆の流れであった。首輔李春芳は五年五月に辞任し、同年十一月には殷士儋も内閣を去った。ここに内閣は首輔高拱・次輔張居正という構成になる。

　首輔となった高拱に対し、六年正月に柱国をくわえるとの諭旨がくだされた[63]。柱国とは、とくに功績のあった官僚に栄典としてあたえられる官位（勲官）のひとつで、文武の従一品の官がその対象となるものだが、これを辞退するために上奏された高拱の「披瀝悃誠、辞免恩命疏」（『高文襄公集』巻三『綸扉外藁』）は、彼の大学士観を端的に伝えるものとして、先行研究でもしばしばとりあげられる[64]。このなかで高拱は、

國朝設置閣臣、初止備問代言而已。後乃隆以穹階、委以平章重務、是輔弼之臣也。輔弼之臣、上佐萬幾無專職、而其職無所不兼。

わが明朝が閣臣を設置したのは、はじめはただ皇帝の下問にこたえ、諭旨を起草するためだけでありました。のちに穹階の高位におき、平章の重任をゆだねたということは、すなわち輔弼の臣ということになります。輔弼の臣は、陛下の政務全般を補佐するのであって、特定の仕事のみをもっぱらにになうということはなく、その職掌はすべてをかねているのです。

と述べている。設置当初は皇帝の諮問にこたえ、諭旨の原案を作成することのみであった内閣大学士の職務は、この時期には皇帝をたすけて政務全般に対して責をおう「輔弼の臣」へと変化したと明言し、首輔が事実上の宰相のような存在になったとの見解を示している。こうした認識は、先述した徐階にみられたように、実際の政策立案・政務遂行の責を部院・地方官に帰し、大学士の職務を皇帝の秘書・顧問官として票擬をおこなうことのみに限定する認識とはあきらかに異なり、具体的な政策を遂行していく主体としての内閣・首輔をめざすものといってよい。

以上の上言が、柱国を辞退するためのたんなるレトリックではなかったことは、高拱がみずからの政治論をまとめた『本語』（『高文襄公集』巻三十一）にみえる閣臣任用のプランによっても裏づけられる(65)。このなかで彼は、大学士はもはや事実上の宰相であるという認識の上に、大学士の候補生を養成する翰林院での教習が詩文の才の養成のみにおもきをおいていると批判し、翰林官を各部院におくって実務経験をつませるとともに、各衙門の官で優秀な者は翰林官とともに内閣での業務にあたらせるという構想を示している(66)。政治の実務に長じた官僚を内閣にあつめようという高拱のこうしたプランは、まさに内閣が部院の上に立って政務全般を統括・推進していく「行政府」としての機能をはたすべきだという主張を具体化したものにほかならない。

以上、高拱の主導権の確立にともない、内閣の性格がどのように変化したのかを検討した。本章第三節で述べたように、嘉靖末年の最初の入閣時より内閣を「政本」とみなしていた高拱が志向したのは、首輔が提示する方針にもとづいて具体的な政策を推進する主体としての内閣であった。したがって、異なる方針をもつ閣臣と閣内において対等の立場で共存するということはなく、次輔以下の大学士には首輔の属官のような立場で方針を具体化し、政務を処理するのに適した者がもとめられた。高拱は、大学士を事実上の宰相とみなす認識を明確に示すのみならず、それにもとづく具体的な閣臣任用のプランをも構想していた。こうしてみるならば、高拱の首輔就任を機として、内閣の性格は、徐階・李春芳が志向したような皇帝の顧問として票擬・代言に徹する「顧問団」から、政務推進の主体としての「行政府」へと変化したといえよう。

おわりに

本章冒頭でふれた韋慶遠氏のいわゆる「隆万大改革」論は、隆慶時代から万暦初頭の張居正執政へと至る内閣政治の展開、なかんづく徐階・李春芳から高拱・張居正へと引きつがれた首輔権力の移行を保革対立の構図をもって説明するものであった。これに対して本章では、韋氏がいう「保守」・「革新」とはなんなのか、ややもすれば「張居正＝改革者」という前提を自明のものとする二項対立的な構図をあてはめるだけで明末の政治状況を十分に説明できるのか、といった疑問から出発し、その初歩的な再検討の試みとして、隆慶時代の内閣政治の展開――それは嘉靖以来の対外強硬方針を転換させた要因をさぐる上でも重要な要素である

――を具体的に説明することをめざした。保革対立の構図からはなれ、隆慶時代の閣臣たちの内閣観・大学士観といったものを、可能なかぎり彼ら自身がのこした言説からさぐっていく本章での検討からみえてきたのは、実際の政治過程の上でいかなる存在としてふるまった、ないしふるまうべきだと認識されていたのかという意味で、内閣の性格がいわば「顧問団」から「行政府」へと変化していくプロセスであったように思われる。

皇帝親裁に最後までこだわりつづけた世宗のもと、その信頼を背景に絶大な権力を掌握した厳嵩をおいおとすようにして首輔となった徐階は、首輔専権の弊害への反省から、「公」の実現をその施政方針として強調した。皇帝に対しては、あくまでも顧問官としての立場から下問にこたえ、票擬に徹するとともに、政務遂行の権を部院にゆだね、内閣・部院・地方官がそれぞれの職分に応じて政務に関与する分権公治的な政治をめざした。そうした政治運営をすすめていく上で、内閣ないし首輔は各部署間あるいは内閣内部のバランスを維持する役割をはたす存在たるべしというのが徐階の認識であった。その一方でそうした主張は、ともすれば行政の遅滞にもつながるものでもあった。中央・文官偏重の傾向ともあいまって、そうした弊害がもっとも深刻な問題として浮上してきたのは、中央と地方ないし文官と武官との関係においてであった。とくにモンゴルの侵攻に迅速な対応がもとめられる北辺の地方官にとって、それは往々にして適切な対応をとるのをさまたげる要因として受けとめられたのである。

徐階にかわって首輔となった李春芳も、基本的にそうした公論重視の方針を継承した。一方で、彼の首輔在任期には、高拱・趙貞吉・張居正によるはげしい対立・抗争がくりひろげられた。その要因として指摘すべきは、この三閣臣の首輔観・大学士観というべきものが、徐階や李春芳のそれとは決定的に異なっていたことである。すなわち、あくまでも皇帝の秘書・顧問として票擬のみをおこなう――したがって、個々の事案処理の具体的なレヴェルにはふみこまない——というように、内閣の職分を限定的にとらえようとする徐階・李春芳に対し、高拱・趙貞吉・張居正は、現状への危機感に裏づけられた各自の理念・方針を実際上の政務遂行のレヴェルにおいて実現することにつよい意欲をもち、そのための政策を推進する主体として内閣という機構をとらえていたのである。一方で、彼らが官界全体をもまきこむような抗争をくりひろげながらも、短期間とはいえともに内閣に地位を占めることになったのは、調整型・バランス重視型首輔李春芳の存在、および大学士間の政見の一致はともかく、みずからが信任する者であれば、即、閣臣に起用する穆宗の政治姿勢がすくなからず影響したと思われる。その意味で李春芳の首輔在任期は、内閣の性格が「顧問団」から「行政府」へと変化していく過渡期として位置づけることができる。

高拱の首輔就任を機に、内閣の「行政府」化および首輔の「宰相」化の傾向は決定的なものとなった。内閣が一貫した政策を推進する主体である以上、異なる方針を主張する大学士が対等の立場で閣内に共存することは困難になった。そこでもとめられるのは、首輔の属官のような立場で首輔の提示する方針を具体化し、その政策を施行するのにたけた人材であった。大学士に実務経験をつませることを趣旨として構想された高拱の閣臣育成・任用プランは、まさしく彼のそうした内閣観に裏うちされていたのである。

かくして隆慶朝の内閣で最後にのこったのは、高拱・張居正にくわえ、わずか二か月ばかりの大学士在職となった高儀であった(67)。そして六年六月、穆宗の死にともなう政変のなかで高拱は失脚し、そののち十年におよぶ首輔張居正の執政がはじまる。高拱の失脚については、高・張両者のパーソナリティ、あるいはふたりの皇太后や宦官馮保を中心とする内廷勢力の影響など、これまでにもさまざまな要因が指摘されてきた。諸々の思惑と陰謀うずまく政権最枢要部における政変だけに、そこであげられた諸要因のうち、どれがもっとも決定的であったかを特定するというような議論はあまり生産的ではあるまい。ただ、すくなくとも内閣じたいの動きから、高拱失脚ならびに張居正の権力掌握の背景をさぐろうとするとき、本章で論じてきた内閣・首輔の性格の変化という論点は、一定の説得力ある説明を可能にするもののように思われる。内閣が政策立案・政務遂行の主体としての性格をつよめるのにともない、次輔以下の大学士が首輔と対等の立場でみずからの方針の具体化をはかることは困難になった。そうである以上、自身がめざす政治を実現する方法はただひとつ、方針を提示することのできる首輔となるほかになく、そのようにして生じた対立は、最後にひとりの勝者が勝ちのこることによってのみ決着がつく性格のものであろう。かくて、ともに時局を打開する具体的な方策の推進・実現をめざした高拱・張居正の対立が生じたのであり、そうしたプロセスを経て権力を掌握した張居正の執政とは、まさに「行政府」型内閣・「宰相」型首輔というあり方を極限までおしすめた形と性格づけられよう。その基礎のもとに、万暦初頭のさまざまな政策が断行されたのである。

以上、本章では、個々の内閣大学士の政治理念やそのスタンスに注目して、隆慶時代の内閣政治の展開をあとづけてきた。これによって、いわば「行政府」型の内閣が登場してくる内閣内部の要因については、ひとまずあきらかにできたであろう。それでは、こうした内閣の性格の変化は、当時の政界全体の動きのなかで考えた場合、いかなる要因によって支持・促進され、中央の部院や地方官にどのように受けとめられたのだろうか。第四・第五の両章では、そうした視角からいわゆる隆慶和議の政治過程を検討していくこととしたい。

注

（1）内閣政治の展開を中心的に検討していくのとは別の視点から隆慶時代の政治史を論じた専論として、皇帝専制をどのように実現していくかをめぐる隆慶朝の官僚たちの議論を整理した［櫻井俊郎－二〇〇三］および［櫻井俊郎－二〇〇四］がある。

（2）「混闘」の語は、韋慶遠氏が隆慶時代の内閣政治に関する先行研究を総括する際にもちいている語である。［韋慶遠－一九九九］七頁、参照。

（3）［韋慶遠－一九九九］一七六―一七八頁。

（4）［韋慶遠－一九九九］一七七頁。

（5）［韋慶遠－一九九九］二一一頁。

（6）［韋慶遠－一九九九］八―一〇頁、二六九―二九八頁。

（7）たとえば［韋慶遠－一九九九］八頁に以下のような記述がある。「当時の内閣のなかには、たしかに異なるふたつの政見の対立が存在しており、それはたがいにあいいれないものであった。全局の盛衰にかかわる決定をくださねばならない重要なタイミングで、徐階および彼の緊密な追随者である李春芳は、すでに事態をさらに前進させる力をうしなっていた。彼らが前後して内閣をおわれ、また政界から去っていったのは、不可避のことであった」。

（8）［溝口雄三－一九七八］一三五―一四三頁。

（9）［韋慶遠－一九九九］四五四頁では、高拱と張居正との対立についてつぎのように述べられている。「高拱と張居正とは、政見と学術上の見解とを問わず一貫して共通する部分がおおく、重大な相違というのは認められないが、……しかし「美を同じくせば相嫉《あいねた》み、貴を同じくせば相《あい》害し、利を同じくせば相《あい》忌む」という人間のよわさからはぬけだせなかった。権力・官位が衝突し、利害も分かれたために、恩が仇となり、歴史上の一大悲劇をなすに至ったのである」。

（10）徐階の伝記研究として［梁希哲－一九八七］があるほか、思想史的関心から徐階の事跡をあとづけた［中純夫－一九九一］がある。徐階の動向を中心に嘉靖・隆慶期の政治史をえがいた［姜徳成－二〇〇二］では、彼がおこなった各種政策について詳論されているものの、対モンゴル問題を考える上で不可欠な軍事問題にかかわる徐階の対応については別に検討すべき問題とされ（同書、三頁）、当該書ではほとんどふれられていない。［川勝守－一九九〇］は、徐階と張居正それぞれの文集に収録される書簡に注目し、地方官との直接の書簡往復をつうじて政治課題の解決をはかるという政治手法が、徐階から張居正に継承されたとする。高拱については、伝記研究として［牟鐘鑑－一九八八］があるほか、［岳金西・岳天雷－二〇〇六］の「前言」も詳細に高拱の事跡をたどる。高拱は二度目の入閣に際して吏部尚書を兼任したこともあり、その人事政策・用人思想についての専論がおおく、［王宗虞－一九八六］、［岳天雷－一九九九］のほか、考課政策を中心に高拱の施策全般を論じた［櫻井俊郎－一九九六］がある。そのほか、［岳天雷－二〇〇〇］は高拱の思想について論じ、［趙世明－二〇〇四］は高拱に関する近年の中国における研究動向をまとめたものである。趙貞吉の伝記的研究としては、［官長馳－一九九九a］および［官長馳－一九九九b］一－二四頁の「前言」をあげておく。

(11)『実録』嘉靖四十年六月丁亥（二十九日）条
吏科等科都給事中梁夢龍等上疏言、自古帝王之君、必有丞弼之臣。聖祖神宗、因時立政、漸隆館閣。皇上總攬乾綱、輔弼之臣、益加愼重。迺者輔臣久缺、綸音未布、豈非思爲天下得賢輔佐、故極其愼重與。臣等竊惟、相臣賢否、關治道汚隆。一經簡命、則體貌自隆、雖欲去之、其勢甚難。故古人或求之夢卜、或決之人情。我朝亦有講讀・史職得典機務者、蓋惟在于於得人耳。伏願、皇上俯念政本、特敕吏部、會同九卿・科道等官、共擧諸臣中、學術純正、操履端方、名德宿望、足以鎭華夷、服中外者、疏薦五六人、取自宸斷、而品秩之崇卑不計焉、則掄選不輕、而聖治益光矣。上覽奏不悅曰、所奏言非講讀・史職者、今爲誰。其指實奏聞。夢龍等因惶恐陳謝言、其一時敷陳、實據所見言之、非敢妄有指擬。上曰、此所奏與初謂自違、原非爲國、第欲窺測沮閒耳。夢龍、姑奪俸半年、各科都給事中二月、餘各一月。

(12)徐階「答欽簡閣臣」
昨蒙諭問、今欲用閣臣、孰可者。臣具奏不能知、而請皇上欽簡。茲蒙答諭、汝以不知可爲對、但君知臣、惟堯・舜耳。太祖爲聖知之眞、而用之可。若昨嵩乃我簡、至於如此。此官雖無相名、實有相職。廷推非道、相必君擇、古正理、後世宮生之主、不知人焉。

(13)以上の経緯は、［姜德成－二〇〇二］一九九－二〇六頁にくわしい。

(14)徐階「再請補閣臣」に、
臣昨奏謂、機密之地、非臣所當獨居。事務繁多、非臣所能獨辦。一字一句、皆臣實情。
とみえ、また、おなじく「答添閣臣諭」一には、
閣中事體、非經歳月、不能周知。今使臣獨處、倘臣旦夕之閒、溘先朝露、後來者、茫然不知頭緒。
とある。

(15)徐階が首輔単独での票擬作成から閣臣共同での作成にあらためたことについては、［姜德成－二〇〇二］二〇一－二〇三頁にくわしい。閣臣増員・票擬の作成方式変更というふたつの措置にこめられた徐階の意図について、［姜德成－二〇〇二］二〇三頁には、閣臣が共同で政務に責任をおい、皇帝に対して内閣がひとつの機構としてむきあうことで、帝意と内閣の見解

とが対立した際に、内閣がその職能を容易に発揮できるようにするためであったと述べられている。ただ、ここでの徐階の主張は、あくまでもできるだけ多方面の意見を反映させながら政治を運営していくことであって、そこに皇帝権力との対峙ないしそのコントロールまで意図されていたかどうかについては、なお検討の余地をのこすようにも思われる。

(16) 高拱・郭朴の入閣に際して、その起用を上請した徐階の奏対は『世経堂集』にはおさめられていない。おそらくは厳訥・李春芳の入閣時と同様のやりとりがおこなわれたものと思われるが、あるいはのちの徐階と高拱との対立があった関係で、文集編纂時に意図的に削除されたのかもしれない。

(17) 『実録』嘉靖四十四年正月丁未(九日)条。

(18) [韋慶遠-一九九七]八七―一一五頁、および[韋慶遠-一九九九]一七八―一八三頁、参照。なお、裕王立太子をめぐる徐階の動向については、[姜徳成-二〇〇二]二一五―二二二頁でもふれている。

(19) 趙貞吉は侍郎ではなく尚書として南京礼部にうつった。『実録』隆慶元年七月己巳(十六日)条に、

有旨、……以侍郎趙貞吉、暫攝祭酒事。

とあり、同書、隆慶元年十月戊申(二十七日)条には、

陸詹事府掌府事・吏部右侍郎兼翰林院學士趙貞吉、爲南京禮部尚書。

とみえる。

(20) 蕭彦『掖垣人鑑』巻十五。

(21) [中純夫-一九九二]七頁では、胡価が四年三月に提学御史の「聚徒講学」を禁ずるよう上言し、また、万暦五年(一五七七)の張居正の奪情事件に際して、張を批判した沈懋学や呉士期に弾圧をくわえたことが指摘され、張居正の「私人」と位置づけられている。ここでの胡価の建議も、あるいは一貫した政策を推進する行政府としての内閣を志向した張居正の意をむかえてなされたのかもしれない。なお、中氏は「価(價)」字を「檟」とつくるが、本文で引いた『実録』の記事のほか、『掖垣人鑑』や同治『宜城県志』などの史料では、いずれも「価(價)」字につくっているため、本書ではこちらによった。

(22) 「威福」の語は『書経』洪範にみえる、

惟辟作福、惟辟作威。

という句をふまえたもの。孔穎達の疏には、

惟君作福得專賞人也、惟君作威得專罰人也。

とあり、賞罰の大権は君主にのみ属するというのがもともとの意であるが、のちに権臣が権力をほしいままにしていることをいうときにおおくもちいられるようになる。

(23)［韋慶遠－一九九九］一六〇頁。徐階のこの施政綱領については、［姜徳成－二〇〇二］一九四－二一四頁、［曺永禄－二〇〇三］二一二頁でも言及されている。

(24) 原文は「待」字を「侍」字につくるが、校勘記にも「旧校改侍作待」とあるため、ここでは「待」字にあらためた。

(25)『実録』隆慶元年九月癸亥（十二日）条。なお、石州は二年二月に永寧州と改称された。『実録』隆慶二年二月乙巳（二十五日）条、参照。

(26)『実録』隆慶元年十月戊子（七日）条。

(27)『実録』隆慶元年十月乙未（十四日）条。

(28)『実録』隆慶元年十月丙申（十五日）条。

(29)『実録』隆慶元年十月庚戌（二十九日）条

山西巡按御史王漸、覈奏邊臣失事罪狀。言、……總督王之誥等、自八月間、聞虜結聚于黒石崖等處、正與井坪邊對境、不能先事預防。山西副將田世威、參將黒雲龍・劉寶等、皆逗遛不戰。倶宜明正法典。兵部議覆、得旨、逮世威等下獄。令之誥回籍。住雲龍等俸、倶聽勘。

なお、『実録』隆慶三年九月丁丑（七日）条に、

先是、副總兵田世威・參將劉寶、以山西石州失陥、論死繋獄。上忽傳諭所司、釋二將、倶充邊衛軍、令立功自贖。於是、兵科都給事中張鹵等言、……今皇上於二犯、果曾知見其人、又嘗面召本兵、問其所以失律之故、召法司、問其所以招罪之由、乃據其可矜情節、一言釋而失之、則轟然雷霆、又誰敢不服。今數者無一而中旨特釋、其致人駭異、誠所宜然。……惟上仍付二犯于法司、或明示以得釋之故、何情節可矜、何功能可議、用何臣之薦、何言之入、遂克有此、以暢群疑。惟聖明裁察。上以鹵爲瀆擾、命奪俸二月。

とみえるように、田世威は、内廷から直接くだされる「中旨」によって、死罪から北辺での立功自贖へと減刑された。これに対して兵科都給事中張鹵らが異議をとなえるも、逆に科道官の方が奪俸二月の処分を受けた。これについて、朱睦㮮「左軍都督府署都督僉事山西副総兵田公世威墓志銘」（焦竑『国朝献徴録』巻一百八）には、

隆慶改元、虜陥石州。初公至任、憤武備不振、上禦虜三十二《ママ》事。語頗激切、當事者不悦。至是坐觀望不救、繋詔獄。三

年己巳秋、上物色才勇之士、左右以公言、特降旨赦出、給事軍門。

とあり、田世威の下獄・減刑はそれぞれ「当事者」および「左右」からのはたらきかけによるものであったと述べられている。田世威の減刑は徐階辞任後のことであり、彼の処分をめぐる一連の過程は、辺臣・科道官に対する政権中枢部の変化を示すものと位置づけられよう。

(30) 『明史』巻一百九十三、李春芳伝

〔嘉靖〕四十四年、命兼武英殿大學士、與〔嚴〕訥竝參機務。世宗眷侍直諸臣厚、凡遷除皆出特旨。春芳自學士至柄政、凡六遷、未嘗一由廷推。

同書、同巻、袁煒伝

自嘉靖中年、帝專事焚修、詞臣率供奉青詞。工者立超擢、卒至入閣。時謂李春芳・嚴訥・郭朴及〔袁〕煒、爲青詞宰相。

(31) 「覆餗」の語は『易』鼎に、

九四、鼎折足、覆公餗。其形渥凶。

とみえる。「鼎の中の餗を覆す」ということから、任にたえずに失敗することをいう。

(32) 周公の「吐哺握髪」の故事は、韓嬰『韓詩外伝』巻三に、

周公誡之曰、……吾於天下、亦不輕矣。然一沐三握髪、一飯三吐哺、猶恐失天下之士。

とある。

(33) 丙吉・魏相は、前漢宣帝時代の丞相。「丙魏同心」の語は、『漢書』巻七十四、魏相伝に、

時丙吉爲御史大夫、同心輔政、上皆重之。

とみえる。

(34) 『実録』隆慶五年四月庚申（二十九日）条には、王楨らの李春芳弾劾の内容が、

南京吏科給事中王楨等論、大學士李春芳以親老求去、再疏即止、因縁爲弟改官、冒恩非分。且言、其父居家不檢、春芳不能辭責。

と伝えられるのみであり、李芳春が「庸瑣闒茸」で首輔としての資質に欠けるとの批判は直接にはみられない。ただ、『嘉靖以来内閣首輔伝』巻六、高拱伝に、

〔李春芳〕間爲〔徐〕階寛解、而〔高〕拱漸不樂。南京吏科給事中王禎、緣而論春芳、乃力請骸骨。

とあって、李春芳が徐階を弁護したことに高拱は不満をいだいており、高拱の意をくんで王楨の弾劾がおこなわれたとされている。後述するように、高拱は百官の上に立って政務を主導していく内閣・首輔を志向したが、「二乞休」における李春芳の言は、王楨らの裏にいたとされる高拱を意識した面もあったのかもしれない。

(35) 申時行が陳以勤の神道碑銘を撰した経緯について、当該史料には、

　學士君（陳于陛）歸、既卜吉、以戊子（万暦十六年・一五八八。陳以勤の卒年は万暦十四年・一五八六）某月日、葬公于賜塋、棲樂山之麓、而以墓道之碑屬余詞。余昔從館閣事公、而善學士君、則敬諾爲敍次。

とある。彼が翰林院で陳以勤に師事し、息子の陳于陛とも親密な関係にあったため、神道碑銘の執筆を依頼されたという。

(36) こうした公論重視の姿勢は、陳以勤が穆宗即位直後の元年正月にのぼした「陳謹始之道、以隆聖業疏」（『明経世文編』巻三百十「陳文端公奏疏」所収。『実録』隆慶元年正月癸亥（七日）条もほぼおなじ内容を伝える）にもみることができる。その内容は、みずからの授業生でもある穆宗に対して、皇帝としてのあるべきすがたを説いたものであり、とくに「権を攬《と》る」という一項では、

　宋臣呂公著曰、欲威福之不移、莫若捨己而從衆。衆之所是、我則爲之、衆之所非、我則去之。夫衆未有不公、而人君獨爲天下公議之主、威福將安歸也。斯言良爲有見。伏願、陛下深玩此意、凡朝廷有大興革、人材有大進退、治道有大刑賞、先與諸大臣、參詳可否、而陛下方臨以日月之明、奮以雷霆之斷、躬自裁決而施行。

と述べられている。北宋の呂公著「上神宗論人君在至誠至仁」（『宋朝諸臣奏議』巻二）を引用しつつ、皇帝がみずからの手に大権を掌握しておく要諦は、おのれをすてて衆議にしたがうことにあるとし、それによってこそ皇帝が「天下公議の主」たりうるとの認識の上に、国家の政策や人事・刑賞といった重大な案件は、まず大臣と商議した上で決定するようもとめている。たしかにこの建議の主眼は、あくまでも皇帝としてのあり方を論ずることにあり、大学士としてのあり方をめぐる議論とはいささか次元を異にする。とはいえ、皇帝の大権でさえも「己を捨てて衆に従う」ことがその裏づけとなるというようないい方からすれば、陳以勤が公論重視ということを政治全般における理想的なあり方とみなしていたことを、ここから読みとることは可能であろう。

(37) ［青山治郎-一九九六］一七〇―一八一頁、［奥山憲夫-二〇〇三］三六一―三八三頁、参照。

(38) ［櫻井俊郎-一九九六］三三―三四頁。

(39) 四輔官には徳行の士が充てられ、刑獄の覆覈封駁の権はあたえられたものの、政治的な活躍は期待されず、二年後の洪武

十五年（一三八二）に廃止された。しかし、中書省にかわる輔弼機構として設置されたという点で、これを内閣創設への伏線ないし過渡的な機構とみなす立場をとる論者はすくなくない。［山本隆義―一九八五］四七三―四七六頁、［王其榘―一九八九］八―一〇頁、［譚天星―一九九六］六―八頁、［張顕清・林金樹―二〇〇三］二四五―二四七頁などを参照。

（40）［川勝守―一九九〇］二五八―二六〇頁、参照。

（41）譚綸「早定廟謨、以図安攘疏」（『譚襄敏奏議』巻五。隆慶二年六月初六日題）

竊謂、補軍之事、在關之東、亦宜責之臣與練兵都督戚繼光、使得專任。其事勿復以巡按・巡關、攙與其間。俟三年、補練有成、然後請特差官閲視。

（42）『実録』隆慶二年七月戊申朔（一日）条

巡按直隷御史劉翾・巡視山海關御史孫代言、近都御史譚綸獻議、欲以練兵事、專責之總督、不令臣等與聞。夫臣等既受命閲視、則兵之練否、所宜糾察。而綸果於自用、逆折人口。惟上加裁定。於是、兵部・都察院覆言、補練責之總督、所以重事權。閲視聽之憲臣、所以稽實效。彼此各不相妨、宜令協恭和衷、共濟國事。而綸與總兵戚繼光、必稍寛以文法、乃得自展。上然之、命兵事悉以付綸、御史每歳一巡視、三歳一報功。

（43）以上、譚綸・戚継光による練兵策については、［櫻井俊郎―二〇〇六］四―六頁、［胡長春―二〇〇七］一四四―一五三頁にくわしい。また、このときの張居正の対応は、［黄仁宇―一九八九］二五四頁でもふれている。

（44）『実録』隆慶三年九月丙子（六日）条。

（45）高拱・張居正・趙貞吉については、当該事案へのそれぞれの対応ぶりを伝える記事を文集にもとめることができる。しかし、李春芳・陳以勤の対応を直接伝えるような史料は、目下みいだせていない。

（46）『実録』隆慶三年十月甲辰（四日）条

先是、虜入大同塞、七日引去。總督陳其學・巡撫李秋各言、本鎮探得虜情、預爲之備、以故虜無所利。總兵趙岢等先後邀撃、皆有俘斬功、宜加賞錄。而巡按御史燕儒宦言、虜自入境來、我兵無敢發一矢、與之敵者。攻陷堡寨、殺擄人畜甚多。宜正諸臣玩愒之罪。於是、都給事中張鹵等劾奏邊臣欺罔、請嚴究如法。兵部請下御史勘實以聞。上乃令總兵官趙岢等、戴罪防秋。……及給事中査鐸・御史王圻等復以爲言、又令其學及秋、俱待罪任事、候勘至處分。至是、儒宦勘上狀言、……岢又不自引咎、乃逞故智、以欺督撫。督撫不察而過聽、以欺陛下。此三臣者、罪可勝言哉。……疏上、得旨、趙岢避事殃民、本有常刑、姑降實職三級。陳其學、降俸二級。李秋、奪俸半年。［原任總兵］胡鎮・［遊撃］文良臣、各降一級。……〔參將〕方琦等六人、皆謫戍。〔遊擊〕施良清等九人、下御史問。又以鎮・巡官、或不宜於本鎮。命兵部同吏部、議更置之。

(47)『実録』隆慶四年正月己巳朔（一日）条
調大同總兵官趙岢於宣府、以宣府總兵馬芳代之。調大同巡撫都御史李秋于遼東、以遼東巡撫方逢時代之。

(48)『実録』隆慶四年正月甲申（十六日）条
兵科都給事中張鹵上疏、請加飭春防。因言、總督陳其學、平生清謹、殊乏揮霍之才。……兵部覆議、得旨、令陳其學回籍聽用。

(49)〔王宗虞―一九八六〕一一三―一一四・一二三頁、〔牟鐘鑑―一九八八〕一〇五―一〇六頁、〔韋慶遠―一九九九〕三五二―三五八頁、〔岳金西・岳天雷―二〇〇六〕の「前言」四六―四七頁、など。

(50)高拱「議処本兵及辺方督撫兵備之臣、以裨安攘大計疏」
兵乃專門之學、非人人皆可能者。若用非其才、固不能濟。若養之不素、雖有其才、猶無濟也。

(51)高拱「議処本兵及辺方督撫兵備之臣、以裨安攘大計疏」
臣見、邊方之臣、……百責萃於前、是何等擔當。顯罰繩於後、是何等危懼。其爲情苦、視腹裏之官、奚啻十倍。而乃與之同論俸資、同議陞擢、甚者或後焉。……誠宜特示優厚、有功則加以不測之恩、有缺則進以不時之擢。

(52)趙貞吉「議辺事疏」
當有巡按直隸御史燕儒宦、歷陳該鎮文武之臣失事之由、及地方殘傷之狀以聞。又該刑科給事中查鐸、雲南道監察御史王圻、劾陳〔其學〕・趙岢掩敗爲功、扶同欺罔之罪。一時朝廷之上、公論賴之稍明。奈何、該科・該部襲守近年舊套。在科則爲漫然兩可避匿之參、在部則爲肆然庇護再查之覆。

(53)『実録』隆慶四年二月己亥朔（一日）条で、趙貞吉に都察院のことを兼掌せしめるとの命がくだされてはいるものの、このときの北辺官の処分がおこなわれたタイミングとは若干のずれがある。

(54)嘉靖『河間府志』巻八、塩政
長蘆都轉運鹽使司、在滄州治西南。……〔正統三年〕又令、兩淮・兩浙・長蘆等運司、每歲各差御史一員、巡視及催督鹽課。

(55)何出光等輯『蘭台法鑑録』巻十八によれば、王圻は四年に雲南道御史から福建按察司僉事に昇任したのち、邛州（現、四川省邛崍市）判官に降格されたとあり、『四友斎叢説』の記述と一致する。

(56)『明史』巻十九、穆宗本紀

　贊曰、……第柄臣相軋、門戸漸開、而帝未能振肅乾綱、矯除積習。蓋亦寛恕有餘、而剛明不足者歟。

(57)［韋慶遠－一九九九］二五七―二六一頁、［曹永録－二〇〇三］二一八―二二三頁、参照。

(58)『実録』隆慶三年十二月壬寅（四日）条、および同書、隆慶四年十一月己丑（二十五日）条をそれぞれ参照。

(59)宦官の教育機関であった内書堂についての専論として、［貞本安彦－二〇一一］をあげておく。

(60)劉若愚『酌中志』巻十六、内書堂読書に、

　又姜淮者、年少有口。値殷太史士瞻《ママ》教書、……

とあり、殷士儋が内書堂の教書官をつとめたことが知られる。なお、『明史』巻一百九十三、殷士儋伝には、

　士儋遂藉太監陳洪力、取中旨入閣。

とあり、彼の入閣が太監陳洪の力によるものであったと伝えられている。

(61)張四維は四年十月に吏部右侍郎に任じられ、同年十二月に左侍郎にうつった。それぞれ『実録』隆慶四年十月甲辰（十日）条、隆慶四年十二月乙巳（十二日）条を参照。

(62)［小野和子－一九九六］七四―一〇六頁。

(63)『実録』隆慶六年正月癸亥（六日）条。

(64)［王其榘－一九八九］二三六―二三九頁。

(65)『本語』について、『四庫全書総目提要』巻一百十七、子部二十七、雑家類一には、

　……然頗有剖析精當之處、亦不可磨。五巻以下、皆論時事、率切中明季之弊。故明史稱、其練習政體、有經濟才。

とみえる。なお、本書でもちいた万暦刊本『高文襄公集』所収本は四庫全書本とは巻数が異なるが、ここでとりあげる部分は、四庫全書本の「五巻以下」にあたる。

(66)高拱『本語』

　［大学士は］雖無宰相之名、有其實矣。然皆出諸翰林。翰林之官、皆出諸首甲與。夫庶吉士之選留者、其選也以詩文、其敎也以詩文、而他無事焉。夫用之爲侍從、而以詩文猶之可也。今既用於平章、而猶以詩文、則豈非所用非所養、所養非所用乎。……閣臣用翰林、而他衙門官不與。既未經歴外事、事體固有不能周知者。……今宜於他衙門官、選其德行之

純正、心術之光明、政事之練達、文學之優長者、在閣與翰林參用之。如吏部、必用翰林一人者。然恆有其人、繼繼不絕、庶乎外事可得商確、處得其當而無舛。

(67) 高儀の入閣は、『実録』隆慶六年四月戊辰（十三日）条にみえる。また、『実録』隆慶六年六月丁丑（二十三日）条には、彼が卒したと伝えられている。

付章　『少保鑑川王公督府奏議』と『兵部奏疏』

いわゆる隆慶和議に関係する史料のうち、近年になって発掘・利用されるようになったふたつの貴重史料がある。ひとつは北京大学図書館に所蔵される王崇古『少保鑑川王公督府奏議』であり、いまひとつは中国国家図書館蔵『兵部奏疏』である。近年では中国の図書館へのアクセスも容易になり、とくに『兵部奏疏』についてはは、ごく最近になって影印本も刊行されてはいるものの、いずれの史料も目下ほかに所蔵が確認されていないため善本として所蔵されており、また、それぞれの史料に伝えられる情報の貴重さという点からみて、史料そのものの概要を示しておくことにも一定の意義があると考える。次章以降、隆慶和議をめぐる政治過程の具体的な検討に入るまえに、本付章においてその点についてまとめておきたい。

第一節　北京大学図書館蔵『少保鑑川王公督府奏議』

周知のとおり、隆慶和議実現にむけて、前線における総責任者としてモンゴル側との折衝にあたったのが、宣大山西総督王崇古である。王崇古、字は学甫、号は鑑川、山西蒲州（現、山西省永済市の属）の人で、嘉靖二十年（一五四一）の進士である。嘉靖四十三年（一五六四）七月に寧夏巡撫となったのち、隆慶元年（一五六七）十月に陝西三辺総督にうつり、隆慶四年（一五七〇）正月から万暦元年（一五七三）九月まで宣大山西総督をつとめた。この王崇古の奏議集が北京大学図書館に所蔵される『少保鑑川王公督府奏議』（以下、本書では『督府奏議』と略記）であり、これまでにも小野和子・井上治・永井匠・閆浩の諸氏によって利用されて

いる。(1)
『督府奏議』は全十五巻、万暦二年（一五七四）の刻本である。(2) 四人が序文をよせており、順に王宗沐「督府奏議序」、王世貞「少保王公督府奏議序」(3)、王鶴「督府奏議序」、孫応鰲「鑑川王公督府奏議序」となっている。王鶴の序には「隆慶四年庚午夏四月十日」とあり、孫応鰲の序にも「隆慶庚午長至日」という日付がみえる。

『督府奏議』の構成および各巻の収録件数は【表4】に示すとおりである。巻一から巻十一の前半四件までが宣大山西総督在任期のもの、巻十一の後半四件以降が陝西三辺総督在任期のものであり、収録総数は全部で百十八件にのぼる。モンゴルとの和議に関する奏議は、巻三から巻八までの各巻に「納款類」として収録されている。

隆慶和議実現に至るプロセスは、前線の総責任者たる王崇古の題奏に対して、兵部をはじめとする部署が覆議をのぼし、それに対して諭旨がくだされるというパターンで展開していく。したがって、隆慶和議の政治過程をあとづけていこうとする場合、王崇古の関係題疏はその主軸となる。従来、王崇古の手になる史料として一般に利用されてきたのは、『明経世文編』の巻三百十六から巻三百十九に『王鑑川文集』として抄録されている題疏であった。これにもモンゴルとの和議に関するものはおさめられているものの、前線の将兵や王崇古所轄の文武官からの報告、あるいは文書の継承関係を記した部分が省略されたり、『督府奏議』では一件の題疏となっているものが複数の題疏に分割して収録されていたりするケースがある。(4) これに対し

【表4】『督府奏議』収録題疏件数

巻1	宣大山西	籌辺類		8
巻2				9
巻3		納款類	処降　執叛	6
巻4			封貢	3
巻5				9
巻6			互市	7
巻7			善後	2
巻8				10
巻9		籌辺類		15
巻10				7
巻11*				8
巻12	延寧甘固	籌辺類		9
巻13				12
巻14				6
巻15				7
合計				118

＊ただし、後半の4件は陝西三辺総督時のもの

て『督府奏議』には全文が収録されているため、和議実現にむけた現地の動向のほか、どのタイミングでいかなる情報が伝えられていたのかといったきわめて詳細かつ具体的な情報を得ることができる。

以下、本書では煩を避けるため、『督府奏議』所収の題疏については、以下に示す略号をもって提示することとする。

[督府奏議1]「一為仰仗天威、夷酋款塞、酌議安置善後事宜、以弭辺患事」（巻二）

[督府奏議2]「一為北虜黠酋、納款乞封、執叛求降、乞賜廟議、査例俯允、上尊国体、下慰夷情、永弭辺患事」（巻二）

[督府奏議3]「一為仰仗天威、虜酋執献逆犯、遵旨遣還降夷、請議献俘梟示、以昭国法事」（巻三）

[督府奏議4]「一為遵奉明旨、酌議北虜乞封通貢事宜、以尊国体、以昭威信事」（巻四）

[督府奏議5]「一為再奉明旨、条議北虜乞封通貢事宜、以尊国体、以昭威信事」（巻四）

[督府奏議6]「一為感激天恩、遵奉明旨、経画北虜封貢未妥事宜、伏乞宸断、以光聖治事」（巻五）

第二節　中国国家図書館蔵『兵部奏疏』の内容と史料的価値

つぎに中国国家図書館に所蔵される『兵部奏疏』について述べよう。筆者は二〇〇四年に同館においてみずから調査し、その結果、本史料が和議実現までの過程で兵部をはじめとする部署が上呈した関係文書を集成したものであることがわかった。そののち二〇〇七年四月に、全国図書館文献縮微複製中心より影印本が出版され、容易に披閲することができるようになった。この影印本には、鄭偉章氏による「影印『兵部奏疏』説明」が付されており、これもふまえながら『兵部奏疏』の概要を紹介することとしたい。

『兵部奏疏』の書誌について、『北京図書館古籍善本書目』には、

兵部奏疏。不分巻。明郭乾・潘晟等撰。明抄本。四冊。十行二十二字、小黄格、白口、四周雙邊。

とみえる。(5) 筆者の実測によると、版框は縦二九．七センチメートル、横一七．五センチメートルで、題簽および序文・跋文は付されていない。鄭偉章氏も述べているように、『兵部奏疏』所収題疏の上呈者として、上記書目に名前があげられている郭乾・潘晟のほか、劉応箕・劉自強および谷姓の人物が確認できる。鄭氏が不明とした谷氏は、後述するとおり、谷中虚なる人物である。

郭乾は北直隷任丘県（現、河北省任丘市）の人で、嘉靖十七年（一五三八）の進士。陝西巡撫、陝西三辺総督などを歴任したのち、隆慶元年（一五六七）四月から十月まで、および隆慶四年（一五七〇）二月から隆慶五年（一五七一）三月までの二度、兵部尚書の任についている。(6) 隆慶和議実現の直接の契機となったバハンナギ投降事件から封貢・互市の決定に至るまで、兵部のトップとして当該事案の対応にあたった人物こそ、郭乾その人であった。

潘晟は浙江新昌県（現、浙江省新昌県）の人で、嘉靖二十年（一五四一）の進士。隆慶四年（一五七〇）十一月から隆慶六年（一五七二）三月まで礼部尚書をつとめ、(7) 冊封・朝貢実施にかかわる具体的な点について建議した題疏が『兵部奏疏』には収録されている。

このふたりのほか、劉応箕（四川巴県の人。嘉靖二十三年の進士）は、前任の方逢時が服喪のため離任したのを受けて、(8) 隆慶四年（一五七〇）十二月から万暦元年（一五七三）七月まで大同巡撫をつとめた。(9) 劉自強（河南扶溝県の人。嘉靖二十三年の進士）は、隆慶四年（一五七〇）十一月から隆慶六年（一七五二）七月まで刑部尚書をつとめた人物。(10) 『兵部奏疏』におさめられているのは、モンゴル側から引きわたされた板升の頭目趙宗

山らの訊問内容を上奏した題疏である。また、鄭偉章氏が不明としていた谷中虚は、山東海豊県（現、山東省無棣県）の人で、嘉靖二十三年（一五四四）の進士。隆慶四年（一五七〇）二月に兵部右侍郎に起用されたのち、隆慶五年（一五七一）二月に兵部左侍郎にうつり、隆慶六年（一五七二）正月まで在任。(11) 隆慶五年（一五七一）三月に郭乾が兵部尚書を辞したのち、後任の楊博が就任するまで尚書の事務を代行した。以上五名の題疏のほかにも、礼部の咨文が一件収録されている。

『兵部奏疏』には次頁所掲の【表5】にまとめたとおり、全二十七件の文書が収録されている。原本は四分冊となっており、冊ごとの葉数は、第一冊が一〇五葉、第二冊が一一二葉、第三冊が一〇一葉、第四冊が六二葉となっている。【表5】には各題疏の表題・題奏者・題奏日・諭旨を受けた日付、および影印本の頁数をかかげた。なお以下、本書で『兵部奏疏』所収の題疏を示す場合、【表5】に付した番号をもちいて［兵部奏疏1］・［兵部奏疏2］……のように表記する。

『兵部奏疏』におさめられる文書の内容は、バハンナギ投降事件、板升の頭目の献縛とその訊問内容、封貢と互市など、すべてモンゴルとの和議に直接関係するものであり、隆慶和議実現に至る一連の経緯を記録すべく関係文書を集成したものであるとみてほぼまちがいない。収録される文書の大半は、督撫や科道官の建議に対して兵部をはじめとする関係部署が上呈した覆疏である。それらは、まず当該部署にくだされた題疏を引用した上で、その可否ないし具体的な方策を示すという形で書かれている。それゆえ、これらの覆疏によって、はじめに題奏した督撫や科道官の建議とそれに対する関係部署の覆議の双方について、ほぼ全文にちかいものを目にすることができる。とくに兵部や科道官など、モンゴルとの和議に消極的な立場をとった側の主張は、これまで『実録』などに断片的に伝えられる記事によってしか知ることができなかった。(12) しかし『兵部奏疏』には、郭乾の覆疏はもちろん、兵科都給事中章甫端（［兵部奏疏7・11・19］）、吏科給事中

【表５】『兵部奏疏』収録文書一覧

	No.	表題	題奏者	題奏日	論旨発下日	影印本
第一冊	1	題為仰仗天威、夷酋款塞、酌議安置善後事宜、以弭辺患事	兵部尚書郭乾	隆慶４年10月11日	本月13日	1-27
	2	題為虜酋擁衆、入辺索降、厳督官軍防禦、乞賜定議処降事宜、申飭各鎮、協力策援、以伐虜謀事	郭乾	10月12日	本月14日	29-45
	3	題為北虜黠酋、納款乞封、執叛求降、乞賜廟議、查例俯允、上尊国体、下慰夷情、永弭辺患事	郭乾	11月12日	本月13日	47-75
	4	題為仰仗天威、虜酋執献逆犯、遵旨遣還降夷、請議献俘梟示、以昭国法事	郭乾	12月初２日	本月初４日	77-97
	5	題為仰仗天威、虜酋執献逆犯、遵旨遣還降夷、請議献俘梟、示以昭国法事	郭乾	12月19日	本月21日	99-121
	6	題為仰仗天威、虜酋執献逆犯、遵旨遣還降夷、請議献俘梟、示以昭国法事	郭乾	12月22日	本月24日	123-134
	7	題為循職掌陳愚見、議処国家大計、以図万世治安事	郭乾	12月25日	本月27日	135-143
	8	題為黠虜献逆索降、納款乞封、遵旨査録効労有功文武官役、以溥恩賚事	郭乾	12月28日	本月30日	145-192
	9	題為遵奉明旨、酌議北虜乞封通貢事宜、以遵国体、以昭威信事	大同巡撫劉応箕	日付なし	日付なし	193-203
	10	題為遵奉明旨、酌議北虜乞封通貢事宜、以尊国体、以昭威信事	郭乾	隆慶５年２月11日	本月13日	205-209
第二冊	11	題為遵奉明旨、酌議北虜乞封通貢事宜、以尊国体、以昭威信事	郭乾	３月初２日	本月初４日	211-426
	12	題為遵奉明旨、酌議北虜乞封通貢事宜、以尊国体、以昭威信事	郭乾	３月初８日	本月初９日	427-436
第三冊	13	題為仰仗天威、套虜輸款求貢、乞賜廷議早定大計、安虜情銷隠憂、以永固辺圉事	郭乾	３月13日	本月15日	437-472
	14	題為遵奉明旨、酌議北虜乞封通貢事宜、以尊国体、以昭威信事	礼部尚書潘晟	３月26日	本月28日	473-479
	15	題為感激天恩、遵奉明旨、経画北虜封貢未妥事宜、伏乞宸断、以光聖治事	兵部署印左侍郎谷中虚	３月27日	本月29日	481-505
	16	題為酌議開市事宜、以裨安攘事	谷中虚	３月30日	４月初２日	507-516
	17	題為陳末議、以資辺籌事	谷中虚	３月30日	４月初２日	517-525
	18	題為因事効忠、冀攄遠慮、以杜辺圉後患事	谷中虚	４月初４日	本月初６日	527-533

	No.	表題	題奏者	題奏日	諭旨発下日	影印本
	19	題為議処開市事宜、安人心以固辺圉事	谷中虚	4月13日	本月15日	535-540
	20	題為遵奉明旨、酌議北虜乞封通貢事宜、以尊国体、以昭威信事	谷中虚	4月18日	本月20日	541-561
	21	題為互市届期、懇乞聖明申飭当事臣工、慎測虜情、以固辺圉、以戒不虞事	谷中虚	4月24日	本月26日	563-569
	22	題為仰仗天威、套虜輸款求貢、乞賜廷議早定大計、安虜情銷隠憂、以永固辺圉事	谷中虚	6月12日	本月14日	571-613
	23	題為仰仗天威、套虜輸款求貢、乞賜廷議早定大計、安虜情銷隠憂、以永固辺圉事	谷中虚	6月21日	本月23日	615-625
	24	題為恭進虜王表文鞍馬、請給恩賚、以昭盛典事	潘晟	6月28日	本月30日	627-633
	25	為仰仗天威、套虜輸款求貢、乞賜廷議早定大計、安虜情銷隠憂、以永固辺圉事	礼部（咨文）	6月30日		635-637
第四冊	26	題為恭報虜酋感恩、献逆華人懐忠首妖、乞賜賞恤、以光聖治事	谷中虚	6月24日	本月26日	639-671
第四冊	27	題為北虜執送元悪境内、緝獲逆犯、請勅審決除禍本、以正法紀事	刑部尚書劉自強	8月19日	本月21日	673-762

張思忠・戸科給事中宋応昌・礼科都給事中張国彦・礼科給事中紀大綱（いずれも［兵部奏疏11］）、巡按直隷監察御史劉良弼[13]（［兵部奏疏16・21］）、兵科左給事中陸樹徳（［兵部奏疏17］）、兵科給事中烏昇（［兵部奏疏14］）らの科道官が封貢・互市の問題点を指摘した上奏内容について、括弧内に示した各題疏に引用されており、消極派の主張内容を具体的に伝えてくれる。『兵部奏疏』はまさにこうした史料上の空白をうめ、推進派・消極派の双方の視点から当該政治過程を分析することを可能にするものであり、そこにこの史料の最大の価値が存在するといってよい。

細かな点として、たとえば［兵部奏疏10］・［兵部奏疏11］には、隆慶五年（一五七一）三月の廷議に関するきわめて具体的な記述がある。当該廷議は、王崇古が上呈した八項目からなる封貢・互市の実施要領案――いわゆる「封貢八議」――の是非を議すべくひらかれたものであるが、［兵部奏疏10］には、王崇古の建議を受けて廷議開催を奏請するとともに、開催に至るまでの具体的な段どりについて記されている。また、［兵部奏疏11］は当該廷議の決議を覆奏したものであるが、ここには参会者の官職・氏名および各官の賛否が逐一記されているのである。さらに［兵部奏疏13］と［兵部奏疏22］も貴重である。両題疏ともアルタンの貢市許可後に問題となるオルドスのモンゴル諸侯への封貢・互市の可否をめぐってのぼされたものであり、当時、陝西三辺総督であった王之誥・戴才の建議が引用されている。彼らはいずれも互市実施に消極的であり、そのゆえにか『実録』には断片的な記事しかのこされておらず、陝西というモンゴルと接する地域の地方官がなぜ消極的な立場をとったのかという興味ぶかい問題について、実証的な検証をくわえることはこれまで困難であった。上記ふたつの題疏によって、この問題を検討することが可能になるのであり、とくに［兵部奏疏22］は管見のかぎり『兵部奏疏』でしかみられず(14)、隆慶和議にかかわる問題を多面的に考えていく上で重要な手がかりを提供してくれるといってよい。以上、廷議に関する記事とオルドスのモンゴルに対する封貢・互市をめぐる問題については、本書第七章および第五章でそれぞれ詳述する。

第三節　『兵部奏疏』成立の背景

前節で述べたとおり、『兵部奏疏』は諸史料の欠をおぎなって隆慶和議にかかわる貴重な情報を伝えてくれるものの、序文・跋文など本史料の成立の経緯を伝える記事は一切のこされていない。したがって、まことに遺憾ながら、本史料の編者や編纂の経緯は不明とせざるをえない。ただ、その手がかりになりそうな材料は皆無というわけではない。議論が根拠なき推測にわたることにはなるものの、ひとまず以下にそれらの記事を提示し、本史料成立の背景をさぐってみることにしよう。

隆慶和議がなった当時、中央政府内で関係する記録を作成しようとする動きはいくつか存在したようである。前章でもふれたように、王崇古の甥で、当時、吏部侍郎の任にあり、王崇古と高拱・張居正とのあいだで連絡役をつとめるなど、和議実現におおきな役割をはたした張四維が、叔父の王崇古に宛てた「与鑑川王公、論貢市書」第二十三書（『条麓堂集』巻十七）には、以下のようなくだりがある。

> 昨見玄老、謂、令舅處、我久未得致書。封貢事、令兵部集始末爲一書、衆議具在、見當時異同、則任事之難、可知也。但中間謬論可恥、欲稍删削之。甥言、不必删削。具存實錄、可也。甥又言、此事邊上大費曲折、朝中人未必知。前告家舅、自夷孫初降、諸與三鎭文武大小將吏往來公移・書牘、併與諸酋往返書札、及各鎭稟報、併前後疏奏、排月沿日、迄于互市完、吉能貢入爲一書、與此封貢錄、表裏刊行、始爲大備。玄老色喜、深以爲宜。

先日、玄老（高拱の号は中玄）に会いますと、「令舅（王崇古）のところに、わたしはひさしく書状をおくれずにいる。封貢のことについて、兵部に関連文書をあつめて一書にまとめさせ、みなの議をつぶさにのせて、当時の賛否の状況をはっきり示しておけば、当事者の困難も知られよう。ただ、そのうちのあやまった議論ではずべきものは、多少けずりたい」といわれました。甥《わたし》は「かならずしも削除する必要はありません。ありのままにのこしておくのがよいでしょう」と申しました。甥《わたし》はまた「このことについて、北辺ではいろいろ紆余曲折がありましたが、朝臣たちはかならずしもそれを知っているわけではありません。以前、家舅（王崇古）に、「バハンナギが最初に投降してからのすべての文書——三鎮の文武官・大小の将吏とやりとりした公移・書牘、モンゴル諸侯とやりとりした書札、各鎮の稟報および一連の上奏文に至るまで——を月日の順にならべ、互市がおわり、ノヤンダラの朝貢使がやってくるまでのものを収録して一書にまとめ、『封貢録』と一緒に刊行すれば、たいへんに詳細なものとなるでしょう」と伝えておきました」と申しました。玄老はよろこび、ぜひそうすべきだとの意を示されました。

ここから知られるように、高拱は兵部に記録作成を命じようとしており、張四維の方もこのことについて王崇古と相談していたという。張四維・王崇古の構想は、宣府・大同・山西各鎮の文武各官とのあいだでやりとりされた文書やモンゴル諸侯との往復書簡、前線からの報告および関連する上奏文をあつめ、バハンナギ投降時のものから、互市が終了し、ノヤンダラの使臣が入貢してくるまでの一連の文書を時系列順に整理するというものであった。また、とくに兵部の『封貢録』とは別に刊行したいという点について、同書簡には、

甥所以爲此言者、以部中凡事牴牾、言者是非蜂起。既再不用著述發明、則一場好事、全不見根節、且舅之苦心、安得人人曉之哉。須刊布一書、使天下後世有考。若待部中封貢錄刊出方言、又恐、諸人者謂有不平自鳴也。甥故豫言之。

甥《わたし》がこんなことを申しましたのも、部中ではことごとに反対し、言官の議論も噴出したからです。もし〔ことの経緯を〕著してはっきりさせておかなければ、せっかく和議がなったとはいっても、その要諦をあきらかにできず、舅（王崇古）の苦心も、ひとびとの知りうるところとはなりません。一書を刊行し、天下後世の者が参考にできるようにしなければなりません。兵部の『封貢録』が刊行されてからいろいろいえば、おそらくひとびとは「不平をならしている」というでしょう。それゆえ甥《わたし》はあらかじめこのように申しあげたのです。

と書かれている。兵部・科道官の反対をのりこえて実現にこぎつけたという経緯をふまえて、交渉妥結ないし和議維持のポイントや、交渉の過程での王崇古の苦心のあとをきちんとした形で伝えようとの意図から、彼らは独自の出版を考えていたらしい。兵部の『封貢録』が刊行されたあとでみずからの記録を出版すれば、周囲から不平をならしているのだと思われかねないため、兵部の出版と同時に刊行すべきだとも述べられている。

以上から、すくなくとも兵部と張四維・王崇古ら和議推進派という二者による記録作成の動きがあったことはたしかである。むろんこれ以外に記録をまとめようという動きがあった可能性は否定できず、また、現存の『兵部奏疏』がこの二者のどちらかであると断定するだけの明確な根拠もない。しかし、『兵部奏疏』に収録されているのはほぼ題疏のみであり、それも原文にかなりちかいものとみてよい。『兵部奏疏』の構成も、関係題疏をほぼ時系列順にならべただけで、収録に際して賛成・反対のどちらかにかたよった選択がなされているようでもない。こうした点から推せば、現存の『兵部奏疏』は、それだけの文書を収集・保管しうる立場にあった者の手によって、かつ個人的な備忘録・筆記のようなものとして編まれたというよりは、むしろ公式的な記録としてのこすべく編纂されたという性格がつよいように思われる。また、もし上引書簡に示された張四維・王崇古の構想どおりの記録であれば、題疏以外の文書も収録され、より賛成派色のこいものとなったであろう。とするならば、『兵部奏疏』の編纂者としてまず浮上してくるのは、やはり当該事案の担当部署であった兵部ということになるのではなかろうか。あるいは現存の『兵部奏疏』は、張四維が記すように、高拱が兵部に指示して関係文書を集成させた『封貢録』そのものであるのかもしれない。

『兵部奏疏』成立の背景、とくにその編纂が兵部を中心としておこなわれたのではないかと推測させるいまひとつの手がかりとして、郭乾の後任の兵部尚書である楊博の覆疏が『兵部奏疏』収録されていないという事実を指摘しておきたい。楊博もまた山西蒲州の出身で、張四維・王崇古とは同郷かつ姻戚関係にあった(15)。このときまでに薊遼総督・兵部尚書・吏部尚書を歴任し、郭乾の辞任後、吏部尚書を兼任していた高拱の建言によって兵部尚書に再起用された(16)。そうした点を考えれば、彼もまた和議推進派にちかい立場にあったとみてよい。

楊博の二度目の兵部尚書在任時の奏議は、彼の『本兵奏疏』(『太師楊襄毅公奏疏』所収)におさめられている。このうち、モンゴルとの和議にかかわる内容のもので、隆慶五年(一五七一)中の日付がある覆疏を試みに挙げてみると、以下のようなものがある(番号は筆者)。

①「覆大学士高拱等、建議責成宣大等七鎮辺臣、及時整飭辺政疏」(巻十一。隆慶五年七月二十四日題)
②「覆陝西総督都御史戴才、議套虜貢馬疏」(巻十一。隆慶五年八月十二日題)
③「覆陝西総督都御史戴才等、条陳寧夏貢市疏」(巻十一。隆慶五年八月十三日題)
④「覆宣大総督尚書王崇古、請命陝西撫賞套虜疏」(巻十一。隆慶五年八月二十五日題)
⑤「覆宣大総督尚書王崇古、請録三鎮貢市効労辺臣陞賞疏」(巻十一。隆慶五年九月二十二日題)
⑥「覆巡撫甘粛都御史楊錦等、厳禁搶番疏」(巻十一。隆慶五年十月十九日題)
⑦「覆宣大総督尚書王崇古、議修辺政疏」(巻十二。隆慶五年十二月初一日題)
⑧「覆宣大総督尚書王崇古、條上預防辺事隠憂疏」(巻十二。隆慶五年十二月十八日題)

このうち、②はノヤンダラ朝貢の実施要領案を建議した陝西三辺総督戴才の題奏への覆疏であり、③は延綏・寧夏における互市の実施要領案に対して、④はオルドスのモンゴル諸侯への撫賞給付について述べた王崇古の題奏に対して、それぞれ覆奏したものである。⑤では宣大地区での互市完了の報告を受け、王崇古ら関係各官への賞賜を上請している。とくに②③④は、オルドスのモンゴルの朝貢・互市・撫賞についての細則にかかわる内容であり、互市完了を報告した⑤ともあわせ、内容的には『兵部奏疏』におさめられていておかしくないようにも思われる。また、刑部尚書劉自強がのぼした隆慶五年（一五七一）八月十九日付の［兵部奏疏27］がおさめられているのであるから、単純に時系列の点からのみいえば、それ以前にのぼされた①②③の覆疏も、収録されていてよさそうなものである。こうしてみると、楊博の題疏は『兵部奏疏』におさめられるべくしておさめられていないとの感があり、あるいはそこから『兵部奏疏』の編纂と楊博の兵部尚書就任というふたつの事柄のあいだに、なんらかの関係を推測することができるのかもしれない。

確たる根拠がない以上、いずれにせよ『兵部奏疏』成立の経緯は現段階では不明とせざるをえない。本史料に伝えられる情報がきわめて貴重なものであるだけに、その性格をあきらかにしうるあらたな手がかりの発見がのぞまれるところである。

注

（1）［小野和子-一九九六］一三六頁、注（14）、［井上治-二〇〇二］、［永井匠-二〇〇三］四〇―四二頁、［閆浩-二〇〇八］。なお［井上治-二〇〇二］三一三―三一五頁、［閆浩-二〇〇八］九三頁では、本史料の書誌についても紹介がある。

（2）『北京大学図書館蔵古籍善本書目』（北京大学出版社、一九九九年）一七七頁。

（3）当該序文は、王世貞『弇州山人四部稿』巻六十九にも収録されている。

（4）たとえば、『明経世文編』巻三百十六に「再奉明旨、条議北虜封貢疏」、巻三百十七に「確議封貢事宜疏」とある二件の題疏は、［督府奏議5］および［兵部奏疏11］との対照により一件の題疏であることがわかる。また、『明経世文編』所収の「再奉明旨、条議北虜封貢疏」には、王崇古の題疏とされているにもかかわらず、職戴罪陽和、日與總督王某計較、……

という不可解な記述がみえる。これを［督府奏議4］および『兵部奏疏』と対照すると、この部分が大同巡撫劉応箕によって題奏された［兵部奏疏9］の引用であることが判明する。

（5）『北京図書館古籍善本書目』（書目文献出版社、一九八七年）史部、三七六頁。

（6）郭乾の兵部尚書在任については、『実録』隆慶元年四月庚子（十五日）条、隆慶元年十月乙酉（四日）条、および同書、隆慶四年二月丁卯（二十九日）条、隆慶五年三月丁丑（十六日）条の各条を参照。

（7）『実録』隆慶四年十一月癸巳（二十九日）条、隆慶六年三月乙巳（二十日）条。

（8）談遷『国榷』巻六十六、庚午隆慶四年十二月甲辰（十一日）条。

（9）『実録』隆慶四年十二月戊午（二十五日）条、および万暦元年七月戊戌（二十日）条。

（10）『実録』隆慶四年十一月癸巳（二十九日）条、隆慶六年七月庚寅（七日）条。

（11）『実録』隆慶四年二月丁卯（二十九日）条、隆慶五年二月己酉（十七日）条、隆慶六年正月癸未（二十六日）条。

（12）たとえば、『実録』隆慶五年三月甲子（三日）条に、

時、都給事中章甫端・張國彥、給事中宋應昌・張思忠・紀大綱、各條上虜酋封貢・互市事、與總督王崇古八議、互有異同。詔併下部議。

とあって、王崇古の「封貢八議」に対して五名の給事中が異議をとなえたことのみが記されている。これに対して［兵部奏疏11］には彼らの題疏がすべて抄録されており、その建議の具体的内容をみることができる。

（13）劉良弼については、台湾中央研究院の傅斯年図書館に『刻中丞肖巌劉公遺稿』が所蔵されており、ここにもモンゴルとの和議に関する彼の上奏内容および関連の題疏・諭旨が収録されている。

（14）［兵部奏疏13］に総督王之誥の題奏として引用されている内容は、当時、延綏巡撫であった何東序の『九愚山房集』巻七十五、および『明経世文編』巻三百八十二『何中丞九愚山房集』に収録される「套虜輸款求貢疏」とほぼおなじものである。

（15）［小野和子一九九六］七三頁。

（16）『実録』隆慶五年三月乙酉（二十四日）条。

第四章　「行政府」型内閣の光と影（一）
——アルタン封貢をめぐる政治過程

はじめに

隆慶五年（一五七一）三月、明朝はアルタンを順義王に封ずるとともに、右翼モンゴル諸侯に対しても朝貢と互市とを認めた。一般に隆慶和議と称されるこの一件は、嘉靖（一五二二—一五六六）以来の強硬路線をあらためたという点で、明朝の対モンゴル政策における転換点となったのであり、こうした路線転換が高拱・張居正を中心とする内閣の強力な主導のもとで実現に至ったことも、すでにあきらかにされている。第三章では、隆慶時代（一五六七—一五七二）の内閣大学士のうち、高拱・張居正・趙貞吉にあっては、内閣を皇帝の秘書・顧問としてのみならず、みずから方針を提示し、政策を推進する主体とみなす認識が顕著に認められると述べ、その点において、とくに高拱・張居正によって主導された内閣を「行政府」型内閣と性格づけた。では、そうした内閣は、実際の政治過程において具体的にどのような作用をおよぼしたのか。あるいは、そうした内閣のあり方が、政策決定および政務遂行のプロセスの上でなぜ必要とされたのか。モンゴルとの通交・交易の禁絶と開放という点で、嘉靖と隆慶という両時代の相違をも象徴する事件でもあり、かつ内閣の強力なリーダーシップによって実現したといわれる隆慶和議の政治過程を検討することによって、右の問題へのアプローチを試みるというのが、本章および次章の課題である。

隆慶和議に関する諸問題をめぐっては、文字どおり枚挙にいとまがないほどの膨大な研究蓄積があり、その視角も、モンゴル史や明蒙関係史の立場のみにとどまらない。近年では、十六世紀以降の交易秩序再編をめぐる議論においても注目されているほか、政治史のテーマとしてもしばしばとりあげられている(1)。このうち、政治史的な関心から隆慶和議について論じたもののおおくは、和議実現に際しての高拱・張居正のリーダーシップに注目し、内閣権力の伸長という現象とかかわらせて論じるものである。序章でも述べたように、たとえば東林党の形成過程をあとづけた小野和子氏は、張居正政権の基盤をあきらかにしようとする関心から隆慶和議の政治過程を検討し、王崇古・張四維など山西商人と関係をもつ官僚たちが和議実現に主導的な役割をはたしていたことを指摘した上で、そこに国家主義的・中央集権的な政治を志向した張居正と国家に寄生して特権的な利益をもとめる山西商人との利益の一致をみる。また、とくに中国の研究者のあいだでは、北辺に平和をもたらし、軍事支出をおさえたとして、隆慶和議の実現を内閣主導の「改革」の典型例とするみかたが主流を占めている。

このように、先行研究の関心がもっぱら内閣を中心とする和議推進派の動向にむけられてきたのに比して、本章は、消極派・反対派をふくむ官界全体の動きを具体的にあとづけた上で、あらためて当該の政治過程において内閣がはたした役割やその特徴をあきらかにしようとするものといえる。内閣——それも高拱・張居正のみが注目されてきた——の動向のみならず、最前線で対応にあたった地方官、あるいは当該事案を主管した兵部や科道官など、和議に消極的ないし反対の姿勢をとったとされる側の動きをもふくめて検討することで、内閣の位置をよりはっきりとした形で浮かびあがらせることができるはずである。従来は、おもに史料上の制約によって、とくに消極派・反対派をふくめた官界全体を視野に入れての検討は十分におこなうことができなかった。しかし、付章で紹介した『督府奏議』や『兵部奏疏』のほか、関係官僚の文集・奏議集などの諸史料を駆使することで、隆慶和議をめぐる政治過程をより具体的かつ立体的にえがきだすことができるようになっている。こうした作業は、小野和子氏が「隆慶和議の評価は決して一筋縄ではいかない」と

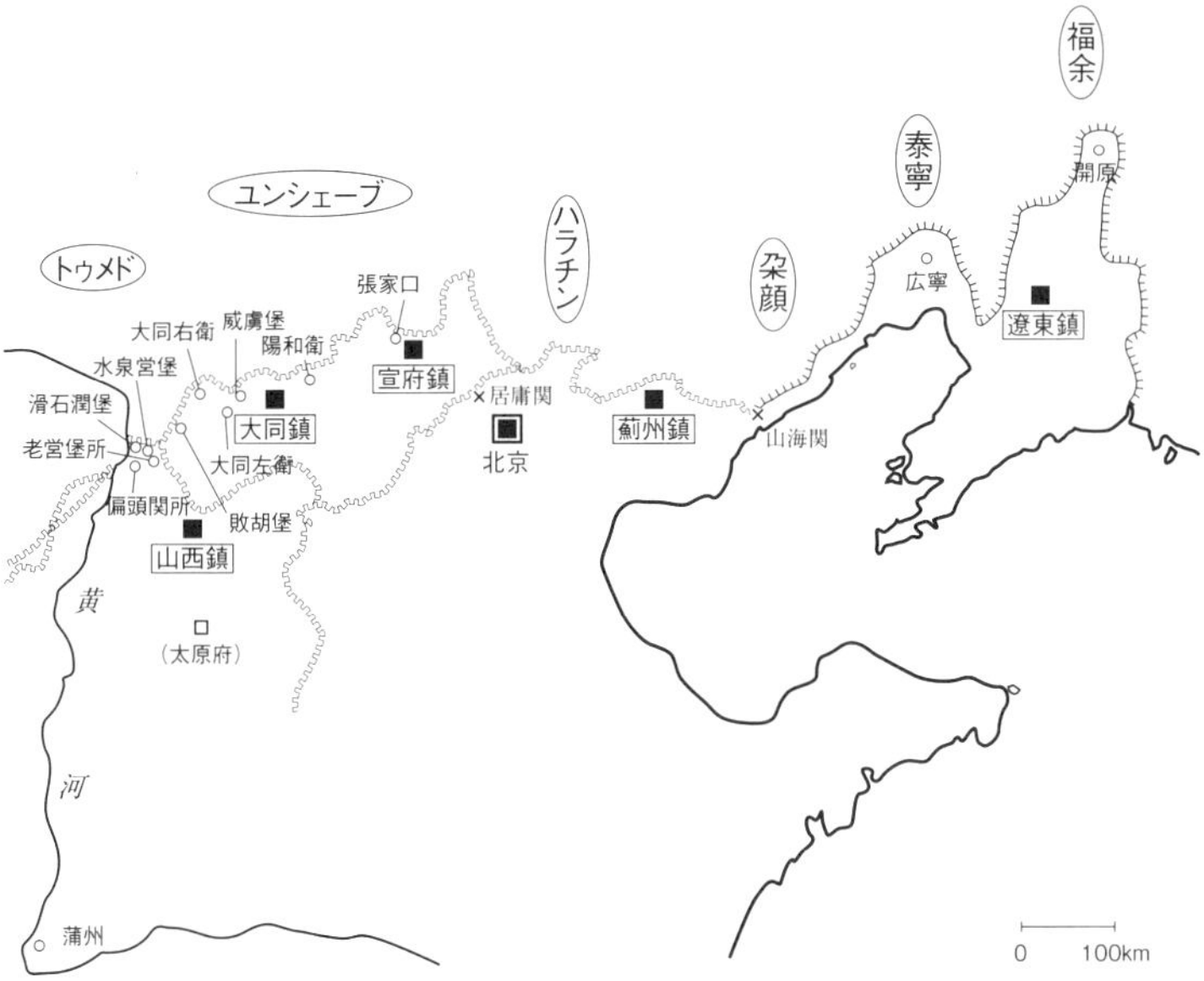

【図8】　第4章関係地図

述べたように、隆慶和議の複雑な側面を具体的に把握することを可能ならしめると同時に、あるいはそこから二項対立的構図による政治史理解を相対化する糸口をみいだすことができるのかもしれない。

本章では、アルタンへの王号授与と朝貢および宣府・大同・山西地区における互市の実施が許可されるまでのプロセスをとりあげる。具体的には、和議実現の直接の契機となったアルタンの孫バハンナギ（把漢那吉・ダイチン＝エジェイ）の投降事件がおこる隆慶四年（一五七〇）九月から、封貢・互市を許可する穆宗の諭旨が出される隆慶五年（一五七一）三月九日までのスパンを設定し、一連のプロセスにおける皇帝・内閣・兵部・科道官・地方官といった諸アクターの動向をあきらかにした上で、そこから意思決定プロセスの特徴をさぐっていく。こうしてすすめられる本章の作業は、次章でとりあげるオルドスのノヤンダラ封貢と陝西地区での互市をめぐるプロセスとは対照的に、前章で述べた「行政府」型内閣の積極的な側面――いわば「光」の部分――をえがきだしていくものとなろう。

なお、以下、本章における叙述のなかで隆慶年間の事柄を記す場合、原則として年号と西暦表記を省略することとする。

第一節　バハンナギ投降事件への対応

本節では、和議実現の直接の契機となったバハンナギ投降事件をめぐる明側の対応を検討する。四年九月の事件発生から、投降者への漢官授与とバハンナギ送還、および明にとって脅威となっていた板升（バイシン）の頭目たちの引きわたしが実現するまでのプロセスをあとづけ、その過程で内閣の力がどのようにはたらいていたのかを考察することとしたい。

四年九月十七日、バハンナギら十名は大同西路の敗胡堡に投降してきた(2)。報告を受けた総督王崇古は、投降者を大同鎮城にて保護するよう大同巡撫方逢時に指示した。彼らを保護することについては、総兵官馬芳のように異論をとなえる者もいた(3)。しかし、王・方は孫に対するアルタンの愛情を利用して板升の頭目との交換にもちこもうとはかり、周囲の反対をおしきって投降者を保護することとした(4)。

こうした対応について、王崇古は中央に題奏するまえに、内閣大学士のうち、すくなくとも高拱と張居正のふたりと意見交換をおこなっている。張居正は王崇古に「与撫院王鑑川訪俺答、為後来入貢之始」（『張太岳集』巻二十二）をおくり、

昨有人自雲中來言、虜酋有孫、率十餘騎來降、不知的否。……公何不以聞。若果有此、於邊事大有關係。公宜審處之。望即密示、以信所聞。

先日、雲中（大同の雅称）からやってきた者が、「アルタンの孫が十余騎をひきいて投降してきた」といっていましたが、本当でしょうか。……公はどうして知らせてくれなかったのですか。もしこれが本当ならば、辺事にもおおいに関係します。公は慎重に対処すべきです。どうかすみやかに情報が本当かどうかをたしかめ、ひそかに報告していただきたい。

と述べている。独自のルートで事件発生の報を得た張居正は、すみやかに状況を確認して「密示」するよう王崇古にもとめている。ここから知られるように、題奏といういわば正規の報告・建議にさきだって、すでに大学士と督撫とのあいだでは直接の情報交換や具体的な指示がおこなわれていた。高・張のふたりはいずれも王・方の計略を支持し、とくに、①アルタンが出兵してきたときに明朝の恩を強調してアルタンの不義を責め、侵攻を牽制するためにも、バハンナギを厚遇すること、②板升の頭目たちは、あくまでも明朝への服属のあかしとして献縛させる形式とし、人質交換の形にして「中国」としての体面をそこなわないようにすること、の二点を強調している。(5) このの ち王崇古は以上の指示内容に沿って対応策を上呈するが、すでに指摘されているように、こうした一連の往復書簡は、部院を介在させずに大学士と督撫とが事前に原案を直接協議する役割をになったといえる。(6)

一方、アルタンの方はバハンナギをとりもどすべく進軍してきたが、それはたんなる愛情の問題のみによるものではなかったらしい。というのも［督府奏議1］に引かれている大同西路参将劉廷玉の報告に、

尋隨那吉投降後、俺答着人趁回、克簸鷵騎產馬前來。有俺答說、如今把漢那吉過南朝去、恐所管的達子、俱都走了。

バハンナギの投降後、アルタンはひとをやってつれもどそうとし、克簸鷵が馬にのってやってきました。〔彼によると〕アルタンは「いまバハンナギが明朝へ去ってしまえば、おそらく配下のモンゴル人はみな去ってしまうだろう」といっていたとのことです。

とあり、バハンナギ投降がモンゴル側の人口流出のよび水になるのを懸念するアルタンの言が伝えられているのである。現に［督府奏議1］に引く大同右衛参将袁世械の報告には、歹通なる人物が総勢六十人、馬七十八匹・駝十四匹・牛八十五匹・羊五百二十九匹をひきつれ、帳房六頂をもって投じてきたとあり、おなじく大同東路参将馬孔英の塘報によると、投降してきたウシン（兀慎）部属下のモンゴル人たちは、明朝がすごしやすいと思い、バハンナギの投降を知って相前後して脱走してきたらしい(7)。バハンナギ投降を機として、すくなからぬモンゴル人が明に投じてきていたという事実は、これまであまり強調されてこなかったが、アルタン出兵の要因としてのみならず、明側における議論のゆくえをみていく上でも注意しておきたい。

さて、督撫と大学士とのあいだでねられた計略は、アルタンが武力にうったえてでもバハンナギ返還をもとめてくるとの予想にもとづくものであり、事態は彼らの予想どおりにすすんだわけである(8)。ここにおいて王崇古は［督府奏議1］を題奏し、これが十月九日に中央にとどいた(9)。このなかで王崇古は、①上策・②中策・③下策として、つぎの三つの方策を示している。すなわち、①アルタンが板升の頭目趙全らを献縛し、モンゴルに連行された漢人を明朝に返還してきたならば、しかるべき賞賜をあたえ、礼にのっとってバハンナギを返還する。②アルタンが攻めこんできたら、徹底してこれをふせぐ。バハンナギ生殺の権を明側ににぎられている以上、アルタンもはげしい攻撃はできず、明側の思惑どおりにことをはこぶことができる。③アルタンがバハンナギをすておくようならば、バハンナギを優待し、配下のモンゴル人や彼につづいて投降してきた者たちを統率させ、近辺で駐牧させる。アルタンの死後、彼らをモンゴルにかえせば、センゲとの内紛にもちこめる、というものである。[10]とくに③の方策は、バハンナギにつづいて投降してくる者がすくなからずいたという状況をふまえての建議であったといえよう。こうした計略をすすめる上で、バハンナギらへの厚遇ぶりを示すことが、ことを有利にはこぶためには不可欠の要件であった。そのため王崇古はバハンナギに漢官をあたえるよう上請したのである。くわえて、旧例どおりバハンナギを海浜におくのは、せっかくの奇貨を囚人としてあつかうようなもので、アルタンに侵攻の口実をあたえるだけであり、辺境の将軍のもとにおくって従軍させても、バハンナギは当地の将軍にしたがわず、うらみをつのらせたままモンゴルにもどってしまうだけだとも述べて、あくまでも彼を近地で優待するよう強調している。[11]

以上の建議に対して、兵部尚書郭乾は四年十月十一日に［兵部奏疏1］を覆奏した。その内容は、事実上、王崇古の上請をしりぞけるものといってよい。郭乾は、投降者たちの真意ははかりがたいとして、彼らを近地にとどめおくことはおろか、辺地で住牧させることにも消極的な態度を示したほか、バハンナギとアリガへの漢官授与についても、王崇古以下、総兵官・巡撫・巡按御史が会同して再度訊問し、情状にいつわりがないことを確認した上で授与すべきだとした。[12]王崇古および高拱・張居正の計画は、バハンナギらへの厚遇ぶりを示すことによって、目前にせまるアルタンの進軍を牽制し、明に有利な形で趙全らとの交換にもちこもうとするものであり、そのためにも漢官授与は必須であった。しかし郭乾は、まさにアルタンの軍勢がせまっているという状況のゆえに、あくまでも慎重を期すべしとの立場をとったのである。

こうしたなか、よりふみこんだ対応をみせたのが内閣であった。当時、内閣には首輔李春芳・次輔高拱以下、張居正・趙貞吉がいたが、高拱・張居正のみならず、李春芳と趙貞吉も投降者の保護と漢官授与を支持していた。とくにバハンナギ事件をめぐる趙貞吉の対応については、胡直の手になる「少保趙文粛公伝」（『衡廬精舎蔵稿』続稿巻十一）[13]に、

已而本兵奏上、李公票旨、僅曰是。公曰、大約浮言、謂開邊釁。然自俺答横行五十餘年、毎年邊餉數百餘萬、何年無釁。豈在納降是關廟謨。今惟當從閣中、請暫與降人官職、慰來者心。其制敵機宜、當令督撫、自善爲措。乃同改票如公言、加那吉指揮使、阿力哥正千戸。

すでに兵部尚書の覆疏がのぼされたが、李公の票擬はただ「是」というだけであった。公は、「みなは根拠もなく「辺境での戦端をひらくことになる」といっています。しかし、アルタンの侵寇がはげしくなってから五十余年になり、毎年、北辺におくる軍餉は百余万をかぞえますが、侵寇がなかった年などあったでしょうか。投降者の受入れは廟議にかけるようなことではありません。いまはただ内閣の方から、すみやかに投降者に官職をあたえ、彼らの心をなぐさめるよう上請すべきです。モンゴルの進軍への対応は、督撫に適宜処置させればよいでしょう」といった。それで票擬の内容を公の言のとおりにあらため、バハンナギに指揮使を、アリガに正千戸をあたえたのである。

と記されている。これによると趙貞吉は、すみやかに官職をさずけるべく、首輔李春芳が起草した票擬をよりふみこんだ内容にあらためるようもとめたという。ここでとくに注目したいのは、投降者の受入れは「廟謨に関る」ような案件ではないため、内閣から直接皇帝に諭旨の発下を請い、早急に決定をおこなうべきであるという言である。急を要する事案に直面した場合、六部のあたまごしに内閣が皇帝に直接はたらきかけて決定をあとおしすべきだという言は、内閣がいかなる立場で当該の決定にかかわっていたのかを如実に示

すものとして、注目に値する。はたして十月十三日にくだされた穆宗の諭旨は、義をしたって投降してきた者は当然優遇すべきであるとして、再度の審問をおこなわず、ただちにバハンナギに指揮使を、アリガに正千戸をそれぞれ授与した上、当該鎮の官のもとで保護するよう命ずるものであった(14)。李春芳が王崇古に宛てた「答王鑑川司馬」（『李文定公貽安堂集』巻十）のなかで、当該諭旨について、

納降本國家盛事、而群議紛紜、人心靡定、賴聖明獨斷、悉從大疏。

投降者の受入れは、本来、国家の盛事であるのに、群議が紛々として人心も定まらなかったため、陛下の独断によって、すべて大疏のとおりに決しました。

と述べられているように、内閣は皇帝に直接はたらきかけることによって兵部の覆議をしりぞけ、紛々たる「群議」をおしきって、王崇古の建議に沿った決定をくだしたのである。

以上の決定に対して、科道官を中心として強烈な批判が噴出した。すでに王崇古の［督府奏議1］上呈直後の段階で、巡按山西御史の饒仁侃・武尚賢が上奏している。このうち饒仁侃は、バハンナギらの投降そのものがモンゴル側の策略である可能性を指摘し、慎重に対応すべしとの見地から、彼らを近地で保護するよう主張した王崇古に異議をとなえた(15)。また、漢官授与の諭旨がくだされたあとの十月二十二日には、山西道御史の葉夢熊がこれを批判する上奏をおこなって降格処分を受けている(16)。さらに監察御史姚継可も、投降者をおくりかえせば明朝の国威をそこなうことになるが、明朝の保護下においても彼らを最後まで収養することは不可能だとして、長期的な展望に立って十分な審議をつくした上で方針を決定するよう主張している(17)。

こうした具体的な問題についてもさることながら、彼ら科道官たちの建議で注目すべきは、決定のあり方についての主張である。たとえば［兵部奏疏1］には、巡按御史武尚賢の「題為緊急夷情、懇乞早定廟謨、

亟勅辺臣、以固重鎮事」が引用されている。ここで彼は、

乞敕兵部、會集廷臣、早爲定議、將降夷把漢那吉等、何作安置、羈繫其心。

どうか兵部に勅をくだし、廷臣をあつめて、投降してきたバハンナギらをどのように処遇し、彼らの心をつなぎとめるべきかについて、すみやかに議を定めさせるようにしていただきたい。

と述べて、バハンナギらの処遇は「廷臣を会集」して、すなわち、中央の全体会議である廷議において決定するようもとめている。彼らのこうした主張をより明確な形でみることができるのが、兵科都給事中温純の「屡拠辺報、乞賜厳飭辺臣、大加逐勦、以戒不虞、并議処降人、以全国体疏」(『温恭毅集』巻二)である。温純は、まず十月十三日付の諭旨について、辺事への対処は辺臣にゆだねるべきであり、モンゴル軍がいまにも進攻するかまえをみせているなかでバハンナギ返還の可否に言及するのは、国威をけがすものだと批判した上で、(18)

近聞、邊臣亦自以堅執不與爲非。而又俺酋哀詞懇求、則在我或予或否、自當詳議。

ちかごろ聞くところでは、辺臣もまた投降者をとどめてかえさないことの非を主張しているとのこと。アルタンが哀詞をもって返還を懇願してきたときに、わが方で送還の可否をくわしく議すべきであります。

と述べている。辺臣が投降者をとどめおくことに否定的であることにあえて言及しながら、バハンナギの与奪は明朝側で「詳議」した上で決すべきだというのである。さらに彼は、バハンナギ送還の具体的な段どりについても、アルタンが撤兵し、バハンナギ返還を懇願して二度と明の北辺を侵犯しないと誓約した段階で、

はじめて送還を許可するのが筋であるとした上で[19]、

其應否納款、應否責令執送叛人、或盡殺叛人、合行確議、必使吾中國之體不失、乃爲可耳。

その帰順を受入れるべきか、叛逆者たちを引きわたさせるのか、あるいはすべて殺させるのか否かについては、明確に議し、かならず中国の体をうしなわないようにさせて、はじめて可とすべきです。

と主張している。アルタンからの帰順の申し出や板升の頭目たちのあつかいについては、あくまでも「確議」を経て、「中国」としての体面をそこなわないようにすべきであるとの主張である。こうした温純の主張じたいは、さきにみたとおり、人質交換としてではなく、あくまで服属のあかしとしての献縛とその返礼という形式にすべきだという高拱・張居正の指示と、内容的にはなんら変わるところがない。しかし、現地で対応にあたる辺臣の意に反するとして、十一月十三日の諭旨に否定的な姿勢を示していること、またとくに各段階における「詳議」・「確議」をおこなうよう強調していることから考えるならば、温純の批判の矛先は、王崇古・方逢時らの背後で独断的にことをすすめる大学士たちにむけられていたといえよう。そのことを裏づけるように、投降者の処遇に対して上言した科道官たちは、いずれも左遷の憂き目をみた。既述のとおり、葉夢熊は二級降格の上、外任に左遷されたが、その翌日の十月二十三日には、吏部尚書を兼任していた高拱に対し、科道官考察をおこなうよう命がくだされ[20]、このときに温純も湖広布政使参政にうつされたのである[21]。万暦年間（一五七三―一六二〇）に首輔をつとめた葉向高の手になる温純の神道碑「光禄大夫柱国太子太保左都御史贈少保亦斎温公偕配贈一品夫人李氏楊氏宋氏神道碑」（『蒼霞続草』巻十四。『蒼霞草全集』所収）に、

擢而以抗疏言俺答款市非宜、與相國高文襄公左、遂出參楚藩。公故文襄公門下士也、人服其不阿。

〔都給事中に〕抜擢されたが、上奏してアルタンとの和議・互市の非を主張したため、相国高文襄公（高拱の諡は文襄）と対立し、ついに湖広の参政に出された。公はもともと文襄公の門下の士であったが、人々は彼のおもねらない態度に感服したという。

とあるように、高拱と対立したことによる事実上の左遷人事であった。このほか監察御史姚継可も、このときのアルタンの出兵への対応をめぐって大同の巡撫方逢時・総兵官馬芳らを弾劾するなど、北辺の関係諸官への批判をつよめていたが[22]、十二月一日、四川按察司僉事にうつされている[23]。これについても、隆慶二年（一五六八）の進士で、湖広京山県（現、湖北省京山県）出身の李維楨による「贈太子少保工部尚書姚公神道碑」（『大泌山房集』巻一百九）には、

俺酋以愛孫故、乞封貢・互市。守臣代爲請、公抗疏。……政府主斷、朝衆未命而唯唯、未使而諾諾。獨公相牴牾、坐是外補四川僉事。

アルタンは孫への愛情のゆえに、封貢・互市の許可をもとめた。辺臣がかわって上請し、公は反対の上奏をおこなった。……政府の独断でことは決し、朝臣たちは帝命もくだらず、〔アルタンが〕使者をつかわしてこないうちから、唯々諾々としてしたがった。ひとり公のみが異議をとなえ、これに坐して四川僉事に左遷された。

とあり、やはりバハンナギ事件の処理をめぐる「政府」との対立がその原因であったとされている[24]。

以上のような経緯で投降者への官職授与が決定したのを受けて、前線でも折衝がおこなわれ、アルタンは

みずからへの封号授与を条件として趙全らの献縛に同意し、王崇古も［督府奏議2］をのぼしてその旨を中央に題請した[25]。兵部尚書郭乾は、十一月十二日付の［兵部奏疏3］において、モンゴル側が兵をひき、趙全らの身柄が確保できた段階でバハンナギを返還するよう覆奏したが、翌十三日にくだされた諭旨は、板升の頭目の献縛をねがいでていることのみでアルタンの恭順の意はあきらかだとして、バハンナギらの賞賜および送還を命じている[26]。この諭旨についても、張居正「与王鑑川、計送帰那吉事」（『張太岳集』巻二十二）に、

旨中不重執叛、而重輸誠哀懇、蓋朝廷懐柔外夷之體。

諭旨のなかで、叛逆者の引きわたしを重視せず、アルタンが誠意をもってバハンナギ返還を懇願してきたことをおもくみたのは、朝廷が外夷を懐柔する態度を示したのでしょう。

と記されているように、モンゴル軍の撤兵と板升の頭目の献縛を強調した兵部覆議とくらべて、より積極的な態度を示すものであった。この決定を受けて、前線では趙全らの身柄が引きわたされたのち、十一月二十一日、バハンナギの送還がなったのである[27]。

以上、本節では、バハンナギ投降事件にかかわる一連の動きをあとづけてきた。本節での検討からあきらかになったこととして、以下の諸点を確認しておきたい。王崇古が題奏するまえに、すでに督撫と大学士との往復書簡のなかで方針や対策が協議され、穆宗の諭旨も基本的にはそれに沿うものであった。その背景として、胡直が伝える趙貞吉の発言に端的に示されていたように、急を要する場合に迅速な決定をおこなうべく、兵部のあたまごしに内閣が直接諭旨の発下を請うて決定にふみきるべきだとする認識が、大学士たちのあいだでは共有されていた。内閣の意向にあわない兵部の覆議は結果的にすべてしりぞけられたが、一方で、官界での「確議」・「詳議」を経ずにことをすすめる内閣に対しては、科道官からの批判が集中したのである。

第二節　封貢・互市の実施へむけて

板升の頭目の身柄確保という明側ののぞみどおりの成果をともなう形でバハンナギ事件が落着し、つぎなる焦点は封貢・互市の可否へとうつった。いわゆるアルタンの封貢が正式決定するのは五年三月のことだが、本節では、その前段階にあたる四年十二月末までの動きを検討する。このあいだにも王崇古は幾度か封貢・互市の許可を上請したものの、正式決定に至ることはなかった。しかし仔細にみていくと、この段階で封貢・互市が許可されなかった裏にも、内閣の影響が色濃く認められるのである。本節では、王崇古の建議に対する兵部と内閣の対応を対比させながら一連のプロセスをあとづけていくことで、アルタン・センゲ以外の右翼モンゴル諸侯をふくめた形での和議が具体化していったことをあきらかにしたい。

封貢・互市の要求が最初に伝えられたのは、前節でもふれた［督府奏議2］においてである。アルタンは、明朝から王号をあたえられれば、各部を統率して辺境侵犯を停止し、毎年入貢する意向であることを伝えるとともに、鍋釜や織物の交易解禁をもとめ(28)、王崇古もその旨を奏請した。とくに互市について、王崇古は、朝貢時の賞賜にあずかれない一般のモンゴル人の衣食の用を満たさねば、彼らの略奪行為はなくならないとの理由から互市実施をもとめ、交易の形態も、遼東・開原などにおける互市のように、開設時期をかぎり、時価にあわせて価格を決め、辺外の近地において官兵の監視のもとに取引をおこなうとの案を示している(29)。ただ、この段階では、モンゴル側からもたらされた書状（番状）が正式の表文として上呈できるようなものではないため、所定の体裁にのっとったモンゴル文の表文（番文）が提出された段階で、あらためて封爵について議すとする一方、アルタンの急とするところはひとえにバハンナギの返還にあるとして、一刻もはやく送還を決定するようもとめている(30)。封爵の授与に関する以上の建議について、兵部尚書郭乾は、モンゴル側の意向をにわかには信じがたいとしつつも、正規の番文が出された時点で可否を議すとした王崇古の建議に沿った覆議をのぼし、十一月十三日付の諭旨も、封貢の件は詳細な点までつめた上で覆奏するよう総督・総兵官・巡撫に命じている(31)。

このように、四年十一月段階における王崇古の建議は、封貢・互市よりバハンナギ送還をいそぐことに重点をおくものであり、兵部覆議・諭旨ともこれに沿う形で封貢問題の決着をさきおくりするとの決定に至った。結論的にいえば、これもまた内閣の意向を多分に反映したものであった。高拱「与宣大王総督」第二書（『高文襄公集』巻六『政府書答』）には、

僕初意、欲以封貢・遣還、一時而擧、似於國體尤爲光大。既見大疏云云、又反覆思之、人心不同、恐曠日遲久、内生他變、翻爲不美、則尊見良是。故特擬從。

わたしははじめ、封貢とバハンナギ送還とを一度に実現すれば、国体上たいへんにさかんなことだと考えていました。大疏を拝見して再考してみますに、人心が一致していない現状にあっては、おそらくむなしく日がすぎて決定がおくれ、そうこうしているうちにほかに問題がおこれば、かえってよからぬ事態になる。とすれば、あなたの見解はまことにもっともだと。それで、とくにあなたの建議にしたがうよう票擬したのです。

と記されている。封貢の可否について、官界の意見が一致していない現状では、正式許可に至るまでに時間がかかることが予想され、そのあいだにほかに問題がおこらないともかぎらないとの判断から、バハンナギ送還と封貢とをふたつにわけてかたづけるよう票擬したという。同様の見解は李春芳・趙貞吉も示しており(32)、あるいは王崇古の建議じたい、すでに内閣の指示を受けたものであった可能性も推測されよう。このように、

内閣が封貢問題をひとまずおき、さきにバハンナギ送還のみを実現するという方針をとったいまひとつの意図を示す史料として、前掲張居正「与王鑑川、計送帰那吉事」を提示しておきたい。表題からみて、バハンナギ送還直前のものと考えられるこの書簡には、

初擬、老酋賞賚、那吉加官。後思、今虜所急者、在於得其孫、且了此一事、待封貢事成、則其部下酋長、皆授官爵。而老酋例有蟒服之賜、向後給之、未爲晩也。

はじめはアルタンに賞賜をあたえ、バハンナギにも官職をあたえるというのではどうかと考えていました。あとになって考えてみますに、いまアルタンにとって喫緊のことは、孫をとりもどすことにあるのだから、ひとまずこの一件をかたづけ、封貢が実現するのをまって、その配下の諸侯にもみな官爵をさずけてはどうか、と。アルタンには通例として蟒服を賜与することになっていますが[33]、あとから授与してもおそくはないでしょう。

とあり、アルタンへの賞与・バハンナギへの授官のみの段階からすすんで、右翼モンゴルの諸侯にも官位をあたえるという構想が示されている。彼の言を裏づけるように、バハンナギ投降事件以降、王崇古との連絡にあたっていた張四維の「与鑑川王公、論貢市書」(『条麓堂集』巻十七。全二十三通)には、オルドスのノヤンダラやアルタンの弟でハラチン部を領するバイスハルを和議に参加させるべく画策していたことを伝える記事をすくなからずみいだすことができる。とくに張四維が気にかけていたのはバイスハルの動向であったらしく、たとえば第三書では、バイスハルはウリヤンハン三衛から必要な物資を得ているため、彼が封貢に合意しなければ薊州鎮への侵寇がつづくことになるとして、なんとしても彼を和議に参加させるよう王崇古にもとめている[34]。バイスハル側との交渉にあたった李寧からの報告を得た張四維が、「覚えず欣躍す」とよ

ろこびをあらわにしているところからも、[35]彼がこの交渉のゆくえをいかに注目していたかが知られる。以上にかかげた張居正・張四維の書簡からいえば、十一月段階で封貢問題の決着をさきおくりした内閣の判断の裏には、すみやかにバハンナギ送還を実現するというのもさることながら、アルタン以外の右翼モンゴル諸侯をふくむ形での和議をめざすという、より積極的な意図がこめられていたといえよう。王崇古も以上の方針をふまえ、アルタンをつうじてバイスハル・ノヤンダラに和議参加をはたらきかけた結果、諸侯がつかわした十八名の使者をつうじて、アルタンの統率のもと進貢するとの旨を記した文書がもたらされた。あわせてノヤンダラ側から、延綏・楡林・寧夏・固原および荘浪衛・涼州衛（二五八頁【図9】参照）の明軍による攻撃停止ももとめられている。王崇古は以上の内容をもりこんだ［督府奏議4］を題奏した。[36]

これに対する兵部尚書郭乾の覆議が、十二月十九日付の［兵部奏疏5］である。郭乾は、封貢・互市に関する具体的な問題として、①封貢実施の際の規則や境界をどう定めるか。②互市が嘉靖三十一年（一五五二）九月の馬市の禁令に抵触しないか。③ノヤンダラから明軍の攻撃停止をもとめられたことにからんで、モンゴル側が辺牆の撤廃や継続的に供給できない物資をもとめるなど、要求を拡大させてきたときに、明側の防衛体制をふくめてどう対応するか、といった諸点を指摘し、それらの点をつめた実施要領の策定を王崇古にもとめ、万全を期した上で廷議にかけると覆奏している。[37]

こうした具体的な点とともに、［兵部奏疏5］で注目したいのは、郭乾が王崇古の建議に対して、

　該本部議覆、節奉聖旨、其乞封進貢一節、着總督・鎮・巡官詳議、停當具奏。今本官復題前因、止憑一二夷使之言、未見會同鎮・巡詢謀僉同之慮。

本部が覆奏して諭旨を奉じたところ、「封貢の一件は総督・総兵官・巡撫にくわしく議させ、適宜上奏

せよ」とありました。いま本官（王崇古）が前件についてふたたび題奏してきたのは、ただひとりふたりのモンゴル側の使者の言によるのみで、総兵官・巡撫と会同して協議し、みなの意見が一致したことが示されていません。

と指摘していることである。総兵官・巡撫と協議し、意見の一致をみたことが明確に示されていないことを問題とした郭乾の姿勢は、兵科都給事中章甫端の題奏に対して郭乾が覆奏した「兵部奏疏7」に「国家の大計、謀を詢《と》うに同じなるを貴ぶ」とあるところからもうかがうことができる[38]。郭乾の基本的なスタンスとして、当該地区の関係官僚間における合意を要件とみなす認識が存在していたことに、ここで注意をうながしておきたい。

兵部のこうしたスタンスが、現場で対応にあたる辺臣たちにどう受けとめられていたのかを伝えてくれるのが、「督府奏議3」にみえる以下の部分である。

歴査、各邊事體、但遇重大夷情、必行各道・諸將詳議。近各省者、必行都・布・按三司會呈、或通詳撫・按各院會請。今次夷情、事出異常、機在倏忽。雖奉部議、聽臣會同巡按・鎮・巡、酌議適當、諸臣駐劄、統兵道路、既已隔遠、意見或各未同。臣恐、事機一失、卽難復遘。節奉明旨、敕臣處置具奏、臣惟、遵奉明旨、就近會同撫臣、矢心共濟、利鈍毀譽、罔敢避恤、剋期計程、尙恐遲誤。若拘文役期會、何能決策成事。今俺酋駐邊旬日、遵令候旨、調回駐邊遊騎、送還先擄人口、亦見誠款。其奉表乞封、計日可待。臣等不勝慶幸、誠恐、諸臣仍以臣等爲專擅欺誑。

しらべたところ、各辺の情勢については、モンゴル側に重大な動きがあったときにのみ、かならず各道・諸将に上申させていました。ちかごろ各省ではかならず都指揮使・布政使・按察使の三司に会同で上呈させ、巡撫・巡按の各院にも会同で上請させる場合すらあります。今回のモンゴルの動静は異常事態であり、迅速に対応しなければなりません。「王崇古が巡按御史・総兵官・巡撫と会同して、適当な措置を講ずることを認める」との部議を受けましたが、しかし、諸官の駐在地や所轄軍区はとおくはなれており、各官の意見が異なることもあります。ひとたび好機を逸してしまえば、おそらく二度と得られますまい。諭旨を奉じたところ、「王崇古に勅をくだして処置して上奏させる」とありましたが、思いますに、諭旨にしたがって付近の巡撫と会同して衷心よりたすけあい、ことの成否や臣らへの評価などかえりみず、ともかく期限どおりに計略を策定したとしても、それでもおくれてしまうおそれがあります。文書がそろうことにこだわっていては、どうして方策を定めてことをなすことなどできましょう。いまアルタンが辺外に駐屯して十日になりますが、命にしたがって諭旨がくだるのをまち、辺外に駐屯する騎兵を統率し、以前つれ去った者たちを送還してきたことに、彼の誠意はみてとることができます。表文を奉じて授封をねがいでてくるのも数日のうちでしょう。臣らの慶賀にたえぬことですが、心からおそれているのは、諸臣がなお「王崇古たちが独断で勝手なことをいっている」と思っていることであります。

王崇古の指摘によれば、最近の状況として、当該の道員や将領だけでは足らず、都指揮使・按察使・布政使はおろか、巡撫・巡按御史とも会同して建議をおこなうことがもとめられるようになったという。総督所轄下の関係地方官の建議をとりまとめるというこうした手つづきを厳密にまもろうとすれば、今回のモンゴルとの対応のような急を要する事態がおこったときに、適切に対応できないということにもなりかねないとうったえているのである。さらに引文末尾で王崇古は、アルタンの恭順の意が示されたことをふまえて貢市許可を奏請した王崇古らを「専擅欺誕」とみる「諸臣」への不満も吐露している。裏をかえせば、この部分からは、いかにモンゴル側の恭順ぶりを強調しても、関係地方官の建議がそろわなければ、手つづき上の問題として「専擅欺誕」とみなされてしまうという状況をみることができるのではなかろうか。以上ふたつの題疏に示された兵部尚書郭乾と総督王崇古との認識をくらべるとき、前線の現状に即応しうる決定のあり方をもとめる辺臣と、あくまでも関係諸官の建議をあつめるという手つづきを重視する兵部という両者の立場のちがいが浮きぼりとなる。(39) そしてまさにこの点にこそ、内閣が独自のリーダーシップを発揮しえた要因も存在したのであった。張居正の「与王鑑川、議堅封貢之事」(『張太岳集』巻二十二)には、

待大疏至、仍當極力贊成。但許貢之後、當更有一番措畫。
大疏がとどくのをまって、かならず力をつくして賛成します。ただ、朝貢を許可したあとのことについては、いまひとつ策をねっておかねばなりません。

という記述がみえる。王崇古が封貢・互市の実施案を題奏したあかつきには、決定にむけて力をつくすとしながらも、この段階では朝貢許可後のことについてさらにつめておかねばならない点があると述べている。このあとの部分に「大同巡撫の方逢時が離任し、その後任が決まっていない」と記されているため、方逢時が服喪のため離任した十二月十一日から後任の劉応箕が起用された十二月二十五日までのあいだ(40)、つまりちょうど右翼モンゴル諸侯の同意がとれたことを題奏した［督府奏議4］に前後するタイミングで、右の書簡は書かれたということになる。かつこの段階では、張居正にとって、いまだ貢市実施にふみきりがたい点がのこされていたことがここからは知られる。そのことを裏づけるように、このころの張四維の書簡には、貢市実施に際しての具体的な問題について、きわめて詳細な点に至るまで王崇古とつめの協議をおこなって

いる様子が克明に記されている。[41] 結局アルタン以外の諸侯をふくむ封貢・互市実施をもとめた［督府奏議4］については、その具体的な問題点を再度つめるべしとした兵部の覆議を是とする諭旨が十二月二十一日にくだされ、[42] 正式許可に至ることはなかった。しかし、上掲の張居正・張四維の書簡からみれば、この決定も、いまだ実施にはふみきりがたいという内閣の判断を反映したものであったと考えて大過あるまい。そして前掲書簡の直後に書かれた張居正「答王鑑川、計貢市利害」（『張太岳集』巻二十二）には、

劉院既知此事顚末、又與公同心、必能共襄大事。幸採取其議及鎭守・兵備以下所呈、折以高見、幷圖上貢額・貢期・市易事宜。僕與玄老、當備聞於上、請旨行之。浮議雖多、不足恤也。

劉院はことの顚末を知っており、公ともおなじ考えですので、かならずやともに大事をなしとげることができましょう。どうか彼の建議および総兵官・兵備道以下の各官の上申書をあつめ、あなたのご高見をまじえて、朝貢品の数目・朝貢時期・交易の要領について建議していただきたい。わたしと玄老（高拱の号は中玄）とでかならずお上につぶさに上言し、諭旨の発下を請うてこれをおこないます。ゆえなき批判は多々ありますが、心配にはおよびません。

とあり、関係地方官の意見をまとめ、具体的な実施要領を策定して題奏するよう王崇古にもとめているのみならず、反対意見を排し、高拱とともに諭旨を請うて実施にふみきるとまで述べている。書簡中で言及されている新任の大同巡撫劉応箕が赴任するあたりで、彼ら推進派のあいだでも、具体策を題奏してもよいと認識されるまでに調整がすすんだのであろう。次節でくわしくみるように、王崇古はこののち［督府奏議5］を題奏し、いわゆる「封貢八議」を建議することになる。これこそ張居正が指示したとおり、「其（巡撫劉応箕）の議より鎮守・兵備以下の呈する所に及ぶまでを採取し、折するに高見を以てし」てまとめられた「貢

額・貢期・市易の事宜」にほかならない。以上に述べてきたように、四年十二月までのプロセスもやはり内閣の主導のもとに展開していたのであり、正式許可に至らなかった背景では、貢市実施にかかわる具体的な諸問題をさらにつめておかねばならないという内閣の判断が決定的な影響をおよぼしていたのである。

本節では、封貢・互市の可否をめぐる動きを中心に、四年十二月末までの政治過程を検討してきた。本節での検討をつうじてあきらかになったこととして、とくに指摘しておきたいのが、地方官・兵部・内閣の三者の立場のちがいについてである。前線で直接モンゴルと対峙する王崇古ら地方官にとって、事態に適切に対応するためには、なによりも迅速な決定が必要とされていたのであり、総兵官・巡撫以下すべての地方官の建議を集約する手つづきをふむことは、往々にしてそのさまたげとして受けとめられていた。これに対して、兵部の方は、あくまでも関係各官のあいだで合意をとりつけることを重視しており、その対応も、各所から出される建議を受けて動くという受動的なものであった。決定のあり方をめぐって立場を異にする両者の動きを尻目に、内閣は題奏による正式な建議上呈にさきだって、おもに書簡をつうじて地方官と直接の協議ないし指示をおこない、みずからの主導のもと、封貢・互市実施にかかわる実際上の問題を詳細な点に至るまでつめていたのである。

第三節　「封貢八議」の提出とアルタン封貢の決定

五年二月、王崇古は［督府奏議5］のなかで八項目からなる実施要領案を上呈する。この「封貢八議」をめぐって同年三月二日に廷議がひらかれたのち、三月八日の内閣大学士の面奏を経て、いわゆるアルタンの封貢と互市実施を許可するとの諭旨がくだされたのは三月九日であった。本節では、王崇古の「封貢八議」

およびそれに対する科道官の批判と兵部の覆議とを『兵部奏疏』所収の題疏によってあきらかにするとともに、貢市の正式決定に際して内閣がどのように動いていたのかをみていくこととしたい。

前節でみたように、四年十二月段階では、貢市にかかわる具体的な問題点のほかに、王崇古所轄地区の地方官のあいだで意見の一致をみたことが明示されていないとの指摘が兵部尚書郭乾からなされた。したがって、つぎに貢市実施を奏請する際にはその点がクリアされたことを示す必要があり、前節で引いた張居正「与王鑑川、計貢市利害」でも、関係諸官の建議をとりまとめて実施要領案を上呈するよう指示がなされていた。おそらくはそうした状況を受けてのことであろうと思われるが、五年二月に題奏された「督府奏議5」において、王崇古はとくに「封貢八議」策定の経緯をくわしく説明している。すなわち、四年十二月はじめの段階で、自身の管轄下にある宣府・大同・山西の巡撫・総兵官以下、布政使司・按察使司および沿辺の分守・分巡・兵備各道の官員に対して、期限どおりに建議をあげてくるよう指示したこと、また「督府奏議5」を上奏するに際しても、兵部・兵科の議を受けて各鎮に催促して建議をとりまとめた上、宣府巡撫孟重・大同巡撫劉応箕との「面確」を経て「八議」を策定したと述べている(43)。くわえて、巡撫孟重・劉応箕とはモンゴル側の使者の引見と彼らから提出されたモンゴル文の文書の内容確認も一緒におこなったと記されているのも(44)、アルタン以下の右翼モンゴル諸侯の意向にうたがいがないこととともに、王崇古の独断ではなく、当該地区の関係官僚の一致した建議として封貢・互市実施をもとめていることを示そうとする意図によるものとみてよかろう。かくしてまとめられた「封貢八議」の内容は以下のようなものであった(45)。

①アルタンに王号をあたえ、アルタンにしたがわないトゥメン＝ジャサクト＝ハーン（土蛮）をのぞき、バイスハル・ノヤンダラ・センゲには都督の官位をさずけ、そのほかの諸侯にもアルタンとの親疎に

応じて漢官をあたえる[46]。

②アルタンおよびバナスハル・ノヤンダラについて、それぞれ進貢馬・朝貢使臣の数を定める。それ以下の諸侯については、各部の大小に応じて、アルタンに馬匹・使臣の数を決めさせるが、進貢の馬匹は毎年三百匹、朝貢使臣は百人以内を原則とし、とくにもとめがあれば、馬五百匹、使臣百五十人までは可とする。朝貢使臣のうち六十人のみ入京を許可し、それ以外の者は沿辺の市場・城堡にとどめおく。入京した使臣たちがもどるのをまって、各人の馬価に応じて紬段・布匹の購入を認める[47]。

③警備の都合およびモンゴルの馬がやせる時期に貢市をおこなうという観点から、朝貢使臣は正月の万寿聖節（皇帝の誕生日）にあわせて入貢させる。アルタン・ノヤンダラの使節は大同・陽和・宣府を経由し、宣府でセンゲ・バイスハルの使節と合流して居庸関より入関し、北京へむかう。入京する者以外は、それぞれ大同左衛・宣府の夷館にとどめおく[48]。

④弘治（一四八八―一五〇五）初年の例にならって互市を実施する。モンゴルの金銀・牛馬・皮張・馬尾などの物品に対して、明の商人が段紬・布疋・鍋釜などと取引することを認め、また、明蒙双方から兵を出して警備にあたらせる。取引期間は一月とし、モンゴル側の家畜は、諸侯のチェックを経てから互市場におくり、値段をつけて取引する。用にたえない家畜はモンゴル側にもどす一方、明人による鋼鉄・硝黄のもちこみと長城外への越境を禁ずる。明の客商の商品が足りない場合は、各道が各城堡から物資を徴集することとするほか、取引した物品・銀両については、互市終了後に各道の官が確認し、簿冊にまとめて巡撫・総兵官に報告する。遼東・開原の馬市のように、交易品に課税し、撫賞の財源に充てる。互市の場所は、大同辺外の威虜堡・宣府辺外の張家口堡・山西辺外の水泉営とする[49]。

⑤朝貢使臣の往来および互市場の警備にあたったモンゴル人に撫賞をあたえる。その財源として、前項

で述べた交易品にかける税銀以外に、戦闘の停止によって浮く賞功・優恤銀を充てるほか、春秋の警戒期の増援部隊動員のために支給される各鎮の客餉銀から、三千ないし五千両を支出して紬段・布匹を購入し、撫賞の用に充てる。(50)

⑥明に投帰してきたモンゴル人は、すべておくりかえす。明へもどってきた漢人については、モンゴル人の財物のもちだしや婦女をつれていないかをしらべ、モンゴルにとらわれた年月、原籍地、モンゴルの主家を確認した上で放免する。のってきた馬匹はモンゴル側にかえし、当該の漢人は彼の原籍地へ送還する。(51)

⑦封貢・互市の実施による休戦状態のあいだに軍備増強をすすめる。(52)

⑧各鎮の将官には練兵・軍備増強につとめるよう命ずる。むやみにモンゴルと紛争を引きおこしたり、軍備をおこたったり、あるいはデマを飛ばして封貢・互市の維持をさまたげたりする者は処罰する。(53)

以上の建議を受けた兵部尚書郭乾は廷議開催を奏請し、五年二月十三日に帝の裁可を受けた。(54)そののち廷議開催までのあいだに、兵科都給事中章甫端・吏科給事中張思忠・戸科給事中宋応昌・礼科都給事中張国彦・礼科給事中紀大綱がそれぞれ題奏し、王崇古の建議に異をとなえた。本書付章で述べたとおり、彼らの題疏は［兵部奏疏11］に引用されており、以下これによって彼らの批判の具体的な内容をみていくこととしたい。

まず封貢について。そもそも北辺での略奪・侵寇をやめるというモンゴル側の意向を疑問視し、和議そのものに慎重な姿勢を示しているのは、給事中たちの建議に共通するところである。とくに冊封の形式について、王崇古の建議はアルタンにほかの諸侯を統率させる形式とするものであり、したがってアルタンへの王号授与をもとめたのであった。これに対して兵科都給事中章甫端は、右翼モンゴル諸侯がアルタンのもとに結集されることによる勢力拡大を懸念する見地から、王崇古の建議に異議をとなえている。章甫端はまた、万寿聖節にあわせて朝貢使を入京させるとの建議についても、道路の険易や要害の状況あるいは軍隊や銭糧徴収などの実情が察知されることを懸念するとともに、北京の繁華な様子がモンゴル人に略奪の念をおこさせかねないとして、慎重な姿勢を示している(55)。

互市については、給事中たちの批判ないし問題点の指摘が集中した。「封貢八議」提出以前より、王崇古がいう互市が嘉靖三十一年(一五五二)の馬市禁絶の諭旨に抵触するとの指摘はなされていたが、王崇古はこれに対しても[督府奏議5」において反論している。その論点はふたつあり、ひとつは、明の劣勢はなはだしいなかで総兵官仇鸞がアルタンに媚を売るようにしておこなわれた嘉靖馬市と今回の互市とでは、状況がまったく異なるということ(56)。そして、いまひとつの論点は、

夫先帝禁復開馬市、未禁北虜納款。今虜求許貢後、容伊買賣、如遼東・開元《ママ》・廣寧互市之規。夷商自以有無市易、不費官銀。不専市馬、亦不過通貢中之一節、非復請開馬市也。

そもそも先帝(世宗)が禁じたのは、馬市をふたたびひらくことであり、モンゴルの帰順の申し出を受入れることを禁じたのではありません。いまモンゴルが朝貢許可ののちに彼らに売買を認めるようもとめているのは、遼東・開原・広寧における互市の規則のようにすることです。モンゴル人と商人とがみずからたがいの有無をつうじて交易するのであって、官銀を支出するものではありません。馬匹だけに特化したものでもなく、あくまで朝貢の一環としておこなうだけであり、馬市再開をもとめるものではありません。

とあるように、形式としては朝貢に付随する恩恵の形をとりながらも、実質的には、遼東方面でウリヤンハン三衛のモンゴルやジュシェン諸部とのあいだでおこなわれている交易のように、官銀を支出せず、直接にはあくまで明の商人が取引をおこなうということであった(57)。こうした主張に対して、兵科都給事中章甫端は［兵部奏疏11］所引の前掲題疏のなかで、

今雖懇誠求市、然邊氓素嗇于財、恐難挾貲以往售。瘡痍久怵、其勢未敢冒險以市廛。今議云、一時或不足交易、聽行各道於各城査發。不知、所謂査發者、査發銀物而與之乎。抑査發者、姓而市之乎。官市・私市、誠不知歸著矣。夫市之與貢一事也、市未妥、則盟難恃。

いま〔モンゴル側は〕誠心より互市をもとめているとはいえ、北辺の民はもともと財にとぼしいので、おそらく物資をもって売りにいくとは思われません。モンゴルの侵寇をおそれることひさしいとあっては、いきおい危険をおかしてまで互市をおこなうとも思えません。いま〔王崇古の〕建議に、「一時的に交易品がたりなくなれば、各道に指示して各城より査発する」とあります。ここにいう査発とは、銀物を徴集して彼らにあたえるということでしょうか。そもそも査発というのは、その性格として取引といえるのでしょうか。官市・私市とはいいますが、結局はどうなるかわかりません。互市は朝貢と一体だというのですから、互市がうまくいかなければ、和議もまたたのみがたいということになります。

と述べている。財物にとぼしく、長年モンゴルの侵寇にさらされてきた北辺の民が、あえて互市におもむくとは考えにくい。そうした状況で、モンゴル側が略奪によらなくてもすむだけの物資を互市によって供給するとなれば、交易継続のために官銀を支出することはさけられない。とすれば、王崇古が「私市」だと強調

する今回の互市も、結局は「官市」と異なるところがなく、互市を核とする和議そのものが破綻する、というのが章甫端の反論であった。

同様の問題は、撫賞の財源捻出をめぐる議論においても指摘された。王崇古は、互市の交易品に対する課税のほか、和議によって戦闘状態が緩和されることにより増援部隊である客兵を削減できるとし、それによって浮く客餉の一部を撫賞に充てるよう建議した。これについても給事中たちの批判が集中し、なかでも戸科給事中宋応昌はもっぱらこの問題を論じている[58]。彼は、明の防衛体制の弛緩・弱体化と財政圧迫とに対する懸念から、以下の三点を指摘した。すなわち、①今日の辺境防衛体制の弛緩は、北辺軍がモンゴルと私通し、媚外的な対応に終始してきたことによるにもかかわらず、王崇古の建議はこれを国家の政策としておこなうにひとしく、明の将兵の弛緩をまねく。②撫賞があたえられるとなれば、モンゴル人たちはことごとにこれをもとめてやってくるであろう。とはいえ、明側の財源にもかぎりがある以上、際限なく拡大するモンゴル側の要求に応じつづけることはできず、結局は戦端がひらかれることになる。③モンゴルは反復常ならぬものである以上、従来どおりの防衛体制を維持しておかねばならない。現状でも十分に軍備を維持できない状況にあるのに、客餉の一部を撫賞に充て、兵数を減らすなど本末転倒である、というものである[59]。その上で宋応昌は、互市場の警備にあたるモンゴル人のうち、功ある者にかぎって撫賞をおこなう一方、むやみに撫賞をもとめる者はきびしくとりしまり、みだりに軍餉に手をつけないようにせよと主張している[60]。撫賞給付をめぐる給事中の懸念は、礼科都給事中張国彦の「題為遵奉明旨、会議北虜封貢互市機宜、以求共済、以保治安事」(『兵部奏疏11』所引)に、

第恐將來討賞之夷、歳加一歳、撫賞之費、日甚一日。……客餉不已、必扣及主兵。主兵不已、必

　累及商人。商人不已、必侵及帑藏、其竭民膏血、虧損元氣。

　おそらく将来、撫賞をもとめてくるモンゴル人は年ごとに増え、その費用も日ごとに増加するでしょう。……客餉で足りないとなれば、かならず主兵〔を維持する主餉〕からさしひくこととなり、それでも足りないとなれば、その負担はかならず商人におよびます。それでも足りないとなれば、かならず国庫から支出することになり、民の膏血を蕩尽し、国家の元気をそこなうことになるにちがいありません。

とあることばに端的に示されている。

　以上のように、給事中たちは封貢・互市実施にかかわる具体的な点について数おおくの批判・指摘をおこなってはいる。ただ、これらはかならずしも封貢・互市の不許可を主張するものでもなかったようである。というのも、たとえば礼科都給事中張国彦の前引題疏では、「進貢を認めても、将来的に問題がおこる懸念はあるものの、認めなければ、禍はただちにやってくるだろう」という宣府巡撫孟重の言を引きながら、王崇古の建議内容を斟酌し、漸次これを許可していくのもやむをえないと述べられている[61]。また、礼科給事中紀大綱も、やはり「事勢として万も已《や》むを得」ないとして、ひとまず通貢のみを許可し、冊封と互市については二、三年の観察期間をおき、モンゴル側の状況をみきわめたのちにあらためて議すよう上請している[62]。こうしたいい方からすると、封貢・互市の実施はもはや不可避だとの認識は、給事中たちにも共有されていたかにもみえる。彼らの上奏も、貢市実施にかかわる注意点を指摘するという意図もさることながら、張四維「与鑑川王公、論貢市書」第八書に、

　前外議謂玄老主此事、紛紛無端、可悪。

さきに外廷で「玄老（高拱）がこのことを主導している」といって議論がひどく紛糾したのは、にくむべきことです。

とあるように、むしろ高拱ら大学士たちが独断で和議をおしすすめていることへの批判から出た部分もすくなくなかったのではなかろうか。和議推進派の急先鋒であった張四維の言であるだけに、多少わりびいて考える必要があるとはいえ、バハンナギ事件に際して内閣の独断専行を批判した兵科都給事中温純の上言などともあわせて考えれば、こうしたみかたもあながち当を欠いたものではないように思われる。

こうした状況のなかで、五年三月二日に廷議がひらかれた。兵部尚書郭乾が同日付で覆奏した［兵部奏疏11］には、諸官の賛否状況など、当該廷議の状況が詳細に伝えられている。これによると、封号授与への賛成者は二十八名、反対十七名であり、互市については、二十二名が賛成し、二十三名が反対を表明したという。(63) 賛否はほぼ真二つにわれたわけだが、とくに問題となった封貢・互市・撫賞のそれぞれについて、郭乾がどのような判断を示したのかを以下にみよう。

封号の授与について、郭乾は、ウリヤンハン三衛のように一律に都督をさずけて、それぞれの配下のみを統率させるようにするのが妥当であり、アルタンを盟主として各部をその属下におくような形式にすべきではないとの判断を示した。また、ことは典礼にかかわるため、慎重を期して一、二年の期間をおき、モンゴルが辺境を侵犯せずに朝貢をつづけるかどうかをみきわめてから可否を議すよう覆奏している。(64)

朝貢についても、都給事中章甫端の上奏同様、使節往復の際に明側の状況が察知されるのをふせぐため、使節の入京は認めず、進貢馬・朝貢使臣の数についても、モンゴルから加増の要求があった場合にはただちに朝貢を謝絶するよう覆奏した。(65) 王崇古が多少の増加分は許容するようもとめていたのにくらべて、きびしい姿勢を示したといえよう。

互市に関して、郭乾は、廷臣の六、七割が互市をおこなうべきではないと主張しているとして、実施にはふみきりがたいとの認識を示しつつも、一方で、督撫が実施にむけて交渉・題請してきた経緯がある以上、やむをえず今年一度実施して状況をみるとの案を示している。ただし、鉄鍋の交易は禁止するほか、略奪・侵犯があった場合には、即刻、交易を停止するようとくに言及している。(66)

給事中からの批判が集中した撫賞の問題については、財源に客餉の銀両を充てるとした王崇古の建議に一定の評価は示すものの、理由なく撫賞をもとめてくるモンゴル人にはきびしくのぞむべしとした給事中の意見を「良《まこと》に是なり」と評し、撫賞の支給を極力おさえることで客餉をもちいなくてもすむようにすべしと覆奏している。(67)

郭乾の以上の覆議について、『実録』隆慶五年三月甲子（三日）条は、

兵部尙書郭乾、淆于群議、不知所裁。姑條爲數事、以塞崇古之請、大抵皆持兩端。

兵部尚書郭乾は諸官の意見にまよい、どのように判断してよいかわからなかった。ひとまず数項目の覆議をまとめて王崇古の要請をふさいだが、おおむね両端を持すものであった。

と伝えている。煩をいとわず逐一みてきた給事中たちの建議と照らしあわせてみても、『実録』が伝えるところは当を得たものといえよう。封号授与を判断するまえに一定の期間をおくというのは、礼科給事中紀大綱の意見とおなじであり、アルタンをふくむ諸侯に一律に同等の官位をあたえて各部を統属関係におかず、朝貢使節の入京も認めないという覆議も、兵科都給事中章甫端の建議を採用したものであって、いずれも事実上、王崇古の建議をしりぞけている。互市に関しても、賛否両派の中間をとったような判断を示している

ほか、戸科給事中宋応昌の建議にくみする判断となった撫賞についての覆議に至っては、まさに『実録』が伝える郭乾の姿勢を如実に示すものといってよい。前節でとりあげた［兵部奏疏5］から、郭乾の基本スタンスとして、関係諸官が一致して賛成しているということを重視していたと指摘したが、賛否がここまでわれてしまっては、そうしたスタンスをとる郭乾に、もはや議論を集約するすべはなかったようである。

以上の覆議を受けた穆宗は、翌々日の三月四日に諭旨をくだし、当該覆議を却下して再度覆奏するよう命じた。(68) この諭旨の背景について、張四維が王崇古に宛てた「与鑑川王公、論貢市書」第九書は、

前初二日、部覆上時、令内使送至内閣、傳旨云、此事體重大、疏内語多、不能詳覽。卿等可仔細區處。雖多費些賞賜、也不妨。

さきごろ初二日に兵部が覆奏したとき、内使を内閣につかわして、「これは重大な事案であるが、上奏文のことばがおおく、くわしくみることができない。卿らで仔細に処置せよ。賞賜にどれほど支出してもかまわぬ」という諭旨が伝えられました。

と伝えている。穆宗は覆疏が長文であるとして、みずから仔細に目をとおすことなく、大学士に判断をゆだねたのである。そして『実録』隆慶五年三月己巳（八日）条に、

上御文華殿。日講畢、大學士李春芳等面奏北虜封貢事宜、具言外示羈縻、内修守備之意。上曰、卿等既議允當、即行之。于是、廷臣知事由宸斷、異議稍息矣。

お上が文華殿に出御された。日講がおわり、大学士李春芳らがモンゴル封貢のことについて面奏し、つぶさに「外には羈縻を示し、内では守備をかためる」との意を上言した。お上は「卿らが妥当と議

したからには、すぐにこれをおこなえ」といわれた。ここに至って、廷臣は封貢が宸断によるものであると知り、反対意見もすこしくおさまった。

とあるように、いわゆるアルタン封貢は、三月八日における大学士の面奏によって、しかも覆奏や廷議といった所定の政策決定プロセスとは異なる日講という場において、事実上の決定をみたのである。張治安氏が説くように、成化（一四六五—一四八七）初年以降、大学士は廷議の結論を再検討する立場を確保すべく、みずからは廷議に参加しないのが慣例となっていた(70)。しかし、ここにみられる内閣のありようは、廷議に対して受動的な立場に立つのではなく、所定の政策審議の場とは異なるところで独自の方針にもとづいて政策決定を主導する存在といってよい。第一節でみたように、バハンナギ事件をめぐる趙貞吉の発言に示されていたのと同様、アルタン封貢の最終決定に際しても、内閣は兵部のあたまごしに直接諭旨発下を請うという手段をもって、事実上の貢市許可の決定へとみちびいたのであった。

『実録』が記すように、穆宗の意向が表明されたことで和議反対論も下火となり、兵部尚書郭乾は即日［兵部奏疏12］を再覆奏した(71)。三月二日の覆議から一転し、アルタンに王号を、ほかの諸侯にも都督・指揮・千戸の官位をそれぞれあたえ、本年中の朝貢を認めるとともに、取引すべき馬の頭数を定めて互市を実施するほか、互市の規模や警備については、すべて王崇古の建議どおりにおこなうよう覆奏している。ただ、依然として鉄鍋は禁制品とし、もちだした者は厳罰に処すとした。穆宗は翌九日にこれを裁可し、いわゆるアルタン封貢と宣大地区での互市実施は、ここに正式決定をみたのである(72)。

以上、本節では、王崇古の「封貢八議」をめぐる動きを中心に、貢市の正式決定に至るプロセスを検討した。この段階で出された王崇古の建議はきわめて詳細なものであり、宣府・大同・山西の関係地方官の合意の上にまとめられたものであった。一方、給事中たちは、モンゴル諸侯の帰順の意を疑問視するのにくわえて、王崇古らの背後にあって独断で和議を推進する内閣への批判もあいまって、王崇古の建議に対して異議をとなえた。廷議でも賛否がわれる状況になっては、全体の意見の一致を重視する兵部尚書郭乾には、もはや事態をまえにすすめるすべはなかったといえよう。一方の内閣は、題奏・廷議・覆奏といった所定のプロセスとは異なる日講という場において、皇帝に直接はたらきかけることによって、事実上の貢市決定をみちびいたのである。こうしたところには、兵部とは対照的に、みずからの方針に沿って独自に政策を遂行していく主体としての内閣の姿を端的に認めることができる。

第四節　互市実施要領の策定

三月九日の諭旨発下後、より具体的な互市実施要領の策定がすすめられた。本節では、その過程で問題となったいくつかの事柄をとりあげ、要領策定にあたって内閣がどのような対応をとったのかについて、簡単にふれておくこととしたい。

(i)　山西の互市場

「封貢八議」の④で王崇古は、大同の威虜堡、宣府の張家口のほか、山西では水泉営に互市場を設置するよう建議していた。ここは現在の山西省偏関県の東北にある長城の関門で、いまでは水泉鎮という鎮がおかれている（一九九頁【図8】参照）。この地に互市場を設けるという王崇古の考えは、じつは山西巡撫石茂華の主張とはかならずしも一致するものではなかった。石茂華の咨文は［兵部奏疏11］に抄録されているが、これによると、山西の老営堡所・偏頭関所・水泉営堡・滑石潤堡の一帯はモンゴルの領域と接してはいるものの、道路がせまく辺牆も堅固ではない上、当地にやってくる商人もすくなく、水もとぼしいために軍隊も駐屯できないとして、大同でまとめて互市をおこなうのが最善だと述べられ、水泉営に互市場を設置するのは、あくまでも次善の策として示されている。(73)しかし『実録』には、八月四日から十九日まで水泉営辺外にて互市が実施されたと報告されている。(74)水泉営での互市がおこなわれるに至った背景を伝えているのが、張四維「与鑑川王公、論貢市書」第二十一書である。このなかに、

水泉之市、前一聞山西議論。甥即爲諸老言、與虜有成約、不可中道前却。既以使虜疑、且見吾憚形也。若老酋自欲過秋來市、則可不然。只須待之耳。此事非舅不能力任美成、非二老亦難措手。

水泉営での互市について、さきに山西で議論があると耳にしました。甥《わたし》はただちに諸老に「モンゴルとすでに約束したことであり、途中で変更すべきではありません。モンゴル側にうたがいをいだかせ、わが方が消極的だと示すことになるからです。アルタンが秋をすぎて互市にやってくるときに、これではいけません。ただここで彼らをまつのみです」と申しあげました。このことは舅（王崇古）でなければ立派になしとげることはできず、二老でなければ処理することはできなかったでしょう。

とある。山西の地方官が水泉営での互市に消極的であると知った張四維が「諸老」にはたらきかけ、それを受けた「二老」、すなわち高拱・張居正の力によって、石茂華らの消極姿勢をおしきる形で、水泉営での互市は実施されたのであった。

（ⅱ）互市・撫賞の財源

前節でみた給事中の指摘にもあったように、互市実施・撫賞給付についての最大の問題のひとつは、財源の確保であった。王崇古の建議は、官銀を直接支出することはなく、民間の商人にモンゴルとの取引をおこなわせるというものであったが、辺民は互市に供するだけの物資をもたない上、商人もすくない北辺の現状からして、互市によってモンゴルの需要を満たし、戦闘状態を収束させるとなれば、いきおい官銀を支出せざるをえなくなる、というのが給事中たちの反論であった。じつはこうした問題は、内閣をはじめとする和議推進派も十分に認識するところであった。明の商人がモンゴル側の需要を満たすだけの物資を調達できない場合の措置として、張四維は「与鑑川王公、論貢市書」第十書のなかで、軍馬を有する衛所の武官・兵士に官銀をあたえてモンゴルの馬匹を購入させる、あるいは官銀をもってあらかじめ交易品を調達し、モンゴル側に供給することを提案している[75]。そして、その財源とされたのは太僕寺の馬価銀であった[76]。張四維「与鑑川王公、論貢市書」第二十一書に、

嗣爲二老酌之、其毎歳互市、發太僕馬價。岳老先有此議、玄老同之曰、毎歳將北直隸・山東・河東應俵馬數、酌折價三萬、付宣・大・山西、令互市易馬給軍、歳以爲常。……事已定矣、此件無煩慮也。

ついで二老がこれについてとりはからい、毎年の互市には太僕寺の馬価銀を発給することになりました。岳老（張居正の号は太岳）がまずこの方策を提起され、玄老（高拱）も同意して、「毎年、北直隷・山東・河東に発給すべき馬を銀三万両に換算して、宣府・大同・山西に支給し、互市の際に馬を購入して軍士に支給させるというのを毎年の常例とする」といわれました。……ことはすでに決定しまし

たので、この件については心配することはありません。

と記されている。馬価銀を互市維持のための費用に充てるという方策もまた高拱・張居正の発議にかかり、彼らの主導で決定していったのである。

撫賞について、王崇古はそのおもな財源として客餉の銀両をあげていたが、張四維「与鑑川王公、論貢市書」第十三書によれば、そもそもこの方策を最初に発案したのは魏学曾（号、確庵）であったという(77)。当時、魏学曾は吏部右侍郎であり(78)、張四維とおなじく、吏部尚書を兼任していた高拱の属官の立場にあった。［兵部奏疏11］によると、魏学曾は五年三月二日の廷議において封号授与・互市の双方に賛成する一方、郭正域の手になる彼の墓誌銘には、貢市に楽観的な見方をする高拱に対して実際上の問題を直接指摘し、細かな点までとりきめるよう助言したと伝えられている(79)。こうした記事からして、魏学曾もまた張四維と同様、高拱の属官として互市実施案の具体化にあずかるところすくなくなかったと考えられ、撫賞を客餉の銀両によってまかなうという案も、内閣を中心とする推進派の立案によるものとみてよかろう。

客餉の一部を撫賞に充てることについても、既述のとおり、軍備削減につながるとして反対・批判が集中した。こうした意見に対して、王崇古は［督府奏議6］のなかで、平時の辺境防衛にあたる主兵は規定額の主餉によって従来どおり維持するのであって、和議によってモンゴルが攻めてこなくなる以上、客餉は大幅に軽減できると反論している(80)。その上で、宣府・大同・山西各鎮で節減可能な客餉の額と薊州や遼東方面で支給している毎年の撫賞額とを比較した上で、客餉から一万両をさいて撫賞および互市での交易品調達や馬匹購入費に充てるようもとめた(81)。以上の建議も、戸部の覆議を経て、帝の裁可を受けている(82)。

ところで、こうした貢市実施にかかわる支出報告に関して、内閣側の姿勢を如実に伝える興味ぶかい記事

が、張四維「与鑑川王公、論貢市書」第十四書に伝えられている。すなわち、

玄老見敎、大事已定、凡節目令舅邊上便宜行之。縱是動支銭糧、後日開在單册、上報聞罷、不必頻題。無識者、反增議也。

玄老（高拱）のご教示によれば、「大事はすでに定まったのだから、細目については舅（王崇古）に現地で適宜処理させればよい。たとえ銭糧を支出しても、後日、単冊に記載して報告するのみでよく、頻繁に題奏する必要はない。見識なき者がかえってやかましく議論するからだ」とのことでした。

とあり、銭糧の支出報告に際しては、題奏によらず「単冊」で報告するのみでよいと高拱が指示したという。本書序章で述べたように、題本による上奏内容は六科での抄写を経て官界全体に公表されるものであるが、右のような措置をとる理由として高拱が述べたという「識無き者、反って議を増せばなり」ということばこそ、互市の実施要領策定における内閣のスタンスを雄弁に物語っている。

（iii）鉄鍋の取引

鍋の修理が不便であったとされるモンゴル側にとって、鉄鍋の交易は必須であり[83]、王崇古も互市の交易品とするようもとめていた。しかし兵部は、硝黄・鋼鉄とおなじく鉄鍋も禁輸品とするよう覆奏し、三月九日の論旨においても兵部の覆議が裁可され、この時点での鉄鍋取引は認められなかった。そもそも鉄鍋取引を不可とする議論は、ひとえに武器につくりかえられることへの懸念から出たものであった。これに対して、王崇古は「督府奏議6」でつぎのように述べている。これまでにも鉄鍋がモンゴルの略奪の対象になってきたのは、彼らが鉄を鋳なおす技術をもたないためであり、モンゴル人のあいだでは、鍋がこわれれば皮を

もってその用にかえることすらおこなわれている。広東産鉄鍋は鍛錬を経ていない鉄でつくられており、遼東・開原・建寧の互市でも取引されるのみならず、宣府・大同のあたりでも流通しているため、その取引を解禁せられたい、と。(84)

しかし、兵部は慎重姿勢をくずさず、広東産の鍋が武器に鋳なおせるかどうか督撫みずからの確認をもとめる覆議をのぼした。(85)兵部・科道官の方では、鉄鍋のかわりに銅鍋ないし土鍋の輸出も考えられていたようであるが、(86)内閣の方では別の方策によって鉄鍋を供給しようと考えていたらしい。張居正「与王鑑川、計四事四要」（『張太岳集』巻二十二）に、

鐵鍋乃虜所急者。頃部議禁不與市、將來必求索無已。今聞、廣鍋毀則不可復爲兵、宜稍稍出官錢市之、(87)來歳責令如數更換。

鉄鍋〔の入手〕はモンゴル側にとって喫緊のことです。さきごろ兵部は互市で取引することを禁ずるよう覆奏しましたが、今後モンゴル側がたえず要求しつづけてくるのは必定です。いま聞いたところでは、広東産の鍋はこわれても武器につくりかえられないとのことなので、いささかの官銀を出してこれを調達し〔てモンゴルに供給し〕、来年になったら当初の個数どおりに交換させるのがよいでしょう。

と述べて、ひとまず官銀によって広東産鉄鍋を調達してモンゴルに供給し、翌年にあたらしいものと交換するという案を示している。官府の方で広東産鉄鍋を調達し、互市での取引によらずに供給するというのは、高拱の「与宣大王総督」第三書（『高文襄公集』巻六『政府書答』）にも、

用廣鍋、不用潞鍋、用以充賞、而不用以開市、庶有限制、而彼不可多得鐵。

広東産の鍋をもちいて潞州産の鍋はもちいず、賞賜として供給し、互市で取引するようにしなければ、〔輸出量も〕制限され、モンゴル側もおおくの鉄を得られないでしょう。

と示されている。(88) 鉄鍋取引に慎重な姿勢をとりつづける兵部を尻目に、内閣の方では、賞賜という名目で鉄鍋を供給するというように、事実上、兵部の覆議を骨ぬきにするような形で動いていたのである。

おわりに

宣大山西総督として前線で直接モンゴルと対峙する王崇古にとって、アルタンの愛孫であるバハンナギの投降は、北辺の紛争状態を収束へとむかわせる千載一遇の好機であったといえよう。その好機をみすみす逸してしまわないようにするために、切迫する現地の情勢に即応できるような中央のすみやかな決定を彼は必要としていた。しかし、すくなくとも本章での検討をつうじてみえてきたところでは、本来こうした事案の処理にあたるべき兵部の対応は、かならずしも彼ら地方官のもとめに十分にこたえるものではなかった。兵部のそうした対応の背景には、モンゴルへの不信感やことの重大さのゆえに慎重を期すという要因もたしかに存在してはいた。ただ、本書の議論とのかかわりから注目したいのは、各段階での意見集約・合意形成を重要視する兵部の姿勢である。四年十二月段階の王崇古の建議に対して、兵部尚書郭乾が、関係地方官のあいだで意見が一致したことが示されていないとして建議の再上呈をもとめたことは、そうした姿勢を端的に示している。こうした立場に照らせば、科道官などから提起された反対・批判も、勘案・折衷すべき意見として受けとめられたであろう。そもそも封貢・互市による平和が維持できるかどうかは、多分にモンゴル側の出方にかかっていたのであり、そうである以上、モンゴル人ならぬ明朝の官僚たちにとって、議論の段階において決定的な根拠をもって封貢・互市の成否を論ずることは不可能であった。その点からすれば、結局のところ賛否両派の論争は平行線をたどらざるをえなかったともいえる。こうした展開のなかで、全体の合意をとりつけることを旨とする兵部には、もはや事態を前進させるすべはなかった。兵部尚書郭乾の対応ぶりを記す「群議に淆《みだ》されて、裁く所を知らず」という『実録』の記事は、そうした兵部の立場を如実に伝えている。

こうしたなか、各段階での決定にあたっておおきなプレゼンスを占めたのが内閣であった。たしかに「題奏→（廷議）→覆奏→論旨発下」という所定の手つづきはふまれるものの、実際には題奏以前の段階において、大学士と地方官とのあいだでとりかわされる書簡のなかで具体的な内容は協議され、そこでかたまった方針にそぐわない兵部の覆議は、ことごとくしりぞけられていった。バハンナギ事件に際しての趙貞吉の発言は、廷議・覆議のあたまごしに独自に方針を推進していく内閣の姿を端的に物語っている。さらに五年三月九日に封貢・互市が裁可されたあとになると、銀両の支出報告は「題奏」ではなく「単冊」によるのみでよいという高拱の言からみてとれるように、兵部・科道官の関与を極力すくなくしようとするような動きも認められるようになる。

こうした内閣の政治運営は、決定に際して「確議」・「詳議」をもとめる科道官からはげしい批判をあびた。その点では、科道官の主張と合意形成を重視する兵部とのあいだに共通点をみいだすことも可能かもしれない。彼ら科道官の主張は、小野和子氏が論じたように、中央集権反対の主張をかかげて党派へと結集していく動きの伏線とも位置づけられよう。しかし一方で、当時の官界において、所定の手つづきや意見集約より、迅速な決定を重視する声が存在していたのもまた事実であった。五年三月にひらかれた廷議の席上、封貢・

互市の許可をつよく主張したと伝えられる右僉都御史李棠の「経略辺務疏」〔張鹵『皇明嘉隆疏抄』巻十六〕には、(89)

臣請、自今假以便宜之權、獲專閫外之寄、事關大計者、必須奏請、可以自處者、徑自施行。言官不必苛細過求、少寛文法、俾可自效、巡撫・將領以下、悉聽節制。……伏望、陛下以繼述爲大孝、日與大臣謀畫修攘、鋭然講求以法祖宗之心、以成先帝之志、必欲安天下靖疆圉、保太平有道之長。

臣が請いますのは、以後〔総督に〕状況に応じて適宜対処する権限をあたえ、所轄の地方の任務についてはみずから処断できるようにし、国家の大計にかかわる案件についてはかならず上奏させますが、自分で処理してよいものはただちに施行させることです。科道官はかならずしも瑣末なことまで指摘して糾察する必要はなく、すこしく文法の制約をゆるめて〔総督に〕力量を発揮させ、巡撫・将領以下の官はすべて総督の指揮下におくことを認めるべきです。……ふしてのぞみますのは、陛下が先帝の遺志をつぐことをおおいなる孝行とお考えになり、日々、大臣と国家の大計をねり、鋭意、祖宗の心を法として、先帝の志をなしとげることをもとめられ、かならずや天下を安定させ、辺境をやすんじ、太平の世と清明な政治とをながつづきさせることであります。

と述べられている。前半部では、総督の裁量権を確保するとともに、科道官の掣肘を減らすようもとめられており、政策の審議プロセスや政務遂行に対するチェック機能をスリムなものにし、現地の状況に応じた施策をすみやかに実行すべしとの主張を認めることができる。さらに重要なのは、李棠が主張するような政治運営には、彼自身が後半部で述べているように、皇帝がつよいリーダーシップを発揮して案件を決裁していくことが必要だということである。いたずらに政策審議・政務遂行を混乱させることもあった世宗の案件決裁のありようですら、みならうべき対象としてひきあいに出しているところに、政治を強力に主導する力に対する要望のつよさをみることができる(90)。しかし、当の穆宗は、本章第三節で引用した張四維「与鑑川王公、論貢市書」第九書にみられたように、可否判断をほとんど大学士に丸投げし、政務に対する意欲にもとぼしかった。まさにこうした状況のゆえに、現場の危機に対応できるような決定を実現し、実際の政治過程のなかでリーダーシップを発揮しうる存在として内閣のプレゼンスがたかまったのであり、いわゆる「行政府」型の内閣の積極的な側面もそこに存在したといえよう。

しかしながら、如上の政治運営によってひずみが生じたのもまたまぎれもない事実であり、しかもそれはおなじくモンゴルとの和議をめぐる動きの上にあらわれていた。そうした「行政府」型内閣のいわば「影」ともいうべき部分については、次章において、陝西における封貢・互市をめぐる政治過程に即して具体的な検討をくわえることとしたい。

注

（1） 隆慶和議に関する近年の日本の研究状況、とくにその検討視角の如何については、［吉尾寛―二〇〇九］が整理と紹介をおこなっている。

（2） 事件発生の日付は［督府奏議2］による。バハンナギ投降の原因については、［森川哲雄―一九八六］にくわしい。漢文史料では、バハンナギ投降の理由をアルタンに婚約者を奪われたことによるとする。しかし森川氏によれば、それは投降事件の三年以上もまえのことであり、むしろアルタンと三娘子とのあいだにブダシュリが生まれ、アルタンの寵愛がうすれることにより、みずからが財産分与にあずかれなくなることへの危機感が、バハンナギを明に投ぜしめたとする。アルタンとバハンナギとのあいだの女性問題については、［青木富太郎―一九六五］二四―二八頁、［森川哲雄―一九八六］一三七―一四〇

頁、［井上治－二〇〇二］三〇三—三〇五頁、注（6）を参照。

（3）方逢時「与王軍門、論降夷書」第一書（『大隠楼集』巻十一）

其人既來、在我當厚處之、以安其心。馬帥不當留之。

（4）［小野和子－一九九六］六三頁。

（5）高拱「与宣大王総督」第一書（『高文襄公集』巻六『政府書答』）

愚意、①只宜將把漢那吉、厚其服食・供用、使過所望而歆艷吾中國之富貴、而吾又開誠信、以深結其心。……至如老酋者、聞吾之厚其孫也、則其心亦必德我。果擁兵來索、則吾只嚴兵以待、從容以諭之曰、那吉來降、吾知爲汝孫也、乃厚待之如此。汝不感德、尙何敢言。汝若早有汝孫之見、慕義來降、則所待又豈止於汝孫乎。而今乃擁兵以來、能無愧耶。只如此言、更不發惡聲、則彼當自計窮、而吾乃可執此、以爲撓制之具。……②若老酋重愛其孫、必欲得之、則其勢必求歸順。吾姑未許、而只颺言曰、彼久作歹於中國。若非有的確證據、安得信其歸順。而又令人旁示之計曰、若將趙全等縛以獻、則歸順可成、那吉可得。不者、且無計也。老酋當必悟。……斷不可以今日之留爲質當、以他日之與爲易換、而失吾中國之尊也。

張居正「答鑑川、策俺答之始」（『張太岳集』巻二十二）

使人以好語款之曰、……①吾非不能斷汝孫之首以請賞、但以彼慕義而來、又汝親孫也、不忍殺之。且給賜衣服飲食甚厚。②汝欲得之、自當卑詞效款、或斬吾叛逆趙全等之首、盟誓於天、約以數年騎不入吾塞、乃可奏聞天朝、以禮遣歸。

（6）［櫻井俊郎－一九九六］四三—四四頁および四八頁。

（7）［督府奏議1］

又據大同右衛參將袁世械報、本月二十四日、據右衛二邊西馬頭墩軍王青報、瞭見邊外、從北來人口歹通等數名到牆、報稱投降。本官同巡撫標下原任副總兵麻祿、把總胡應時、守備王江・廖綺等、帶領兵馬出口、接至大邊外亮馬臺、迎接降人六十名口、隨趕馬七十八匹、駝一十四隻、牛八十五隻、羊五百九十二隻、帳房六頂、收趕入城。……又據大同東路參將馬孔英塘報、二十七日、據鎭門堡操守劉恩、伴送投降夷人啞兒兎同妻那蘭住、幷妹哈喇愼、男般不害、女綽胡兎、俱係兀愼部下眞夷。各思想南朝好過、聞得俺答孫子來降、各先後脫走投順。

（8）張居正「答鑑川、策俺答之始」

頃據報、俺酋臨邊索要。僕正恐、彼棄而不取、則我抱空質、而結怨於虜。今其來索、我之利也。

(9)　談遷『国榷』巻六十六、庚午隆慶四年九月甲申（十九日）条
談遷曰、實錄那吉來降在十月癸卯（九日）。予考稗官史彙、具得月日、則癸卯爲朝廷報聞之日。

(10)　[督府奏議1]
①若俺荅果肆勒兵、近邊索取、則明行曉告、許其生還、諭以禍福、因與爲市、責令俺酋、將板升諸逆賊首趙全等、生擒解送、被掠人口、悉放南歸。然後優加賞給、以禮遣還。……策之上也。②若俺酋倚恃桀傲、稱兵强索、不可理諭、申飭諸將、嚴兵固守、隨機拒戰、俾再遭挫折、必思悔禍。如搆患無已、則明示盡殺、以撓其志。彼若望其生還、必懼我之制其死命。其心既奪、其氣易沮、計必不敢大肆狂逞、而吾策可行。策之中也。③若老酋昏悖、不顧其孫、棄而不求、則當厚加資養、訓以德禮、結以恩信、如歷代待外國之質子。其部下餘衆、有相繼來降者、就於各邊、從便容收駐牧、責令把漢統領、略如漢人置屬國、居烏桓之制。俟老酋既死、其子黃台吉必兼領其衆。因將那吉加以名號、送還本土、令其收集餘衆、自爲一部。舊存部落、見故主之得歸、勢必響應。黃酋聞其姪之復、反勢必忿爭。……策之終也。
この建議については、[小野和子—一九九六]六三—六四頁でもふれている。

(11)　[督府奏議1]
臣等再思、把漢雖俺酋之孫、乘憤而來、黨與寡少、非率衆歸附之比。但宜給之宅舍、授之職銜、豐其餼廩、易其服用、以悅其心。嚴防出入、禁絕交通、以虞其詐。……若循習舊例、安置海濱、使之抑鬱愁苦、不過爲中國禁錮之囚。使老酋聞其生存、日切南望、侵擾不已。後雖曲處、徒取夷輕。尤不宜給配諸將、使之隨營殺賊、立功報效。彼恃驕貴之素、不受驅策。駕馭失道、怨望斯生。頓興飈去之心、終貽反噬之悔。均非長慮却顧、禦虜安邊之宜。

(12)　[兵部奏疏1]
把漢那吉以憤激來歸、心志未定。其相繼歸降部落、情狀難測。如欲令把漢統領于各邊、容收駐牧、則狼子野心、終非可馴之物、而封疆近地、當爲意外之防。……今俺荅兵已臨境、其擁衆屯駐、以索來降之夷、分散攻搶、以肆擄掠之計、又勢所必至。合候命下、移文總督王、會同彼處巡按御史幷鎭・巡等官、查照所議、再加譯審、把漢那吉果係俺荅親孫、同降夷口果係諭誠無詐。資養・防範等項、如悉所擬。把漢那吉幷阿力哥、先姑暫給冠服、以繫其心。

アリガ（阿力哥）とは、バハンナギの乳母の父親で、彼に明への投降をすすめた人物という。[督府奏議1]に、再照、那吉之降、本以少年、未敢自決。皆係本夷乳母之父、夷俗名爲奶公、各夷視同親父、卽夷名阿力哥者、主持其行止。若可各賜一官、以慰其志。

とあり、王崇古は彼への授官も上請していた。

(13) 胡直は江西泰和（現、江西省泰和県）の人。嘉靖三十五年（一五五六）の進士で、官は福建按察使に至り、万暦十三年（一五八五）に卒した。彼は欧陽徳・羅洪先らにしたがって王守仁の学をまなび、趙貞吉の文集『趙文粛公集』にも、胡直宛ての書簡がおさめられている。

(14) 『実録』隆慶四年十月丁未（十三日）条

上曰、虜酋慕義來降、宜加優撫。其以把漢那吉爲指揮使、阿力哥爲正千戸、各賞大紅紵絲一襲。該鎭官加意綏養、候旨別用。其制虜機宜、令崇古等、悉如原奏、盡心處置、務求至當。

(15) 饒仁侃「題為塘報異常夷情事」（〔兵部奏疏1〕所引）

但臣之私憂過計、猶恐虜情叵測、故投之以所愛、以示可信之狀、隨將群賊、陸續借名來降、使中國信而納之、彼得據我邊境、資我糧餉。他日仍有異志、則我之境土、反墮彼之姦說矣。今歸降男婦、固羈縻於將領之留住、然亦不可不爲之所也。

(16) 『実録』隆慶四年十月丙辰（二十二日）条

山西道御史葉夢熊言、把漢那吉之降、邊臣不宜遽納、朝廷不宜授以官爵。將至結讎徼禍。至引送郭藥師・張玨事爲喩。上覽疏、怒其妄言搖亂、命降二級調外任。

(17) 姚継可「題為真夷來降、情偽叵測、乞勅当事諸臣、慎為議処、以固辺疆事」（〔兵部奏疏2〕所引）

爲今之計、若將此虜送回、則跡渉畏怯、徒損國威、反長彼醜之驕。必將此夷收養、顧心類犬羊、難保其終。當周善後之慮。……伏乞、敕下該部、詳加議擬、將把漢那吉、從長酌處。無循目前之見、必圖久安之策、無恃輕信之心、必思萬全之計。

(18) 温純「屡拠辺報、乞賜厳飭辺臣、大加逐勦、以戒不虞、并議処降人、以全国体疏」

昨該兵部題覆處置降人事宜。蒙旨、賜以官服、且令該鎭官、加意綏養、候旨另用。臣等以爲、事在邊疆、自當聽彼展布、且敵方入寇、豈容妄言予奪、以褻國威。

(19) 温純「屡拠辺報、乞賜厳飭辺臣、大加逐勦、以戒不虞、并議処降人、以全国体疏」

但敵既入邊、須令收兵遠遁、果情出哀懇、不敢復犯邊疆、然後宣布朝廷不殺之恩、許令那吉生還。

(20) 吏部・都察院をそれぞれつかさどっていた高拱と趙貞吉との対立により、趙貞吉辞任の直接の契機となったのは、この考察である。第三章第五節、参照。

(21)『実録』隆慶四年十月甲子（三十日）条

陞兵科都給事中温純爲布政司左參政、河南道御史劉翾爲右參議、倶湖廣。……倶考察之未盡者。

(22)『実録』隆慶四年十一月丁亥（二十三日）条に、

巡按宣大御史姚繼可言、虜以索把漢那吉故、圍平虜城月餘、殺掠甚衆。宣府總兵馬芳、見虜輒遁。又薄大同鎭城、巡撫方逢時、呼虜使入、屏人語、厚賞而遣之。人言、其指虜東行、嫁禍隣鎭也。虜果東向洪州、賴宣府總兵趙岢、遏之不得入。還至鎭城、導舊路去。芳又不敢追、所殘破擄掠無算。宜罷逢時、而治芳等罪。

とある。この上言に対して、『実録』同条には、

兵部主御史言、請令芳戴罪立功、而按治參將以下。上以該鎭功罪、總督・巡按奏報、各殊命覆勘以聞。于是、吏部覆言、逢時素有物望、且當虜酋執叛乞降之時、正撫臣臨機設策之日。夷情既不可洩、祕計難以自明、要視其後效何如耳。不宜先事輒易、隳垂成之功。上然之、令逢時供職如故。

とみえる。兵部は姚継可の言を支持して馬芳の処分を請うたが、吏部は方逢時には人望もあり、辺臣の活動は事後の成果によって評価すべきだとして、彼の留任を主張した。このときの吏部尚書は高拱であり、当該覆疏も『高文襄公集』巻十六『掌銓題稾』に「覆宣大按臣姚継可、論巡撫方逢時等疏」として収録されている。

(23)『実録』隆慶四年十二月甲午朔（一日）条

四川道御史姚繼可爲四川按察司僉事、兼理重慶兵備。

(24)葉夢熊は広東帰善県（現、広東省恵州市の属）の人。万暦十八年（一五九〇）に陝西巡撫に任ぜられたのち、翌年甘粛巡撫にうつった。万暦二十年（一五九二）の寧夏の兵変（いわゆる「ボハイの乱」）に際して、平定に失敗した魏学曾にかわって同年七月に陝西三辺総督となり、反乱鎮圧の功により右都御史・太子太保をくわえられた。兵変鎮定にかかわる葉夢熊の動向については、[岡野昌子一九九六]五九八―六〇八頁を参照。姚継可は河南襄城県（現、河南省襄城県）人。山西按察司・陝西左布政使などを経て、万暦十六年（一五八八）に寧夏巡撫に起用され、丁憂のため翌十七年（一五八九）にいったん離職したものの、万暦二十年（一五九二）に陝西巡撫に復帰し、翌二十一年（一五九三）まで在任している。バハンナギの受入れをめぐって内閣と対立した彼らが、万暦年間に封貢・互市による平和がくずれていくなかで、北辺の巡撫に起用されて事態の対処にあたったことは、のちの政局の動向を考える上でも注意しておきたい。いまひとりの温純は、陝西

三原県（現、陝西省三原県）の人。こののち浙江巡撫・戸部左侍郎などを経て、万暦二十六年（一五九八）より同三十三年（一六〇五）まで都察院左都御史をつとめた。［城井隆志–一九八五］一〇四—一一三頁で述べられているように、彼は左都御史在任中、専権の度をつよめる首輔沈一貫と対立し、万暦三十二年（一六〇四）の京察で沈一貫派の科道官を処分した。彼がすでにバハンナギ送還問題をめぐって高拱と対立し、左遷されたことには、万暦年間に内閣と対立した温純の主張・動向と共通するものがあろう。なお葉夢熊・姚継可・温純の三人は、いずれも嘉靖四十四年（一五六五）の同年進士であった。

(25)［督府奏議2］

本月二十六日、［鮑］崇德北至俺答營、備將臣原示宣諭緣由、令俺答屏去餘人、只留親信數人、逐一譯說。……崇德就要俺答先將諸逆執送進邊、後爲題本請旨、送還那吉。俺答尙不憑信、崇德當說、你旣不憑我、須差你親信頭目、去見督撫、與他定說。俺答當令被虜漢人王世科、書寫番文一紙。內開、軍門鎭巡、兩家不許說謊、對天發呪。今差打兒漢守領哥等五名見皇上。大取和、兩家都好。或封王、則一統天下、羊年取和、兩家都好。三堂啓皇上、我乞討把漢那吉幷吉囊女。你若與我、你問我要甚麼、竝不阻隔。你把我孫子送出來、我後邊與趙全・李自馨・劉四等三人。軍門三堂、會奏乞討、等語。……各夷齎執入邊、隨該撫臣譯審前情、看驗番文、各明白、連各夷使、於十一月初一日、押解到臣。……臣會同巡撫大同右僉都御史方議照、……責以執送叛逆、許以生還那吉、幷黃台吉亦如那吉、量授一官、以固結其父子孫之心。

(26)［兵部奏疏3］

合候命下、移咨宣大總督王、會同鎭・巡幷巡按御史、備察虜情、如俺答・黃台吉、果遁伏塞外、歛兵自戢、將逆賊趙全等、執獻境上、卽辯眞正、逐名驗收、然後將把漢那吉遣人、以禮送還。

『実録』隆慶四年十一月丁丑（十三日）条

上曰、虜酋旣輸誠哀懇、且願執叛來獻、具見恭順。其賞把漢那吉、綵段四表裏・布百疋、遣之歸。

(27) バハンナギ送還の経過については、［青木富太郎–一九七二］九四—九六頁、一三五—一三八頁でもふれられている。送還の日付は［督府奏議3］による。

(28)［督府奏議2］

打兒漢執稱、俺答使伊來禀稱、……若天朝肯封他一名號、他老年有名聲、管束各枝部落、永不犯邊、年年進貢。……又稱、但我北番沒鍋使、沒段子・布疋穿。若講和了、須一年與我們些鍋、我却將破鍋交來。

（29）〔督府奏議2〕
今一旦許其通貢、則酋首歳有優賞、自可充用、絶其搶掠、則虜中萬衆、衣食將無所資、而沿邊刁搶鼠竊之患、勢必難免。……必須許以市易、以有易無、則和好可久、而華夷兼利。查得、各邊如遼東・開元《ママ》・建昌・肅州・西番諸夷、限其開市之時、月估其物價之定値、擇其邊外近地、各設守市官兵、許其兩平貿易、以濟華夷。嚴應禁火藥・兵刃諸物通販之禁、立奸民圖利詐騙之罰、庶虜衆不困於衣食、而鼠竊之患可免矣。

（30）〔督府奏議2〕
竊慮、……所有投到番狀、雖有印信、不成文理、止可留以備照、不敢塵瀆聖覽。緣虜中素無文役、亦無前規、有難責備。……責令另具眞正番文、如各國體式、奉表稱臣、後議封爵。……今老酋急於得孫、誓絶群言、矢志納款、冀得名號、雄於醜類。若一失其望、則孫亦不恤、而憤必狂逞。……伏乞、敕下兵部、會同禮部・廷臣、早爲集議、定擬上請、敕示臣等、遵奉施行。

（31）〔兵部奏疏3〕
至于俺答・黄台吉乞封一節、果否悃誠、遽難深信。況封錫之典、上關國制、事體重大、須其款塞心誠、另具眞正番文、如各國體式、稱臣乞封、該鎭督撫等官、方可請命、朝廷會官集議、恭候宸斷。

（32）『実録』隆慶四年十一月丁丑（十三日）条
上曰、……封貢事、今（令？）總督・鎭・巡官、詳議覆奏。

李春芳「答薊遼督撫」（『李文定公貽安堂集』巻十）
連日、與部家商議、欲作兩截處。先了那吉事、後及納款請封、一二日卽具覆矣。

前掲胡直「少保趙文粛公伝」
當此時、朝議紛然、敵求封貢、邊臣進退維谷。獨公與今輔臣張某、力主其議、亟令王督撫、姑置封貢事徐議之、第令俺答速獻投敵叛人趙全等九人者、易其孫、且當愼交質、防劫盟。

（33）蟒衣とは、蟒（うわばみ。本来は五爪ある龍の爪をひとつ減じて四爪としたもの）の文様を刺繍した官服。沈徳符『万暦野獲編』補遺巻二、閣臣賜蟒之始に、
蟒衣爲象龍之服、與至尊所御袍相肖、但減一爪耳。正統初、始以賞虜酋。
とあり、モンゴルの首長にあたえられたのは、正統（一四三六―一四四九）初年が最初という。

（34） 張四維「与鑑川王公、論貢市書」第三書

唯把都立帳宣・薊之交、不畏擣巣。三衛夷人、爲所略屬、凡渠所須中國之物、三衛皆足以給之、且毎犯薊鎮、必大有所獲。又恐西虜通中國後、與東虜鬨、則其意似不在此耳。今日封貢之事、若捨老把都、恐薊鎮之害不解。若必欲羈致之、恐彼中間作梗。此在舅必有招徠牽制之術、然須得其隱情、破其所恃、庶彼一意內向耳。

（35） 張四維「与鑑川王公、論貢市書」第五書

晦日之午、得二十六日所發李寧稟帖、不覺欣躍。

（36） ［督府奏議4］

今據俺答糾合老把都・吉能・永邵卜各部落、議允內附。各遣夷使一十八名、仍齎番文。內開、俺答倶已糾會各酋、同心進貢。各令夷使於本月初十日、見臣示信。……隨據吉能夷使八名懇稱、自今以後、河套各酋、誓不犯邊。但各鎮兵馬慣事、搗巣趕馬、恐失大信。今願、傳諭楡林・寧夏・固原各邊外住牧虜賊、不許擾邊、仍乞臣傳諭延綏・楡林・寧夏・固原・莊・涼各沿邊一帶將領、不許遣丁出邊、遠地燒荒、趕馬搗巣、共結和好。臣思、夷狄之狡性難馴、朝廷法令當一。臣今既要俺答合各酋、同事納款、誓不內犯、必須請旨、行各邊禁止搗剿。

以上、アルタン以外の右翼モンゴル諸侯の和議参加にむけた動きについては、［永井匠-二〇〇三］四〇—四二頁でもふれている。

（37） ［兵部奏疏5］

合候命下、本部移咨總督王、仍遵照明旨、會同鎮・巡官、逐一詳議、①各夷乞封通貢、作何規制。封疆內外、作何界限。②開市有先帝禁內《ママ》例、應否復行。③卽如方行乞請、卽要我以不燒荒不搗巣、倘既允之後、再要我以修邊不設備、横索以難繼之物、人心玩愒、或有意外之變、作何究竟。懲前顧後、謹始慮終、酌議停當、務圖萬全、然後方可請命、朝廷會官集議、恭候宸斷。

（38） ［兵部奏疏7］

今該科復議及此、蓋謂酋虜之狡猾叵測、通貢之利害當審。況國家大計、詢謀貴同。

（39） こうした兵部の対応によって、実際に現地での交渉に支障をきたした一例として、文書の翻訳にあたる訳字生派遣および表文書式発給の問題がある。［督府奏議4］に、

其表式・譯字生之議發、節准禮・兵二部咨開、查無各國體式、聽臣自撰給虜。譯字生必須臣題請、方可議發。臣方咨請

之時、日望各部據爲議題。給發已約、各夷剋期來領。今夷使再至、而部議未發、臣將何以應虜。……伏乞、敕下各部、……一面會同禮部、査將各夷國表式、抄發下臣、聽爲擬撰、給發夷使、令其書寫眞正番文、遣眞夷捧進。更乞請發譯字生一人赴邊、俟其表至、譯審詞語、果否恭順、或有觸犯、庶便就近發廻、勒令更正。

とみえ、王崇古は、礼部・兵部がすぐに発給・派遣を題請すると思っていたものの、両部からは「書式は王崇古が自分で作成してわたしてよい。訳字生は王崇古の題請をまって提議する」との咨文がかえってきた。とはいえ王崇古としても、すでにモンゴル側に発給を約束している立場上、期限までに各部が提議すらおこなっていないとなれば、対応のしようがないとして、早急に発議するようかさねて上請している。

(40) 張居正「与王鑑川、議堅封貢之事」

金湖（方逢時の号は金湖）既去、代者恐未必相成。

方逢時の離任・劉応箕の大同巡撫起用については、付章、注（8）および注（9）を参照。

(41) たとえば、張四維「与鑑川王公、論貢市書」第四書には、アルタンから提出されたモンゴル語の文書について、

昨閱老酋番文。中間言說、多是眞情。但云、今後但有東西達子入犯、他必來報、不報天殺、可謂誠矣。但不知、所稱東西達子、果何指耶。若指東虜土蠻爲東、則西邊達子、無敢與彼抗者。將以何者爲西。若指散處部落、大約皆俺・黃・把都・吉能所服屬者。渠不禁戢、而但來報我、此又似姦計。又欲不失和好之利、又欲兼遂搶擄之便爾。此須明與之約。若東土蠻糾衆大擧、汝須預報。若汝等所部、汝須禁戢。若有侵犯、汝雖來報、終是與汝等犯邊一般。恐朝廷上停革封貢、與汝不好看。庶足伐其謀耳。

と書きおくられている。「東西達子」という一句の裏に、封貢関係を維持しながら、略奪もつづけようとする意図があることをうたがい、この点を明確にとりきめるようもとめるとともに、交渉の場でどのようにいえばよいかというような具体的な点まで逐一指示している。内閣をはじめとする中央の和議推進派がどれほど詳細な指示を出していたかを示す一例として提示しておきたい。

(42) 日付は［兵部奏疏5］による。

(43) ［督府奏議5］

臣於去冬十二月初、已預行宣・大・山西各鎮鎮・巡、布・按二司、沿邊守・巡・兵備各道會議、各令剋期議報間、近准部科之議、又經催行各鎮、遵照欽依速議、咨呈到臣、復會同宣・大撫臣孟・劉、逐爲面確、務參酌衆議、裁定畫一之規、

條成八事。

山西巡撫石茂華については、『実録』隆慶五年二月己酉（十七日）条に兵部右侍郎への異動が記されている。おそらくはその影響であろうと思われるが、彼の咨文は「封貢八議」上呈後に王崇古のもとにとどいたらしい。その内容は［兵部奏疏11］に引用されているが、これに対しても王崇古は、

査得、該鎭所議前項通貢事宜、條分縷析、衆論僉同、殊得謹始愼終之謀、禦夷經權之術。査於本職條議相孚、已見三鎭一體之義、卽應咨報、以備査覆。

と述べて、「衆論僉《みな》同じ」・「三鎮一体の義を見た」との認識を示している。

(44)［督府奏議5］

適巡撫宣府右僉都御史孟、特因貢議、來赴陽和。臣會同巡撫大同右僉都御史劉、會審俺答・老把都・永邵卜・吉能各夷使、看詳番文詞意、先後無二。

(45)「封貢八議」については、［侯仁之―一九三八］二二〇―二二二頁、［和田清―一九五九］七七〇―七七一頁、［小野和子―一九九六］六五―六七頁でも言及されている。

(46)［督府奏議5］

一議錫封號官職、以臣服夷酋。……今俺酋乞一名號、雄制諸夷、除土蠻不隨伊調度外、餘虜行輩、惟俺酋爲尊。或可錫以王號、頒給鍍金印信、如忠順王及西番諸國例、俾彼可號召其弟姪子孫、爲國藩夷。其餘大枝、在東如老把都、在西如吉囊長子吉能、幷俺答長子黄台吉、俱宜授以都督職銜、如三衛故事。各枝子孫、……共四十六枝、大者衆至萬人、次者數千人、小者或千人、或數百人、雖衆寡强弱不齊、俱係俺答親枝酋長、俱須授以指揮職銜。其俺答帳下、……十餘枝、俱聽老酋統調、各須授以千戶、如把漢那吉・阿力哥近例。

(47)［督府奏議5］

一定貢額、以均賞賚。……各酋既有封號官職、每年令其進貢一次。須令俺答每次進馬十匹、夷使十名。老把都・吉能、各八匹、夷使各四名。各酋首聽俺答、各以部落大小、分定馬匹之數目。……通計四十七枝、每年進馬、不得過三百匹、夷使不過百人。如虜再求加多馬、不得過五百匹、使不過百五十人。……夷使每年定以六十名進京、餘留在邊分駐、三鎭沿邊市場・城堡、給之廩餼、陰示爲質。候京使還鎭、各以馬價、從官易買紬段・布疋諸物。

(48)［督府奏議5］

一議貢期貢道、以便防範。……其夷性變詐不常、尤須陰示防範、且許以貢使之入、容其互市買賣、則當擇馬弱之時、庶伐狡謀。恭惟萬壽聖節、適屆首春、其四夷來庭祝賀、當惟其時。每年期以正月初旬、令俺答糾聚各枝夷使・馬匹、恭具表文、自大同左衛、扣關驗入。……俺答部下及河西吉能各枝夷使、除許俺答四人、大枝二人、小枝一人進京外、餘俺答・吉能各枝、應駐邊者、卽留本城夷館居駐。其餘俱差官、通起送大同、撫鎭驗明、各給花紅・牛酒、侯程差官通押送陽和、赴軍門驗賞、沿邊侯程、送赴宣府、撫鎭驗賞畢、卽將黃台吉・老把都夷使、除進京外、應駐邊者、留駐宣府鎭城夷館。餘差官通押送、由居庸關進入、務及聖節前、由昌平進京。

(49)　[督府奏議5]

一議立互市、以利華夷。……其買賣之規、查得、弘治初年、北虜三貢交易、虜以金銀・牛馬・皮張・馬尾等項、聽各鎭商販、以段紬・布疋・鍋釜等物。各於虜使入邊進貢之後、擇日令各枝虜酋、各差一的當首領、統夷兵三百、駐劄邊外。各鎭各令本路副・參等官、各統本枝精鋭官・軍五百、駐劄市場、仍令各酋派定各枝夷種交易日期、大率以一月爲期、聽挨次分日而至。虜執畜物、先赴夷酋驗明、送赴市場、估値定易、卽時遣出。一起完、又送一起、一枝完、方許別枝。如以不堪老瘦牲畜及不値價不堪用之物交易者、發回夷營、不准入市。各鎭客商貨物、一時或不足交易者、聽行各道於各城查發、務使客商有利、夷價無虧。嚴鋼鐵・硝黃違禁之物入市、貪利發遣之禁、戒邊人出邊、盜竊交通之防。每場互市完、將各客商發賣過貨物、及得獲夷價銀物、各道委官逐日查明、造册繳報、撫・鎭查考。……及查得、遼東・開元《ママ》馬市、凡夷馬・商貨、各有稅例。每年卽以收穫稅銀、充撫賞之用。聽臣行該鎭查明成例、量議起徵、以充撫賞。其各鎭市場、……大同、應於左衛迤北威虜堡邊外。……宣府、應於萬全右衛張家口邊外。……山西、應於水泉營邊外。

(50)　[督府奏議5]

一議撫賞之費、以求可繼。……但議事之初、衆未察以後之省積、而止慮目前之匱乏。誠恐、虜使之往返與守市之撫賞、費用無出、後將難繼。臣等終夜籌計、每歲各邊、除各以歲省賞功・優恤之費、專充撫賞之用外、仍每鎭先於年例客餉內、動支三五千兩、買備紬段・布疋、分發各道、專充夷使往來及守市夷兵撫賞之用。

(51)　[督府奏議5]

一議歸降、以杜啓釁。……以後、凡眞夷來降者、不分有罪無罪、俱免收納、以杜各酋之索擾。……以後、但遇歸正人口到邊、審明別無拐帶虜中財物・婦女、及被虜年月、原籍鄕貫、虜中主家、卽與放進。騎來馬匹、收住邊堡。如有虜騎追趕、卽以原馬給去、……原人件回原籍。

(52) [督府奏議5]
一審經權、以嚴邊備。……各鎮練兵・設險・積餉・除器之務、乘其無事、計日課工、務急自治、三五年後、兵氣振揚、邊備嚴整、縱虜有反側、我得以數年蓄練之精力、以守可固、以戰可勝。是不失經常之守、而可省財力、且無算矣。

(53) [督府奏議5]
一戒狡飾、以訓將略。……伏乞、敕下兵部、卽行九鎮將領、各務實心報國、奮勇練兵、戒平時驕悍之習、乘今日靡虜之暇、修製戰具、蓄養丁銳。……如或挑怨搆釁、弛備疎防、明治其罪。凡今有造言飾詐、陰壞貢議者、外聽臣等及巡按衙門、內聽部科、指實參治、以肅邊紀、以懲夙玩。

(54) [兵部奏疏10]。当該覆疏に記された廷議開催までの段どり、および当該廷議の詳細な状況については、第七章で検討する。

(55) 章甫端「題為懲前慮後、罄竭愚衷、申嚴夷夏大防事」([兵部奏疏11] 所引)
臣恐、號稱旣久、則諸部皆爲俺酋之統屬。倘傾心誠服、誠可息烽目前、萬一虜情叵測、蠢動跳跋、其勢將大而難制。……今顧使虜衆入我境界、伺我道途險易隘塞之處、營伍虛實之勢、錢糧豐歉之狀、及都城、衣冠文物之盛、宗廟朝廷之美、皆入虜目中、誠恐虜之生心也。此貢使之當議者一也。

(56) [督府奏議5]
臣查得、先年開市之議、起於逆犯仇鸞媚虜之私。故虜志方驕、而叛盟搶市之禍立至。今日乞封之議、起於老酋老年厭兵悔禍之情、及感戴天朝歸孫賞賚之恩。

(57) この点は、[岩井茂樹-二〇〇九] 四八—四九頁でも指摘されている。

(58) 宋応昌は、豊臣秀吉の朝鮮出兵開始後の万暦二十年(一五九二)八月に朝鮮計略に起用され、万暦二十一年(一五九三)十二月に更迭されるまで、対日講和交渉にあたった。[小野和子-一九九六] 一一八—一二二頁、[三木聰-二〇〇三] 四四—四五頁を参照。

(59) 宋応昌「題為酌議撫賞、以裨封貢、以裕安攘大計事」([兵部奏疏11] 所引)
①蓋今日邊事之廢弛、由於士馬之單弱。士馬之單弱、由於通虜媚虜之夙弊使然也。茲欲易媚虜之擧、而爲撫賞之名。是昔也、此事暗行而不敢言、今則公行而無所忌矣。昔也此事爲邊臣之私謀、今則奉朝廷之明詔矣。將帥恃此而弛警、士卒恃此而懈心。其不便者一也。②濫賞之風旣開、則各種諸酋、動稱以事到邊、告求賞賚、則中國之財幣有限、夷虜之貪嗜無窮。將應其求、則勢誠難繼。不應其求、則兵端遂起。其不便者二也。……③殊不察、虜性姦詭反覆、自古皆然、則邊

備果可弛乎。備不可弛、則邊兵果可減乎。邊兵既不可減、則兵馬調遣之役猶故也、擺邊行糧・料草之用猶故也。……夫國家每歲出内帑數百萬以充邊、猶稱匱乏、尙可於軍餉銀兩動支、以賄虜乎。每歲養兵億百萬以禦虜、猶稱單弱、尙可減撤兵卒、以自弱邊備乎。……其不便者三也。

(60) 宋応昌「題為酌議撫賞、以裨封貢、以裕安攘大計事」
如果業許開市、勢不獲已、或止於守市夷人、約束有功者、量加犒賞。然亦人數有限、其歲省賞功・優恤之費、亦自能繼外、此凡以事到邊求賞者、一切禁革、不得假此妄動軍餉、以開事端、以費國用。

(61) 張国彦「題為遵奉明旨、会議北虜封貢互市機宜、以求共済、以保治安事」
及覩巡撫宣府都御史孟重之議曰、准彼進貢、後災雖有可虞、不准彼進貢、其變必當立至。審時度勢、不得不從、則知今日崇古等所爲、眞大有不獲已者。……爲今之計、誠萬不得已、必須參酌所請、漸次施行。

(62) 紀大綱「題為愼議北虜通貢事機、仰賛宗社大計事」（[兵部奏疏11] 所引）
如事勢萬不可已、姑爲一時權宜之計、合無先計通貢。……待二三年後、各夷果恭順、毫無侵犯、方徐議錫封・開市。

(63) 参会者および賛否の状況は、三四九頁、**【表7】**、参照。[兵部奏疏11] に記された当該廷議の詳細については、第七章第一節第二項で検討する。

(64) [兵部奏疏11]
只如朶顔三衛、授以都督等職銜、始爲得體。若或事有成議、勢不可回、然必須俺酋率衆、先行款塞入貢、然後朝廷錫以封爵之典、仍任其各自爲部、不必假以統率之權。事關典禮、委宜愼重。合候一二年後、各虜果皆恭順、不擾邊疆、奉貢惟謹、然後議加封號、庶錫予爲有名、而典禮爲不褻矣。

(65) [兵部奏疏11]
今若容其六十人入京、則道路之從入、關塞之險夷、京師之紛華、未免或啓戎心、尤須長慮。今集衆議、大率相同。合令虜使不必至京、俱留邊城夷館。……若虜酋或貪求無厭、馬匹・夷使、逐年漸次欲再加、即閉關謝絶。

(66) [兵部奏疏11]
今集廷臣互市之議、中間言其可行者、十之三四、言其不可行者、十之六七。臣等參酌衆言、即當報罷。但督撫之臣、業已爲之題請、事在邊疆、難以中止。合無今歲聽其暫一行之、以觀其事機之如何。其市馬、須定以數目。所市段絹・紬布・針綫幷防範機宜、俱如所擬。鐵鍋幷硝黃・鋼鐵、俱行嚴禁。若虜人如約、兩平交易、別無爭擾、每年即許其一行。

一或驕縱憑陵、搶掠如故、卽便明白具奏、以罷其市、永示拒絕。

(67) ［兵部奏疏11］

督撫之臣、計移各項優賞及客餉以充之、是誠得權宜濟變之術矣。但守市夷人、雖可犒賞、而以事到邊求賞者、當以義裁、科臣所見良是。是在督撫之臣、臨時斟酌、以制經用、庶客餉可免動支、而撫賞之用、亦不至于匱乏矣。

(68) ［兵部奏疏11］

本月初四日、奉聖旨、這事情重大、所議未見停當、還再詳議來說。欽此。

『実録』は当該諭旨を隆慶五年三月甲子（三日）条に繋ける。

(69) 万暦『明会典』巻五十二、日講儀に、

上御文華穿殿、止用講讀官・內閣學士侍班、不用侍衛・侍儀・執事等官侍班。

とあるように、たとえばおなじく皇帝への進講をおこなう経筵では、いわゆる九卿・科道官も参列するのにくらべて、日講は規模や構成員もより簡略化されたものであった。こうした閉鎖的ともいえる場において、事実上の貢市決定がなされたということにも注意をうながしておきたい。なお、［櫻井俊郎‐二〇〇一］は万暦初年の経筵・日講について論じており、両者の相違についても、同論文、六頁で言及されている。

(70) ［張治安‐一九九九］一一一―一二頁。

(71) この事実がもつ意味は、官界での意見集約のありようを考える上でも注意すべきである。詳細は第七章で検討する。

(72) ［兵部奏疏12］

封貢互市三事、相應再擬上請、合無將俺酋、准錫封號、其餘各枝酋首、俱准授都督・指揮・千戶職銜。……其進貢夷使・馬匹、悉如原擬名數。進京夷使、通留邊城夷館、不必赴京。應貢御前上馬三十匹、督撫差官代進。……貢期每年一次、俱以三月爲期。但今歲過期、聽於三四月後一行、以慰諸夷之望。至於互市、易啓釁端、必須將入市馬匹、預定數目、商夷兩平交易、毋致忿爭。硝黃・鋼鐵幷鐵鍋等物、嚴禁不許入市。違禁盜賣者、處以重典。其原議規畫防範事宜、悉如所擬。……隆慶五年三月初八日、太子少保本部尚書郭等具題。初九日、奉聖旨、這事情、你每旣酌處停當、都依議行。

「封貢八議」のうち、朝貢使節の入京と万寿聖節にあわせての入貢とについては、王崇古の建議がしりぞけられたが、これは内閣の意を反映したものであった。朝貢使の入京について、高拱「与宣大王総督」第三書（『高文襄公集』巻六『政府書答』）に、

至於虜使之入、本無關係利害、而又可以慰俺酋之心、奚不可者。但虜無終不渝盟之理、而但有形跡、卽據以苛責、乃我中國縉紳之故態也。今只在外處分、他日渝盟、無可說者。若令之入、則或有渝盟之時、必以爲釁由此起、而追咎始事者之失策。此可不豫爲之計耶。故直厚賞、以遂其艷利之心、而不必令入、乃爲穩妥。此非以處虜人、乃所以處中國之人也。

とみえ、万一問題がおこったときに批判の口実とされることをさけるため、朝貢使は入京させない方がよいとの見解が示されている。入貢の時期については、張四維の「封貢六議」（『条麓堂集』巻九）に、

一、議貢期貢道、以便防範。虜東西駐牧懸遠、入貢期日、恐難預定。況正月馬猶臕壯、不若但以二三月爲期、俟東西虜使俱齊、約日驗入爲便。

とあり、二月か三月に入貢させるよう述べられている。

（73）［兵部奏疏11］

准提督雁門等關兼巡撫山西地方都察院右僉都御史石茂華咨稱、……至於開市一節、……止西路老營堡・偏頭關・水泉營・滑石澗一帶、與虜相隣。但道路僻隘、藩籬單薄、商販鮮至。又稱乏水、難以大集兵馬。如司・道所議、止總在大同開市、甚便關防。若以虜衆散漫、而居在西路者、携馬遠市不便、及欲量分虜勢、則應在水泉營、則其適中地方、開立市場、周圍量築短牆、以爲界限。

（74）『実録』隆慶五年九月癸未（二十四日）条

宣大總督王崇古報北虜互市事竣。……山西水泉營、八月初四日、至十九日。

（75）張四維「与鑑川王公、論貢市書」第十書

甥意、虜馬來多、商貨必不能給。須官爲區畫、或將該領馬官・軍、預給以價、使入市收買、或預處物貨、以給虜求。

（76）馬価銀については、本書第二章、注（45）参照。

（77）張四維「与鑑川王公、論貢市書」第十三書

其撫賞錢糧、確庵言、初間須用動支客餉。待互市一二年後、百姓見利、運貨漸增、夷人見利、來者不絶、則商税之入、自足供撫賞、客餉不須復動支矣。不知此論何如。

（78）『実録』隆慶四年十二月乙巳（十二日）条。

（79）郭正域「大司馬魏確菴墓誌銘」（『合併黄離草』巻二十四）

會雲中請貢市議成。公獨明其非便。新鄭公曰、此特羈縻之耳。公曰、羈縻者如牛馬然、操縱在我。封貢成、絶之速禍、

長此安窮、反有制焉、而不能制、未能羈縻也。新鄭悚然曰、慮不及此、爲之奈何。公曰、令不朝發夕改也。不如嚴與約有期有數。彼不從、則閉關如故、失不在我。議遂決。

(80) [督府奏議6]

科臣議謂、臣議動客餉、必至減兵弛備。是未察主客邊餉之異支。……夫主餉以養主兵、分地畫守。軍有定數、守不可罷。軍不可銷、則餉不可輕減、固矣。客餉專備春秋有警、調遣兵馬之支。連歳邊報頻仍、四時戒防、糜費鉅萬。今虜既納款、則邊鎭無警、而調遣可免也。邊隘有守、而邊外深哨、腹裏接煙・哨役可省也。其歳省客餉、且無算矣。

(81) [督府奏議6]

卽如去秋今春、臣往返宣鎭南山僅月餘、而該鎭東路客餉、每備三萬兵馬數月之支、今盡省矣、……該路所省、當七萬餘金矣。大同鎭、……各枝兵馬、分駐各城、團練聽警、止支主餉、而各路客餉、亦所省不下鉅萬。山西鎭、客餉原少。自冬深三春無警、河防止支正餉、未多調遣、所省亦多。……查得、薊鎭三衛之撫賞、每歳銀一萬三千餘兩、而該鎭扣軍糧、權採辦以佐之、尚不下二萬餘兩。遼東・海西・建州之撫賞、亦歳不下萬金。宣府屬夷止數千、而一歳之撫賞費、亦僅一萬。彼遼・薊二鎭入貢之夷、多不過萬餘、其撫賞之厚、各夷所知也。……須當查照遼・薊事例、姑無論夷虜之衆寡、每鎭每歳、令於節省客餉、量動萬金、以備互市・撫賞之資。或一時商販無資、權充商本、令其買貨充市、得馬給軍、以濟公私者也。

(82) [督府奏議6]

又准戶部咨同前事、該本部議照、……查將該鎭每歳每鎭節省過客兵銀內、量動銀一萬兩、聽備前項互市・撫賞之用、仍咨本官於內、自行節縮。……奉聖旨、是。欽此。

(83) モンゴルの鉄鍋需要については、[井上治-二〇〇二] 二四〇―二四三頁にくわしい。

(84) [督府奏議6]

且鐵鍋爲虜中炊煮之日用。每次攻城陷堡、先行探掠、以得鍋爲奇貨。……廷臣之議謂、鍋係鐵斤、恐滋虜打造之用。殊未知、虜中不能錬炒、生鍋破壞、百計補漏用之、不得已、至以皮貯水煮肉爲食。此各邊通丁所具知也。前虜使欲以破鍋換易新鍋、情可知矣。及查得、遼東・開元《ママ》・建寧之市、以廣鍋入市。蓋廣鍋生鐵、不受炒錬、行之已久。此可倣行。及查得、宣・大沿邊、山程險遠、鐵鍋鮮至、亦多用廣鍋。卽當容照遼左三衛例、以廣鍋容入市易、商夷攸便也。

広東産鉄鍋が北辺にも流通していたことについては、[笹本重巳-一九五二] 四二―四三頁、[山添啓司-二〇〇五] 四五―

四六頁を参照。

(85)［兵部奏疏15］

其廣鍋、行督撫官、親視匠作鎔化、如可錬成鋼鐵、堪以打造器械、仍嚴禁勿以與虜、另以他器易之。若果不可錬炒、不堪打造、方許召商市易。

(86) 高拱「与宣府呉巡撫」第六書（『高文襄公集』巻六『政府書答』）

鍋市一節、部議與以銅鍋、既利其用、而不可以爲兵、似亦通得。

また［兵部奏疏18］に引用される兵科給事中烏昇の題奏には、

臣以爲、互市可許也、而鐵鍋必不可市。若謂彼求太堅、非此則盟不固彼、沙鍋亦中國常用之器、卽可易此、以塞無厭之求也。

とある。

(87) 本書でもちいている『張太岳集』は万暦刻本の影印本であるが、「稍出官銭」の四字を欠いているため、光緒年間に刊刻された『張文忠公全集』を底本とする［張舜徽他-一九八七］第二冊、一九二頁により欠字をおぎなった。

(88) ここで高拱は、広東産の鍋を輸出用とし、山西潞州産の鉄鍋はもちいないと述べている。しかし、［山添啓司-二〇〇五］四六頁では、高品位の銑鉄をふくむ広東産鉄鍋より、品質のおとる山西産の鍋を提供し、武器材料への転用をふせごうとする議論が当時あったと指摘されている。また、［井上治-二〇〇二］二四〇―二四三頁では、隆慶和議の実現後も、鉄鍋不足に対するモンゴル側の不満は和議の破綻をまねきかねないほどであったとされている。高拱・張居正がいうように、賞賜の形で供給しても、それにあずかれない一般のモンゴル人にまで鉄鍋がゆきわたるには不十分であったのだろう。［青木富太郎-一九七二］一五〇頁で述べられているように、最終的に鉄鍋の輸出が認められたのは万暦二年（一五七四）十一月であったが、広東産と山西産のどちらを提供するかという問題もふくめ、鉄鍋の取引をめぐってどのような動きがあったのかについては、なお検討すべき点がある。

(89)『実録』隆慶五年三月甲子（三日）条

于是、兵部集府・部・科道諸臣、廷議之。……獨都察院僉都御史李棠、極言宜許狀。

(90) 隆慶年間における皇帝親裁強化をめぐる議論については、［櫻井俊郎-二〇〇三］および［櫻井俊郎-二〇〇四］が論じている。

第五章　「行政府」型内閣の光と影（二）

——陝西における互市実施をめぐる政治過程

はじめに

前章の議論は、ごくおおづかみにいえば、方針策定・政務遂行の主体としての性格をおびたいわゆる「行政府」型内閣が、現場での諸問題に適切に対応できるような決定をもとめる地方官の要請に合致する側面をもっており、それゆえに内閣が決定に際しておおきなプレゼンスを占めるに至った、というものであった。それを「行政府」型内閣の積極的側面——いわば「光」の部分——だとすれば、本章で論じようとするのは、その「影」の部分ということになる。具体例としてとりあげるのは、やはり隆慶和議の一環をなすオルドスのモンゴル諸侯の封貢・互市をめぐる問題である。オルドス万戸は黄河湾曲部と長城とにはさまれたいわゆる「河套」地域に位置し、このころにオルドス万戸を統べていたのは、父メルゲンからジノン位を継いだアルタンの甥にあたるノヤンダラ（吉能）であった。一方、明の側で現地の総責任者としてこの問題への対応にあたったのは陝西三辺総督であり、その所轄下の陝西・延綏・寧夏・甘粛の各巡撫もかかわった。この時期に総督の任にあったのは、王之誥（湖広石首県の人、嘉靖二十三年進士。任、隆慶四年正月—十二月）と戴才（北直隷滄州の人、嘉靖二十三年進士。任、隆慶四年十二月—万暦元年九月）である。

ノヤンダラをはじめとするオルドス諸侯の封貢・互市の問題については、井上治氏による研究がある[1]。ただ、氏の研究の重点は、あくまでもオルドス側の動向をあきらかにすることにあり、明側の動きについては、史料上の制約もあってかならずしも十分に検討されているわけではない。井上氏も論じているように、オル

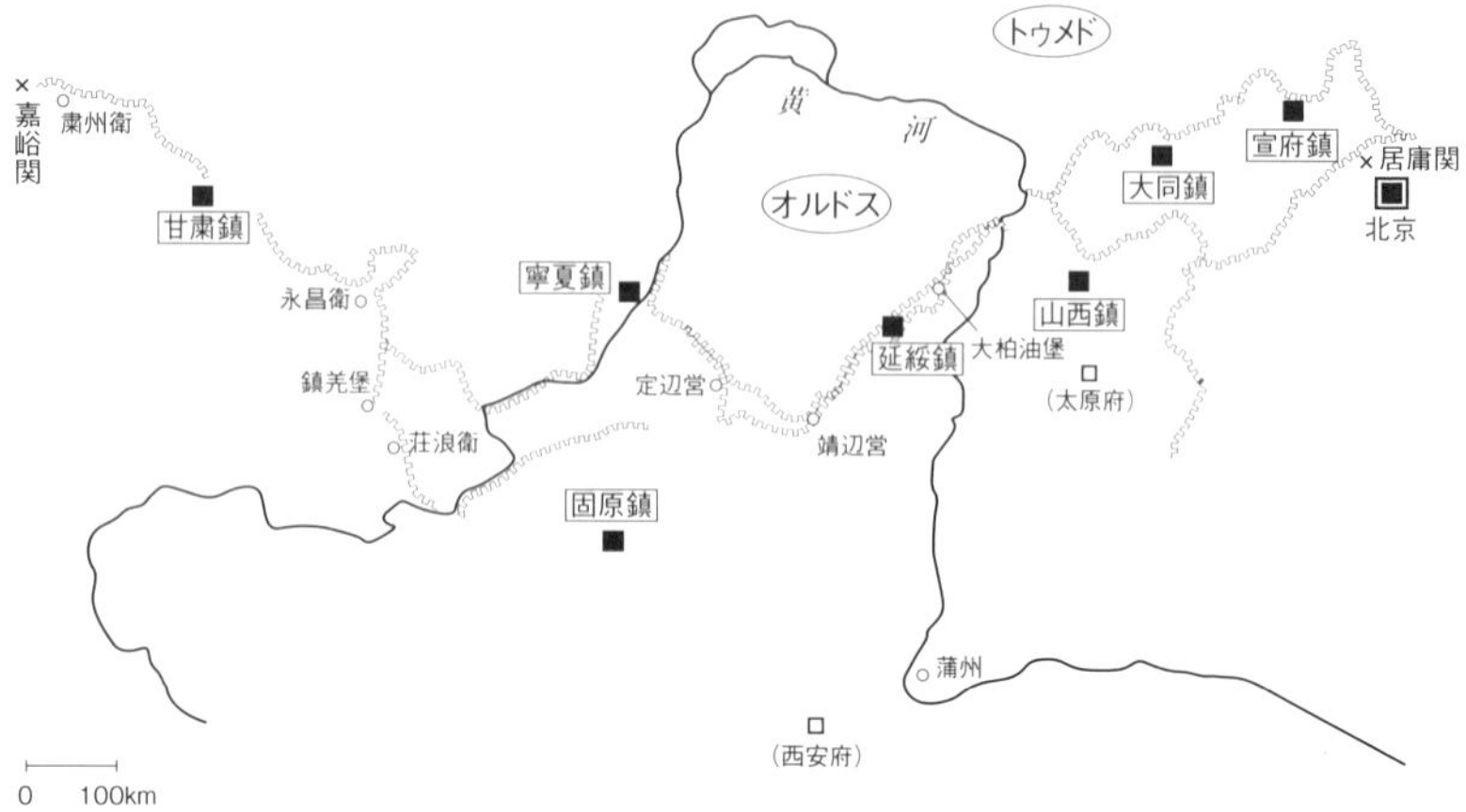

【図9】 第5章関係地図

ドス諸侯の封貢・互市は、いわゆるアルタン封貢が決定した隆慶五年（一五七一）三月段階では許可されず、同年六月になって正式決定をみた[2]。前章でみたように、宣大総督王崇古は、高拱・張居正ら内閣のあとおしを受け、当初よりオルドスをふくめた和議の実現にむけて動いていた。しかし、総督王之誥・戴才ら陝西の督撫たちは、一貫してこれに異をとなえたのである。最終的には穆宗の諭旨によって、督撫の反対をおしきるようにして封貢・互市が決定することになるのだが、さきまわりしていえば、双方の争点は封貢にともなう互市を陝西地区でおこなうことの可否にあった。陝西での互市実施を主張する中央の推進派に対して、督撫たちはこれにつよい難色を示したのである。一般にモンゴルとの和議は、明蒙間交易の解禁によって北辺の戦争状態を収束させたものとして肯定的に受けとめられ、またそれゆえにこそ、和議実現にむけて強力なリーダーシップを発揮した内閣の動向に注目があつまり、内閣主導の「改革」の典型例と目されてきたわけである。にもかかわらず、なぜ陝西での互市実施に対して、ほかならぬ現地の督撫たちが反対を表明することになったのか。彼らの主張に対して、内閣をはじめとする中央の和議推進派はいかなる動きをみせたのか。こうした問いは、先行研究において往々にして肯定的な側面のみが強調される隆慶和議、およびそれを実現せしめた内閣主導の政治運営のあり方に対して、別の角度から検討する切り口となりうる。しかしながら、陝西の地方官に在職するなど、現地の当事者の立場から当該案件についで言及した史料が未発掘といってもよい状況にあっては、その政治過程について実証的な検討をくわえるのは困難であった。

その点を解決してくれるのが、中国国家図書館に所蔵される『兵部奏疏』である。付章で述べたとおり、『兵部奏疏』には、オルドス諸侯に対する封貢と互市の問題に関して、王之誥・戴才ら陝西の督撫が上呈した題疏が抄録されている。本章では、これらの題疏によりながら、とくに陝西地区での互市の可否をめぐる議論を軸として、その決定に至るまでの政治過程をあとづけてみたい。陝西の督撫たちの言説によりながら明蒙間の互市がいかなる問題をはらむものとして認識されていたのかをあきらかにすることは、小野和子氏が「決して一筋縄ではいかない」と評した隆慶和議の複雑な側面を具体的にえがきだすことにもなる。同時にそれは、和議実現の最大の要因でもあった中央の強力なリーダーシップによって政治を動かしていくという内閣政治のありようを検証していく上でも、重要な視座を提供するものとなろう。

なお、本章の以下の叙述において隆慶年間の事柄を記す際には、年号と西暦表記を省略するものとする。

第一節　陝西の地方官の認識と総督王之誥の建議

まず、オルドス諸侯への封貢と互市の問題が、どのような経緯で政治過程の上に浮上してきたのかを確認しよう。前章第二節で述べたように、四年十一月十三日付の穆宗の諭旨においてバハンナギ送還が許可された直後より、張居正・張四維ら中央の和議推進派は、ノヤンダラやハラチン部のバイスハルら右翼モンゴルの有力諸侯をふくめた和議を模索していた。張四維は、王崇古へ宛てた「与鑑川王公、論貢市書」（『条麓堂集』巻十七）第二書で、

> 晨中學姪歸、領手教及俺・吉二酋與威正哈書抄。……套虜感悦、深意浮于言外。蓋見俺・把事成、恐傒落彼故耳。……威正哈聞西人言謂、有威略能制伏夷衆左右、吉酋。甥竊慮其桀黠、今觀來書、意望亦止若是。此易與耳。彼既歆羨敕賞爲榮、則可得而羈制無難也。
>
> 今朝がた学姪がかえってきまして、おたよりおよびアルタン・ノヤンダラが威正哈に宛てた手紙のうつしを受けとりました。……ノヤンダラがよろこんだとのこと、その深意は言外に読みとることができます。アルタン・バイスハルとのあいだで封貢・互市がなったことで、みずからが冷遇されるのをおそれたがためにすぎません。……威正哈が西方の人々の言を聞いて、「威望・知略があって周囲のモンゴル人をおさえられるのは、ノヤンダラである」といっているとのこと。甥《わたし》は彼の凶暴・狡猾さを憂慮していましたが、いまとどいた手紙をみるかぎり、そののぞむところは、ただそれだけのようです。となると、これはくみしやすい相手ということになります。彼が封爵を受けることをうらやみ、これを栄誉だと考えている以上、彼を羈縻するのはむずかしいことではないはずです。

と述べている。みずからが封貢・互市の利益にあずかれなくなるのをおそれて、ノヤンダラが明との和議にまえむきな姿勢を示していることにくわえて、その声望はたかく、オルドス諸侯を統率しうる人物だという威正哈からの情報などもふまえ、ノヤンダラを中心としてオルドス諸侯をも和議に参加させようとする張四維の構想を読みとることができる。(3)

中央のこうした意向を受けて、王崇古が右翼モンゴルの有力諸侯をふくめた和議実現にむけて交渉をすすめたこと、その結果、ノヤンダラをふくむ諸侯が辺境侵犯の停止とひきかえに封貢と互市の実施をもとめ、王崇古も［督府奏議4］において彼らの申し出を認めるよう題請したことは、前章第二節で述べた。五年二月に上呈された「封貢八議」のなかでも、ノヤンダラに都督の官職をあたえ、彼からの朝貢使節はアルタンの朝貢使節とともに大同経由で朝貢させるほか、陝西の督撫に対して当該地区での互市場を選定するようもとめられている。(4) この「封貢八議」が廷議および大学士の面奏を経て三月九日付の諭旨によって裁可され、いわゆるアルタン封貢と王崇古の所轄である宣府・大同・山西での互市実施とが許可された。しかし、オルドス諸侯の封貢と陝西での互市とについては、宣大地区と状況が異なるため、現地の督撫に可否を判断させるようもとめる兵部の覆議が裁可され、(5) この時点では決定をみなかった。

三月九日の諭旨を受けて、陝西三辺総督王之誥が陝西巡撫楊思忠・延綏巡撫何東序・寧夏巡撫沈応時・甘粛巡撫楊錦と会同して題奏した。(6) その題疏は［兵部奏疏13］に抄録されている。(7) 王之誥はまずノヤンダラとの交渉にあたった延綏巡撫何東序の咨文を引いている。何東序は、オルドスへ派遣した通事の王堅牢児の報告やノヤンダラの使者からの申し出を受けて、

> 看得、套虜吉能等、先後乞款情詞、一時既屬眞誠。欲將應貢馬匹、歳同俺答進貢、東西一體、似應俯從。

みたところ、オルドスのノヤンダラらが前後して帰順を請うているのは、ひとまず誠意から出ているといってよさそうです。進貢すべき馬匹をひいて毎年アルタンとともに朝貢すること、東西一緒にしたいとのぞんでいることは、許可すべきでしょう。

と述べて、アルタンとともに朝貢することは認めてもよいとの認識を示している。その上で彼は、ノヤンダラからの要求を、①明軍による攻撃停止（「乞免擣巣」）、②明へ投帰した人口の送還（「遣放回降」）、③互市の実施（「開市買賣」）、④撫賞の給付（「歳時討賞」）の四点にまとめ、それぞれの可否を論じている。このうち何東序がその不可を強調したのは、②と③であった(8)。とくに③の互市について、彼はつぎのように述べている。

蓋本鎭沿邊城堡、密邇腥羶、初無界限。出邊樵採、日踐胡場。一解兵革、内外極易交通。詢之鎭人、皆謂、嘉靖三十年間、開立馬市、行僅年餘、強虜肆侮于市、彼時莫敢誰何。中間無知小人、貪圖厚利、暗將熟鐵器物、衷藏貨售(9)、以致二十年來、饕虜轉弱爲强。

本鎮の管轄下にある各城堡はモンゴルの領域にちかく、境界がありません。長城をこえてたきぎをとりにいけば、日々モンゴルの領域にはいることになります。いったん軍備をとけば、双方の往来はきわめて簡単です。このことを本鎮のひとびとに問うと、みな「嘉靖三十年（一五五一）に馬市を開設したときには、わずか一年あまりで、モンゴル人は取引に際してほしいままに〔明人を〕あなどるようになったが、あのときにはあえて詰問しようとする者はなかった。なかにはおおきな利益をむさぼろうとして、ひそかに熟鉄の器物をもちだして密売しようとする無知の小人もあり、この二十年来、オルドスが強勢に転じた」といっています。

このように何東序は、もともと明蒙双方の往来が頻繁である延綏の現状と、モンゴル側の交易拡大要求や明側からの鉄製品の密輸などによって破綻においこまれた嘉靖馬市の前例をふまえて、互市の不可を主張したのであった。さらに、彼は④の撫賞についても、

今聞罷兵、相率臨邊、時向各堡乞賞。雖權時諭以聽候分處、暫用酒食犒勞、將來歲費不貲。

いま戦闘を中止すると聞くや、〔モンゴル人は〕ぞろぞろと長城までやってきては、ときどきに各堡に撫賞の給付をもとめています。ひとまずそれぞれの場所で決定をまつようさとし、酒食をあたえて労をねぎらっていますが、このさき毎年いくらかかるようになるか、はかりしれません。

として、財源の面からその継続的な給付に懸念を表明している。

総督王之誥も何東序の如上の認識と同様の見解を示している。彼は延綏鎮からおくられてきたノヤンダラの使者を引見するとともに、同時におくられてきた何東序の咨文をふまえて、互市について、

至於開市買賣、……非但該鎮鎮・巡以爲難行、民閒三尺之童、皆知不可再誤。卽據打兒漢小廝之言、虜亦知其難成、相持觀望、未有固必之意。

互市をひらいて交易をおこなうことについては、……本鎮の総兵・巡撫のみが実施は困難だと考えているだけでなく、民間の三尺の童子までもが、みな二度とおなじあやまちをくりかえしてはならないと知っています。打児漢小廝の言によれば、モンゴル側も互市の実現が困難であると知り、どちらともつかぬ態度でことのなりゆきをうかがっているのみで、どうしても〔互市をおこないたい〕という意向でもないようです。

と述べている。モンゴル側も互市実現はのぞみうすだと知って、是が非でも実施をもとめているようでもないというオルドス側の使者打児漢小廝のことばも引きつつ[10]、現地の官僚のみならず、民間にも互市への根づよい反対があるという王之誥のことばからは、当該地域における互市への消極的な雰囲気が如実に伝わって

くる。また、撫賞については、

此聲已傳、虜日環聚邊外[11]、乞討示下。犬羊嗜利、干求無厭、如蠅逐臭、最難驅遣、少失機宜、禍亂立見。況荒涼絶塞、百物不生、軍士月糧、未足糊口。官司既無撫賞之資、邊堡又無可措之處。

この情報が伝わるや、モンゴル人たちは日々辺外にあつまってきては〔給付を〕もとめています。犬羊が利をむさぼり、際限なく要求してくるのは、あたかも蠅がくさいものにたかるようなもので、おいはらうのはもっとも困難ですが、すこしでも時機を逸せば、ただちにわざわいがおこります。ましてや荒涼たる遠辺の地では、なんら産するものがなく、軍士の月糧にもこと欠くほどです。官府で撫賞の財源が底をついている以上、辺堡でも対応のしようがありません。

と説いている。日々おしよせてくるモンゴル人に撫賞をあたえられなければ、彼らが即、略奪・侵攻に転ずるのは重々承知の上とはいえ、各鎮では軍士の月糧すらまともにはらえないほど財政的に逼迫している、というように、陝西各鎮はまさに板ばさみの状況におちいっていたのである。こうした状況をふまえて王之誥は、ひとまず三年の観察期間をおいて[12]、ノヤンダラがオルドスを統率し、辺境侵犯が完全になくなった段階で、あらためて督撫からの上請を受けて貢市を認めるよう建議した[13]。撫賞の財源としては、帑銀（国庫銀）もしくは衛所倉の余剰銀を発給するようもとめている[14]。

以上、五年三月段階での総督王之誥の建議は、互市へのつよい懸念を示し、封貢許可にも一定の期間をおくようもとめるなど、きわめて消極的なものであった。こうした建議の背景を伝える記事として、何東序が総督王之誥に宛てた「与軍門」第二十書（『九愚山房集』巻八十四）と楡林管糧道僉事の蕭大亨に宛てた「回蕭道長」（『九愚山房集』巻八十六）の二通の書簡の記事を提示しておきたい。王之誥・蕭大亨のふたりに別個に宛てられた書簡ではあるものの、モンゴルとの和議について説いた以下の部分は、両者にまったくおなじ内容が書きおくられている。

内則利在小民、而廟堂或不能一夕高枕。外則利在酋長、而曳落固不能終食韜弦。……兵食如故、儆備加嚴、無論犬羊順逆久近、而吾之待之、不患其有不時之需矣。

明にあっては、利は小民に帰し、朝廷はあるいはかたときも枕をたかくすることができません。モンゴルにあっても、諸侯を利するのみで、一般のモンゴル人の需要を満たし、辺境侵犯をやめさせることなど不可能です。……〔明は〕これまでどおりの防備を維持し、モンゴルの順逆にかかわらず、いっそう警戒を厳重にすると同時に、モンゴル側からときならぬ要求があっても、問題なくこれに応じられるようにしておかねばなりません。(15)

和議によっても一般のモンゴル人の需要を満足させることができず、略奪・侵犯行為は依然つづくとみこまれる以上、明の方では従来どおりの防衛態勢の維持にくわえ、モンゴル側が要求を拡大させてきた場合にも対応できるようそなえておかねばならず、国家全体を利することにはならないというのが、延綏鎮の現状からみちびきだされた何東序の認識であった。こうした認識の上に、彼は王之誥宛ての書簡「議和戎」（『九愚山房集』巻八十四）のなかで、

頃見邸報。和戎之事、宣大議題詳矣、西鎮官兵、猶不欲從。恐彼犬羊之輩、信不可知。……西鎮之事、我公自專制之、各當就事題論、不賴彼之云云也。

さきごろ邸報をみました。モンゴルとの和議について、宣大総督の題奏は詳細ではありますが、陝西

各鎮の軍官・兵士は支持してはいないようです。おそらくあの犬羊のような連中のことなど、まったく理解できないからでしょう。……陝西各鎮のことは、ご自身で判断された上で、それぞれの事柄について題奏すべきであり、宣大総督の言に左右されるべきではありません。

と述べている。モンゴルへの不信感から和議に否定的である現状をふまえて、宣府・大同地区での和議の動きにとらわれることなく、あくまでも陝西の現状に即した建議をおこなうよう王之誥にもとめたのである。以上に引用した何東序の書簡からは、アルタン封貢許可の諭旨が出たにもかかわらず、それとは別にあえて陝西の督撫たちが貢市への消極姿勢を示した背景に、和議によってもモンゴルの辺境侵犯を完全には禁絶できないばかりか、明側の支出をも増大させかねず、逼迫する陝西各鎮の財政状況では到底まかなえないという懸念が存在していたことが知られる(16)。

第二節　互市実施をめざす内閣と王崇古の建議

王之誥ら陝西の督撫からの題奏に対し、兵部尚書郭乾は五年三月十三日に覆奏した。［兵部奏疏13］によると、郭乾は互市の可否について、

此套虜之情狀、督臣論之、悉矣。今互市既不可許矣。
オルドスの状況について、総督が論じているのは詳細です。いま互市は許可すべきではありません。

と述べ、王之誥の見方を妥当なものとし、互市を認めるべきではないとの主張にくみする判断を示した。他

方、その入貢の可否に関しては、

若拒絶不許入貢、則宣大總督業已傳諭俺酋、約會套虜、同求納款、乃許彼拒此、不惟犬羊嗜利、不肯遂已、抑恐吉能陰結北虜、入犯陝西。縦詰責俺酋、彼得借口推諉、事勢均屬可慮。

もし拒絶して入貢を認めなければ、宣大総督がすでにアルタンに対し、オルドス諸侯もあわせて一緒に帰順をもとめてくるよう伝えているのに、あちらには許可してこちらを拒絶すれば、犬羊が利をむさぼること際限がないというだけでなしに、おそらくノヤンダラはひそかに北虜と手をむすんで陝西へと攻めてくるでしょう。たとえアルタンを詰問しても、彼が口実を設けて、いいのがれできる状況になるのは、情勢からいってひとしく憂慮すべきことです。

と述べて、王崇古がノヤンダラ以下のオルドス諸侯も和議に参加させるとの方向でアルタンと交渉してきた以上、ノヤンダラを和議からはずせば、アルタンが朝貢をおこなう一方で、両者がひそかに手をむすび、陝西での略奪・侵攻をつづける危険があると指摘した。その上で郭乾は、王崇古と新任の陝西三辺総督戴才とで協議し、オルドス諸侯にあたえる官職や朝貢使・朝貢馬の数と朝貢ルート、撫賞の捻出など、封貢実施にかかわる具体的な点をとりきめて再度上奏するようもとめている(17)。三月十五日、穆宗はこの覆議を裁可した。

郭乾の覆議は、封貢は一定の期間をおいたあとに許可してもよいが、互市は認めないという陝西の督撫の主張に沿ったものといってよい。しかし、王崇古のほか高拱・張居正・張四維など和議推進派のねらいは、朝貢に付随する形式はとるものの、実質的には民間の商人による取引を認め、官府が直接おこなうのは互市場の設置や警備のみで、商人からの課税によって利益を得るという点にあった(18)。したがって、互市を許可せずに封貢のみを認めるという方策は、彼らにとって到底受けいれられるものではなかったといえよう。張四

維が王崇古に宛てた「与鑑川王公、論貢市書」第十一書には、

魏令至、得七日・八日之寄、昨暮又得十一日之寄。……凡廣鍋官買與市、及吉能自大同貢、與陝西市等件、竝一應未盡事宜。舅可急爲一疏條上。

魏令がやってきて、七日・八日付のおたよりを拝承し、昨晩また十一日付のおたよりを受けとりました。……広東産鉄鍋を官府が購入して取引すること、ノヤンダラを大同経由で入貢させること、陝西でも互市をおこなうことなどについては、すべていまだ事宜をつくしていません。舅（王崇古）はいそぎ上奏すべきです。

とみえ、張四維が「七日・八日」あるいは「十一日」付の書簡を受領した時点で、広東産鉄鍋の取引のほか、ノヤンダラの朝貢使の入貢ルート、陝西での互市実施などの件について、すみやかに題奏するよう王崇古に指示している。このタイミングでのこうした指示は、和議への消極姿勢を示した王之誥の題奏を受けて、彼ら推進派の意向に沿う形で封貢・互市の一括許可をめざす意図から出たものとみてよかろう。はたしてこの直後、王崇古は［督府奏議6］を題奏し、陝西の督撫に対する反論を展開したのであった。

このなかで王崇古は、まず互市に関して、

其所需於中國者、段布・鍋釜之類。視東虜皆同、而不容互市、……是敎之叛盟、而勒其必犯也。

彼らが中国にもとめているのは、紬段・布匹・鍋釜の類です。その点、東虜とおなじであるにもかかわらず、互市を認めないのは、……彼らをして盟約にそむかせ、辺境侵犯へとおいこむようなものです。

と述べて、布製品・鍋釜の供給をもとめているのは東西同様であるとの理由から、オルドスに対する互市実施の必要性を説くと同時に、

今許俺答封貢、而不許吉能、……在俺答、必將呼吉能之衆、就互市於河東。宣・大之商販、必不能給。

いまアルタンの封貢を許可し、ノヤンダラには許可しなければ、……アルタンはかならずノヤンダラ配下のモンゴル人をよびあつめ、河東で互市をおこなおうとするでしょう。そうなれば、宣府・大同の商人は十分な物資を供給することができなくなるにちがいありません。

とも述べている。陝西で互市がおこなわれないために、東西のモンゴル人が一挙に宣府・大同での互市にやってくれば、商人たちの供給がおいつかず、当地の互市も破綻においこまれるとして、宣大地区での互市の維持という観点からも陝西での互市実施を主張している[19]。

いまひとつ指摘された撫賞についても、王崇古が［督府奏議6］において、和議によってモンゴルの辺境侵犯がなくなる以上、春秋に派遣する増援部隊動員のための客餉が浮くのであるから、それを互市・撫賞給付の財源に充てるよう主張したことは、前章第四節で述べたとおりである[20]。

以上の王崇古の題奏に対しては、郭乾の辞任後に尚書の職務を代行していた兵部左侍郎の谷中虚が、五年三月二十七日に［兵部奏疏15］を覆奏している。谷中虚は、オルドスの封貢・互市について、東西を同様に許可すべきか否か、総督戴才に判断させるとする一方、王崇古には、陝西からの回答をまたずに、アルタン以下の諸侯の封貢と宣大地区での互市実施とにむけた準備をすすめさせるよう上請し[21]、二十九日に穆宗の裁可を受けている。

総督戴才が巡撫以下の関係地方官の意見を集約して題奏するまでには、なおしばらくの時間を要した。五月二十一日、アルタンを順義王に封ずる儀式が挙行され、センゲ・バイスハルら配下の諸侯にも明の官職があたえられたが[22]、張四維が王崇古に宛てた「与鑑川王公、論貢市書」第十三書には、

掲内稱吉能須同封一節、事理極當。但俟彼議定來請、更遲旬月。甥謂、虜待命塞上、自冬涉春。又復遷延、卽蚊虫一生、虜卽移帳北去、恐失大信。不然、或將俺答先封王、黃・把二酋、先封都督、一面移咨陝西、令吉能西去待命、一面令俺・黃・把諸夷使入邊、令人帶彼貢馬及番文來也。

掲帖でいわれていたように、ノヤンダラも〔アルタンらと〕ともに封ずるべしとの件は、道理としてはしごく当にかなっています。しかし、陝西の建議がまとまって題請されるのをまてば、またしばらくおくれてしまいます。甥《わたし》がおもいますに、モンゴル人は冬のうちから春になるまで、長城付近まで南下してきて許可をまちつづけています。これ以上引きのばし、蚊が発生して、モンゴル人たちが帳をうつして北へ去ってしまうと、おそらく信義をうしなうことになります。それを避けるとすれば、あるいはアルタンをまず王に封じ、センゲ・バイスハルのふたりも都督に封じた上で、陝西に咨文をおくって、ノヤンダラには西へもどって許可がおりるのをまたせる一方、アルタン・センゲ・バイスハルの朝貢使を入貢させ、彼らにノヤンダラからの朝貢馬と番文もあわせてもってこさせる、という形になるでしょうか。

と記されている。本来、ノヤンダラへの授官も同時におこなうべきだが、陝西からの題奏をまっていては、モンゴル人たちの信頼をうしないかねないとの判断から、さきにアルタン・バイスハルらの封貢のみをおこなうことが提案されている。この書簡からいえば、和議推進派にとって、五月二十一日段階での封爵授与は

あくまでもやむをえない選択だったのであり、そうせざるをえなかったのは、ひとえに陝西からの題奏のおくれによるものであった。こうしたなか、張居正は総督戴才に宛てて「答三辺総督戴晋庵」（『張太岳集』巻二十三）をおくり、

頃五月二十一日、已封拜虜酋俺答爲王、諸小酋倶授以官職。……近有人云、公謂僕以舍親西石之言、變其初說、此傳者非也。西石之意、原與鄙見相左。僕初未嘗因其言、少有疑阻。……今東事旣已就緒、在西勢不能獨異。幸早決大計、以便題覆。

さきごろ五月二十一日にアルタンを王に封ずる儀式がおこなわれ、配下の諸侯にも官職がさずけられました。……ちかごろ、あるひとから聞いた話によれば、あなたは、わたしが親戚の西石の言によって当初の主張をかえたと思っておいでのようですが、これは伝えた者のあやまりです。西石の見解は最初から私見とは異なっていました。わたしは、彼の説によっていくばくかでも疑念をいだいたことなどありません。……いま東方でのことがすでに緒についた以上、時勢からいって西方だけが異なるというわけにはいきません。どうかすみやかに計を定め、題覆に都合のよいようにしていただきたい。

と書いている[23]。封爵授与の儀式がおこなわれた直後の段階で、張居正は、王之誥（号、西石）の説によって自説をかえたことはなく、はじめから彼とは見解を異にしていた、つまり一貫して陝西での互市実施を支持していたと明言している。その上で、陝西でも宣府・大同と同様にすべきであるとの意を明確にし、中央での覆奏に都合のよいような建議をすみやかに題奏するよう直接、戴才にもとめたのである。このように、あくまでも右翼モンゴル全体をふくむ和議実現をいそぐ中央の推進派は、みずからがめざす方針に沿った建議を上呈させるべく、陝西の督撫に対して直接のはたらきかけをつよめていたのであった。こうしたなかで総

督戴才は、三月末の諭旨発下から二か月以上たった五年六月、ようやく封貢・互市に関する建議を題奏したのである。

第三節　おしきられた総督戴才

総督戴才の題疏は、谷中虚の覆疏である［兵部奏疏22］に引用されている。当該題疏も王之誥の題疏と同様、戴才が延綏巡撫郜光先・寧夏巡撫沈応時・陝西巡撫楊思忠・甘粛巡撫楊錦ら関係各官の咨文をふまえ、彼らと会同して建議する形式になっている。

このなかで戴才は、ノヤンダラには彼と同世代にあたるセンゲと同等の官職をあたえ、配下の諸侯にも相応の官職をさずけるとともに、ノヤンダラの朝貢使は、アルタンの使節と一緒に大同経由で入貢させるよう建議した(24)。とくに後者については、ノヤンダラ側が当初からもとめていたものであり(25)、戴才もこれを容認する姿勢を示したわけである。しかし、互市については、

> 互市一節、陝西固不可行。然宣・大業已爲之、則吉能互市、似不容已。合無敕下兵部、咨行宣大軍門、再動客餉銀壹萬兩、廣召商貨、宣諭吉能與各部落、將入市馬匹・貨物、聽候進貢之日、各赴大同市廠、與商兩平買賣。……若如宣大總督王崇古具題、東西一體互市、以免搶掠、臣等審時度勢、惟延・寧二鎭、切近虜巢、或可暫爲一開。其召商・撫賞等項、必須另爲議處。
>
> 互市の件について、陝西ではもとよりおこなうべきではありません。しかし、すでに宣府・大同で互市をおこなう以上、ノヤンダラへの互市実施もやむをえないでしょう。兵部に命じて、宣大総督につ

ぎのように指示していただきたい。すなわち、さらに客餉の銀一万両を支出して商品を調達するとともに、ノヤンダラとオルドス諸侯に対して、互市に供する馬匹・商品をたずさえ、進貢の日をまってそれぞれ大同の互市場へおもむき、商人と公平に取引させるよう宣諭せよ、と。……もし宣大総督王崇古の題奏のとおり、東西で一緒に互市をおこなうことで、モンゴルの略奪がおこなわれないようにするというのであれば、臣らが時勢を考慮しますに、延綏・寧夏の二鎮のみは、モンゴルの根拠地にちかいので、あるいは当面の措置として、一度、互市をひらいてもよいでしょう。その場合、商人をつのることや撫賞のことについては、かならず別に措置を講じなければなりません。

と述べている。以上の建議を三月の王之誥の題奏と比較すれば、オルドスのモンゴル人を大同での互市に参加させる、あるいは妥協策として延綏・寧夏両鎮で一時的に互市を実施するなど、一定の譲歩は示されているとはいえ、陝西における互市実施を不可とする基本的な立場は依然としてかわらなかった。それゆえ、張四維は王崇古に宛てた「与鑑川王公、論貢市書」第十六書のなかで、

陝西封貢議至矣。極可笑。封貢議、由宣・大同俺酋一處、可也、至于開市、亦欲在宣・大。又言、萬不得已、與延綏・寧夏、暫一開之、以慰虜心。此何說也。

陝西の封貢の建議がとどきました。まったくもってわらいものです。冊封・朝貢について、宣府・大同からアルタンと一緒に〔入貢〕するのはよいとしても、互市をひらくことまで宣府・大同でおこないたいというのです。さらに「どうしてもやむをえないので、延綏・寧夏において、ひとまず一度〔互市を〕ひらき、それでモンゴルの心をなぐさめる」などといっています。これまたなんという話でしょうか。

と書いている。戴才の建議を「極めて笑うべし」・「此、何の説なるや」と酷評しているところに張四維のつよい不満をみてとれよう。とはいえ、こうした不満が出ることは、陝西の督撫たちにも予想外のことであったとは思われない。さきにみた張居正の戴才宛て書簡のように、大学士からの直接の圧力も受けていたのであるから、あるいは内閣の力によって建議が却下されることも十分に考えられたであろう。にもかかわらず、この期におよんで督撫たちがなおも互市の不可を主張したのは、彼らにとって依然払拭しがたい懸念が存在したからであった。以下、[兵部奏疏22]に抄録される巡撫たちの咨文によりつつ、その点をすこしくみていくことにしよう。

このときノヤンダラ側との交渉にあたっていたのは、何東序の後任の延綏巡撫である郜光先であった。彼の咨文には、ノヤンダラの帳中で直接交渉にあたった通事の李花が報告してきた、

本酋說、……今宣・大已做買賣、陝西不准。我們與他、俱是一般地方、一般達子。准他不准我們、今又不敢犯邊、委無穿喫、如何度日。要一般做買賣、換些衣食、方纔安生。

ノヤンダラがいうには「……いま宣府・大同ではすでに交易をおこなうことになっているが、陝西では認められていない。われわれと彼らとは、ともにおなじ場所でくらす、おなじモンゴル人である。彼らには認めて、われわれには認めず、くわえていままでは明辺での略奪もできないので、衣服・食糧もまったく手にはいらないとなっては、どうやって生活せよというのか。〔宣府・大同と〕同様に交易をおこなって、衣服・食糧を多少なりとも入手できれば、はじめてやすんじて生活できる」と。

というノヤンダラのことばが引かれている。和議によって略奪による物資調達が不可能になる以上、互市が認められなければ生計を立てるすべがないというモンゴル側の切実な状況は、郜光先も承知するところで

あった。にもかかわらず彼は、

延鎭荒涼、既無客商可與交易、額餉尚且不敷、又無官銀可權商本。不允、則缺其望、而禍亂立至。恐懷憤狂逞、計圖攻困、不止於搶掠已也。

荒涼たる延綏鎮には〔モンゴルと〕交易できる客商もおらず、軍餉も不足している上、当面の資本として支出できる官銀もありません。〔互市を〕許可しなければ、彼らは不満をいだき、わざわいはすぐにやってくるでしょう。おそらくは憤激してあれくるい、はげしい攻撃をくわえようとはかること、たんなる略奪の域にとどまるものではないでしょう。

と述べている。すくなくともここでの郜光先の言によるかぎり、互市の不許可がモンゴルの攻撃に直結することを十分に認識しつつも、互市の維持に不可欠の存在である客商や、王崇古が撫賞および交易品調達の財源に充てるよう主張した客餉など、互市実施に必須の要件が延綏にはそなわっていなかったのである。同様のことは、寧夏巡撫沈応時の咨文でも、

其互市一節、……三邊之市、似當權宜准行。本鎭自來絕無販到、廣鍋無憑入市。至於撫賞之費、本鎭客餉無多、不足供贍。或於小鹽池課銀及修邊・民壯銀、酌解接濟。封貢之後、吉能果如所言立法、鈐制部落、各達子又肯遵照約束、兩平互市、每年一次舉行。

互市の一件について、……陝西の三辺鎮での互市は当面の措置としておこなうのがよいかと考えます。本鎮にはもともと商人はまったくやってきませんし、広東産鉄鍋もはいってきません。撫賞の費用についても、本鎮の客餉はいくばくもなく、供給するには不十分です。あるいは小塩池の課銀や辺

牆修築・民壮の銀両から融通して補填します。封貢実施後、ノヤンダラが本当にいったとおりにきまりを定めて諸部を統率し、配下のモンゴル人もそのとりきめをまもって公平に互市がおこなわれれば、毎年一回おこないます。

と述べられている。沈応時も、商人の不在、交易品とされた広東産鉄鍋の不足、撫賞の財源とすべき客餉の不足を指摘しつつ、あくまでも当座の措置として、塩池の課銀や辺牆修築・民壮の銀両から撫賞を捻出し、明蒙双方に問題なく取引がおこなわれるのが確認できた段階で、毎年一回の互市を実施する形とするよう提議している。

こうしたことのほかに、モンゴル人による略奪行為に対する懸念も依然根づよいものがあった。「兵部奏疏22」にみえる戴才の上言には、

今春自和議以來、延綏如大柏油堡・定邊營一帶、虜賊越牆、強索居人飯食、及剝奪行人衣物、至不敢禁。甘肅如永昌・鎮羌一帶、虜賊越境、搶殺南山住牧西番、及肅州安插回夷、官軍莫敢誰何。

今春、和議がなって以降、延綏の大柏油堡・定辺営のあたりでは、モンゴルの賊が長城をこえ、そこに住む人々の食糧を強奪したり、往来する人々の衣物をうばいとったりしていますが、あえて禁止しなくなりました。甘粛の永昌衛・鎮羌堡のあたりでも、モンゴルの賊が越境して、南山に住牧する西番や粛州にいる回夷をおそって殺害していますが、軍官・兵士たちもあえて詰問しようとはしません。

とあり、和議によって明軍の出兵が禁じられたために、かえって延綏・甘粛管轄下の各営堡ではモンゴルの略奪・侵犯行為があいついだとされているのである。

以上にみた督撫たちのことばからは、モンゴル側の需要を満たすだけの物資を調達できる客商はおらず、官銀もすでに底をついており、モンゴル人の略奪行為も依然あとをたたないという陝西の現状が浮かびあがってくる。こうした状況下で互市にふみきればどうなるか。戴才はいう。

倘一従互市、夷虜隨在臨邊。無知小民、既無他物可易、必將應禁之物、私相交通。加以各將藉口因循、不復禁治、釀成禍胎。後雖欲收拾、而不可得。

もしひとたび互市を許可すれば、モンゴル人はところかまわず長城付近までおしよせてくるでしょう。無知の小民は、ほかに取引できるものがない以上、かならずや禁制品をもってひそかに往来するにちがいありません。くわえて各将も口実を設けて因循に流れ、こうした行為を禁止しなければ、禍根を醸成することになります。あとになってとりしまろうとしても不可能です。

中国産品をもとめるモンゴル人が大挙しておしよせてくれば、ほかに供出すべき物品をもたない小民は禁制品を密輸するようになり、各鎮の将軍もこれをとりしまらないとなれば、収拾すべからざる事態におちいるのは必定、との懸念を戴才は示している。互市実施にむけてひたはしる王崇古、その背後で和議をあとおしする内閣大学士からの圧力にもかかわらず、あえて彼らが互市不可の建議を提出したところに、督撫たちの切実な現状認識から出た互市への不安がいかに根づよいものであったのかを、われわれは読みとらねばなるまい。

戴才らの以上の題奏に対して、兵部左侍郎の谷中虚は五年六月十二日に覆奏した。［兵部奏疏22］によれば、オルドス諸侯への官職授与と大同経由での朝貢とについて、谷中虚はこれを支持した(26)。他方、互市については、陝西での互市実施をもとめる王崇古とオルドスのモンゴル人を大同での互市に参加させるよう主張した戴才の主張は、双方がたがいに責任転嫁するようなものであり、一致した結論に達していないとして、再度、戴才に上奏させるよう覆奏している。(27)こうした判断を示した意図として、谷中虚が、

如不可從也、即直言其當罷、勿曲爲調停之說。……蓋互市一事、在宣大總督、雖已傳許、然廟堂之上、原無意必。惟當審虜情之眞僞、酌事勢之緩急、較利害之輕重、爲制馭夷狄長計、可也。

もししたがうべきでないならば、やめるべきだと直言し、無理にあいだをとるような建議をおこってはなりません。……互市の一件について、宣大総督はすでに許可すると伝えていますが、しかし朝廷は「かならず許可する」と考えているわけではないのです。ただモンゴル側の真偽をみきわめ、時勢の緩急を斟酌し、利害の軽重をくらべて、夷狄を制御する長久の策が得られさえすれば、それでよいのです。

と述べているのに注目したい。王崇古は「互市は許可された」と伝えているが、中央政府はかならずしも互市実施を前提としておらず、不可ならば不可と明確に述べよという谷中虚のことばからみるかぎり、兵部の姿勢はあくまでも中立であり、モンゴルの状況や明側の利害を十分に考慮した上で最善の策を提示するようもとめるものであった。ところが、六月十四日に出された穆宗の諭旨は、［兵部奏疏22］に、

奉聖旨、戴才受三邊重任、套虜應否互市、當有定議、却乃支吾推諉。豈大臣謀國之忠。且不究。還着作速從實議來、不許含糊誤事。

論旨を奉ずるに、「戴才は陝西三辺総督の重任をになっているのだから、オルドスとの互市を許可すべきか否かについて、明確な建議があってしかるべきであるにもかかわらず、どちらともつかぬ態度で

責任のがれをしている。とても国の利益をはかるべき大臣の忠義とはいえぬ。とりあえずは追及しない。いま一度、実情に即してすみやかに覆議させ、あいまいにしてことをあやまってはならない」とあった。

とあるように、互市の可否については「定議」があってしかるべきだとして戴才を叱責するとともに、すみやかに再議するよう命ずるものであった。王崇古・戴才の双方が責任転嫁しているとした兵部の覆議とは異なり、諭旨では戴才に対してのみ「支吾推諉」を責めて、互市の実施をつよく示唆したのである[28]。

右の諭旨が出されたのち、張居正が延綏巡撫郜光先に宛てた「答郜巡撫」（『張太岳集』巻二十三）に[29]、

西事處置略備、部中方議覆行。但未貢先市、恐非事體。……戴公計惑於主斷、氣奪於嚴旨、故倉皇失措如此。

西事に関する措置もほぼととのい、もうすぐ兵部が覆奏して施行されます。ただ、入貢してこないうちから、さきに互市をおこなうというのは、おそらく事理にそぐわないでしょう。……戴公は、計略を立てるのにお上の決断にとまどい、きびしい諭旨を受けて気もなえてしまったので、あのようにあわてふためいて措置をあやまったのでしょう。

とある。ここに伝えられているように、陝西の現状をふまえた建議がしりぞけられた上、自身を叱責する諭旨まで受けて、なすすべもなくあわてふためく戴才の恐慌ぶりは想像にあまりあるものがある。その意味でこの記事は、中央での和議実現にむけた動きが地方官におおきな圧力として受けとめられる状況を如実に伝えているといってよい。

かくして陝西での互市は、中央の圧力によって現地の督撫の建議が却下される形で実現へとむかっていった。五年八月十三日、新任の兵部尚書楊博が覆奏した延綏・寧夏両鎮での互市実施要領案が穆宗の裁可を受け[30]、陝西での互市実施はここに正式決定をみたのである。

おわりに

本章では、『兵部奏疏』所収題疏をおもな史料として、オルドス諸侯の封貢と陝西での互市の可否をめぐる政治過程を検討してきた。五年三月九日にアルタンの封貢を許可する諭旨が出され、封貢・互市容認の流れがかたまりつつあるなかで、王之誥・戴才ら陝西の督撫たちは、不許可の場合のリスクを十分に認識しつつも、当地での互市実施に反対しつづけた。史料的限界もさることながら、彼らの主張そのものが貢市容認の流れに逆行し、結局はその流れにのみこまれていったこともあってか、陝西での互市が実現するまでの政治過程はいまひとつあきらかではなく、さして注目をあつめることもなかった。本章での検討によって、陝西の督撫たちによる互市不可の主張が、当地の現状をふまえたきわめて切実なものであったことがあきらかになった。遠辺の地である陝西には、モンゴル側の需要を満たせるだけの経済力をもって互市をささえるべき客商がおらず、兵士の月糧にもこと欠くほど財政的に逼迫し、客餉などの官銀による撫賞給付・交易品調達もままならない。そうしたなかで互市実施にふみきったとしても、モンゴル側の需要を満たすのは到底不可能であり、利益にあずかれないモンゴル人たちの略奪行為はつづき、明の小民による密貿易も懸念される。北辺の戦闘状態を収束させる方策として中央の強力なバックアップのもとに推進されたモンゴルとの和議、その核ともいうべき互市は、陝西の督撫たちにとってそうした問題をはらむものとして受けとめられていたのである。

つとに小野和子氏があきらかにしているように、封貢・互市政策の立案・推進にあずかるところ大であった王崇古・張四維は、ともに山西蒲州（現、山西省永済市の属）の出身で、山西商人とふかい関係をもつ人物である。実際の取引は民間の商人におこなわせ、官府は商人への課税という形で間接的に利益を得るという互市の構想は、まさしく客商として国家の辺境防衛政策にふかく関与することで富をきずいた山西商人の利害とも一致するものであった[31]。しかし、陝西の督撫たちは、客商の不在と官銀の不足という、いわば互市維持の必須要件がそなわっていないことをおもな理由として、一貫して陝西での互市の不可を主張しつづけたのである。そして、それから十数年ののち、隆慶和議の破綻は決定的なものとなり、万暦十八年（一五九〇）には洮河の変が、同二十年（一五九二）には「ボハイの乱」とも称される寧夏の兵変がおこった[32]。ほかならぬ陝西の地で勃発したこれらの事件について、中央の媚外政策や辺境防衛軍の弛緩・腐敗とともに、互市のための支出が財政を圧迫し、それが結果的に兵士の窮乏をまねいたことが原因として指摘されている。まさしく本章でみた陝西の督撫たちの懸念どおりの事態が現実のものとなったのである。このようにみてくると、いわゆる隆慶和議によってもたらされた平和とは、あくまでも山西のような条件を有する地域においてのみ維持しうるものであり[33]、遠辺の陝西のような地方では、かならずしも王崇古・張四維らの主張どおりの効果が期待できるものではなかった、といえるのではなかろうか[34]。

とはいえ、明朝が当時の所与のわくぐみのなかで、辺境の軍事的緊張を緩和する方策が、封貢・互市以外にあったかといえば、それもまた否であったといわねばなるまい。本書でこれまでに論じてきたように、嘉靖以来の対モンゴル問題が、地方官レヴェルでの対症療法的な方策によって対応できる範囲をこえていた以上、中央政府による政策転換をもとめる声がすくなからず存在していたのもまた事実である。そして、隆慶和議の実現という形でそうした政策転換を可能ならしめたものこそ、高拱・張居正のように中央の強力なリーダーシップをもって政策を推進していく「行政府」型内閣の存在であり、その一面において、彼らの台頭は地方の現状に即した決定をもとめる動きに沿うものであった。しかし、皮肉にもそうした政治状況のゆえに、内閣が和議政策を採用し、封貢・互市を強力に推進するや、辺境防衛の一方のにない手たる陝西の督撫たちの切実な懸念もまたおしきられていったのである。その意味で、中央の圧力によってしりぞけられた督撫たちの懸念が現実のものになったという事実には、あくまでも中央の大学士としての立場から諸政策を断行するという高拱・張居正が志向した政治運営の矛盾をみることができると同時に、中央と地方との関係はいかにあるべきかという中国政治における時代をこえた問題がそこによこたわっているともいえるのであろう。

注

（1）［井上治-二〇〇二］二二四―二四八頁、二七八―二八七頁。
（2）［井上治-二〇〇二］二七八―二八五頁。
（3）張居正の見解は、「与王鑑川、計送帰那吉事」（『張太岳集』巻二十二）に示されている。第四章第二節、参照。
（4）ノヤンダラへの官職の授与と朝貢ルートについては、第四章第三節を参照。陝西における互市場の設置については、［督府奏議5］に、

其各鎮市場、除陝西三邊、有先年原立場堡、聽各督撫衙門、詳定議請外、……。

とある。
（5）［兵部奏疏12］

其吉能幷伊弟姪打兒漢台吉等、俱係陝西套虜。彼中夷情事體、與宣・大不同。封貢・互市、可否允從、行該鎮督撫酌議、停當具奏、以憑另議施行。……隆慶五年三月初八日、太子少保本部尚書郭等具題。初九日、奉聖旨、這事情、你每既酌處停當、都依議行。

（6）［井上治-二〇〇二］三〇五頁、注（10）でも指摘されているように、『実録』隆慶四年十二月丁酉（四日）条には、王之誥が南京兵部尚書にうつったと記されており、題奏の時期と彼の総督在任期間とのあいだには不一致がみられる。また延綏巡撫何東序は、注（16）で後述するように、五年三月に致仕（強制退職）となるが、それにさきだつ『実録』隆慶四年十二月戊午（二十五日）条には、彼の後任にあたる郜光先の延綏巡撫起用の記事がみえており、何東序についても題奏時期と在任期間とが一致しない。

（7）何東序『九愚山房集』巻七十五および『明経世文編』巻三百八十二「何中丞九愚山房集」所収の「套虜輸款求貢疏」は、内容的には当該題疏とおなじものである。

（8）②の要求の背景として、［井上治-二〇〇二］二二四―二二九頁には、明との和議を機に漢人・モンゴル人双方が明にうつったため、外部労働力にたよっていたオルドスでは労働力不足が深刻化したと指摘されている。一方、何東序は、［兵部奏疏13］に、

我耕牧樵採人等、時被掩襲、致我邊氓化爲異類。……正當及今歸正、俾虜削弱、以爲他日制馭之地。若復要索、意欲何爲。

とみえるように、オルドスの勢力増大を懸念する見地から返還に反対している。

（9）引用史料中の「衷蔵」の語について、『兵部奏疏』および何東序『九愚山房集』巻七十五「套虜輸款求貢疏」は「衷」字につくるが、『明経世文編』巻三百八十二「何中丞九愚山房集」では「裹」字につくる。

（10）［兵部奏疏13］に、

……将原來夷人打兒漢小厮、與同通事王堅牢兒等、解押到臣。……再三譯審得、本夷原係靖邊衛軍餘、本名馬天祿、先年被虜、收在吉能帳下、頗見親信。

とみえ、打兒漢小厮はもともと靖辺衛の兵士であったようである。

（11）「虜日環聚辺外」の「日」は、『兵部奏疏』では「臣」につくるが、ここでは『九愚山房集』・『明経世文編』所収「套虜輸款求貢疏」にしたがい「日」にあらためる。

（12）［井上治-二〇〇二］、二一四—二三三頁および二四八—二五三頁で詳述されているように、当時、オルドスには西方進出の動きがあった。これについても、王之誥は［兵部奏疏13］に、

虜已恣意西方、不復內顧。一二年間、延・寧諸鎭、可保無虞。但收番既畢、合併而來、控弦之虜、必將數倍往時。由是聲勢轉强、猛鷙愈甚、不假外求、自有餘力。然後聯絡大擧、恣其狂逞、卽恐全陝邊腹諸郡、更無寧宇之所矣。

とあるように、オルドスが西方遠征後に軍勢を対明戦線にむけてくれば、陝西全土が侵攻をこうむるとの懸念を示している。三年の観察期間を必要とした王之誥の主張は、あるいは遠征後の状況をみきわめた上で可否を判断したいという意図による部分もあったと思われる。

（13）［兵部奏疏13］に、

吉能若果效順情眞、堅守盟誓、約以參年之內、嚴束部落、壹騎不敢犯邊、自東徂西、內外寧謐、聽各鎭督撫等官、據實會奏、特加恩賚、併准貢市、以酬其勞。

とみえる。ここでは「貢市」といわれているが、その直前の部分では、

如宜俯順夷情、或暫准進貢、以納其歸款之誠、禁絶開市、以杜其叩邊之擾。

と述べられており、督撫たちの基本姿勢はあくまでも互市反対であったといえよう。

（14）［兵部奏疏13］

其各鎭撫賞銭糧、應否照先年事例、頒給帑銀、或照宣府撫賞李家莊屬夷、暫許於各月官軍臨倉扣除還官銀內動支、併賜裁允、以使遵行。

（15）「曳落」の語について、司馬光『資治通鑑』巻二百十六、唐玄宗天宝十載二月条に、

〔安〕祿山養同羅・奚・契丹降者八千餘人、謂之曳落河。曳落河者、胡言壯士也。

とみえ、ウイグル語で壮士をさす「曳落河」なる語があり、明末清初の人である呉偉業『綏寇紀略』巻四にも、

〔祖大樂・祖寛〕兩家所部、皆緣邊鐵騎、又養曳落河爲摧鋒。

とみえる。引文中では「酋長」の対でつかわれており、一般のモンゴル人ないしモンゴル人兵士を意味するものと思われる。

（16）何東序は山西猗氏（現、山西省臨猗県）の人で、嘉靖三十二年（一五五三）の進士。徽州知府・山東按察司副使などを経て、四年三月に延綏巡撫に着任した。『実録』隆慶五年三月丁卯（六日）条には、

南京六科給事中張煥等・十三道御史李紹先等論劾、……延綏巡撫都御史何東序、……各冒濫京堂、乞行黜降。吏部覆、

東序、宜致仕。……從之。

とあり、何東序は給事中張煥・御史李紹先らの弾劾を受けて致仕（強制退職）となっている。これについて李維楨「何中丞家伝」（『大泌山房集』巻六十六）には、

始華亭（徐階）去國、公方爲副使、疏請留、語侵新鄭（高拱）。新鄭再相、故驟遷公、冀公見德、而久無私謝。其門人爲給事中者、揣知意指詆訕、公遂不免矣。

とあり、科道官の弾劾が高拱の意を受けてのものであったと伝えられている。

(17)［兵部奏疏13］

合候命下本部、咨行陝西三邊新任總督戴才・宣大總督王崇古、將套虜求貢事情、協心計議。如宜准其進貢、吉能等各酋首、應否照依黃台吉等、各授以都督等官。其夷使馬匹、或由延綏、或由大同。若令在延綏、邊城一應供給撫賞之費、作何處辦。原議夷使一百五十名、馬五百匹、吉能等亦在數中、應裁若干名匹、爲彼貢額。……逐一詳議、停當具奏。

戴才の総督起用は、『実録』隆慶四年十二月庚子（七日）条にみえる。

(18)［岩井茂樹-二〇〇九］四八―四九頁。この点について述べた史料をあげると、たとえば高拱「与宣府呉巡撫」第四書（『高文襄公集』巻六『政府書答』）に、

今所云開市、不過如遼東故事、與民互市耳。

とあり、張居正「与王鑑川、計貢市利害」（『張太岳集』巻二十二）にも、

今則因其入貢之便、官爲開集市場、使與邊民貿易有無。

と述べられている。

(19) 王崇古は［督府奏議6］のなかで、「嘉靖の馬市がオルドスの勢力増強の契機となった」とした何東序らの主張に対しても、

自吉囊之死、已二十年、部落既分、諸子多死。吉能老而不能制其子姪、酋首衆而各肆残虐。部落生齒日繁、套中不能容住、眞夷多降。……今視吉囊存日、衆雖加倍、而勢反渙漫。……雖未可謂比昔勢弱、實未見視昔轉强也。

と反論している。ノヤンダラの父メルゲンの時代にくらべ、ノヤンダラは配下の諸侯を統率しきれておらず、オルドスでは暮らしていけないとしておくのモンゴル人が明に投じているような状況にあるため、以前に比して勢力がつよまったというのはあたらないという。双方の見解の相違については、［井上治-二〇〇二］二五一頁でも、オルドスの人口の問題とから

めて論じられているが、王崇古の右の発言は、互市がオルドスの勢力増大につながるとの主張に反論する意図から出た部分もあったといえよう。

(20) このほか、王之誥が問題にしたオルドスの西方遠征の動きについて、王崇古は［督府奏議6］で、

偶因套虜西掠諸番、一秋免虞。頗收斬獲、亦閒損傷、卽欲扼其吭、而制其命。

と述べている。西方遠征時には明への攻撃がなくなる上、オルドス側も一定の損失をこうむるのであり、むしろオルドスを牽制する好機にもなると反論している。

(21) ［兵部奏疏15］

合候命下本部、一面移咨陝西三邊總督戴才、查照先今題覆事理、再酌議西虜所乞封貢・互市、應否照依東虜一體准從。……一面移咨宣大山西總督王崇古、先將東虜封貢・互市、悉心料理、不必候陝西總督回奏、以致耽延。

(22) 後掲張居正「答三辺総督戴晋庵」（『張太岳集』巻二十三）、参照。

(23) 張居正の当該書簡は［井上治二〇〇二］二八四頁でも引用されている。

(24) ［兵部奏疏22］

吉能與黃台吉、同一行輩、又爲套虜之長、相應一體查照授職。合無敕下兵部、移文宣大軍門、將吉能併伊弟姪、再加查明頭目大小、分別應授官職、疏名上請、聽該部照依朶顏三衛屬夷事例、授與職銜。……應進馬匹、自延綏入者、其路遠其勢頗難。自大同入者、其路近其勢頗易。合無敕下兵部、再加查議、如果相應、移文宣大軍門、卽遣通丁、宣諭吉能幷各枝頭目、各將前應貢夷使馬匹、照數聽候、隨同俺答、就近併貢。

(25) ［兵部奏疏13］

據原差通事王堅牢兒等供稱、各役與吉能原差夷使、同到本酋帳內。有吉能番說、……有俺答是大、我們隨他。我這裏委莫通曉識字人、又不知表文意。該進貢的馬、只就近與同俺答、一路進貢。

(26) ［兵部奏疏22］

爲照、套虜大小酋首、請授官職、衆論僉同。……套虜之貢、當由宣・大、俱不必再議。

(27) ［兵部奏疏22］

惟是互市、先該宣大總督王崇古題稱、行陝西各鎭、分投設立。今陝西總督戴才題稱、宣諭吉能與部落、各赴大同市廠買賣。彼此互相推諉、未見有歸一之論。事在邊疆、遽難遙斷、相應行令再議、以求長便。合候命下本部、移咨陝西三邊總

督戴才、會同各鎮・巡、再加詳議的確、作速明白具奏。

(28) 高拱は、『伏戎紀事』（『高文襄公集』巻二十五）に、
時套虜吉能、亦款塞乞封貢。三邊總督上其事謂、宜封貢而不宜互市。意有異同。得旨、某受三邊重任、套虜應否互市、當有定議、却乃支吾推諉。豈大臣謀國之忠。且不究。還着作速從實議來、不許含糊誤事。授官・通貢、依擬。予乃貽總督者書曰、貢市一節、尊意謂、止行於宣・大、而不行於三邊。僕則以爲、三邊、宣・大、似難異同。不然、則宣・大之市方開、而三邊之搶如故。豈無俺荅之人稱吉能、而搶於三邊者乎。亦豈無吉能之人稱俺荅、而市於宣・大者乎。是宣・大有市之名、而固未嘗不搶也。三邊有搶之實、而亦未嘗不市也。故茲事也、同則兩利、異則兩壞。願公之熟計之也。於是、兵部議上吉能封貢事。得旨、……繼而三邊總督議互市疏至、如宣・大例。上乃允之。

と記している。六月十四日の諭旨を受けて、彼は「陝西と宣府・大同の両方で互市をひらかなければ、アルタン・ノヤンダラ双方の配下のモンゴル人が一緒になり、陝西各辺では略奪をおこなう一方、宣大地区では互市に参加することになる」との書簡を直接戴才におくり、これによって貢市が実現にむかったように述べている。こうした記事から考えても、当該諭旨が陝西での互市実施をめざす内閣の意向をつよく反映したものであったとみて大過ないであろう。

(29) 表題の「郝」字は、［張舜徽他―一九八七］第二冊、二二〇頁、注①（崔曙庭氏校勘）にあるように、「部」のあやまりであろう。

(30) 楊博「覆陝西総督都御史戴才等、条陳寧夏貢市疏」（『太師楊襄毅公奏疏』所収『本兵奏疏』巻十一）、参照。

(31) ［小野和子―一九九六］六一―一〇六頁、参照。

(32) 洮河の変については、［小野和子―一九九六］一〇八―一一六頁で、寧夏の兵変については、［岡野昌子―一九九六］で、いずれも隆慶和議の破綻という視点から論じられている。

(33) 商人の問題のほか、中央から発給される軍餉の額について、［岡野昌子―一九九六］五九四―五九五頁には、九辺鎮のなかでも場所によって発給額は異なり、より京師にちかい場所に重点的に支給されたとの指摘がある。これにしたがえば、宣府・大同・山西の各鎮は陝西の各鎮とくらべて財政的にも有利な状況にあったといえよう。

(34) 和議の破綻があきらかとなるなかで、陝西三原県（現、陝西省三原県）出身の温純が、おなじく陝西高陵県（現、陝西省高陵県）出身で、万暦九年（一五八一）から同十七年（一五八九）ころまで山東・浙江の塩運使をつとめた劉自化に宛てた「報劉少嵐運使」（『温恭毅集』巻二十七）のなかで、

往議市、不用秦人言。今以市故事日非、而欲令二三秦人當之。

と述べているのも、明蒙間の互市が陝西においてどのように受けとめられていたのかを示唆する記事といえよう。［寺田隆信―一九七二］二七九―二八〇頁では、温純も陝西商人をふくむ広義の「山西商人」として言及されているが、前章第一節で述べたように、彼はバハンナギ事件をめぐる内閣・辺臣の対応を批判し、高拱によって外任に左遷された。王崇古・張四維と同様の出身でありながら、温純が和議に一貫して批判的であったことは、山西・陝西の相違という点からも興味ぶかく思われる。

第六章　朝政の舞台裏
――丹陽布衣邵芳伝

はじめに

前章までの議論は、対モンゴル政策の展開過程から、そのときどきの政治状況とその特徴をあきらかにしようとするものであった。そこではいきおい官僚による政策提言・政策審議と皇帝による決裁というサイクルを軸として、いわば朝政の表舞台で展開していくプロセスが主たる検討の対象となった。とはいえ、現代においてわれわれが目にする実例からも容易に想像されるように、正規の政策決定プロセスにおけるのとは異なる要因が、ときに政治の展開をおおきく左右するというケースは、明の朝政においてもすくなからず存在した。本章で論じようとしているのは、そうした朝政の舞台裏ともいうべき部分についてである。

まずはひとつのエピソードを紹介しよう。鎮江府金壇県（現、江蘇省金壇市）の人で、万暦十七年（一五八九）の進士である王肯堂の随筆『鬱岡斎筆塵』巻二に、高拱の二度目の入閣にまつわる以下のようなエピソードが伝えられている。ちなみに王肯堂は、明律の注釈書である『律例箋釈』の撰者としても知られる。

隆慶年間（一五六七―一五七二）のはじめ、内閣では首輔徐階と高拱とが対立し、科道官もまきこんではげしい弾劾合戦がくりひろげられた。結局は高拱・徐階ともに内閣を去り、かわって次輔の李春芳が首輔の座についた。このころ、免官されて故郷でくすぶっていた数人の士大夫が、再仕官の口を得ようと、丹陽（現、江蘇省丹陽市）の邵芳なる人物のもとへ相談におもむいた。邵芳は「これはまたむずかしいお話。李公はつつしみぶかい態度で首輔をつとめており、猟官運動にかかわっているようなひまはありません。そもそも再仕官をめざすにあたり、だれを党首にかついだらよいものか、ここがむずかしいところです」と難色を示した。依頼者がなおもたのみこむと、邵芳は「新鄭（高拱は河南新鄭の人）はもうながいこと家居しています。お上も皇子時代からのよしみを忘れることができず、彼の窮状を気にかけてはいますが、側近に帝意をくんで復帰をはたらきかける者がありません。もし、みなさまが千金をお出しくださり、この邵芳があいだに立てば、高公はかならず復帰できます。高公が復帰すれば、かならずやみなさまを重用されるでしょう」とこたえた。依頼者は同意し、邵芳は高拱復帰にむけて動きはじめる。

邵芳は依頼者から得た万金で奇貨を買いあつめ、新鄭の高拱の邸宅をたずねて面会をもとめた。最初、高拱は会おうとせず、しばらく邵芳をまたせておいてから面会を許可するというように、はなはだおごった態度で対応した。ところが彼は、わずかに立ち話をしただけで邵芳に興味をひかれ、屋敷の西隅で陪席するようもとめた。そこでふたたび話しこむうちにすっかり意気投合し、ついには邵芳の手をにぎって「わが老友」とよぶまでになる。高拱は邵芳を上座にすわらせて酒食をともにし、夜おそくまで歓をつくした。

翌朝、邵芳はふたたび高拱の邸宅をたずねるも、高拱には会わず、彼の側近に面会する。そこで彼は「わたしははじめ高公は豪傑の士だと聞いていましたが、いまだ信じられません。昨日ともに語りあったことは、みなありきたりの話です。なぜその余力を出して天下のために役立てようともせず、安穏としているのですか」と説いて、高拱の再出馬をうながした。側近が「今上の側近が引きたててくれなければ、いくら安穏としていたくなくても、復帰などかないますまい」とこたえると、邵芳は「わたしはぜひとも高公に復帰してもらいたいのです。高公がしいてでも出馬してくだされば、一か月もしないうちに京師でお目にかかれましょう」とうけあった。これを聞いた側近はいちおう同意はしたものの、内心では本気にせず、ひそかにうすわらいを浮かべていた。

新鄭をはなれた邵芳は京師に入り、まず人をやって「東南からきた大商人のところに、たくさんの奇宝がある」と太監たちにふれまわらせた。珍宝を手に入れようと、太監たちはさきをあらそって邵芳のもとをたずね、邵芳ももちまえの弁舌で彼らの歓心を買った。太監に宝刀の値段を問われて、邵芳は「丈夫たる者、意気投合すれば、どうしてもののよしあしを論じたりなどしましょうや」とこたえ、すぐさま宝刀をおくるといった調子である。こうして某太監の信頼を得た邵芳は彼のもとに逗留し、しばらくして高拱の再起用を穆宗にはたらきかけてくれるよう切りだした。太監は「ご教示のほどはよくわかりました。ただ、お上の側近はたくさんおり、数千金を用だてて彼らにおくらねばなりません。聞くところでは、高公は手元不如意とのこと。とても工面できますまい」とこたえた。すると邵芳は「わたしはもともと高公とそれほどふかい関係があるわけではありませんが、こんなことを申しますのも、とくに天下のためなればこそ。本当に公のおっしゃるとおりなら、私の嚢中のものを出して、諸貴人方への心づけといたしましょう」とこたえ、太監への賂をみずから出すことを承知したのである。かくして高拱は大学士に復帰し、最初に邵芳に依頼した士大夫たちも、順次、再仕官をはたしたのであった(1)。

ここに登場する邵芳とは、撰者の王肯堂が「宰相の重職ですら、その起用・罷免の権は布衣がにぎっているのだ」と歎息しているように(2)、丹陽県出身の「布衣」すなわち無位無官の士であった。しかし、上記エピソードによるかぎり、彼は首輔李春芳のひととなりや穆宗と高拱との関係、あるいは宦官の動向など、中央政界の状況を熟知していたようである。また、家居中の士大夫の方から再仕官の斡旋を邵芳に依頼し、邵芳の方も金品を受けとってこれをうけあっていることからは、彼が周旋・仲介のプロとして活動し、官僚・士大夫からもそうした存在として認められていたことが知られる。高拱や太監の心をつかむたくみな弁舌・気風のよさも、彼のそうしたイメージをささえる要素に数えてよいかもしれない。

高拱の再入閣の裏に邵芳なる布衣の士の暗躍があったとするこの興味ぶかいエピソードは、じつは王肯堂のみならず、おなじく明末という時代を生きた王世貞や沈徳符も書きのこしている。(3) そのことは、たんなる風聞としてすておくことのできないなにかが、このエピソードにこめられていることを示唆しよう。歴史家としての観察眼には定評のある彼らなればこそ、当時の政治世界のありよう、ないしそこに刻印された明代後期の時代性を象徴するなにかを敏感にかぎとったのではあるまいか。とすれば、それはいったいいかなるものなのか。

こう考えてくると、邵芳の事跡には、朝政の舞台裏のありようを具体的にえがきだすための手がかりがかくされていそうである。本章では、この邵芳なる人物の活動をたどっていくことで、一介の布衣の士である彼が、いかなる状況のなかで官僚トップの大学士の人事をも動かしうるような力をもつに至ったのか、また、彼のような人士をして活発な活動を展開せしめた世界は、官僚を主要なアクターとする政界の表の部分とどのようにむすびついていたのか、といった点について考察していくことにしたい。

とはいえ、邵芳が無位無官の士であった以上、その事跡を伝える史料といっても、上記の筆記史料のような断片的な記事がのこるにすぎず、手がかりはかなりかぎられている。しかし、たいへん幸運なことに、上海図書館に丹陽邵氏の宗譜『邵氏宗譜』が所蔵され、このなかに邵芳の伝記がのこされていた。筆者は二〇〇八年六月、同館の家譜閲覧室において当該史料を閲覧する機会を得た。この『邵氏宗譜』は邵氏三十一世にあたる邵洪吉の纂修にかかり、光緒九年（一八八三）の刊行である。全二十巻のうち、巻一および巻八上の冒頭部分を欠く残本ではあるものの、邵芳の伝記である「養庵公伝」が巻二に収録されている。これは邵芳の娘婿である沈応奎の手になり、「万暦歳次丁酉（二十五年・一五九七）中秋望日」の日付がある。沈応奎は常州府武進県（現、江蘇省常州市の属）の人で、万暦十三年（一五八五）の挙人。後述するように、邵芳が張居正のさしがねで殺された際、族人に殺されそうになった彼の遺児を救出したという[4]。また、彼が福建汀州府（現、福建省長汀県）知府時代、水利事業や勧農を積極的におこない、万暦二十四年（一五九六）からはじまったいわゆる鉱税の禍に際しては、税銀徴収のため神宗が派遣した太監高寀の入境をはばんだこと、そののち、葉向高の入閣にともなって南京光禄寺少卿に起用されるも、魏忠賢が権力をにぎると削籍（免職）処分を受けたことなども伝えられている[5]。こうした事跡から考えれば、沈応奎が東林派にちかい人物であったのは、ほぼまちがいあるまい[6]。

次節以降、『邵氏宗譜』所収の「養庵公伝」によりながら、邵芳の活動を具体的にみていくこととしよう。

第一節　「布衣」邵芳と胡宗憲幕府

「養庵公伝」によれば、邵氏のルーツは周の成王の時代に燕に封ぜられた邵（召）公奭にあるという。邵氏は代々河朔に住んでいたが、寿卿公邵勲のときに丹陽にうつった。いわゆる丹陽邵氏は彼をもってその始祖とする。第三世の邵餙が北宋の大中祥符元年（一〇〇八）に進士に登第したのを皮切りに、龍図閣直学士にまですすんだ邵傂・邵亢をふくめ、北宋・南宋をつうじて合計十二名の進士を輩出した。しかし、第八世の邵蘅が南宋の嘉泰二年（一二〇二）に登第したのを最後に、邵氏から進士は出ていない。光緒『重修丹陽県志』巻十四、選挙によれば、明代では、嘉靖年間（一五二二―一五六六）の郷貢に第二十二世の邵蕙が、万暦十三年（一五八五）の郷挙に邵芳の甥で第二十三世の邵位が、それぞれ確認できるのみである。

邵芳の生年は嘉靖七年（一五二八）[7]、始祖の邵勲から数えて第二十二世にあたる。はじめ樗朽と号したが、のちに藝と改名し、号も養庵とあらためた[8]。おさなくして父をなくして母親にそだてられ、十五歳で塾師に

ついた(9)。その才能を「養庵公伝」は、

過目輒成誦、日記千萬言。課以博士制義、不遵程規、多由創語。里中長者、嘖嘖稱之曰、此邵氏名駒。振龍圖・資政之寥寥者、必此子也。

目をとおせばたちどころにそらんずることができ、一日に千万語をおぼえた。博士の制義を課題に出すと、型どおりにはつくらず、独自の表現をすることがおおかった。里中の年長者は彼をほめたたえて「この子は邵氏の名駒だ。龍図・資政なきあとのおちぶれた邵氏をさかんにするのは、きっとこの子であろう」といった。

と伝えている。その抜群の記憶力もさることながら、「制義」すなわち八股文の課題に対して「程規に遵《したが》わず、多くは創語に由《よ》」ったというところに、彼の独創性をうかがうことができる。先祖のように栄達をはたし、おちぶれた邵家の再興を期待された邵芳だが、科挙に及第し、官僚として出世する上で、そのゆたかな独創性はかならずしもたすけにはならなかった。邵芳は弟の邵荘とともに科挙にいどんだが、「養庵公伝」には、

邑大夫奇其文、拔置高等、會郡伯較諸鄕秀、鋼苛法峻。公咨嗟太息、乃語其仲君曰、……國朝懸功、令以制擧代徴車、推轂多士、而有司傲士若爾、士承其傲、趨走如鶩。……吾與若、奚紐此區區名障爲。于是、率其弟歸杜門、衣褐虀糲、殫日丙夜、悉讀其先世所藏書、津津自喜。

知県は邵芳の答案をすぐれたものとし、上位で合格させたが、知府が県試合格者を評価する基準はきびしいものであった。公は嘆息し、次弟に「……本朝が功をかけるのに、科挙をもって徴車（古代、君

主が賢者をまねくのにもちいた車）にかえ、おおくの士人をとりたてようとしているのに、地方官がこんなにもおごった態度で士人を遇し、士人の方もそれに対して駑馬のようにあくせくとしている。……わたしとおまえとは、どうしてこんなちっぽけな名誉にこだわっていられようか」と語った。そこで弟をつれ、かえって門をとざし、褐（あらぬのの衣）を着て糲（玄米）を羹とし、夜昼なく先祖伝来の蔵書を読みふけっては、満足気によろこんでいた。

と伝えられている。県試では上位で合格するも、知府の評価を得ることができず、府試で落第した邵芳は、士人が礼遇されず、試験に合格することにのみ汲々としている現状を歎じ、これを機に科挙及第という名誉をもとめるのをやめ、布衣として生きることを決意したのである。弟とともに帰郷した邵芳は、家にこもって読書三昧の日々をおくった。先祖伝来の書物を読破したのみならず、「養庵公伝」に、

公少時、嘗捐金市奇書。於一切韜鈐・靈祕之籍、風鳥・占驗之家、靡不精究。

公はわかいとき、みずから金を出して奇書を買いあつめた。兵書・神秘の書から風鳥・占験の学に至るまで、精通しないものはなかった。

とあるように、兵法・秘術から風水・占卜に至るまで、あらゆるジャンルの書物を買いあつめ、精通しないものはなかったという。

邵芳の学問的な素地として、いまひとつ「養庵公伝」があげているのが、羅洪先（号、念菴）・唐順之（号、荊川）との交流である。両者とも嘉靖八年（一五二九）の進士で、羅洪先は状元、唐順之も同年の会試をトップで合格した。ところが彼らは嘉靖十九年（一五四〇）十二月、元旦の朝賀への帝の出御と皇太子の出閤と

をもとめる上奏をおこなって世宗の勘気にふれ、為民（官身分剥奪）処分を受けた[10]。彼らは王守仁（陽明）の良知の学にも造詣がふかく、免官後は講学活動にも力をそそいだとされるが、このころのこととして「養庵公伝」には、

時念菴羅先生・荊川唐先生、倡道豫章・毘陵間、望重山斗學。士大夫被其容接者、寵登龍門、兩先生尤重許可、幾不可當世士、特慕公之行誼、相締爲布衣交。公由是與兩先生、談說性命、砥礪道德。

このころ、念菴羅先生・荊川唐先生が予章・毘陵で学を講じており、山ふかくに隠遁している碩学をもとめていた。〔羅・唐のもとに〕出入りをゆるされた士大夫が〔それだけで〕声望を得られたとほまれに思うほどで、両先生も〔出入りを〕許可することをたいへんおもんじており、当世の士人はほとんど不可としていたのだが、とくに公の品行をしたい、布衣のまじわりをむすんだ。公はこれを機に両先生と性命について語り、道徳をみがいた。

とある。江西吉水県（現、江西省吉水県。「予章」は雅称）出身の羅洪先・常州府武進県（「毘陵」は雅称）出身の唐順之が郷里で学を講じていたときに、とくに邵芳の品行をしたって布衣のまじわりをむすんだという。また「性命を談説し、道徳を砥礪す」というのも、ややもすれば字面から連想されるような、現実からはなれて思索をふかめるというものではなかったはずである。周知のとおり、「心即理」を標榜する王守仁の良知の学は、内憂外患が深刻化するなかで、現状への憂慮・いきどおりをつのらせるひとびとの心をあとおしし、実際の行動にふみだすためのよりどころをあたえるものとして爆発的な流行をみせたのであった。『明史』所収の羅洪先・唐順之の伝記には、両者とも兵学をはじめ天文・礼楽・地理から数学・占卜に至るまで、

およそきわめないものはなかったとあるが(11)、彼らのこうしたはばひろい学識も、如上の思想状況を背景として、すぐれて現実的な関心に裏うちされたものであった。先行研究でも指摘されているように、とくに彼らが軍事に対していだいていた関心も、いわゆる北虜南倭の脅威に触発されてふかめられたものにほかならない(12)。科挙の受験勉強にあきたらず、あらゆるジャンルの書物を読みあさったという邵芳も、おそらくは同様の問題意識を共有しつつ、羅洪先・唐順之との交流をつうじて、みずからの学をふかめたのであろう。

あらためていうまでもなく、嘉靖後半期の東南沿岸地域では倭寇が猖獗をきわめていた。いわゆる嘉靖大倭寇の侵掠にゆれる当時の状況について、「養庵公伝」にはつぎのような興味ぶかい記述がみえる。

未幾、島夷搆難。……于是、坐甘泉佈廟算、懸通侯之賞、輦帑方金錢、輸之幕府、一聽專閫授鉞者、處分毋問。海內豪勇忠智之士、咸願當得行間豎尺寸功、定大難。公于是義憤激烈焉。

ほどなくして倭寇が攻めてきた。……そこで朝廷は戦略を定め、通侯の賞をかけることとし、宮中の金銭を幕府にはこんで、すべて総督の裁量にゆだねた。天下の豪勇忠知の士は、みな軍中でいくばくかの功をあげ、国難を平定せんとねがった。公もはげしい義憤にかられたのである。

書き手である沈応奎の意図は、中央政府が倭寇対策に本腰を入れ、それに呼応して、ひとびとがやむにやまれぬ義憤にかられて奮起するさまを肯定的にえがこうとするものであろう。ただ、うがったみかたをすれば、懸賞金として宮中から前線に発給された銀両が一攫千金をもくろむ人士たちをかりたてたという状況も、ここには示唆されているのではあるまいか。「義憤激烈」であったと伝えられる邵芳もふくむ「豪勇忠智の士」たちのきわめて投機的な一面をうかがわせるという点で、この記事はきわめて注目に値する。

こうしたなかで邵芳は、嘉靖三十五年（一五五六）六月に鳳陽巡撫となった蔡克廉（号、可泉）に請われ、軍師としてその幕下に参ずる。[13] 翌三十六年（一五五七）三月、蔡克廉は戸部右侍郎にうつり、邵芳も蔡のもとを辞して母親につかえるべく帰郷する。そこへとどいたのが、軍師としてむかえたいという総督胡宗憲（号、梅林）の要請であった。はじめは任にたえずとことわっていた邵芳も、なんども使者をよこし、北面して師事するとまでいう胡宗憲の熱意におれ、ついに入幕を承諾したのである。[14]

軍師としてむかえられた邵芳はさっそく倭寇撃退に知恵をしぼる。倭寇が勝ちに乗じて慢心しているとふんだ邵芳は、諸将に計略をさずけ、敵を奥ふかくまでおびきよせて挟撃するという戦法で連戦連勝をおさめた。これによって明軍は息をふきかえし、士気もたかまったという。[15]

倭寇の首領のひとりである徐海の捕縛に成功したのも、邵芳の計略によるものであったと「養庵公伝」は伝えている。徐海が王翠翹という妾をかこっていることを知った邵芳は、部下に命じて、外夷と私通した罪で彼女の父親を告発させた。かねて邵芳と打ちあわせていた胡宗憲は、再三にわたって父親の罪を赦したが、これによって父親は胡宗憲に恩を感じ、軍中で死戦せんとねがったという。しかし胡宗憲はこれをとどめ、そのかわりに娘に血書をおくって内通をうながすよう命じた。こうして計略は成功し、徐海はみずから投降してきたのであった。[16]

さらに、胡宗憲の倭寇対策といえばかならず言及される「倭寇王」王直の招撫も、「養庵公伝」では邵芳の発案とされている。おいつめられたとはいえ、生死をともにせんと誓う数万の兵を擁する王直を力づくでとらえるのは無理だとみた邵芳は、王直が胡宗憲との同郷の縁をたのみにしているのを利用して、通侯の賞をあたえて彼を招撫するよう献策し、胡宗憲もこれを容れて上請した。これによって王直は胡宗憲の軍門にくだり、戦火をまじえることなく浙江を平定したとされている。[17]

以上の「養庵公伝」の記述、とくに徐海・王直の捕縛がすべて邵芳の発案・献策にかかるという点については、宗譜所収の伝記という史料の性格からして、額面どおりに受けとることには慎重でなければなるまい。ただ、胡宗憲の孫にあたる胡煜が祖父の功績を後世に伝えるために編纂した『五忠堂平倭実録』巻二には、(18) 王直招撫の顛末を記す「擒獲王直本末」なる一文が収録され、これが邵芳の作とされている。この文章は、わずかな字句の相違はあるものの、内容は『籌海図編』巻九、大捷考所収の撰者不明「擒獲王直」とおなじものである。『籌海図編』の当該巻所収の文章は、茅坤・徐渭など、いずれも胡宗憲幕下の人士の手になるものであり、幕下の文人に機械的に執筆をわりふった結果、たまたま邵芳が王直招撫について書いたという可能性は排除しきれない。しかし、王直招撫が胡宗憲の一連の倭寇対策のなかでも重要な位置を占めること、また、邵芳が参謀としておもきをなしていたことからいえば、彼が「擒獲王直本末」を書いた裏には、計画立案に主導的な役割をはたすなど、やはり相応の積極的な理由があったと考えたい。

邵芳が胡宗憲幕府において重要な位置を占めていたことは、彼が『籌海図編』の編纂にふかくかかわっていたことによっても知られる。いうまでもなく『籌海図編』は、胡宗憲幕府が生みだした最大の成果にも数えられる有名な海防書であるが、このなかに邵芳の献策が採録されているのみならず、(19)「嘉靖辛酉（四十年・一五六一）冬十有二月朏日」の日付がある「籌海図編序」のなかで、編者の鄭若曾が、

傾發宛委、商訂義例、則丹陽邵君芳之力居多。邵君有經濟之負、隱而未試。少保公所器重而賓禮者、因面命而得其相切磋云。

ことの委曲をつまびらかにし、主旨・体例を定めるにあたっては、丹陽の邵君芳の力によるところがおおきかった。邵君は経済の才をおっていたが、科挙を受けなかった。少保公（胡宗憲）がその才をおもくみて賓客の礼をとり、直接〔入幕を〕依頼したので、ともに切磋琢磨することができたという。

と記している。入幕の経緯にもふれつつ、邵芳が本書編纂に尽力するところ大であったと伝えられているのは、ともに胡宗憲幕下の同僚であった編者鄭若曾自身のことばであるだけに、一定の信頼をおいてよい。

胡宗憲幕下での邵芳について、いまひとつ重要なこととして、ともに幕下にあった官僚との関係についてふれておかねばならない。「養庵公伝」によれば、入幕直後に邵芳は胡宗憲に幕下の文武官との面会をもとめ、このときに譚綸（号、二華）・胡松（号、柏泉）らの文官、戚継光・劉思顕・兪大猷らの武官と面識を得たが、のちに彼らの方から、胡宗憲幕府での縁をたよって邵芳に献策をもとめにくることがしばしばあったらしい。[20] 浙江での倭寇が下火になったのち、いわゆる嶺南海寇の活動が活発化する。広東饒平県（現、広東省潮州市の属）の張璉の活動が記録に登場するのは嘉靖三十九年（一五六〇）のことだが、やがてその攻掠範囲は広東から福建・江西の諸県におよんだ。[21] こうしたなか、嘉靖四十年（一五六一）七月に江西巡撫に昇任した胡松に鎮圧が命ぜられたが、[22]「養庵公伝」によれば、胡松は胡宗憲幕府での縁をたよって邵芳に策をもとめたという。これに対して邵芳は、張璉の軍勢は所詮烏合の衆であり、威望あきらかな胡松が「十万の兵がすぐにでもあつまる」と檄をとばしただけで、敵は戦意をうしなって総くずれになるとこたえた。胡松はよろこんでその策を容れ、張璉らも邵芳のみこみどおりに平定されたという。[23] さらに注目すべきは、この成功がもたらした影響について「養庵公伝」に、

自是而中丞晉南司馬・北大冢宰、毎兄事公、而公名益重公卿間。繼中丞鎮閩者、二華譚公、坐公闈、而咨請決策、猶之乎梅林・柏泉也。

これより中丞は南京兵部尚書・吏部尚書に昇進したが、つねに公に兄事したため、公の名は高官たちのあいだでますますおもんぜられた。ついで福建の巡撫になったのは二華譚公であったが、公の帷幕

に座して策を請うこと、梅林・柏泉と同様であった。

と記されていることである。胡松が尚書にうつってからも邵芳をたより[24]、やはり胡宗憲幕府にあった譚綸は、福建巡撫になってからも[25]、胡宗憲・胡松同様、邵芳に献策をもとめたという。しかのみならず、胡松がことあるごとに邵芳に兄事したことが官界における邵芳の名をますますたかめたというのは、きわめて興味ぶかい。これを足がかりとして邵芳は官界での人脈をきずいていくのだが、彼と親交をむすんだ者として「養庵公伝」に名前が記されている者をあげると、羅汝芳・陶大臨・魏良弼・王宗沐・茅坤・董份とは「金石の交」をむすんだとあり、秦鳴雷・万浩・馬森・汪道昆・凌雲翼・厳訥・李春芳・張位・劉世延は邵芳の文才・徳行をたかく評価したと伝えられている。このうち厳訥・李春芳・張位は大学士にまで昇進しており[26]、董份・秦鳴雷・馬森・凌雲翼も尚書を歴任するなど[27]、いずれも錚々たる人士であった。このほかにも名前を列挙できないほど数おおくの人士と交流があり、その様子は邵芳の家刻に収録された文章からうかがえるというのが「養庵公伝」の記述であるが[28]、いずれにせよ邵芳が、大学士・尚書などの高官をふくめ、はばひろい人脈をきずいていたことは、以上によってあきらかである。本章冒頭にかかげた王肯堂『鬱岡斎筆塵』の記事にみられたように、邵芳が中央政界の状況についてきわめて詳細な情報を得ていたというのも、こうした人脈をみれば容易に首肯されよう。われわれはここに、官の身分はもたなくとも、みずからの知謀によって官僚の信頼を勝ちとり、そこから官界での人脈をひろげて政治に関与しうるという、ある種の開放性をもった政治世界のありようを具体的にみることができる。

それと同時に、邵芳が官界での人脈を形成していく足がかりとして、胡宗憲幕府の重要性に注目しないわけにはいかない[29]。官僚たると布衣たるとを問わず、有能な人材があつまり、それぞれがみずからの能力を存分に発揮できるという闊達な雰囲気は、これまでみてきた邵芳の活動からもその一端をうかがうことができるが、そうした幕府のありようは、当時のひとびとの目にもなにかしら特異なものとしてうつっていたようである。沈徳符『万暦野獲編』巻十、四六には、

嘉靖間、倭事旁午、而主上酷喜祥瑞。胡梅林總制南方、毎報捷獻瑞、輒爲四六表、以博天顔一啓。……以故、東南才士、縉紳則田汝成・茅坤輩、諸生則徐渭等、咸集幕下、不減羅隱之於錢鏐。此後大帥軍中、亦絶無此風矣。

嘉靖年間、倭寇で紛々たる有様であったが、お上はことのほか瑞祥をよろこばれた。胡梅林が総督として南方を統べていたとき、戦勝報告や瑞祥を献上する際には、いつでも四六体の表文をつくり、皇帝をよろこばせていた。……そうしたわけで、東南の才士のうち、縉紳では田汝成・茅坤らが、生員では徐渭らが、みなその幕下にあつまり、〔その様子は〕羅隠と銭鏐との関係にまさるともおとらなかった(30)。これ以後の総督の軍中に、こうした風潮はたえてみられなくなった。

とあるが、田汝成・茅坤・徐渭といった一流の文人を擁する幕府を「此の後、大帥の軍中に、亦《また》絶えて此の風無きなり」と評した沈徳符のことばは、そうした同時代人の認識を端的に物語っている。しかも、それがたんなる詩文サロンとしてではなく、なにかと縁起をかつぐ皇帝世宗に戦勝・瑞祥を報告する上表文を作成するという実際上の業務をになっていたと記されていることにも注意しておきたい。

幕府全体の様子を伝えるもののみならず、胡宗憲のブレインとして活躍したとされる個々の人士の事跡を伝える記事もすくなくない。たとえば、浙江鄞県（現、浙江省寧波市）出身の沈明臣なる人物について、屠隆「沈嘉則先生伝」（『由拳集』巻十九）には、

沈明臣、字嘉則、四明之櫟社人。……父文禎賈俠、用賈敗、而先生起窮巷。……世廟時、東方兵興、督府尙書胡公、辟置幕下。先生雖諸生乎、顧時時與公拉掌談黃石、不獨供筆札之役、垂空文自見也。

沈明臣、字は嘉則、四明の櫟社の人である。……父親の文禎は賈俠であったが、商売に失敗し、先生は貧窮より身をおこした。……世宗のとき、東方で〔倭寇との〕戦がおこり、総督尚書胡公は公を幕下にまねいた。公は生員であったが、ときどきに公と手をとりあう〔ほどにしたしく〕兵法を論じたのであり、たんに事務仕事を手伝ったり、役にも立たない文章をものして、自分の才をひけらかしたりするのみではなかった。[31]

と伝えられている。こののち沈明臣は首輔徐階の門下に出入りしたと伝えられるが、[32]彼と同様、胡宗憲幕府を辞したあとに首輔の幕客となった者としては、首輔厳嵩とその子厳世蕃のもとに参じた羅龍文が知られている。厳嵩が胡宗憲のうしろだてであったことはよく知られているが、羅龍文が厳嵩父子の幕下に入った経緯は、沈徳符『万暦野獲編』巻十八、劇賊遁免に、

嘉靖末年、有徽人羅龍文者。素負俠名。……且家素封、善鑑古。胡梅林少保征倭、以鄉曲厚禮之、使招徠汪・徐諸酋、實有勞勩。因敍功、得爲中書入內閣、與嚴東樓款密。

嘉靖の末年、徽州出身の羅龍文なる者がおり、俠士として有名であった。……かつ家は素封家であり、古物鑑定にたけていた。胡梅林少保が倭寇を征伐したとき、同郷であるというので厚遇し、汪（王）直・徐海らの頭目を招撫するのに、おおいに骨おった。その功を叙せられて、中書舎人として内閣に入り、厳世蕃（号、東楼）とねんごろになった。

とみえる。羅龍文が徽州の素封家に生まれ、古物鑑定をよくし、厳嵩父子の骨董収集にもひと役買っていたことは、すでに先行研究でも指摘されている[33]。そのほかにも、彼は侠士としてその名を知られており、同郷の縁をもって胡宗憲にむかえられ、王直・徐海招撫の功により中書舎人として内閣に入ったという。次節で述べるように、邵芳も胡宗憲失脚後に高拱の幕下に参じ、その再入閣を画策することになるのだが、以上に提示した史料からみれば、胡宗憲の幕府は、倭寇という現実問題に対峙するなかできたえあげられた文武の俊才を政界におくり出すというように、あたかも人材の集散地として機能していたかの観がある。

こうした幕府を維持できた要因は様々に考えられようが、前引史料のなかで、沈明臣が商人の家に生まれ、その父親が「賈俠」とされていたこと、羅龍文もまた徽州の素封家に生まれ、自身も侠士として有名であったことに、ここでは注目したい。胡宗憲自身が徽州績溪（現、安徽省績溪県）の出身であることを考えれば、あるいは新安商人をはじめとする商人層からの資金が胡宗憲幕府の経済的基盤を提供するとともに、その活動にも一定の方向性をあたえたのではあるまいか[34]。そうした資金は、中央から発給される銀両ともあいまって、目前の危機的状況への憂慮・危機感にかられて発奮する「侠士」たちをおおいにひきつけたにちがいない。そうした環境は、邵芳にとっても、その独創性にとんだゆたかな才能を発揮するにうってつけの場であったはずである。

第二節　大学士高拱の幕客として

多士済々のユニークな幕府を擁して倭寇対策に功績をあげた総督胡宗憲ではあったが、その庇護者であった首輔厳嵩失脚のあおりを受けて、嘉靖四十一年（一五六二）十一月に失脚においこまれた。南京戸科給事中陸鳳儀が胡宗憲の「欺横貪淫の十大罪」を弾劾したのを受けて、吏部は巡按御史に尋問させるよう覆奏し、世宗も胡宗憲の身柄を京師に護送して訊問するよう錦衣衛に命じたのである。[35]「養庵公伝」によれば、このとき胡宗憲幕下のあまたの幕客たちは、錦衣衛の捕吏がやってくるやいなや、蜘蛛の子を散らすように逃げていってしまったものの、ひとり邵芳のみが単騎京師までおもむき、胡宗憲釈放の諭旨が出たのをみとどけてからようやく帰郷した。[36]その行動は朝野の官僚・士大夫からの賞賛をあつめたという。[37]そして、本章冒頭にかかげた『鬱岡斎筆麈』のエピソードに登場する高拱も、そうした人士のなかのひとりだったのである。

「養庵公伝」の伝えるところでは、高拱が邵芳を知るきっかけとなったのは、邵芳が胡宗憲のために代作した文章であった。これがおおいに世宗の意にかない、高拱もその文才を称賛したが、のちにそれが邵芳の手になるものと知り、高拱は邵芳との交際をのぞんだという。[38]さらに、邵芳が布衣の身でありながら胡宗憲に連座するのをいとわなかったことを高拱はおおいに奇特とし、生涯、彼に師事せんとねがった。交流をむすんだふたりは、すぐに肝胆相照らす仲になったと伝えられている。[39]

のちに高拱は首輔徐階との抗争の末、大学士の職を解かれて帰郷するが、邵芳が高拱の幕下に参じたのはこのときであったらしい。「養庵公伝」によれば、新鄭に帰郷した高拱はただちに隠退していた邵芳をまねき、交際がすすみ、いろいろと語りあうにつれて、中央政界復帰へのつよい意欲を示したという。[40]ただ、高拱の方から邵芳をまねいたとするこの記述については、宗譜所収の伝記という史料の性格を考慮せねばなるまい。本章冒頭で引用した王肯堂のほか、王世貞・沈徳符の三者とも、いずれも邵芳の方から高拱に接触したと記している。おそらく実際のところは、政界へのかえりざきをねらう高拱と、胡宗憲という幕主をうしなって、あらたな活動の場をもとめる邵芳という両者の思惑が一致した、というところであったのだろう。

高拱の大学士復帰に際して邵芳が具体的にどうかかわったかについて、「養庵公伝」に直接の言及はみられない。ただ、本章冒頭で紹介したエピソードが伝えるように、邵芳が太監に賄賂をおくって高拱を復帰させたという話は、王肯堂・王世貞・沈徳符の三者が共通して伝えている。王肯堂は具体的な名前をあげていなかったが、王世貞・沈徳符によれば、この太監は陳洪であったらしい。陳洪は河南許昌（現、河南省許昌市）の出身で、隆慶初年に司礼監のことをつかさどり、おなじく河南出身の高拱とむすんで絶大な権勢をふるった人物である。[41] 沈徳符『万暦野獲編』巻八、邵芳には、邵芳が高拱からの心づけと称して太監たちに珍宝をおくったという話につづけて、

時大璫陳洪、故高所厚也、因賂司禮之掌印者、起新鄭於家、且兼掌吏部。……陳洪者、亦用邵謀、代掌司禮印矣。

このとき、太監の陳洪はもともと高拱と関係がよかったので、司礼掌印太監に賄賂をおくって新鄭を再起用し、かつ吏部尚書も兼任させた。……陳洪もまた邵の謀により、かわって司礼掌印太監となった。

とあり、高拱の再起用のみならず、陳洪が司礼掌印太監のポストを手に入れたのも、やはり邵芳の策謀によるものであったと伝えられている。

こうして外廷・内廷の双方のトップに恩を売った邵芳は、彼らの威光をかさに着て、相当あくどく立ちまわっていたらしい。その様子を王世貞『弇州史料』後集巻三十五、嘉隆江湖大俠は、

兩人德邵、縱之燕中、市官爵、居間納賂、且不貲。而新鄭亦厭、而畏其口、乃僞爲薦之兩廣帥者、官以把總名色、使披金緋、而久則逐之。樗朽歸、益不檢。前後所得金、多費之倡優・陸博、而所

至把持守令長短、大言無忌。

ふたりは邵に恩を感じ、彼を北京にはなって官爵の売買をやらせたため、〔邵芳は〕仲介者として莫大な賄賂を得た。新鄭もまた〔邵芳を〕うとんじ、その弁舌をおそれたため、両広総督に推薦するといつわり、名義上の官は把総ということにして、金緋をかぶせ、しばらくして彼を放逐してしまった。帰郷した梼杌はますますつつしむところがなくなった。前後に得た金のおおくは遊興・賭博につかい、至るところで知府・知県の弱味をにぎっては、大言してはばかるところがなかった。

と伝えている。高拱の幕客としての邵芳については、その事跡を好意的に記す傾向があきらかな「養庵公伝」でも、

蓋公自受知新鄭、相里人微反唇。新鄭退、而公諸昆曰、新鄭進、而公任其怨、任徳者、百無二三也。

公が新鄭の知遇を得てからは、郷里の者たちもかすかに反感をいだいていた。新鄭が失脚すると、公の諸兄は「新鄭が復帰すると、公はそのうらみばかり引き受け、徳を引き受けたことなど百に二、三もないのだ」といっていた。

と述べられている。宗譜所収の伝記にもかかわらずこうした否定的な評価が記されているところに、邵芳の悪辣ぶりのほどをうかがうこともできよう。しかし、ここでは逆に、高拱の幕客としての邵芳について、なぜそのマイナス面のみがかくまでに強調されるのか、という方向から考えてみたい。王世貞が記すように、邵芳が官爵の売買によって賄賂をむさぼったり、地方官の弱味をにぎって圧力をかけたりすることができた

のも、前引『万暦野獲編』に述べられていたごとく、彼の幕主である高拱が吏部尚書を兼任していたからであろう。邵芳の兄たちが語っていたという「新鄭進みて、公は其の怨を任《にな》い、徳を任《にな》う者は、百に二、三も無きなり」ということばからも、幕客という立場であるがゆえに、高拱のかげでもっぱらよごれ役・うらまれ役に徹せざるをえなかった邵芳のすがたをみることができるのではあるまいか。こう考えるならば、邵芳の悪辣ぶりを伝える諸史料の記述からは、むしろ官僚が表だってできないことを布衣たる幕客が引きうけるという構図をみてとるべきであるように思われる。

いまひとつ、幕客としての邵芳の一面を伝える記事として、沈徳符『万暦野獲編』巻八、邵芳に、

金壇于中甫比部爲余言、邵於書室、另設一小屋、榜曰、此議機密處、來者不到擅入。此等擧動、安得不敗。

金壇の于中甫比部はわたしに「邵は書室とは別に小屋をひとつつくってあり、榜には「ここは機密を議すところにつき、くる者は勝手に入ってはならない」と書いてあった」と語ってくれた。こうしたふるまいをしていて、どうして失脚せずにいられるだろうか。

とあるのを提示しておきたい。ここにいう于中甫とは、万暦十一年（一五八三）の進士で、刑部の主事・員外郎（比部）をつとめた于玉立（中甫は字）のことである。沈徳符は彼から聞いた話として、邵芳が書室とは別に機密事項を議すためと称して専用の「小屋」を設け、余人が勝手に入るのを禁じていたと伝えている。沈徳符・于玉立の意図は、邵芳が刑死という最期をとげた原因が、こうした出すぎたふるまいにあったというところにおかれていよう。ただ、そうした意図は別として、邵芳が官僚のブレインとしてある種の専門性をもって活動していたことをも、この記事から読みとれるように思われる。本章冒頭でふれた『鬱岡斎筆

塵』の記事で、家居中の士大夫の方から邵芳のもとへ依頼におもむき、そのみかえりに金品の授受がおこなわれていたことから、周旋のプロとしての邵芳の立場はひろく認識されていたのではないかと述べたが、沈徳符が伝える専用の「小屋」の存在も、邵芳のそうした一面をうかがわせる事実として指摘しておきたい。

さて、隆慶六年（一五七二）六月、穆宗の崩御にともなう政争にやぶれて高拱は失脚し、高拱をおいおとす形で首輔となった張居正のさしがねで、邵芳も死においやられた。その最期について、たとえば彼の甥にあたる邵位の伝記「溥洲公伝」（『邵氏宗譜』巻二）には、邵芳の才をにくんだ張居正が応天巡撫の張佳胤に意をふくめ、その意を受けた里中の悪者におとしいれられて、邵芳は刑死においこまれたと記されている。[42] しかし、布衣の身をもって活躍した邵芳の事跡は、その最期の悲惨さも手伝ってか、彼の死後も各所で語りつがれていった。『邵氏宗譜』所収の伝記には、「溥洲公伝」以外にも、先祖を顕彰する文脈で邵芳の事跡に言及するものが散見されるほか、[43] 光緒『重修丹陽県志』巻二十六、列女伝に「邵方《ママ》婢」が立伝されているのは注目してよい。その内容は、彼女が邵芳の遺児である邵儀をまもりぬいたことを顕彰するものだが、[44] 地方志に関係のエピソードが収録されるということは、邵芳を語りつぐべき存在とみなす認識が、邵氏一族のみならず、丹陽という県のレヴェルにまで浸透していたことを意味するからである。

以上、二節にわたって、おもに『邵氏宗譜』所収の「養庵公伝」によりながら、邵芳の事跡をたどってきた。科挙の試験勉強にあきたらないゆたかな才能をもつ邵芳は、府試での落第を機に官途につくのを放棄し、布衣として生きる道をえらんだ。軍事をふくむあらゆる分野の書物を読破し、すぐれて現実的な関心をもって諸学をおさめるとともに、良知の学に造詣がふかく、講学活動にも熱心であった唐順之・羅洪先との交流のなかで、みずからの学問をふかめていった。おりしも倭寇の侵寇にゆれる状況のなか、ひと一倍はげしい義憤を感じたという邵芳は、蔡克廉・胡宗憲に軍師としてむかえられ、実際に倭寇問題と対峙するなかでその才能を存分に発揮する。富と人材とがあつまる胡宗憲幕府は、彼の才能にみあった活躍の場をあたえると同時に、邵芳が官界で活動するための足がかりをも提供した。それがすなわち胡宗憲の幕下にあった胡松・譚綸ら官僚との関係であり、彼らからの信頼・評価が官界における邵芳の評判をたかめ、ついには大学士・尚書クラスの高官をふくむはばひろい人脈をきずいたのである。胡宗憲の失脚後、邵芳は高拱の幕下に参じ、その再入閣を実現するとともに、吏部尚書を兼任した高拱のかげで、いわばよごれ役を一手に引きうけ、ブレインとして一種の専門性をもって活動していた。しかし、高拱の失脚にともない、そのライバルであった張居正のさしがねによって刑死においこまれる。ここまでの検討をつうじてあきらかになった邵芳の事跡は、以上のようにまとめることができよう。

邵芳のように、官の身分をもたない布衣の身ながら政治の世界で活躍し、ときに政治をおおきく動かす力を発揮した人士の例は、じつは同時代の史料にすくなからず確認することができる。邵芳の事跡を当時の政界全体のなかに位置づけていくためにも、こうした政客とでも呼ぶべき人士の活動について、節をあらためて検討することにしよう。

第三節　暗躍する政客たち

邵芳のエピソードが高拱の再入閣とからめて伝えられていたように、彼のような政客の活動は、官僚のトップである首輔の任免とかかわって語られることがおおいようである。ここではまず、夏言・高拱というふたりの首輔の失脚にかかわったとされる呂光のエピソードからみよう。王肯堂『鬱岡斎筆麈』巻二および沈徳符『万暦野獲編』の双方に、大略、以下のような記事が伝えられている。

呂光は浙江崇徳県（現、浙江省桐郷県の属）の人。わかいころに人を殺め、オルドスに亡命した際、当地の天険要害の状況について詳細な情報を得た。恩赦によって京師にもどった呂光は、自身の見聞にもとづいてまとめたオルドス回復計画を陝西三辺総督の曾銑にもちかける。このいわゆる「復套」計画は首輔夏言の支持するところとなり、内閣のあとおしを得て強引なまでに推進される。しかし、夏言おいおとしをねらう次輔厳嵩の讒言によって、世宗は突如計画の中止を命じ、曾銑・夏言も無謀な「復套」計画を推進した責任を問われて失脚、最後は刑死においこまれた。もともと曾銑に話をもちかけた呂光はふたたびゆくえをくらまし、晩年になって徐階の幕客となる。(45)

当時、徐階は首輔を辞して家居していたが、政敵の高拱が大学士に復帰し、徐階への風あたりがつよまると、呂光は徐階の意を受けて、高拱失脚を画策する。穆宗が崩御した際、呂光は京師に入り、ひとづてに「新帝はおさないため、太祖の初制にならい、親王を宗人令として宗人府をつかさどらせ、(46)社稷をやすんずべし」と高拱に献策した。高拱がよろこんでその策を受けいれると、呂光は「高閣老はすでに牌を発し、自分と関係のよい周王を迎立して自身は国公の地位を得ようとしており、新帝の帝位があやうい」と内廷にふれまわった。これを聞いた両皇太后はおおいにおどろき、状況をさぐらせたところ、はたして宗人令云々の話があった。そこで内廷より直接諭旨をくだし、高拱を追放したのである。(47)

むろん以上のエピソードの真偽をたしかめるすべはない。しかし、筆記史料に記された根も葉もない風聞であったとしても、当時の政治世界に特有なある種の雰囲気を読みとることは可能であろう。曾銑・夏言の刑死後に徐階の幕下に入るというように、異なる幕主のあいだをわたり歩く呂光の行動には、胡宗憲失脚後に高拱のもとに参じた邵芳との共通点をみいだすことができる。また、呂光が曾銑に売りこんだオルドス回復計画が、首輔夏言のあとおしを得て国家の政策として推進されたというところからは、当時の政界における政策提言のありようの一端をうかがうことができる。在野の人士、しかも恩赦を経たとはいえ殺人をおかした前科者であっても、相応の内容をもつ提言であれば、国家の政策として採用されるというような世界が存在したのである。こうした一種開放的ともいうべき政界の状況は、呂光が流したデマが宮中に伝わって両皇太后を動かし、高拱追放の諭旨が出るという点にも認めることができる。

首輔を失脚させた政客という点では、厳嵩失脚に一枚かんでいたとされる何心隠のエピソードは、政客の活動を考える上できわめて興味ぶかい材料を提供する。思想史の方面でとくに注目される何心隠は、本名を梁汝元といい、王学左派の泰州学派のなかでもとくに急進的な部類に位置づけられている[48]。彼が講学活動を重視したために講学の風潮をにくんだ張居正と対立し[49]、獄死という最期をとげたこともよく知られた事実であるが、それと同時に何心隠は政客としても活発に活動していた。耿定向「里中三異伝」(『耿天台先生文集』巻十六)には、厳嵩父子失脚の内幕とそののちの何心隠一派の行動について、

尋分宜子爲言官論敗。或曰、狂有力焉。蓋嘗授爲箕巫者以密計、因達宸聴也。其黨因張之。士紳中有遭抑而覬重用者、傾貲授室、館穀其徒、藉之運奇、通奥援。

ついで分宜の子(厳世蕃。厳嵩は江西分宜の人)が言官に弾劾されて失脚した。ある人がいうには「これは狂(何心隠)の力によるものだ。かつて占い師に密計をさずけておき、それで上聞に達したのだ」とのことである。その仲間は〔厳世蕃失脚の功を〕喧伝し、これまで〔厳嵩父子に〕おさえつけられてきた士紳のなかには、こののち重用されることを企図して、財をはたいて居室をあたえ、その門生を賓客として遇し、彼らに〔任官の〕奇策をめぐらせたり、〔自身を引き立ててくれる〕うしろだてを得ようしたりする者もいた。

という記事がのこされている。世宗が道教を妄信したことはよく知られているが、引用文中にみえる「箕巫を為す者」というのは、当時、その世宗の寵を受けていた藍道行という方士である。何心隠は藍道行に密計をさずけ、「厳嵩は奸臣である」という託宣をくださせた。信頼する藍道行がくだした御託宣とあって、世宗も厳嵩へのうたがいをいだくようになったところにとどいたのが、厳世蕃を弾劾する言官の上疏であった。普段なら却下される弾劾文もこのときばかりは受理され、これによって厳嵩父子は失脚においこまれたという。(50)このエピソードも興味ぶかいものではあるが、より注目したいのはこのあとにつづく部分である。すなわち、何心隠の仲間が厳世蕃失脚の功を喧伝してあるく一方、厳嵩執政下で不遇をしいられていた官僚・士大夫のなかにも、これを機に好官を得るべく、相応の財をもって何心隠の門生を幕下にむかえ、猟官運動の策をねったり、コネをきずいたりしようとする者がいたというのである。在野の政客が一方的に依存するばかりではなく、官僚・士大夫の側も積極的に政客たちの力を利用するという相互依存の関係をこの記事からは端的にみてとることができる。

官僚・士大夫の側からのこうしたはたらきかけ以上に、在野の政客がもつ力のおおきさを印象づけるのは、何心隠が張居正によって死においやられたという事実である。何心隠の死については、講学活動などをつうじて結集された在野の清議を張居正が弾圧するという構図で語られ、とくに張居正の強権ぶりを象徴する事件とされてきた。たしかに、そうした理解は全面的にくつがえされるものではないものの、ここではむしろ張居正をそうさせた要因に注目したいのである。いわば政府の公式見解を伝える『実録』万暦八年正月己未（十九日）条は、何心隠の獄死を、

先是、江西永豐人梁汝元、聚徒講學、譏議朝政。……汝元揚言、江陵首輔、專制朝政。必當入都、

昌言逐之。首輔微聞其語、露意有司、令簡押之。有司承風旨、斃之獄。

これよりさき、江西永豊県（現、江西省永豊県）の人梁汝元は門生をあつめて講学をおこない、朝廷の政を批判した。……汝元は「江陵首輔（張居正は湖広江陵の人）は朝廷の政を壟断している。かならず京師にはいり、忌憚なく直言して、彼を失脚においこまねばならない」と大言した。首輔はひそかにそのことばを耳にし、有司に意をふくめて彼を拘禁させた。有司はその意を受けて獄中で彼を殺した。

と伝えている。ここから浮かびあがってくるのは、むしろ何心隠の言を真に受けて、彼を投獄せずにはおれなかった張居正のすがたである。そしてその裏には、政客の策謀によって失脚においこまれることに対する深刻な現実味をおびた危機感を読みとることができるのではないだろうか。張居正ほどの政治家をしてこれほどの危機感をいだかしめた事実こそ、当時の政界における政客の力のおおきさをなにより雄弁に物語っている。(51)

何心隠の死にまつわる如上のエピソードは、邵芳の位置づけを考える上でも重要な示唆をあたえてくれる。前節で述べたように、邵芳も張居正のさしがねで刑死に至ったが、そのほかにも両者のあいだには共通点がすくなくない。たとえば、邵芳を最初に軍師としてまねいた蔡克廉は、江西提学官在職中の嘉靖二十五年（一五四六）の郷試で何心隠を第一名で合格させており、(52)邵芳・何心隠ともに蔡克廉から相応の評価を受けるという点で共通していたといえよう。また、何心隠が公金詐取の罪名で投獄され、友人の程学顔のはからいで出獄したのち、しばらく胡宗憲の幕下にとどまっていたことも知られている。(53)

こうしたこと以上に、彼らの共通点をもっとも端的に指摘しているのは、これまでも引用してきた王世貞

『弇州史料』後集巻三十五の記事である。当該記事は顔山農・何心隠・邵芳の三人の事跡を記したものだが、「嘉隆江湖大俠」という表題が示すように、王世貞は彼らのあいだに「俠」という共通項をみいだしたのであった。「心即理」をつきつめていったところに遊俠を肯定する思想が生じてくる過程、そしてそれが往々にして既存の体制や権威を否定するものであったがゆえに為政者に危険視されたことは、すでに先学の指摘するところであるが(54)、これまでみてきた邵芳の行動にも、そうした要素は色濃くあらわれていたといってよい。政客として首輔の人事を動かすだけの力を発揮し、かつそこに共通の思想的背景が認められることからは、邵芳や何心隠のような人士が決して単独で存在していたのではなく、相応のひろがりと浸透力とをもって、政治の世界にたしかな位置を占めていたことが知られるのである。

おわりに

本章では、王肯堂『鬱岡斎筆麈』に記された邵芳のエピソードを出発点として、『邵氏宗譜』所収の伝記によってその事跡をあとづけるとともに、彼のような布衣ないし政客といった人士たちの活動について検討してきた。本章での検討によって、官僚機構のなかに立場を有する官僚のみならず、官の身分をもたない布衣の士も、いわば朝政の舞台裏で活発な活動をくりひろげていたことがあきらかになった。政客の策謀によって官僚機構の頂点に立つ首輔までもが失脚においこまれるというエピソードは、彼らが発揮する力のおおきさを象徴的に伝えるものであるが、これらをたんなる個別一過性の事例として理解するのは、おそらく適当ではない。邵芳や呂光・何心隠のような事例が数として一定程度確認できるのはもちろん、邵芳が仕官の口を斡旋するみかえりに金品をもとめたり、機密を議すために専用の「小屋」を設けたりするなど、いわばプロの周旋屋としてふるまっているのをみると、彼のような政客の存在は、当時の政界において自他ともにそれと認められる立場を確立していたといってよい。とすれば、そうした世界にあって、布衣としての立場で政治に関与する道を意図的に選択する者がいても不思議はなかろう。科挙に及第できなかった邵芳、あるいは殺人の重罪をおかした呂光、公金詐取の罪を着せられた何心隠のように、官の身分を得る道をとざされたおおくの人士にとっては、それもまた天下のために己が身を挺するという士大夫としての究極の目標を実現する道であったに相違ない。

こうした政客の存在をささえるいまひとつの重要な要素として、官僚層からの要請もまたみのがせない。再仕官の斡旋を邵芳に依頼した士大夫たち、好官を得ようとして、厳嵩父子を失脚させた何心隠やその門生を幕下にかかえようとした官僚たちの例にみられるように、官僚層も政客たちの力を十分に認識し、その力を利用すべく積極的にはたらきかけていた。呂光が総督曾銑にオルドス回復計画を売りこみにゆく、あるいは何心隠の仲間が厳世蕃失脚の功を喧伝するというような行動も、そうした官僚層の要請を前提としたものというべきである。さらに、邵芳が逮捕された胡宗憲につきしたがい、連座することをいとわなかったこと、吏部尚書を兼任した高拱のかげでよごれ役に徹したことなどからは、官僚ではできないことを布衣が引きうけるという構図が浮かびあがってくる。官僚と政客という両者の関係は、まさに相互に依存しあう密接不可分のものだったのである。

それと同時に、邵芳の事跡に当時の時代性が色濃く反映されていることも指摘しておかねばなるまい。これまでしばしば述べてきたように、邵芳が生きた嘉靖・隆慶という時代、明朝は深刻な内憂外患にみまわれた。北虜南倭の外圧のつよまりのなかで、総督胡宗憲や巡撫蔡克廉・胡松・譚綸のように、外敵に直接対峙しなければならない督撫にとって、在野の士とはいえ兵法をふくむ諸学に精通した邵芳のような人材は、きわめて貴重な存在であっただろう。こうした優秀な人材を幕下にかかえるには、当然、それなりの財政的基盤が必要となるが、「養庵公伝」が記すように、事態の深刻化にともなって前線の督撫のもとには中央から多額の銀両が発給されていた。とくに徽州出身の胡宗憲であれば、商人からの資金が流れこんでいた可能性も十分に考えられるが、こうした銀両の力は、外敵の侵寇に「義憤」をつのらせる「豪勇忠智の士」をおおいにひきつけたに相違ない。おりしも流行していた心学は、目下の状況に危機感をつのらせる人々に、行動をおこすに際しての精神的なよりどころをあたえるものとして作用した。

一方、目を内に転ずれば、この時期はまさに内閣権力伸長の時代であった。強大な権力をもつ首輔の登場は、官界における「勝ち組」と「負け組」との格差を拡大させたと考えられるが、正面きっての政府批判や首輔弾劾の上奏をおこなっても却下・譴責されるばかりで、首輔はいっこうに失脚しないとなれば、「負け組」の官僚たちの不満も高じ、やがては陰謀によってでも失脚においこもうとするのも無理からぬことである。そうした状況なればこそ、政客に対する官僚側のはたらきかけもとくに活発におこなわれただろうし、それに呼応する形で、政客の活動もいっそう活発化したにちがいない。張居正が深刻な危機感をいだき、邵芳・何心隠を殺さずにおれなかった理由は、まさしくこの点にこそあった。

こうした内外の不安定な状況は、嘉靖・隆慶年間にかぎったことではなく、むしろ万暦年間（一五七三—一六二〇）以降、より深刻化した。対外関係では、隆慶時代に政策転換が実現したとはいえ、不安定要素が完全に解消されたわけではなく、内政の混乱・停滞ともあいまって辺境問題が再燃するようになる。そうした矛盾は、万暦二十年代のいわゆる万暦の三大征（寧夏の兵変・楊応龍の乱・豊臣秀吉の朝鮮出兵）およびそののちの対清戦争となって爆発し、明朝を滅亡へとみちびいたのであった。内政面でも、強権的な手法によって反対派をおさえこんだ首輔張居正の死後、その反動は首輔権力の弱体化そして党争の激化となってあらわれ、官僚の党争に乗じて宦官魏忠賢が台頭するなど、政局は収拾すべからざる混乱におちいった。こうしてみると、嘉靖・隆慶期に政客たちの活動を活発化させた要因は、万暦年間以降、むしろ以前にも増してつよまったのである。そしてこうした動きに符合するように、万暦年間には官僚や辺境の武官のもとに寄食して流言飛語をふりまく「山人」の盛行が、政治的・社会的な問題としてクローズアップされるようになる。(55) 個人のレヴェルでは、豊臣秀吉の朝鮮出兵の際、対日講和にかかわって暗躍した沈惟敬のような人物も知られている。こうしてみてくると、本章の主人公たる邵芳のように、布衣の士であっても有力なアクターとして政治に関与することを可能ならしめるような、ある種の開放性をもった政治世界は、明代後期という時代をつうじて存在していたといってよいであろう。

のこされた問題は、こうした政治世界のありようが、中国政治の伝統のなかにいかなる位置を占めるのかという点である。おそらくは時代や程度の差はあれ、中国政治の流れのなかに通時的に存在しており、中国政治の伝統を形づくる重要な要素のひとつとして位置づけられるのではないかとのみとおしをもってはいるものの、現時点において明確な解答はもちあわせていない。詳細は後考にゆだねることとしたい。

注

(1) 原文は以下のとおり。
隆慶初、大學士華亭徐公總機務、而新鄭高公負氣不相下。臺省交章論之、高公遂罷。居數歳、徐公亦罷、而興化李公當國。時士大夫數人家居、邑邑不得志、欲求復用、與丹陽邵芳謀之。芳曰、是固未易圖也。李公以恭默居位、何暇論繩之外乎。公等卽欲起廢、誰爲主者、是固未易圖也。諸公曰、雖然、必爲我圖之。芳曰、今新鄭家居久矣。主上以青宮之舊、不能忘情、顧其居約、左右無從臾之者。諸公誠各捐千金、芳爲居閒、則高公必起。高公起、必重德諸公、而後事可圖也。

諸公曰善、乃裝爲遣邵生。邵生以萬金、市諸金寶奇貨、至新鄭高公第、叩閽者曰、丹陽布衣邵芳、求見相公門下。高公固不欲、久之乃見、所以接遇之甚倨。立語斯須、高公奇之、乃索坐侍於西隅。復語良久、高公起而握手曰、吾老友也。因賓上坐、命酒食盡歡、夜分乃罷辭歸邸。詰旦、邵生復造高公門、不見高公、見其左右曰、始吾聞而公豪傑士、未之信也。昨與語殆百所聞。曷不出其餘以澤天下、而高臥爲。左右曰、今上左右無推轂者、公卽欲不高臥、豈可得哉。邵生曰、吾必欲起公。公强爲我出、我且不別公兩月後、晤於長安邸耳。左右相與目咲之曰、敬諾。邵生卽之長安、先使人宣言諸大璫、東南有大賈、至多奇寶。大璫爭延致之、邵生固利口、遇之者莫不盡歡、恨相知晚也。邵生有寶刀、長尺餘搏之成。凡大璫欲得之、問價幾何。邵生笑曰、丈夫意氣相投合、何論貨哉。卽解贈之。大璫喜、日留邵生、款洽有閒、因說曰、今元樞虛己不任事、而新鄭高公最賢。去不以罪、上以講幄舊宜思之、公等何不從臾令復起、而澤天下哉。大璫曰、謹受敎、顧上左右衆、宜捐數千金賄遺之。吾聞、高公貧、安能辦也。邵生曰、吾與高公素昧平生、特爲天下、故言之。信如公言、當盡捐吾橐中裝、爲諸貴人壽。大璫許諾、不數日而高公果復相、則前家居首謀諸公、頗以次起用。

管見のかぎり、［三田村泰助－一九六三］一九八頁、［三田村泰助－一九六九年］二〇九―二一〇頁でこのエピソードに言及されているほか、［陳宝良－二〇〇一］一三九頁でも高拱の幕賓として邵芳にふれている。

（2）王肯堂『鬱岡斎筆塵』巻二

元樞之重、一起一廢、權在布衣。

（3）王世貞『弇州史料』後集巻三十五、嘉隆江湖大俠、沈徳符『万暦野獲編』巻八、邵芳。王世貞（一五二六―一五九〇）は嘉靖二十六年（一五四七）の進士であり、沈徳符（一五七八―一六四二）は万暦四十六年（一六一八）の挙人。なお『鬱岡斎筆塵』の自序に、

余不肖五十、無間正坐、分心多岐。……時萬曆壬寅（三十年・一六〇二）臘月既望。

とあるところから逆算すれば、王肯堂の生年は嘉靖三十二年（一五五三）となる。

（4）鄒漪『啓禎野乗』一集巻三、沈光禄伝

夫人邵氏、丹陽邵芳女也。芳任俠、爲江陵所殺。族人欺其子幼、欲殺之而分其產、聚而圍守其廬。公集拳勇少年十餘人、爲乞丐裝、毒殺其猛犬、緣牆而入、奪其孤嫠以歸。

（5）鄒漪『啓禎野乗』一集巻三、沈光禄伝

出守汀州、闢陂濬泉、敎民耘佃、至手製農具以示、眞有視民事若家事者。會稅監高寀播虐、特聲討罪檄。時寀將自汀入

粤、公大書榜示、直達會城曰、稅監將入海從倭。抵汀境、太守當領吏民擊殺之。寀聞、縮舌而止。……大學士葉文忠向高再召入用、采輿論、起陞南光祿少卿、逆奄柄國、又削籍。

(6) 沈応奎の名は『東林点将録』・『東林同志録』・『東林朋党録』にみえる。〔小野和子-一九九六〕巻末「東林関係者一覧」を参照。

(7) 「養庵公伝」

公生于戊子（嘉靖七年・一五二八）之五月、卒於癸酉（万暦元年・一五七三）之七月、計年得四旬有六。

(8) 「養庵公伝」

公初名芳、將以樗自完、因號樗朽。後名藝、更號養庵。

(9) 「養庵公伝」

少孤、母符孺人撫之。及舞象年、從塾師受業。

「舞象」の語は『礼記』内則に、

成童、舞象、學射御。

とあり、鄭玄の注に、

成童、十五以上。

という。

(10) 『実録』嘉靖十九年十二月壬午（二十五日）条。

(11) 『明史』巻二百五、唐順之伝には、

順之於學、無所不窺。自天文・樂律・地利・兵法・孤矢・勾股・壬奇・禽乙、莫不究極原委。

とあり、同書、巻二百八十三、羅洪先伝にも、

自天文・地志・禮樂・典章・河渠・邊塞・戰陣攻守、下逮陰陽・算數、靡不精究。至人才・吏事・國計・民情、悉加意諮訪。曰、苟當其任、皆吾事也。

とみえる。

(12) 羅洪先・唐順之の活動やその学問的背景については、〔中砂明徳-二〇〇二〕一三二―一四〇頁を参照。

(13) 「養庵公伝」に、

無何、可泉蔡公中丞、建牙陪京、督備倭警。奇公名、紹介纁幣、以請公強起、佐戎書長江以寧。

とある。蔡克廉は福建晋江県（現、福建省晋江市）の人で、嘉靖八年（一五二九）の進士。戸部主事・南京礼部郎中などを経て、嘉靖二十三年（一五四四）六月に江西提学官となったのち、江西巡撫・鳳陽巡撫・戸部右侍郎・南京戸部尚書を歴任した。

（14）「養庵公伝」

大司馬梅林胡公、尋督師越中、筦鑰半天下、得以便宜、徵辟軍諮。時公方謝蔡中丞、歸奉太孺人壽、而梅林公之使者、相屬道途、車騎虛左、候公於軍門、而北面師事之。公遜避不敏、弗獲、迺許馳驅。

（15）「養庵公伝」

公向司馬喜曰、……夫敵狃勝素驕、我屢敗、敵益玩忘備、以驕氣持玩心。我節制攻瑕、可大捷。密授計諸將、陽嚮陰覆、張左右翼、萃於中間、五戰五勝之、遂破周山。敵失險、且奪之魄、我師始生色、人有奮志。

（16）「養庵公伝」に、

〔徐海〕越中擄一民間處子王翠翹、甚嬖。公訪其跡、密告司馬曰、此女戎也。遂令一部卒、陰訐女父以私通外夷、罪當死。監司執法論獄、司馬特縱之、無所責報。凡三置危法、而全之者三。女父感泣、必欲一死行間、司馬堅不許。有閒、令女父作血書、縫肘帶達其女、密令內閒、如指裏伏窺伺。海遂機敗、無所匿、遂坐斃、生降之。

とある。茅坤「紀勦徐海本末」（『茅鹿門先生文集』巻三十）によれば、この内通策は、嘉靖三十五年（一五五六）、浙江桐郷（現、浙江省桐郷県）にまで攻めこんだ徐海・陳東・葉麻を離間させるためのものであったが、同史料中に、

……數遣諜持簪珥・璣翠、遺海兩侍女、令兩侍女日夜說海幷縛東。海既諾。

とみえ、やはり徐海の「侍女」を内通させたとされている。茅坤はまた、徐海のふたりの侍女の名前についても、

兩侍女者王姓、一名翠翹、一名綠姝、故歌伎也。

と伝えている。

（17）「養庵公伝」

公與司馬謀曰、〔王〕直僅釜中鱗耳、然猶擁萬衆齊死生、未可以力縛也。直倖托司馬桑梓鄉、盍誘之通侯賞、俾得自劾贖罪。厚設城府、多爲閒諜、直且信而飼我香餌、一武夫力耳。司馬稱善、卒用公言、僞請鑄印、馳節使授茅土、調守北邊。直乃以單車就徵、不尋斧柯屠士卒、越境甫有安生之樂。

（18）『五忠堂平倭実録』は、全四巻、北京大学図書館・中国科学院国家科学図書館などに明鈔本が伝わる。筆者が披閲した中国科学院国家科学図書館所蔵本には、徽州出身の洪文衡が万暦年間に書いた序文が収録されている。当該序文には、本書編纂の経緯が、

公（胡宗憲）孫燈、擧孝廉而蚤世、不及與纂述之事。其弟熤、資不逢世、既老諸生間、憤藏梓之無完本、而先烈之弗光也、彙輯之而稍芟其繁、勒爲家乘、以俟百世後信史之蒐采、名之曰五忠堂平倭實錄。

と伝えられている。

（19）『籌海図編』巻十一上、足兵餉、巻十一下、調客兵、巻十二上、厳城守に、「丹陽邵芳云……」という形で、邵芳の言が引かれている。

（20）「養庵公伝」

公曰、司馬果不以某爲不才、而委軍中、請以所隷文武將吏、得縱寓目焉。於是、文吏若二華譚公・柏泉胡公、武吏若戚公繼光・劉公思顯・兪公大猷等、竝謁公于行幕、以聽調遣。

（21）張璉については、［佐久間重男 一九九二］三〇四―三〇五頁を参照。

（22）胡松の江西巡撫起用は『実録』嘉靖四十年七月壬子（二十四日）条にみえる。彼はその直前の七月十六日に浙江右布政使から江西左布政使にうつったばかりであった。胡松が張璉らの鎮圧を命ぜられたことは、羅洪先「大中丞柏泉胡公平寇序」（『念菴羅先生集』巻四）に、

嘉靖辛酉（四十年・一五六一）、疆場不戒、閩・廣盜逸虔・吉、禍變卒起、不及籌措。天子震怒、乃擇今大中丞柏泉胡公、經理軍事。

と記されている。

（23）「養庵公伝」

島夷息燧之明年、有張璉者、桀黠豪也、嘯呼幾千萬數、鴟張入閩、南海震動。天子命柏泉胡公中丞、假節鉞、往征之。胡中丞馳習公司馬幕中、請決策、破張璉。公曰、璉蟻聚烏合、其衆易離、可以先聲奪之。中丞公名威素著、若傳檄稱十萬衆旦暮且集、璉部多虛、聞大將王師至、驚破其膽、衆必瓦解、請繫長纓。卽不果、而部曲疑畏、可一戰下之。中丞謝曰、聞公言、越寇在吾掌中矣。璉衆果傳檄而定。

（24）胡松の南京兵部尚書就任は『実録』嘉靖四十四年十二月戊子（二十五日）条に、吏部尚書就任は同書、嘉靖四十五年四月

丙寅（五日）条に、それぞれみえる。

(25) 譚綸の福建巡撫起用は『実録』嘉靖四十二年三月庚辰（二日）条にみえる。

(26) 『明史』巻百十、宰輔年表二、参照。

(27) 『明史』巻百十二、七卿年表二によれば、董份は嘉靖四十四年（一五六五）四月より六月まで礼部尚書に、馬森は隆慶元年（一五六七）六月より隆慶三年（一五六九）二月まで戸部尚書に、それぞれ在任している。また［張英聘-二〇〇五］によれば、秦鳴雷は隆慶五年（一五七一）五月より翌六年（一五七二）十二月まで南京礼部尚書に、凌雲翼は万暦六年（一五七八）十月より翌七年（一五七九）四月まで南京工部尚書をつとめたのち南京兵部尚書にうつり、万暦八年（一五八〇）六月まで在任した。

(28) 「養庵公伝」には、

公固少所折節、而一時縉紳名公、以道義相納者、不能悉擧、具見公家刻中。罹難時、稿多散失、爲仇家所燼滅、僅存什一于千百、可概公生平焉。

とあり、家刻所収の原稿は、邵芳が逮捕・死刑になった際に大部分が焼失してしまったという。

(29) 胡宗憲幕府について論じた最新の研究として、［辻原明穂-二〇一〇］がある。

(30) 銭鏐は、五代十国のひとつ呉越の太祖武粛王のこと。羅隠は、銭鏐の幕下にあった詩人で、『旧五代史』巻一百三十三、銭鏐伝に、

江東有羅隱者、有詩名、聞於海內、依鏐爲參佐。鏐嘗與隱唱和、隱好譏諷、嘗戲爲詩、言鏐微時騎牛操梃之事。鏐亦怡然不怒、其通恕也如此。

とある。

(31) 引文中の「黄石」とは、黄石公が張良にあたえたと伝えられる『黄石公三略』なる兵法書のこと。ここではこの故事をふまえて、兵法書ないし兵事をさすのであろう。

(32) 沈徳符『万暦野獲編』巻二十三、恩詔逐山人

按、相門山人、……華亭有沈明臣。

(33) ［中砂明徳-二〇〇二］四四頁。

(34) 胡宗憲幕府と徽州人脈との関係ということでは、［周蕪-一九八四］二七頁で述べられているように、『籌海図編』の初刻

本（嘉靖四十一年序刊本）が、徽州歙県虬村出身の黄氏によって刻刊されていることを指摘しておきたい。虬村黄氏については、［大木康-二〇〇四］七九—八六頁を参照。また［岩井茂樹-二〇〇四］一二九—一三〇頁では、胡宗憲による王直招撫策も、いわゆる「互市」の構想を下敷きにしたものであったとの見解が示されている。なお［陳宝良-二〇〇一］一三九頁で引用されている史料だが、福建晋江出身の張維枢『澹然斎小草』巻十二、観静軒瑣言に、

邵檮杌、乃駔儈之豪者。

とあり、邵芳が「駔儈」すなわちブローカーであったと記されている。あるいは邵芳自身も商業に従事しており、彼の入幕じたいも商人のネットワークを背景としたものだったのかもしれない。

(35)『実録』嘉靖四十一年十一月丁亥（七日）条

南京戸科給事中陸鳳儀劾奏、總督胡宗憲欺横貪淫十大罪。……疏下、吏部請下巡按御史勘報。上特命錦衣衛、械繫宗憲、至京問。

(36)『実録』嘉靖四十一年十二月丁丑（二十七日）条には、

錦衣衛逮胡宗憲至、請旨處分。上曰、宗憲非嵩黨、自御史皆朕陞用任事、已八九年、三呈上玄錫瑞、近上玄祕、皆致一手字、數載無言伊過。近自鄢應龍初亦未專爲國、群邪朋害大臣罷斥者不少。既知諸人欺君、何俱不早言、今日乃言之不已。宗憲不自愼、致招奏擾、但王直、原本兵議示、獲者五等封官。今却加罪、後來復誰與我任事。其釋令閑住。

とあり、胡宗憲を釈放して閑住（謹慎退職）させるという諭旨が出されている。

(37)「養庵公伝」

尋有忮司馬者、逮司馬至闕下。司馬賓客僚屬故輻輳、承沫仰流、緹騎從北方來、則驚怖散去。獨公屹然策單騎、從公千里。會有溫綸釋司馬、公遂南還。……一時、朝野薦紳咸謂、公有子房鴻略、仲連高誼云。

右の引文中にみえる「仲連」とは、戦国斉の人魯仲連のこと。非凡な画策をこのみ、節を持して仕官しなかったが、他人のためによろこんで困難を解決したり、調停役を買ってでたりしたという。『史記』巻八十三、参照。

(38)「養庵公伝」

世廟時、公嘗爲梅林公、代所著作、首當上意。高相國讀而亟稱之曰、奇才奇才。詰所由、知出公手、相國固已心折公、而思締交矣。

(39)「養庵公伝」

會華亭相逮胡司馬至都下、公以一布衣、與之連坐、無所避諱。新鄭益大奇之、請終身事之。傾蓋披肝、立就親昵、莫可間。

(40)「養庵公伝」

新鄭歸、而一介逨公田間。交漸進、語漸深、扼腕睥睨、直欲驟帝馳皇、多所豎立。

(41) 河南洧川（現、河南省長葛市の属）出身の范守己『曲洧新聞』巻四（『御龍子集』巻二十四）に、

陳洪者、許昌人。……數年積官、至司禮監監正。隆慶初、掌司禮事、權傾中外。新鄭高公當國時、相得驩甚。

と記されている。

(42)「潯洲公伝」は丹陽出身の賀復徴の手になり、「崇禎歳次丙子（九年・一六三六）孟春穀旦」の日付があるが、その冒頭に、

長公（邵芳）以才取重于新鄭、而即以才見忌于江陵。厥後、新鄭罷相、江陵實陰中之、而長公之難隨作。密以其旨、授應天軍門銅梁張某、又有里中險詖、從爲下網、長公遂得奇禍。

とある。張佳胤は四川銅梁（現、重慶市銅梁県）の人で、嘉靖二十九年（一五五〇）の進士。隆慶五年（一五七一）十月より万暦元年（一五七三）二月まで応天巡撫をつとめた。一方、邵芳の死について、「養庵公伝」には、

及新鄭再擯、而江陵難始作。江陵側目華亭扼咽、而里中一二豪强有力者、陰爲大羅、綱密科條、務在深文峻刑、逨公死論公族。

とあり、張佳胤の関与については言及されていないが、王肯堂『鬱岡斎筆麈』巻二、沈徳符『万暦野獲編』巻八、邵芳、王世貞『弇州史料』後集巻三十五、嘉隆江湖大俠は、いずれも張居正が張佳胤に意をふくめて邵芳を死においやったとする。

(43) たとえば「乾隆歳次丁未（五十二年・一七八七）嘉平月吉」の日付がある賀万里「贈禹智邵生序」（『邵氏宗譜』巻二）は、邵芳から数えて六代目にあたる邵克恭の伝記であるが、そこには、

禹智邵生、養庵公第六世孫也。隱跡田畝、以耕稼自終。然窺其志、毎歎養庵之卒不終、子孫之業不振、欲以培植元氣、而紹家聲。……養庵之裔、必有興者、其在斯乎。

とあり、布衣であった邵克恭を語るに際して、邵芳の後裔であることを強調する書き方がされている。

(44) 光緒『重修丹陽県志』巻二十六、列女伝、邵方婢

方生子儀、獨令婢襁褓之。方故任俠、名傾一時。適張相國授指於巡撫張某、捕殺方并及其子儀。薄暮、捕者閉儀於內室而守之。時儀方三歳、婢抱之泣。方女夫沈應奎私念、此子死、邵氏無後。將往救之。而所善司李邀飲、不得往。夜分飲

罷、縋城出至邵家、乘門者假寐、踰牆而入。婢歎曰、安得沈郎來忽見之。驚且喜、乃以儀授之、頓首曰、邵氏之祀在子矣。此子夕以生、婢子朝以死、無害也。應奎竟匿儀去、隨晨謁司李。捕者失儀、繫婢搒掠幾死、終無一言忍者。又言於守曰、必應奎匿之。而所善司李在坐曰、冤哉。應奎夜飲於余、晨又謁余也。事遂寢。婢卒撫其子以成立。

(45) 沈徳符『万暦野獲編』巻八、呂光
呂光者、浙之崇徳人。別號水山、又名呂需。少嘗殺人、亡命河套、因備知阸塞險要。遇赦得解、走京師、以其復套策、干曾石塘制臺。曾以聞之夏貴溪、夏大喜、因議擧兵出蒐、如呂謀。分宜以挑釁起禍、聞之世宗、兩公俱死西市。晩年游徐華亭門、爲人幕客。

(46) 宗人府とは、玉牒の纂修をはじめとする皇族関係の事務をつかさどった役所である。洪武二十二年(一三八九)正月の設置当初は、秦王を宗人令に、晋王・燕王・周王・楚王をそれぞれ左宗正・右宗正・左宗人・右宗人として府事をつかさどらせた。しかし、永楽年間(一四〇三―一四二四)以降は勲戚を宗人令として専官をおかず、実際の事務は礼部の所轄となった。

(47) 沈徳符『万暦野獲編』巻四、論建藩府
穆宗初崩、新鄭當國。時有大俠、名呂光者、爲故相華亭所遣、行間於京師、因別遣客、以奇計干新鄭謂、主少國疑、宜如高皇初制、命親王爲宗人令、領宗人府、以鎭安社稷。新鄭大喜、納其謀。呂又宣言於内廷云、高閣老已遣牌、迎立所厚周王入紹、身取世襲國公、新帝位不安矣。兩宮大駭偵知、果有宗人之說。遂從中出旨、立逐新鄭。

ここでいう「兩宮」とは、穆宗の皇后であった仁聖皇太后陳氏と神宗の生母である慈聖皇太后李氏のことである。

(48) [容肇祖-一九三七]、[島田虔次-二〇〇三]、[森紀子-一九七七]などを参照。

(49) 張居正の講学弾圧については、[中純夫-一九九二]にくわしい。

(50) このエピソードそのものは、[容肇祖-一九三七]一二頁、[島田虔次-二〇〇三]第一冊一八二頁、[森紀子-一九七七]二九頁でも言及されている。

(51) 張居正が何心隠の政客のような行動をうらんで殺害したとのみかたは、つとに章太炎によって示されている。[章太炎-二〇〇八]四〇頁、参照。

(52) [容肇祖-一九三七]一頁、参照。

(53) [容肇祖-一九三七]七―九頁、[島田虔次-二〇〇三]第一冊一八一頁、[森紀子-一九七七]二九頁、参照。

(54)　[島田虔次-二〇〇三]第一冊一八九―一九三頁。

(55)　とくに万暦年間以降の時期に流行した「山人」についての専論として、[牛建強-一九九七]一三九―一五四頁、[金文京-二〇〇二]、[方志遠等-二〇一〇]三七―八〇頁があり、当時の政治・社会状況を特徴づけるものとして注目されている。

第七章　明代廷議における意見集約をめぐって

はじめに

第四章において、兵部尚書郭乾がモンゴルとの和議に消極的な対応に終始した要因のひとつとして、各段階における関係官僚間の合意が必要であるとの認識が存在していたと述べた。また同章では、内閣の独断専行への批判ともあいまって展開された科道官の議論のなかで、しばしば「確議」・「詳議」を経よとの主張がなされていたことを指摘し、兵部・科道官のこうした主張にある種の共通点をみいだせるのではないかとの見解も示した。このように、国家の意思決定に際して官僚間の合議・合意を重視する認識は、皇帝のみが最終決裁の権をにぎる明朝の意思決定システムにあって、いかなる論理によってささえられていたのだろうか。こうした問いについて考えていくことにより、いわゆる皇帝専制なるものの実態に多少なりともせまっていく手がかりを得られるのではないかと思われるのだが、本章は、そのひとつの試みとして、明代の廷議をとりあげ、とくにそこでの意見集約のありようについて、いささかの検討をおこなおうとするものである。

そもそも明代の廷議とはいかなるものなのか。まずは先行研究の成果によりながら廷議の概要を示し[1]、あわせて本章で検討すべき問題点を洗いだしていくこととしたい。

明の制度において、およそ国政の重要事案については、廷臣で会議したのちに皇帝の裁可をあおぐよう規定されており、当該事案の得失・可否を討議することを廷議といった[2]。廷議にかけられる事案には、皇位継承や宗藩に関する問題をはじめ、国家の礼制・官制、民政や漕運、軍事・外交・辺境防衛などがあり、まさに国政に関するあらゆる重要事案が議題にのぼされた(3)。本書でとりあげる明代の後半期に廷議への参加資格を有したのは、基本的には、行政官庁に相当する六部の尚書・左右侍郎、監察機関である都察院の左右都御史、上奏文の出納をつかさどる通政使司の通政使・左右通政・左右参議、司法案件を管轄する大理寺の大理寺卿・左右少卿・左右寺丞にくわえ、封駁の責をおう六科の都給事中と監察官たる十三道監察御史――いわゆる九卿堂上官および掌科・掌道官――であり、このほかに翰林院・詹事府・国子監などの儒臣や五軍都督府の武官が参加するケースもあった。このように、明代の廷議はおもだった中央官僚の全体会議ともいうべき位置を占めていたのであり、参会者も数十人からおおいときには百余人にものぼった。ただ、内閣大学士については、皇帝の顧問官・秘書官としての立場上、廷議の決議に対してもこれを再検討する立場を確保すべく、正統(一四三六―一四四九)・景泰(一四五〇―一四五七)から天順年間(一四五七―一四六四)までの一時期をのぞいて、みずからは廷議に参加しないのが慣例となっていた(4)。

廷議の形式上の特徴として、会議の場に皇帝は臨御せず、皇帝の命令を受けた官僚のみで協議がおこなわれ、結果を皇帝に答申するという点がある(5)。明代もはじめのころには、皇帝の御前で「面議」がおこなわれたものの、第六代の英宗が幼年で即位したのを機に、右の形式による廷議が一般化した。序章で上奏文処理プロセスとからめて述べたように、なんらかの建議がおこなわれた場合、一般には当該題疏を関係部署にくだし、その可否あるいは具体策を覆奏させるとの諭旨が出される。廷議がひらかれるのは、直接に廷議開催をもとめる上請が裁可された場合のほか、覆奏を命ずる際に皇帝の方から廷議にかけた上で覆奏せよとの命令がくだされる、あるいは逆に当該部署の方から廷議開催を奏請し、これが裁可された場合においてであった。いずれにせよ廷議の目的が皇帝の下問に対する覆奏にあった以上、覆議の内容を協議する廷議を主催し、決議案をとりまとめて覆奏するのは、一義的には皇帝の命を受けて覆奏の責をおう関係部署の長――一般には六部尚書――であった[6]。廷議の基本的な流れは「議事内容の宣読→参会諸官による発言・討議→覆疏の謄写→参会諸官が署名して上奏」というものであり[7]、おおくの場合、廷議は紫禁城の正門にあたる午門の手前東側にある闕左門（東闕。三六九頁【図10】参照）周辺でおこなわれた[8]。

以上に述べたような明代廷議の概要にかかわる部分とならんで、いまひとつ議論の焦点となっているのは、とくに皇帝権力との関係において、廷議の議決が意思決定プロセスの上でいかなる意味をもったのかという問題である。あらゆる事案についての最終決裁権が皇帝ただひとりの掌中に存した明朝の意思決定システムにあっては、むろん廷議の決議がただちに国家意思となるわけではない。この点は先行研究でも強調されるところであり、政策の失誤・偏向をすくなくし、政策決定の水準をたかめるという点で、廷議が一定の積極的作用を有したとはいえ、その決議はあくまでも皇帝が決裁をくだす際の参考意見にすぎず、その作用もおおきな制限を受けざるをえなかったとされる[9]。

しかしながらこの説明は、つまるところ皇帝のみが最終決裁権を有するという大原則を別のことばでいいかえたにすぎず、廷議の決議がもつ意味を積極的かつ具体的に説明したものとはいいがたい。こうした説明にとどまっている要因のひとつは、おそらく先行研究の視角・手法にもとめられよう。先行研究においてこの問題が論じられる場合、その議論の立て方は、往々にして廷議の決議が皇帝に採用されたか否かに注目し、そこからなんらかの原則・論理を帰納的に抽出しようとするものである。ところが、実際には全面的採用・却下あるいは部分的採用や再議が命ぜられるというように、じつに多様なケースが存在するがゆえに、皇帝の賢否やそのときどきの政治状況といった個別の要因によって説明するのでなければ、いわば諸事例の最大公約数をとるようにして「廷議の決議＝皇帝への参考意見」という説明をあたえざるをえない、というのが実情であるかにみえる。

しかし、そうした大原則のレヴェルからふみこんだところに廷議のより積極的な意義をさぐれないかとの提言もなされているように[10]、廷議なかんづくその決議が皇帝の参考意見というにとどまらない意味をもっていたかにみえるケースはすくなくない。たとえば、第二章でふれた嘉靖二十九年（一五五〇）八月の庚戌の変に際してひらかれた廷議もそのひとつに数えることができる。

このときの廷議開催までの経緯をいまいちどふりかえってみよう。朝貢許可を要求するアルタンからの書簡がとどけられ、世宗は大学士厳嵩・李本および礼部尚書徐階を西苑に召しだした。北京城を包囲されながらもなお楽観的なみかたを示す厳嵩に対し、徐階は一刻もはやく対応策を定めるようもとめた。既述のとおり、このとき徐階は、朝貢をもとめる手つづきの問題を理由にアルタンの軍を撤退させ、明側の態勢をととのえる時間をかせぐという方策を建議したのだが、注目したいのは、徐階の建議に対して世宗が、

上首肯曰、卿言是。還出與百官議之。

お上はうなずいて「卿の言はもっともである。やはり百官とともに議せ」といわれた。

と述べていることである。このあと厳嵩・徐階は帝が出御して視朝をおこなうよう懇請し、世宗が不承不承ながらこれを約束したのを受けて退出する。そして、礼部尚書徐階はその日のうちに廷議を開催した[11]。ここでとりまとめられたのも西苑における御前会議で徐階が提起したのと同様の方策であり、廷議の決議として覆奏された当該方案を世宗が裁可したこと、これまた第二章で述べたとおりである。

以上の経緯において疑問に思われるのは、徐階の方策を是とするという皇帝世宗の意思が、すでに廷議にさきだつ御前会議の段階で示されていたにもかかわらず、なぜ「出て百官と与《とも》に之を議す」ことが命ぜられたのかということである。引用した世宗の諭旨、とりわけ「やはり」・「なお」というニュアンスをあらわす

「還」の語からうかがえるのは、皇帝の意思だけで正式決定にふみきるにはなにかが足りないという認識であり、その足りないなにかをおぎなうものが廷議であったということになる。ここで廷議に期待されたことを「皇帝が決定の際に参考にするため」と説明することは、たしかにまちがいとはいえない。しかし、すでに帝意が示されており、かつそれに沿うような形で廷議の決議もとりまとめられていったという展開をみるとき、実質的か形式的かという点はおくとしても、やはり廷議およびその決議にはたんなる参考というにとどまらない、より具体的な意義が認められていたように思われるのである。

帝意がかたまっているにもかかわらず廷議がおこなわれた例をいまひとつあげよう。景泰三年（一四五二）四月にひらかれた「易儲」——儲嗣＝皇太子を易（か）える——をめぐる廷議である。周知のとおり、正統十四年（一四四九）八月の土木の変によって、皇帝英宗がモンゴルに拉致されたのち、明廷では英宗を太上皇とし、弟の郕王が即位する（景泰帝）。翌景泰元年（一四五〇）八月、英宗は北京に帰還するも、南宮で事実上の幽閉状態におかれた。こうしたなか、景泰帝は自身の即位時に皇太后孫氏の命によって皇太子に立てられていた英宗の子朱見深（のちの憲宗）を廃し、みずからの子である朱見済を皇太子につけようとしていた。当時、広西思明府（現、広西壮族自治区の属。ヴェトナムとの境に位置する）の知府は土司の黄氏による世襲であったが、この知府ポストの継承あらそいにからんで、景泰三年（一四五二）四月、みずからに有利にことをはこぼうとした黄玹なる人物が、帝の歓心を買うべく、皇太子をかえるよう上奏したのである。廷臣のおおくはこれにおどろき、黄玹に賄賂をおくって上奏をそそのかした者がいたのではないかとうたがったというが、帝はみずからの意に沿う上言によろこび、さっそく廷議において議するよう命じた[12]。この廷議の状況は『実録』景泰三年四月乙酉（二十二日）条に、

衆心知不可、然莫敢發言。遲疑者久之、司禮監太監興安厲聲曰、此事今不可已。不肯者、不用僉名。尙何遲疑之有。於是、無一人敢違者、其議遂定。

みなは心中その不可なることを知っていたが、しかし、だれもあえて発言しようとはしなかった。いつまでも決せずにいると、司礼監太監の興安が声をはげまして「これはいまとなってはやむをえないのだ。賛成しない者は署名する必要はない。これ以上なにを逡巡することがあろうか」といった。ここに至って、異をとなえる者はなくなり、〔易儲の〕議は定まった。

と伝えられている。こののち礼部尚書胡濙は参会した文武百官の連名による「易儲」支持の覆疏をのぼし、当然ながら帝もこれを嘉納した。

このケースは、さきの嘉靖二十九年（一五五〇）八月の廷議にもまして、皇帝の意向がはっきりした状況でひらかれた廷議といえる。そして、かくまでに帝意があきらかであるにもかかわらず、やはりさきの例と同様、それだけでは正式決定に至っていないことを確認しておきたい。張治安氏はこの廷議を評して形式的なものにすぎないと述べているが(13)、ではその「形式」をなりたたせていた論理がいかなるものであるかについて、具体的な説明がなされているかといえば、かならずしもそうは思われない。たとえそれが形式上の要素であったとしても、「易儲」実現のためにみえすいた茶番劇といってさしつかえない黄竑の上奏という契機を必要とし、宦官による恫喝という手をつかってでも廷議の支持を必要としたという事実は、決して軽視すべきではあるまい。すべてに優先する決定権をもつはずの皇帝が、そこまでして廷議の決議にもとめたのはいったいなんであり、それはなぜ必要だったのか。その点を具体的に説明できれば、明代の政策決定プロセスにおける廷議の位置づけについても、従来の大原則のレヴェルからよりふみこんだ説明が可能となろう。

問題はどのような切り口からアプローチしていくかということである。これについては、『実録』前引記事に記された司礼監太監興安のことばが、ひとつのヒントをあたえてくれるように思われる。すなわち「易儲」すべきだという内容の決議をとりまとめる――先述のとおり、その決定的な要件となるのは参会者が覆疏に署名することである――際、賛成しない者は署名しなくてもよいと述べられていたことに注目したい。状況が状況なだけに、この言をどう理解するかということはかなり微妙な問題をふくむものではあるものの、すくなくともこの発言から、景泰帝らはかならずしも全参会者の賛同の署名を必要とせず、かつそのような形で反対者を排除してもよいので「易儲」賛成という方向に集約された決議をもとめていた、と理解することはゆるされよう。とすれば、そこでとられた方法は、表明された反対意見を否決してひとつの方案を採用するというのではなく、はじめから反対意見を表明させないことによってひとつの方案に集約させていくというものであり、このようにしてとりまとめられた決議が、意思決定プロセスにおいてなんらかの意味をもつものとして受けとめられていた、ということになる。

そもそも官僚レヴェルで展開していく廷議のプロセスにおいて、意見集約ないし合意形成がどのようにしておこなわれていたのかということは、皇帝権力と廷議との関係に注目してきた先行研究では盲点になっていたといってよい。最近になって、明代も中期以降の廷議においては、記名投票による多数決がおこなわれたとする説も提起されている(14)。しかし、すくなくとも上にみた景泰帝の「易儲」をめぐる廷議の例からいえば、反対者に署名させず、賛成者の署名のみでも決議としてなりたつという考え方が存在しうるという点において、明代の廷議は現代の多数決とは異なる論理ないし原則によって意見集約がはかられていたように思われる。ならばその論理・原則はいったいどのように説明することができるのか。

以上のような切り口から、本章では、官僚レヴェルで展開していく意見集約・合意形成のありように注目しながら明代廷議の分析をすすめていく。廷議ではいかなる手段で参会諸官の意見をあつめ、皇帝に上呈される覆疏はどのように作成されたのか。また、諸官の意見を集約する上で、なんらかの原則ないし価値基準のようなものが共有されていたのか。いたのだとすれば、それはどのようなものであったのか。これらの諸点について、具体的な廷議の展開プロセスに即して考えていくこととしたい。

なお、本章では、おもに嘉靖年間(一五二一―一五六六)以降の事例を中心にして検討をすすめることとする。これは紙幅の都合や筆者の能力の限界といった点ももちろんながら、明一代における廷議の変遷をおうことにではなく、むしろ慣例として定着した廷議のすがたを浮かびあがらせることに重点をおこうとの意図によるものである。

第一節　意見集約の原則

そもそも明代の廷議における意見集約について、制度上の規定は存在したのだろうか。これについては、万暦『明会典』巻八十、礼部三十八、会議にみえる、

〔洪武二十四年〕又令、……若有衆論不同、許面奏定奪。

〔洪武二十四年(一三九一)〕またつぎのように命じた。……もしみなの議論が一致しなければ、直接、面奏して可否を決することをゆるす、と。

という規定がひとまずそれに該当しよう。すなわち、参会者の意見が異なる場合は、それらをすべて「面奏」すなわち皇帝に対面して直接上言し、皇帝の判断をあおぐというものであるが、明朝の意思決定プロセ

スの大原則は、この規定にも端的に示されている。いうまでもなく最終決裁権は皇帝のみに存するということ、そうであるがゆえに、廷議で表明された建議はひとしく皇帝の参考に供されるべきものであり、その点で皇帝と個々の官僚とは一対一の関係にあるということである。本章後段で述べるように、廷議の結果を上奏する覆疏もこうした原則を満たすような形式がとられた。

さて、右の規定を文字どおりに解すれば、張治安氏が指摘するように、廷議ではかならずひとつの決議案に諸官の意見を集約させねばならないということはなかった、ということになる。[15] しかし、それはあくまでも規定である。さきにあげた景泰帝の「易儲」問題にかかわる廷議の例などから考えれば、そうしたあり方が実際のレヴェルにおいてもそのままおこなわれていたのか否か、ないしそのままおこなうべしと考えられていたのかどうかは、規定の存在とは別に検討しなければなるまい。現に当該規定の例証として張治安氏があげている嘉靖十九年（一五四〇）三月の廷議では、つぎのようなことがおこっているのである。

この廷議の議題となったのは、天順年間に礼部右侍郎をつとめた薛瑄の文廟従祀問題である。孔子をまつる文廟に従祀することは、その人物の学術事功に対して国家が公認かつ肯定評価することを意味する。このすぐあとに論ずるように、当該廷議では従祀賛成派が多数を占め、多数意見にしたがうよう上請する者もいたなかで、ひとり翰林院検討の郭希顔のみが異議をとなえた。これに対して監察御史饒天民が上奏し、むやみに異議をとなえたことを理由に郭希顔の処罰をもとめた。ところが世宗は、廷議で相異なる意見が提起されるのは問題ないとの認識を示し、逆に典制につうじていないとして饒天民を譴責したのである。[16]

たしかにこのケースは、廷議ではかならずしもひとつの意見に集約する必要はないという規定が、この時期まで原則として生きていたことの証左とはなる。しかし一方で、ひとり反対をとなえた者を処罰すべしという強硬な意見が出された事実もまた無視すべきではない。明初からおよそ百五十年を経た嘉靖年間には、官界の慣習ないし官僚の意識といったレヴェルにおいて、廷議では議論をひとつに集約すべきだとの認識が相当程度まで浸透していたことを、むしろこの事例からは読みとるべきなのではなかろうか[17]。とするならば、前掲『明会典』所載の規定とは別に、廷議でひとつの決議案へと諸官の意見を集約するに際して、いかなる原則ないし価値観が存在したのかを問うことにも、一定の妥当性が認められるであろう。

本節では、まず具体的な廷議の事例における意見集約のプロセスをあとづけ、そこにどのような原則ないし価値観をみいだすことができるのかを検討していく。とはいうものの、意見集約のプロセスを史料の上で明確な形で確認できる例は、じつはさほどおおくはない。この種の問題を論じる際の基本史料となる『実録』は、おおくの場合、すでに上奏された覆議とそれに対する論旨のみを記すのが普通である。おそらくそれは、次節で述べる覆疏作成のあり方や廷議の形骸化などの要因によって、意見集約の如何が史料にのこるような形で問題となることがすくなかったことによるものであろう。したがって本節でとりあげるのも、いきおいなんらかの事情によって、どのように意見集約をはかるかということじたいが問題となった事例とならざるをえない。そうした観点から本節ではふたつの事例をえらんだ。ひとつは王守仁(陽明)の文廟従祀問題であり、いまひとつは第四章でも論じたアルタン封貢問題である。事案ごとに一項を設けて最終決定に至るまでのプロセスと意見集約のありようをあきらかにした上で、そこからいかなる原則を抽出できるのか、かつそれがどのような意味をもっていたのかについて、別に一項を設けて論ずることとする。

(i) 王守仁の文廟従祀問題

王守仁は嘉靖七年(一五二八)十一月に死去したが、嘉靖年間における彼とその学派をとりまく状況は良好なものではなく、表だって文廟従祀が提起されるのは隆慶年間(一五六七―一五七二)に入ってからのことである。以後、紆余曲折を経て、最終的に従祀が決定するのは万暦十二年（一五八四）十一月であり、このあいだには廷議もひらかれた。この問題についてはすでに専論もあり[18]、ここではそれらの成果によりながらも、各段階で示された判断がいかなる理由によるものであったのかに注目しながらみていくこととしたい。

最初に関連の記事があらわれるのは隆慶元年（一五六七）のことである。給事中趙輄・御史周弘祖が薛瑄の、御史耿定向が王守仁の従祀をそれぞれ上請したのに対し、同年六月、礼部はつぎのように覆奏した。薛瑄の従祀は、すでに嘉靖年間において大多数の者が賛同し、世宗もその功を認めていたにもかかわらず、公論が定まるのをまつべしとの判断から決定をさきおくりした。薛瑄より世代のちかい王守仁については、衆論が一致しないことが懸念される。それゆえ翰林院・詹事府・左右春坊・国子監の儒臣に討議させた上で礼部主催の廷議をおこない、皇帝の判断をあおぎたい、と[19]。穆宗はこれを裁可し、また、同年十月に戸科給事中魏時亮が上請した薛瑄・陳献章・王守仁の従祀についても、礼部にくだして議すよう命じた[20]。

ところで、同年六月の覆議で言及された嘉靖年間の前例とは、本節冒頭でふれた嘉靖十九年（一五四〇）三月の廷議のことである。薛瑄従祀の可否を議した当該廷議および世宗の論旨は、これ以降の王守仁従祀をめぐる議論でもしばしば言及されるが、そこで示された判断は意見集約のあり方を考える上でも注目に値する内容をふくむ。いささかまわり道にはなるが、以下、当該廷議の状況を一瞥しておきたい。

『実録』によれば、御史楊瞻・樊得仁の上奏を受け、詔によって当該事案は儒臣の議にくだされた。礼部尚書霍韜・礼部侍郎張邦奇以下、二十三名が従祀すべしとの意見であったが、庶子童承叙・賛善浦応麒は結論をいそがず決定をさきおくりするようもとめ、翰林院検討の郭希顔は薛瑄に著作がないことを理由に従祀する必要はないと主張した。これによって彼は監察御史饒天民から弾劾されたのであり、また給事中丁湛らが多数意見にしたがうようとくに上請していることからみても、すくなくとも人数の上では従祀賛成者が多

数を占めていたと考えられる。以上のような諸官の意見をとりまとめて礼部が覆奏したのに対し[21]、世宗は、

上曰、聖賢道學不明、士趨流俗、朕深有感。薛瑄能自振起、誠可嘉尙。但公論久而後定、宜候將來。童承敍・浦應麒議、是。

お上は「聖賢の道学があきらかならず、士人が俗に流れていること、朕にはふかく感ずるところがある。薛瑄が〔道学を〕さかんにしたことは、まことによみすべきではある。ただ、公論はひさしくしてから定まるものであるから、将来にまつべきである。童承叙・浦応麒の議を是とする」といわれた。

との論旨をくだした。多数意見ではなく、決定をさきおくりすべしとした童承叙・浦応麒の建議を採用するとの判断を示したのである。この論旨に「誠に嘉尚すべし」とあることからして、世宗が薛瑄の事功に否定的であったがゆえに決定をさきおくりしたのではないのはまちがいあるまい。世宗が示した理由は「公論は久しくして後定まれば、宜しく将来に候《ま》つべし」というものであった。しかし、すくなくとも『実録』の記事によるかぎり、慎重・反対意見が存在したとはいえ、圧倒的多数といってもよいほどの官僚たちは従祀に賛成であった。にもかかわらず、世宗はそれを公論が定まっていない状態とみなし、従祀決定にふみきろうとはしなかったのである。

こうした状況は、王守仁従祀問題をめぐるこれ以降の議論においても同様にみいだすことができる。隆慶元年（一五六七）段階で従祀に関する正式決定はなされなかったものの、そののちにも関連の上奏があいつぎ、賛成・反対それぞれの立場から建議が提出された[22]。こうしたなか、万暦二年（一五七四）に至って礼部尚書万士和が「覆新建伯従祀疏」（『万文恭公摘集』巻十二）を覆奏するが、ここにも決定に際しての合意形成のありようを考える上で注目すべき記述がみえる。

万士和はまず、王守仁従祀をめぐるそれまでの論争をつぎのように概括する。

臣等竊照、新建伯王守仁従祀之説、首尾八年、迄無定論、蓋尊之者固多、而訾之者亦有。是二者、一則崇尚儒先、一則愼重典制、皆非有所私也。但人之品格、自有一定。

臣らがおもいますに、新建伯王守仁の従祀が議論されて足かけ八年になりますが、いまだ定論をみないのは、おおくの者が彼をとうとぶ一方で、非難する者もいるからです。この両者、一方は先儒を尊崇する立場に立ち、一方は典制を定めるに際して慎重を期すべしとの立場であり、双方とも私心によるものではありません。しかし、ひとの評価はおのずとひとつに定まるものです。

注目すべきは、彼が八年を経てもなお決着をみない原因を賛否両論が存在していることそれじたいにもとめている点である。かつここで示されている考え方が、現代の多数決とは異なっていることにも注意しておきたい。万士和は、官界全体の趨勢は賛成派が多数であると明言しながらも、両論ともに相応の根拠があり、私心によるものではないと述べるのみならず、当該覆疏の末尾では、

臣等臆見、雖與前後諸臣建議従祀者相同、然不敢遽執以爲折衷之論。

臣らの見解は、これまで従祀すべきだと建議してきた諸臣とおなじですが、しかし、あえてこれに固執して拙速に折衷するようなことはいたしません。

と述べ、従祀賛成が多数であるからといって、そのように決定することには慎重な姿勢を示している。以上の言からすれば、すくなくとも従祀という問題に関して、万士和は異なる意見が存在しない状態を「自ずと一に定まること有」る状態とみなし、それが実現してはじめて正式決定にふみきれると考えていた、とみて

よさそうである。さらにいえば、決定にふみきる条件となる如上の状態を実現するための具体的な方策を、彼はもちあわせていなかった。右の引文中、万士和はいわゆる多数決を否定するとともに、多数意見である従祀賛成の方向で議論を「折衷」することもしないと述べている。そして、実際に彼が示した方策も、翰林院・詹事府・左右春坊・国子監などの諸官に是非を検討させた上で、二か月以内に覆奏するというものであった。[23]ありていにいってしまえば、結論をさきおくりして異論が出ない状態に至るのをまつというわけである。

以上のふたつは、あくまで皇帝の諭旨と礼部尚書の覆議であり、ここから廷議における意見集約のありようをみようとするのは、いささか厳密さに欠ける嫌なしとはしない。しかしながら、立場を異にする両者のあいだに、意見を集約して決定をおこなうということに関して、一定の共通認識が認められることは重視されてよい。すなわち、決定にふみきる際には異論が出ない状態となることが重視されたこと、そうした状態はなんらかの作為・方策によって達成されるのではなく、あくまでもそうした状態に至るのをまつべきものと認識されていたこと、それゆえに、相異なる意見が存在する場合には決定がさきおくりされたこと、といった点である。

王守仁従祀をめぐってひらかれた万暦十二年(一五八四)十一月の廷議でも、事態は同様であった。この年、御史詹事講が王守仁従祀を上請したのを受け、礼部は廷臣合同で可否を討議するよう覆奏し、神宗も九卿・科道官および儒臣に公正に論評させるとの命をくだした。当該廷議の状況を伝える談遷『国榷』巻七十二、癸未万暦十二年十一月庚寅(十八日)条によれば、**【表6】**に示すように、詹事講が推した王守仁・陳献章のほかにも、胡居仁・呂柟・蔡清・羅倫の名があがったという。また、兵部左侍郎石星は、王守仁・陳献章が門戸を立てて講学をおこなったことを非難し、刑部左侍郎丘橓も、王守仁の説は禅家の説を旨とするも

【表6】 万暦12年（1584）11月廷議における各官の推挙者

氏　名	官　　職	胡居仁	陳献璋	王守仁	呂柟	蔡清	羅倫
楊　巍	吏部尚書	○					
王　遴	戸部尚書	○					
張学顔	兵部尚書	○					
舒　化	刑部尚書	○	○	○			
楊　兆	工部尚書	○			○		
趙　錦	都察院左都御史	○	○	○			
周子義	吏部左侍郎	○	○	○		○	
王家屏	吏部右侍郎						
宋　纁	戸部左侍郎	○					
傅希摯	戸部左侍郎総督倉場	○					
辛応乾	兵部左侍郎協理京営戎政	○	○				
石　星	兵部右侍郎		×	×			
丘　橓	刑部左侍郎			×			
倪光薦	工部左侍郎仍管通政使事	○	○	○			
陳　瓚	右通政	○	○	○			
杜其驕	通政参議					○	○
曾同亨	大理寺卿	○	○	○			
何　源	大理寺少卿	○	○	○			
羅応鶴	大理寺丞	○	○	○			○
呉中行	右諭徳	○	○	○			
陳于陛	司経局洗馬	○	○	○		○	
斉世臣	吏科都給事中	○	○	○			
王敬民	吏科左給事中	○				○	
王三余	兵科左給事中協理戸科	○				○	
顧　問	刑科左給事中	○		○			
喩文煒	雲南道監察御史	○	○	○			
龔一清	河南道監察御史	○	○	○			
陳遇文	山東道監察御史	○	○	○			
推　挙　者　数		24*	15	15	1	5	2

＊ただし、後掲沈鯉「議孔廟従祀疏」には、胡居仁を推挙した者は25人であったとみえ、『国権』の数字とは一致しない。

のだとして、いずれも従祀に反対した（**【表6】**の×印）。さらに、吏部右侍郎王家屏は、従祀は国家の重大な典制であり、現時点で従祀した者を将来しりぞけるようなことがあってはならず、みなが心服して後世に伝えられる人物でなければ、軽々に従祀を議すべきではないと主張した(24)。

当該廷議を主催したのは礼部尚書沈鯉であった。すでに指摘されているように、彼は、胡居仁については従祀すべきだとしたものの、王守仁・陳献章の従祀はみおくるべきだとの覆議をのぼした(25)。そして、沈鯉がそう判断する決め手となったのも、やはり反対意見の有無であった。このときの覆疏である「議孔廟従祀疏」（『亦玉堂稿』巻一）のなかで沈鯉は、

> 従祀一事、持久不決、必煩廷議者、則以在廷之臣、可以盡天下之公議、而衆言僉同、人品自定。所以要之於歸一之論也。
>
> 従祀の一件について、ながらく決定をみず、かならず廷議にかけてきたのは、廷臣が天下の公議をつくし、みなの意見がおなじになり、評価がおのずと定まるようにすべきだからです。ゆえに〔従祀の可否は〕みなが一致するようにせねばなりません。

と述べている。従祀に値するか否かの評価はひとつに集約しなければならず、そのためには天下の「公議」をつくし、「衆言僉《みな》同じ」状態に至らねばならないという沈鯉の言は、先掲のふたつの事例から共通して浮かびあがってきたのと同様の認識を端的にいいあらわしたものといえる。その上で沈鯉は、胡居仁について、

> 今與議諸臣、擧從祀者、莫不以胡居仁第一。卽有次及居仁與其不擧者、亦毫無異議。
>
> いま廷議に参加した諸臣が従祀すべしとして推挙している者のうち、胡居仁を第一としない者はあり

ません。たとえ居仁を筆頭候補としない、ないし彼の名をあげない者がいるとしても、彼を従祀することへの異議はまったく出ておりません。

と述べて、異論が出ていないことを理由にその従祀を可とする判断を示した。沈鯉のいうところは【表6】の賛否状況とも符合するが、これに対して、王守仁・陳献章については、先述のとおり明確に従祀反対を表明する者がいた。沈鯉はこの点をふまえ、[26]

……是輿論未協、而事久論定、尚非其時也。臣等有感於承敍・應麒之言。故敢亦請緩之、以俟公論之定、而徐議於後、似亦未晩。

……つまり輿論はいまだ一致しておらず、しばらくたってから評価が定まるという状態であり、まだ〔従祀の可否を決する〕ときではありません。臣らには〔童〕承叙・〔浦〕応麒の言に感ずるところもございます。ゆえに、あえて決定のさきおくりを上請し、公論が定まるのをまってから議してもおそくはなかろうと考えます。

と述べている。嘉靖十九年（一五四〇）三月の廷議の前例をふまえつつ、先述のふたつのケースと同様、この時点での決定をみおくり、みなの意見が一致するのをまつよう上請したのであった。

以上の覆議が首輔申時行をはじめとする内閣の意向によってくつがえされ、最終的に王守仁・陳献章・胡居仁三人の従祀が決定したことも先行研究があきらかにしている。[27]従祀賛成者が多数を占めていたためか、廷議を経てのぼされた礼部の覆議を内閣がくつがえしたことへの批判的言説はさほどめだたず、逆に沈鯉が平素から王学をかろんじていたことが強調されるようである。[28]しかし、意見集約のあり方という観点から王守仁従祀問題をめぐる一連の動きをみるならば、異論なき状態をもって議論がまとまった状態とみなし、そうした状態に至るのをまってはじめて決定にふみきるべしという沈鯉のような考え方は、むしろ意見集約時の原則ないし慣習として、かなりの程度まで浸透・確立していたように思われる。明清両朝につかえ、明代の典制に関する著作も伝えられる孫承沢は[29]、その著『春明夢余録』巻三十九、礼部一、礼制のなかで沈鯉の当該覆疏にふれ、

> 按、孔廟従祀、爲禮之大者。龍江先生此疏、欲止祀薛・胡兩公、而白沙・陽明俟論定。……此正論、亦定論也。乃陳・王従祀、閣中竟以密掲中旨行之。此何等事、而可如是與。
>
> 按ずるに、孔廟への従祀は礼の大なるものである。龍江先生（沈鯉の号）のこの覆疏は、ただ薛〔瑄〕・胡〔居仁〕のふたりのみ従祀し、白沙（陳献章）・陽明（王守仁）については議論が定まるのをまつようもとめたものである。……これは正論であり、また定論でもある。それなのに、陳・王の従祀は内閣が密掲をのぼし、中旨によって決定にふみきった。これはなんということか、こんなことがあってよいものか。

という按語を記している[30]。かくまでにつよい調子で沈鯉の所説を「正論」かつ「定論」と断じ、かつ内閣への不満をあらわにした孫承沢の言は、生員の時分から「東林秀才」と目されていたという彼の立場を物語るのもさることながら[31]、意見集約・合意形成のあり方についての如上のみかたを裏づけるものといえよう。

（ii）アルタン封貢問題

つぎにとりあげるのは、いわゆるアルタン封貢をめぐってひらかれた隆慶五年（一五七一）三月の廷議で

ある。本書付章で述べたとおり、北京の中国国家図書館所蔵の『兵部奏疏』には、当該廷議の具体的な状況を伝える貴重な題疏がおさめられている。本項では、第四章の内容もふまえながら、前線の総督王崇古が建議を上呈するところをふくめて、あらためて当該廷議をめぐる一連のプロセスに焦点をあて、前項での検討からみえてきた意見集約のありようが、中央の廷議のみならず中央と地方との関係においても認められることを論じてみたい。

隆慶四年（一五七〇）十二月、総督王崇古はアルタンに王号をあたえるとともに、彼にバイスハル・ノヤンダラらの諸侯を統率させる形で、封貢・互市を認めるよう題請した。これに対して兵部尚書郭乾がのぼした覆疏が［兵部奏疏5］である。第四章第二節で指摘したとおり、郭乾はこのなかで、

> 今本官復題前因、止憑一二夷使之言、未見會同鎮・巡詢謀僉同之慮。
>
> いま本官（王崇古）が前件（封貢・互市の件）についてふたたび題奏してきたのは、ただひとりふたりのモンゴル側の使者の言によるのみで、総兵官・巡撫と会同して協議し、みなの意見が一致したことが示されていません。

と述べ、宣府・大同・山西各鎮の総兵官・巡撫もおなじ考えである――「謀を詢《と》うに僉《みな》同じ」――ことが明確に示されていないという点を却下理由のひとつにあげていた。前項でみた礼部尚書沈鯉の「議孔廟従祀疏」のなかで、王守仁従祀にふみきる要件として「衆言僉《みな》同じ」なることがあげられていたことは、ここで想起されてよい。郭乾のこの発言からは、建議をおこなう上で、地方官レヴェルにおいても異論なき状態に至ることが必要だとの認識を読みとることができる。

これに対して王崇古は、現場での迅速な対応のさまたげになるとの理由から、所轄地区の関係諸官の意見

を逐一あつめるという手つづきに不満を表明しながらも、そののちに題奏した［督府奏議5］では、いわゆる「封貢八議」策定にあたって、関係各官の意見の一致をみたことをとくに強調していた。すなわち、みずからの管轄下にあるすべての関係地方官の建議をあつめたのみならず、とくに宣府巡撫孟重・大同巡撫劉応箕との「面確」を経て「八議」を策定したこと、また、山西巡撫石茂華の咨文がとどいたことについても、「衆論僉《みな》同じ」・「三鎮一体の義を見」たと述べていた[32]。王崇古が一方で不満を示し、その改善をもとめながらも、みずからの所轄地区の巡撫・総兵官以下の関係地方官からあまねく同意が得られたことを逐一示しているのは、それが手つづき上のこととはいえ必要なことであるとの認識が、王崇古にも共有されていたことを物語る。このように、立場・主張を異にする両者に如上の認識が共有されていたことは、関係各官の一致した賛同をもって建議の上呈・可決の要件とみなす認識が、当時の官界において一定のひろがりをもって浸透していたことの証左となる。かくて王崇古の「八議」が題奏されるに至り、兵部尚書郭乾は廷議開催を上請した。次節で述べるように、「八議」を刊刻して事前配布し、参会諸官の意見を徴するための用紙を配布するという廷議開催までの具体的な段どりを述べた［兵部奏疏10］を郭乾が覆奏したのは、このときのことである。

　この廷議の結果を伝える郭乾の覆疏が、隆慶五年（一五七一）三月初二日付の［兵部奏疏11］である。次節でみる李廷機「直陳楚藩議単疏」（『李文節集』巻一）によれば、廷議の覆疏は会議終了後その場で作成し、当日中に上奏するのが慣例であったというから、この廷議も三月二日に開催されたとみてよい。［兵部奏疏11］で郭乾は、まず「八議」上呈後に提出された諸官の建議を引用し、それぞれの論点を整理した上で、王崇古の建議の核となる封号の授与と互市の二点について、関係諸官が提出してきた意見書にもとづき、賛成者・反対者の名前を列挙している[33]。それをまとめると【表7】のようになる。

【表7】 隆慶5年（1571）3月廷議における各官の賛否状況

武　官（14名）				文　官（31名）							
氏　名	爵　位	封号	互市	氏　名	官　職	封号	互市	氏　名	官　職	封号	互市
徐文璧	定国公	○	○	張守直	戸部尚書	×	×	成守節	大理寺左寺丞	○	×
張　溶	英国公	×	×	潘　晟	礼部尚書	○	○	王正国	通政使司通政使	○	○
蔣　佑	定西侯	○	○	朱　衡	工部尚書	○	×	何永慶	通政使司右通政	○	○
湯世隆	霊璧侯	×	×	張四維	吏部左侍郎	○	○	李　琦	通政使司左参議	○	○
陳大紀	寧陽侯	○	×	魏学曾	吏部右侍郎	○	○	宋　訓	通政使司右参議	○	○
朱　岡	撫寧侯	×	×	陳紹儒	総督倉場戸部左侍郎	×	×	韓　楫	吏科都給事中	○	○
陳良弼	泰寧侯	×	×	劉光済	戸部右侍郎	○	○	宋良左	戸科都給事中	○	○
許従誠	駙馬都尉	○	○	王国光	刑部左侍郎	○	×	王之垣	刑科都給事中	×	○
王正億	新建伯	○	○	朱大器	刑部右侍郎	×	○	龍　光	工科都給事中	○	×
朱承勲	武進伯	○	○	趙　錦	工部左侍郎	○	○	侯居艮	湖広貴州道監察御史	○	×
毛　登	伏羌伯	×	×	鄒応龍	工部右侍郎	×	×	呉道明	陝西広東道監察御史	○	○
曹文炳	豊潤伯	×	×	葛守礼	都察院左都御史	○	○	朱文科	山東雲南道監察御史	○	×
張元善	恵安伯	×	×	李　棠	都察院右僉都御史	○	○	楊　標	浙江河南道監察御史	×	×
郭応乾	成安伯	○	×	譚　綸	協理京営戎政右都御史	○	○	盧明章	広西江西四川道監察御史	×	×
				董伝策	大理寺卿	×	×	鄧林喬	福建山西道監察御史	×	×
				王　治	大理寺右少卿	×	×				
封号授与：賛成28名　反対17名　　互市：賛成22名　反対23名											

馬静茹氏が検討しているように(34)、このときの賛否の状況を伝える史料はいくつかあるが、具体的な人数まであげているのは『実録』隆慶五年三月甲子（三日）条の記事である。これによると、定国公徐文璧・吏部左侍郎張四維ら二十二人が許可すべきだとしたのに対し、英国公張溶・戸部尚書張守直ら十七人が反対を表明したほか、工部尚書朱衡ら五人は封貢許可・互市不許可との立場をとり、都察院僉都御史李棠のみが貢市許可をつよく主張したという(35)。これを【表7】と対照すると、『実録』は賛成派として互市に賛成した者の人数を、反対派として封号授与に反対した者の人数をそれぞれとったようである。そもそも周辺諸国の首長（蕃王）に封号を授与することとは、それによって彼を中国皇帝を頂点とした国内の身分秩序の外縁に位置づけることを

意味し、こうして成立した君臣関係は、封号を受けた蕃王が中国皇帝に対して定期的に朝貢することによって確認された[36]。朝貢への返礼として中国側から回賜・撫賞があたえられるほか、恩恵として互市も認められたわけだが、一方で、たとえば「アルタンに名目上の称号をあたえて平和を実現する」というようないい方がしばしばみられるように[37]、封号授与はかならずしも実利実害をともなわない問題であるとの認識も、当時の官界には存在していたようである。それに対して、互市実施の影響は経済・財政・軍事など諸方面におよぶものであり、その点を指摘する形でモンゴルの貢市解禁に対して反対が提出されたこと、すでに第四章でみたところである。こう考えてくると、互市に賛成するというのは、モンゴルとの和議にもっとも積極的な立場ということになり、逆に封号授与に反対するということは、もっとも消極的であったということになろう。そして『実録』が採用したふたつの数字をこのように説明するならば、封号授与に賛成し、互市には反対した工部尚書朱衡らは、いわば両者の中間の立場ということになる[38]。

さて、【表7】に示した人数からみれば、廷議の賛否は真二つにわれたといってよい。地方官レヴェルで「謀を詢《と》うに僉《みな》同じ」状態に至っていないとして王崇古の建議をしりぞけた郭乾は、こうした状況のなかでどのように意見集約をはかろうとしたのだろうか。

このときの郭乾の対応について、第四章でも引いた『実録』隆慶五年三月甲子（三日）条は、

　兵部尚書郭乾、淆于群議、不知所裁。姑條爲數事、以塞崇古之請、大抵皆持兩端。

　兵部尚書郭乾は諸官の意見にまよい、どのように判断してよいかわからなかった。ひとまず数項目の覆議をまとめて王崇古の要請をふさいだが、おおむね両端を持すものであった。

と伝えていた。ここでの「両端を持す」という語は、たしかに郭乾が可否を明確にしえなかったことへの否

定的なニュアンスを多分にふくむものとはいえ、一面からみれば、諸官の賛否が二分された状況にありながらも、なお彼が議論をひとつに集約し、異論が出ないような覆議をとりまとめようとしたことを伝えているともいえるのではなかろうか。覆議の内容からみても、第四章第三節で述べたように、たとえば封号の授与について郭乾は、アルタンをふくむ右翼モンゴル諸侯に一律に都督の官職をあたえて各部を統属関係におかず、一、二年の観察期間をおいてから王号の授与について議すとの判断を示していた。これが事実上、王崇古の建議をふさぐものではあったが、郭乾の立場からみれば、アルタンに王号をあたえて諸侯を統率させるようもとめた王崇古の建議と、アルタンのもとにモンゴルの勢力が結集されるのをおそれる科道官の主張との中間をとったものといえよう。また、互市の実施についても、［兵部奏疏11］で郭乾は、

今集廷臣互市之議、中間言其可行者、十之三四、言其不可行者、十之六七。臣等參酌衆言、卽當報罷。但督撫之臣、業已爲之題請、事在邊疆、難以中止。合無今歳聽其暫一行之、以觀其事機之如何。

いま、互市についての廷臣の建議をあつめたところ、そのうちの三、四割はおこなうべきだと主張し、六、七割は不可とするものでした。みなの意見を参酌すれば、ただちにやめるべきではありません。しかし、督撫がすでに題請しており、ことは辺境でおきている以上、中止するのもまた困難な状況です。ひとまず今年一回だけ互市をおこない、状況をみきわめるべきかと存じます。

と覆奏していた。煩をいとわずふたたび史料原文を引用したのは、六、七割が反対していることを理由に互市をおこなうべきではないとの認識を示しながらも、それで即、不許可としてはいないことに注意をうながしたいがためである。反対多数であることを承知しつつも、現地の状況を考慮して試験的に互市をおこなう

という両論折衷的な案を郭乾が示した事実こそ、彼があくまでも「謀を詢《と》うに僉同《みな》じ」なる状態の実現にむけて努力していたことの証左となるのではあるまいか。同時にこの記事からは、前節で引用した礼部尚書万士和の「覆新建伯従祀疏」にみられたのと同様、決定に際して多数意見がかならずしも絶対的な要件とはなっていなかったことをもみてとるべきであろう。

以後の経緯もまた既述のとおりである。郭乾の覆議に対して、穆宗は再覆議を命ずる一方、三月八日の日講後に封貢・互市許可を面奏した大学士に対して、これを容認する意向を表明する。同日、郭乾は「兵部奏疏12」をのぼして王崇古の建議どおりに封貢・互市を許可するよう再度覆奏し、翌三月九日の諭旨によってアルタン封貢は正式決定をみた。(39) このうち、実質的に封貢・互市を実現にみちびいたという点で重要な意味をもったのが、三月八日時点での内閣大学士の面奏であることはうたがうべくもない。ただ、このことを伝える『実録』隆慶五年三月己巳（八日）条には、内閣権力の問題とは別に、廷議における議決のあり方を考える上でも非常に注目すべき記述がある。すなわち、大学士の建議を容認する諭旨がくだされたあとの状況として、

于是、廷臣知事由宸斷、異議稍息矣。

ここに至って、廷臣は封貢が宸断によるものであると知り、反対意見もすこしくおさまった。

とあり、廷臣のあいだで「異議稍《やゝ》や息《や》むなり」ととくに記されていることである。郭乾がこの直後に貢市許可の再覆奏をおこなったという経緯にくわえて、これが政府の公式記録ともいうべき『実録』の記事であることは、異論が出ない状態に至るということが、決定にふみきる上で相応のおもみをもった要件として官界で認識されていたことを示唆する。

以上の検討からも、合意形成をめぐって、前項で指摘したのと同様の認識をみてとることができた。総督王崇古からの建議が提出され、それが中央の廷議にもちこまれ、廷議の議論を集約する段階に至るまで、兵部尚書郭乾のスタンスは「謀を詢《と》うに僉同《みな》じ」となることをめざすという点で一貫していた。それが結果として『実録』に「群議に淆《みだ》されて、裁く所を知らず」・「両端を持す」と否定的なニュアンスをもって伝えられるような対応になってしまったのは否めない。しかし、集約するすべもないほどに賛否がわれた状況に至っても、なお彼が安易に多数意見をとろうとせず、あくまでも両論を折衷するような形で覆議をとりまとめようとしたことは、意見を集約してなんらかの決議をおこなう際、そのことがどれほどのおもみをもつものであったのかを逆に浮きぼりにする。また、兵部の覆議を受けた王崇古が不満を表明しつつも、郭乾の指摘にこたえるかのように関係各官全員からの同意が得られたことを逐一示していたのも、官界におけるそうした認識のひろがりと浸透度を示すものと位置づけられる。本項での検討からいえば、地方から建議された事案についてなんらかの決定がおこなわれるとき、そこではまず当該地方官レヴェルで意見を集約し、それをふまえて中央の廷議での意見集約がはかられるというように、いわば各レヴェルでの「謀を詢《と》うに僉同《みな》じ」なる状態をつみかさねていくことがおこなわれていたといえよう。(40)

(iii)「僉同」の意味するところ

以上わずかふたつの事例をもって、そこにみられる意見集約・意思決定のありようを明代というスパンにまで敷衍することができるのか、あるいは、そこから意思決定プロセスの根底に存在したロジックといったものを抽出することが妥当か否かといった点は、たしかにむずかしいところである。しかし、かたや国家の典礼にかかわる従祀問題、かたや外交・軍事・経済に関する封貢・互市問題という性格を異にするふたつの事案をめぐって、嘉靖から万暦までという一定のタイム＝スパンのなかで、官僚たちの言説から意見集約のあり方をめぐる同様の認識が浮かびあがってきたということは、やはりそれが一定程度の一般化にたえうるものと考えたい。

その認識とはすなわち、諸官の意見を集約してなんらかの決議案をとりまとめていくに際して、その方案に対して異論が提起されないということを決定的な要件とみなす認識である。そして、そうした要件をいいあらわすいい方として、「衆言僉同《みな》じ」・「謀を詢《と》うに僉同《みな》じ」ということばが登場してきた。こうしたことばもまた、意見集約のあり方をめぐる如上の認識が、本節でとりあげたふたつの個別事例にとどまらないひろがりをもっていたことを示す材料となるように思われる。

「詢謀僉同」ないし「僉同」の語は、もともと『書経』大禹謨にみえる語である。舜から帝位をゆずるとの旨を受けた禹はこれを辞退し、功臣を順番に占って吉と出た者に帝位をゆずるようもとめた。これに対して舜は、

帝曰、禹、官占惟先蔽志、昆命于元龜。朕志先定、詢謀僉同、鬼神其依、龜筮協從。卜不習吉。

帝（舜）は「禹よ、官をたてて占う場合は、まず自分の志を定めておいて、そのあとに大亀に問うてみるのである。ところが朕の志はまず定まっているし、衆にはかってもみな一致しているし、鬼神も賛意をあらわしているし、亀卜も筮も同調してくれている。占いは、吉と出た以上、かさねては占わないものだ」といわれた。

とこたえたという[41]。経書の字句を一見しただけでは、「朕の志先ず定まる」・「謀を詢《と》うに僉同《みな》じ」・「鬼神は其れ依り、亀筮も協従す」の三者が同列にならべられているようにもみえるが、南宋慶元五年（一一九九）

の進士である陳経『尚書詳解』巻三では、当該部分について、

朕志既先定矣、詢于衆人之謀又同矣。故鬼神之従見于龜筮、亦無不協者。……蓋人謀鬼謀、雖欲其合、大率以人謀爲先。

朕の志はすでにさきに定まっており、衆人にはかってもまた謀はおなじである。だから亀筮にあらわれる鬼神の意も一致しないことはない。……おもうに、人智をつくしたはかりごと（人謀）と占いの吉凶（鬼謀）とは一致するのがのぞましいが、おおむね人謀を優先するのだ。

との注釈がなされている。とくに「故に鬼神の……」というところからあきらかなように、陳経の解釈では、「朕の志先ず定まる」・「謀を詢《と》うに僉《みな》同じ」・「鬼神は其れ依り、亀筮も協従す」の三者のうち、前二者と後一者とが因果関係でむすばれている。この点については朱熹の解釈も同様であり、『晦庵先生朱文公文集』巻六十五、雑著、尚書、大禹謨には、

若我之志已定、而衆謀又協、則鬼神其必依據、龜筮無不協從矣。

もし私の志がすでに定まり、みなの考えもおなじであれば、鬼神もかならずこれにしたがうし、亀筮も賛同しないことはないのだ。

と記されている(42)。

ところで、上に引いた陳経の解釈は、永楽十三年（一四一五）になった『五経大全』のひとつ『書経大全』に採用されているものである(43)。周知のとおり、『五経大全』は明朝における朱子学の体制教学化を象徴するものであり、国子監や地方の学校に頒布されて科挙の国定教科書となった。いうなれば「謀を詢《と》うに僉《みな》同

じ」ということばについての陳経・朱熹の解釈、ひいてはそこからみちびきだされる具体的状況というのは、明代の官僚たちが一般に想起する、ないし想起すべきものとされていたイメージであったとひとまず考えられるわけである。とすれば問題となるのは、こうした解釈の裏にどのような実際上の状況が想定されていたのかということである。

これについては、つぎのように考えることが可能であろう。「志、先ず定ま」った方策について「謀を詢《と》うに僉《みな》同じ」、すなわち全員の賛同が得られれば、そこでは当該方策以外の選択肢が提起されることはない。それしか選択のしようがない以上、その当否を問題にする契機それじたいが存在しないことになる。みなの賛同が得られることと、あらためて占うまでもなく鬼神も賛同することというふたつの事柄は、このような状況を想定することによって、陳経・朱熹の解釈のごとく必然の因果関係でむすばれる。こうした理解にたてば、「謀を詢《と》うに僉《みな》同じ」ということばの裏に想定されている意思決定のあり方とは、複数の選択肢からより妥当なものをえらぶというのではなく、ただひとつの選択肢しか存在しない状態に至らしめることで、そこでの選択ないし判断の当否が問題となる契機そのものをなくし、それによって決定の妥当さを確保するという原理によってささえられていた、ということになる(44)。

こうした考え方に照らせば、最近、提起されているように、明代の廷議で多数決がおこなわれたとする議論は、やはり周到さに欠けるといわざるをえない。たしかに、冒頭でふれた嘉靖十九年(一五四〇)三月の廷議において、多数意見にしたがうべしとの意見が出されるなど、多数意見尊重ないし多数決的な意見集約がおこなわれたかにみえる事例は皆無ではない(45)。しかし、それらの議論において、現代の多数決のように、多数が支持する方案を会議の決議として採用し、少数意見を排除するという方式が明代廷議における意見集約・意思決定の原則としての位置を占めていたと解されているのであれば、それはやはり速断に失しているといわねばならない。これまでに検討してきた事例、とくに万暦二年（一五七四）の礼部尚書万士和の覆議に端的に認められたように、多数意見であることを理由に少数派の方案を否決することは、事実として回避されていた。それはまた「謀を詢《と》うに僉同《みなおな》じ」ということばに象徴される合意形成・意思決定の論理にもそぐわないばかりでなく、本節冒頭に引いた『明会典』の規定に示される意思決定プロセスの大原則にも抵触する。異なる意見が出た場合には、すべて皇帝に上奏して判断をあおげという当該の規定からみちびきだせるのは、最終決裁権はあくまでも皇帝のみに存するということと同時に、所定の手つづきをふんで表明された官僚の建議は、すべて皇帝の判断材料たるべきものであるということである。したがって、そこで表明された建議を人数の多寡によって、しかも臣下のレヴェルで不当なものと断じてしりぞけることは、すなわち皇帝の決裁権をおかすことにほかなるまい。本章のはじめに紹介した景泰三年（一四五二）の「易儲」問題をめぐる廷議において、「易儲」決定にふみきろうとしない官僚を恫喝した司礼監太監興安の「賛成でない者は、署名する必要はない」という発言も、この点においてこそ注目されよう。反対者に署名させないという措置は、あくまでもはじめから反対意見が存在しないという形式をととのえるためのものであって、表明された反対の建議をしりぞけるというものではなかったのである。

第二節　覆疏作成のプロセス

前節の議論は、いわば意見集約・合意形成時の原則ないし論理の面に重点をおくものであった。それと同時に、廷議の実態によりちかづこうとするならば、「僉同」の語に象徴される意見集約・合意形成の要件をいかなる方法をつうじて満たしていたかという点にも目をむける必要があろう。そうした面にせまっていくひとつのアプローチとして、本節では、廷議の覆疏作成のプロセスに注目してみたい。官僚レヴェルでの協議の結果は、最終的には覆議およびそれを記した覆疏へと集約されていくのであるから、覆疏がとりまとめられていくプロセスを検討することもまた、廷議における意見集約の具体像をえがきだすことになる。本節で論じていくように、明初には口頭による議事進行が主であったものの、時代がくだるにつれて審議事項を文書化して配布することがおこなわれ、さらには参会諸官の意見をも文書で徴するようになった。こうした形式上の変化は、廷議のあり方に対する官僚たちの問題提起を契機としてもたらされたのであり、彼らが提起したさまざまな議論も、われわれに廷議の実態へとせまる手がかりを提供してくれる。とくに文書による意見徴取に関して、すくなくとも明代の廷議についての実証的な検討をふまえてこの点を明確に指摘したものは、管見のかぎりみあたらない(46)。しかし、意見集約の技術的ないし手つづき的な側面を考える上で、この点は注目してよいであろう。

本節では、まず前半部分で、廷議の各プロセスが口頭から文書によっておこなわれるようになることを論じた上で、とくに文書による意見徴取をふまえた形での覆疏作成について、後半部分で検討することとする。

(i) 口頭から文書へ

明初、皇帝みずからが会議を主催する形式がとられたことは本章冒頭で述べた。そこでは御前での「面議」による協議がおこなわれ、皇帝の諭旨も「面諭」・「面旨」と記されるように、議事進行および諭旨発下とも口頭によるのが主であったとされる(47)。正統年間に至って幼年の英宗が即位したことにより、官僚のみによる協議の結果を皇帝に報告する、いわゆる「廷議」形式の会議が一般化する。これによって会議結果の覆奏および上諭発下の形式にはなんらかの変化が生じたであろうが、こと議事進行のありようについては、おそらくそれ以前とかわらず口頭によるのが中心であったと考えられる。というのも、このころからいわば廷議の形骸化ともいうべき状況が問題として指摘され、その改善策として、審議事項を記した文書を事前に参会諸官に配布することが提起されるようになるからである。以下、そのあたりの状況を当時の官僚たちの議論にさぐってみよう。

このころの廷議における問題点を指摘した議論におおくみられるのが、参会者がほとんど発言することなく、ごくひとにぎりの者の意見によってことが決してしまうということであった。先行研究でもしばしば引用される葉盛『水東日記』には、廷議で六部・都察院の掌印官以外の者はまったく発言しないのというのが旧習になっていたとの記事がある(48)。葉盛は正統十年（一四四五）の進士であり、当該記事は景泰年間のこととして記されているものだが、ひろく意見をあつめて決定に反映させるという廷議本来のあり方とはほどとおい状況が、すでにこの時点で指摘されていたのである。こうした状況をより具体的に伝えているのが、弘治元年（一四八八）七月の刑科給事中胡金の上奏である。『実録』弘治元年七月甲戌（十二日）条に、

刑科給事中胡金言、……至臨議之際、誦者不過概論大略、聴者或不能周知其詳。疏條浩繁、坐起疲倦、類多遷就、莫可致詰。或云此見行條例、或云此泛言難准、甚至以人微而棄其言、以勢重而附其説。……乞敕該部、此後凡會議章疏、須預令會議衙門、倶得遍閲事由。

刑科給事中胡金が上言した。「……廷議の際、〔審議事項を〕読みあげる者はその概略を述べるだけであり、聞いている者のなかにはその詳細まで十分に理解できない者もおります。〔議題となっている〕題疏の項目がおおくなってくると、〔参会者たちは〕ぐったりとした様子で、おおむねなれあいに堕し、議論をつめていくところまで至りません。なかには「これは現状維持でよい」とか、「これは空説だか

ら認めがたい」などという者もおり、ひどい者になると、官位がひくいからといってその言を採用せず、勢力ある者だとみてその意見に賛成するというありさまです。……どうか当該部署に勅をくだし、今後、およそ会議すべき上奏文については、あらかじめ会議に参加する衙門〔の官僚〕が、みなひととおりその内容に目をとおせるようにさせていただきたい」と。

とあり、廷議の実をあげることのできていない状況が如実に伝えられている。しかし、考えてみれば、廷議にかけられる議題ともなれば、それ相応に重大な事案であったに相違なく、それをなんの下準備もないままに、数十人からおおいときには百人以上もの官僚があつまったなかで協議し、なんらかの決議案をまとめていくとなると、それだけでも容易ならざること、想像にかたくない。しかも、それを口頭での宣読・弁論のみによっておこなうというのであれば、なおのこと胡金の指摘するような状況におちいるのも無理からぬことであっただろう。その意味で、彼の右の上言は、明初以来の口頭による議事進行の限界を指摘したものと位置づけることができる。そして、そうした状況を改善するためとして、あらかじめ廷議に参加する諸官に対して議題となる題疏の内容を閲覧させるという方策を胡金は建議したのであった。右の引文中の「倶に遍《あまね》く事由を閲するを得しむ」といういい方からあきらかなように、口頭でおこなわれていた審議事項の告知を事前に配布する文書によっておこなうことが提案されたという点で、この記事は廷議プロセスの文書化の問題を考える上で重要な位置を占める。ただ、同条の記述によるかぎり、このときの礼部覆議および孝宗の論旨は、いずれもこの点に言及しておらず、おそらくは具体的な措置が講じられぬままに終わったのであろう。しかし、胡金が提案したように、廷議開催前にあらかじめ文書によって各官に審議事項を周知させるという方策は、のちに制度化されていく。正徳六年（一五一一）八月、監察御史江万実が上奏し、廷議開催にあたっては事前に参会者に対して「掲帖」を送付した上で開催すること、急を要する場合には当日でもよいが、やはり開催前に議事内容の節略を伝えるようにすること、の二点を上請した。これは礼部の覆議を経て皇帝の裁可を受け、のちに『明会典』にも記載された(49)。おそらくはこれ以降、依拠すべき規定ないし慣例として定着していったと考えてよい。

しかしながら、この方策によって廷議の形骸化が改善したかといえば、かならずしもそうはいかなかった。嘉靖二十六年（一五四七）十一月末、総督曾銑の「復套」計画案に対する覆議のなかで、兵部尚書王以旂が、廷議への参会諸官にあらかじめ曾銑の建議を配布して可否を熟考させるとともに、参加資格がなくとも良策を有する者には別に上奏することを認めるよう上請したこと、第一章で述べた。そこでも言及したように、こうした措置をとる理由について王以旂は、

若或照常、會議於倉卒立談之頃、恐無至當歸一之論、彼此觀望、漫無可否、止憑本部具稿、乃復退有後言。

もし常のごとく、倉卒に立ち話でもするように会議をおこなえば、おそらく当を得たひとつの結論にまとまることなく、参会者がたがいに様子をうかがってばかりで、いつまでも決着がつかず、兵部が作成した疏稿をそのまま覆奏することになるばかりか、退廷後に不満をいい出す者も出てくるでしょう。

と述べていた(50)。ここで王以旂が指摘しているのは、審議事項が周知されているか否かではなく、廷議参会者の意見集約のあり方に関する問題である。「倉卒立談」とも形容される状況が常態化していた廷議にあっては、諸官の意見を十分に徴取・集約することができず、結果的に「本部具稿」すなわち兵部が準備した覆疏

稿をそのまま覆奏することになってしまうというのである。廷議参加者の人数を考えれば、これまたおこるべくしておこった問題といえよう。ただ、王以旂の覆議では、審議事項の文書化・事前配布がくりかえし建議されるのみで、意見徴取のあり方について具体的な提案がなされているわけではない。この点にかかわる建議が出されるのは、それから二十数年を閲した隆慶年間のことであった。

その建議というのは、隆慶四年（一五七〇）正月、大学士趙貞吉の発議による京営再編案をめぐる廷議にさきだってのぼされた兵科都給事中張鹵の建議である。このときの張鹵の題奏でも、王以旂の覆議で指摘されていたのとさしてかわらない廷議の状況が指摘されている。すなわち、このころの廷議においては、ひとりふたりの言によってことが決し、ほかの者は諾々と署名して退廷するだけというのが「故事」になっており、退廷後に異論をとなえる者はおろか、なにが議題であったのかさえ知らない者もいたという(51)。こうした状況に鑑み張鹵は、趙貞吉の建議を印刷・配布し、参加資格をもたずとも独自の建議がある者の上奏を認めるというそれまでの方式にくわえて、廷議参加者に各自の意見を事前に書きだし、その文書を議場へ持参させるという方法を提起したのである(52)。それまで口頭でおこなわれていた各官の意見表明ないし意見徴取をも文書によっておこなおうとしたところに、この建議の特徴がある。

ところで、以上の張鹵の建議の詳細を伝えてくれる貴重な記述が、『兵部奏疏』にのこされている。隆慶和議と直接には関係のない張鹵の建議について、なぜ『兵部奏疏』に関連の記事がのこされているのかといえば、王崇古の「封貢八議」を受けて覆奏された隆慶五年（一五七一）二月十一日付の「兵部奏疏10」のなかで、兵部尚書郭乾が廷議開催にかかわる具体的な段どりについて述べた部分に、張鹵の建議が前例として引用されているのである。郭乾が前例として踏襲しているということじたい、この方法が張鹵によってはじめて提起されたことを示唆するが、その内容は以下のようなものであった。

査得、隆慶肆年、會議京營分合緣由、該科臣具題、以後遇有應行會議、將應議事件、刊刻爲幅、於應該與議官員、各分發一紙、仍附發書格紙一葉、首定書官銜・名氏、空其下方、令其於所應議事務、各自書應行應止緣由。如以爲應行、要詳書何以見應行、如以爲應止、要詳書何以見應止。各出己見、勿相通謀。至會期之日、各持議所、面與商同、卽其事實考據、議論歸着、經略斷案、意念從違、而其人之賢否忠邪、心術學力、固亦可概見。

しらべたところ、隆慶四年（一五七〇）に京営再編について会議した際、該科臣（張鹵）が「以後、会議をおこなうべき事案については、議すべき内容を印刷して幅とし、参会する各官に一部ずつ配布するとともに、書格紙一枚を添付し、はじめに官位・氏名を書いて下の方をあけ、当該事案をおこなうべきか、あるいはやめるべきかについて、その理由をそれぞれ書かせます。もしおこなうべきだと思うのであれば、なぜそう考えるのか、やめるべきだと思う者も、なぜそう考えるのか、その理由をくわしく書かせます。あくまでも各々が自分の見解を記し、相談しあってはなりません。会議の期日に至れば、各自それを議所に持参し、じかに対面して可否を討議すれば、ことの根拠や議論の帰着、議決内容、見解の異同から、各人の賢否や忠邪、思想・学識に至るまで、おおむねうかがうことができます」と題奏しました。

各人の意見を記すための「書格紙」一枚を添付し、審議事項を印刷した文書とともに配布するほか、最初に官位・氏名を書いたのち、各項目の可否をその理由もふくめて詳細に記すようもとめるなど、書式や記載内容といった具体的な点にもふみこんだ建議となっている。また、この意見書の用途として、諸官に廷議の議場へ持参させて「面して与《とも》に商同す」、すなわち、諸官が実際に議場へあつまり、そこでみなが直接顔を

あわせたなかで討議すると述べられていることにも注意しておきたい。そして、郭乾も以上の内容をふまえて、

合候命下、本部備將本官原題幷酌議八款、刻成書册、仍附發書格紙各四葉、分送應議諸臣。每款各出己見、悉心詳議應行應止緣由、通限五日內送部。再加考訂、仍持赴議所、公同商確、停妥具題、請自宸斷。若與議官員、避嫌推諉、不行開議者、卽不列名會疏。及雖不與議者、別有見聞、亦聽另自爲疏、本部一倂覆、恭候宸斷。

命令がくだるのをまって、本部（兵部）は本官（王崇古）の題疏および彼が建議した八項目を印刷して書冊とし、あわせて書格紙四枚を添付して参会する各官に配布します。項目ごとに各自の所見にもとづいて、おこなうべきかやめるべきかの理由をくわしく記し、五日以内に兵部におくります。その上でふたたび考訂をくわえて会議の場に持参し、みなで審議した上で妥当な結論を題奏し、陛下の御判断をあおぎます。参会諸官のうち、嫌疑を避けたり、責任をほかの者に転嫁したりしようとして意見書を提出しない者は、諸官連名による覆疏に署名させません。参加資格はなくともほかに知見を有する者は、別に上奏することを認め、本部があわせて覆奏し、陛下の御判断をあおぎます。

と覆奏している。基本的な段どりは張鹵の建議とほぼ同様ではあるものの、五日という提出期限をもうけるとともに[53]、兵部での「考訂」をくわえた上で廷議にのぞむといわれているほか、意見書を提出しない者は覆疏への署名を認めないと述べており、事実上、意見書の事前提出を義務づけている。このように、廷議の審議事項のみならず参加各官の意見をも文書の形であつめるという方式は、万暦年間（一五七二—一六二〇）の事例においてもみることができ[54]、これ以降も踏襲されたと考えて大過あるまい[55]。

以上、廷議における審議事項の告知ならびに参会諸官からの意見徴取が文書によっておこなわれるようになったことを述べた。次項では、諸官から徴されたこの意見書が廷議の過程でどのようにもちいられ、その内容がいかにして覆疏に反映されたのかについて、検討をすすめていくこととしたい。

（ⅱ）意見書と覆疏

廷議に際して参会諸官から徴する意見書の用途について、いまいちど［兵部奏疏10］の内容を確認しよう。兵科都給事中の張鹵は、諸官に意見書を持参させ、廷議の場で討議をおこなうと述べていたが、そのねらいは、議論の内容や参加者の意見・見識の如何を明確にすることができるという点におかれていた。一方、廷議の主催者として皇帝への覆奏の責をおっていた兵部尚書郭乾は、張鹵の建議をおおむね踏襲しながらも、意見書を事前に兵部に提出させ、兵部で「考訂」をくわえた上で廷議の場に持参すると述べていた。この両者の言を手がかりとして、この意見書が廷議のプロセスのなかでどのようにつかわれたのかをみていこう。

まず張鹵の所説である。張鹵の建議については、［兵部奏疏10］のほかに『実録』にも関連の記事があった。これによると、彼はあまりに議論の実があがらない廷議の現状を問題として指摘し、こうした状況を是正するためとして文書による意見徴取を提案していた。くわえて［兵部奏疏10］の「面して与《とも》に商同す」というい方からみても、張鹵のねらいは、一義的には廷議参会者に対して諸官の建議や議論の内容を明確に示し、これによって廷議における討議・弁論の活性化をはかることにおかれていたといえよう。

その一方で、［兵部奏疏10］にみえる「其の人の賢否忠邪、心術学力も、固より亦《また》概見すべし」といういい方からすれば、張鹵はまた、廷議で提出された建議・議論の詳細を皇帝に対しても明確に覆奏するという意図もあわせもっていたようである。おそらくこれは、諸官の意見が異なる場合はすべて上奏して皇帝の判断をあおげという『明会典』の規定からみちびきせるように、およそ官僚の建言はすべてひとしく皇帝が最終決裁をおこなう際の参考に供されるべきものであるという大原則とかかわるものであろう。当然ながら廷議の覆疏もそうした要件を満たす必要があったし、すくなくともそれを形式の上で満たすという点で、諸官の建議を文書化して徴するという方法は便利なものであったはずである。そのあたりの状況を具体的にみることのできる事例として、万暦三十一年（一六〇三）九月におこなわれた「楚獄」をめぐる廷議の例をあげておきたい。

いわゆる「楚獄」とは、武昌（現、湖北省武漢市）の楚王府における楚王と宗人との内紛に端を発し、のちに中央政界における政争へと発展した事件である。万暦三十一年（一六〇三）二月、楚王府の宗人華越が上奏し、楚王華奎が先代恭王の実子ではないと告発した。同年四月、今度は楚王が華越の不法を弾劾。対する華越の方も、宗人二十九名とともに北京へおもむいて上奏し、事件は中央にもちこまれるに至った。当時、宗室関係の事案を管轄する礼部の右侍郎であった郭正域は、楚王府のある武昌府江夏県（現、湖北省武漢市の属）の人であり、内情を知っていたため、宗人の側に立って楚王をはじめとする関係者への審問を主張した。ところが、ときの首輔沈一貫は楚王にくみする立場からこれに異をとなえ、両者の対立が先鋭化する。[56]同年八月、命を受けた礼部と都察院とが会同して覆奏するも、神宗は、楚王の上奏と巡撫・巡按御史の報告とに異同があるとして、九卿・科道官による廷議に当該事案をくだした。[57]このとき廷議を主催したのは礼部署部事左侍郎の李廷機であり、[58]その覆疏である「看議楚藩疏」（万暦三十一年九月初五日付）は、彼の文集『李文節集』巻一におさめられている。これによると李廷機は、問題となった楚王側関係者の審問は巡撫・巡按御史におこなわせるべきであるとし、別に派遣する専任の査察官をどのタイミングで派遣するかについては、皇帝の判断をあおぎたいと覆奏した。[59]ところが、楚王側関係者の審問をおこなうという右の覆議に不満をもった首輔沈一貫は、都給事中楊応文・御史康丕揚に礼部の対応を弾劾させたのである。

弾劾の理由はこうである。李廷機の覆疏によると、このときも廷議開催五日前に関係の題疏が諸官におくられた。関係諸官は九月五日に議場となる闕左門のところにあつまり、各自の「議単」を提出したが、「議単」に示された意見が多岐にわたり、字数もおおかったため、李廷機らは煩を避けるべく、概略のみを抄写して覆奏したという(60)。沈一貫の意を受けた科道官はまさにこの点をとらえ、諸官の建議を実のとおり上聞せず、群議をふさいだとして礼部を弾劾したのである(61)。

注目したいのは、たとえ首輔の意を受けてのこととはいえ、諸官の「議単」の全文を覆奏しないことが弾劾の対象になりえたという事実である。科道官の弾劾に対して、李廷機は「直陳楚藩議単疏」(『李文節集』巻二)をのぼして弁明し、神宗も礼部の一連の対応をさして問題視することはなかったものの(62)、原則に照らせば、諸官の建議はすべて御覧に供さねばならぬものであり、したがって覆疏においても諸官の建議を逐一示さねばならないという認識が存在していたことを、この事例から確認することができる。

ところで、李廷機「直陳楚藩議単疏」は、自身への弾劾に対する弁明という性格上、ここで問題となった「議単」のとりあつかいをはじめ、このときの廷議および覆疏作成のプロセスについて、きわめて具体的な説明がなされている。長文になるが、廷議の実態にせまる興味ぶかい記述であるため、以下に引用してみたい。

臣與右侍郎郭正域、隨將諸疏、刊刻書册、分送九卿・科道諸臣。幷傳帖、請各撰數語、粘連册末、以憑抄謄上疏。及至本月初五日、東闕會議、諸臣各出議單、畫題散去。臣等收看共三十七單、長者至一千三百餘言。而從來會議例、倶朝內具疏、當日卽上。臣等見日色已西、闕門未便、迺急趨部草疏。維時正域尚欲全抄、臣廷機獨以爲、日暮單多、若逐一抄謄、不惟聖覧有煩、尤恐不能急上、將致漏洩生是非。故於疏首先敍不敢上煩聖覧之意、第將各單約其大指最爲關鍵者、分別數款、以俟聖裁。

臣と右侍郎郭正域とで関係の上奏文を印刷して冊子にし、九卿・科道の諸官におくりました。あわせて帖をおくって、各官になんらかの〔意見を〕記して冊子の末尾にはりつけ、覆疏を抄写するときに依拠できるようにするようもとめました。本月初五日に闕左門で会議をおこない、諸官はそれぞれ議単を提出の上、署名して散会しました。臣らが受領・閲覧した議単は全部で三十七通、ながいものは千三百余字もありました。従来の会議の例では、すべて朝内で覆疏を作成し、その日のうちに上奏することになっています。しかし臣らがみたところ、日もしずもうとしており、闕門では不便なので、いそいで礼部におもむいて覆疏を起草しました。このとき郭正域はなお全文をうつそうとしましたが、臣廷機は、「日も暮れ、議単もおおいのだから、逐一書きうつしていたのでは、陛下がお読みになるのに面倒なばかりか、いそいで上奏できずに内容が漏洩し、問題になるだろう」と考えました。そこで上奏文の冒頭に、あえて陛下をわずらわすことのないようにとの意図によるものであることを記した上で、それぞれの議単のうち、もっとも重要な点のみを数項目に分けて記し、陛下の御判断をあおぐことにしました。

闕左門付近という廷議開催の場所、関係の上奏文と意見書の用紙とをあわせて諸官におくることについては、この記事からも確認することができる。くわえて注目すべきは、覆疏作成のタイミングと場所についての記述である。李廷機によると、廷議の覆疏は「朝内」で書き、当日中に上奏するというのが慣例になっていたという。つづく部分で、日が暮れてから「闕門」で書くのは不便なので、常とは異なる礼部衙門にうつったというのであるから、ここでいう「朝内」とは承天門（現、天安門）よりも内側ということになり、「闕門」もまた闕左門の付近とみてよい（【図10】参照）。さらに彼は、日没後でもなお場所をうつして覆疏を作成し、郭正域に対しても要点を抄録するのみでよいと述べているほか、上引部分よりあとの部分でも、覆疏は李廷機ひとりの筆にかかり、書きあげて押印したときにはすでに二更（夜九時から十一時のあいだ）をまわっていたため、日がかわらないうちに上奏したと記している(63)。こうした点からすれば、当日中の上奏というのがかなり厳格にまもるべきものとして受けとめられていたことが知られる。これによって、結果的に礼部は科道官の弾劾をこうむることになったとはいえ、引文中の「将《まさ》に漏洩して是非を生ずるに至らんとするを恐る」ということば、あるいは代筆させずに李廷機みずからひとりで覆疏を書きあげたというところからみると、これは決議内容の漏洩をふせぐための措置であったと考えられる(64)。

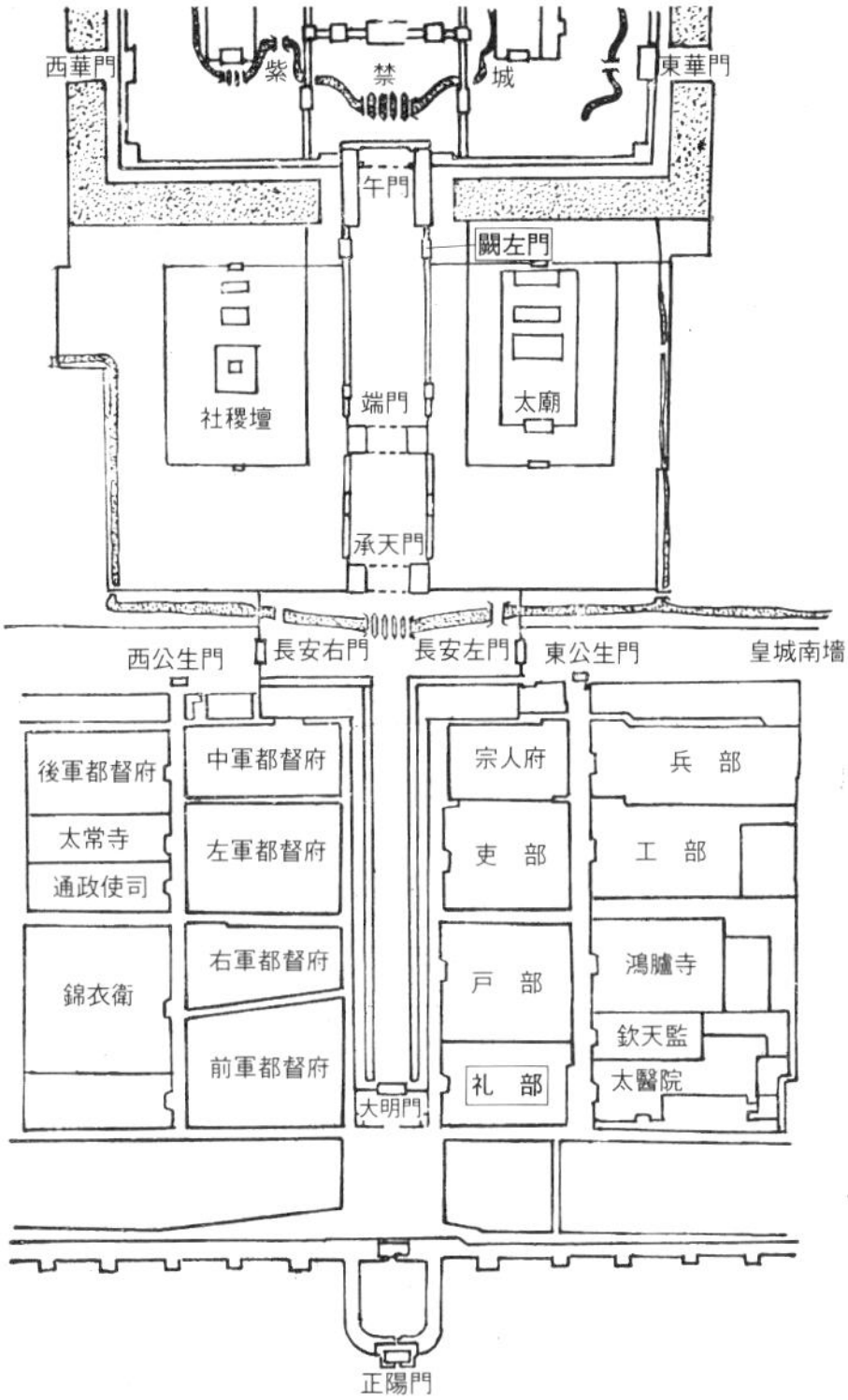

【図10】　闕左門および各衙門配置図

　いまひとつ注意をうながしておきたいのは、李廷機の上引題疏によるかぎり、このとき闕左門にあつまった諸官がおこなっているのは、礼部が事前に配布した意見書を提出して署名するだけであり、主催者たる礼部侍郎の李廷機・郭正域の方も、たんに「議単」の内容を抄写するのみであったということである。その過程でなんらかの討論がおこなわれた可能性もないではないものの、すくなくとも覆疏の内容という点では、諸官が事前に準備し、議場にあつまった際に提出した「議単」を抄写しただけにすぎない。これと同様の状況は、天啓年間（一六二一—一六二七）に大学士をつとめた朱国禎の随筆『湧幢小品』巻八、会議にも、

朝廷會議、皆成故套。先一日、應該衙門於各該與議官、通以手本畫知。至期、集於東闕。該衙門印官、首發一言、或班行中一二人、以片語微言、略爲答問。遂輪書題稿、再揖而退。既出闕門、尚不知今日所議爲何事、或明知其事不言、出門嘖嘖道其狀、以告人者。

朝廷の会議はみな形式的なものとなっている。前日に主催衙門が参会諸官に手本（通知書）をおくり、諸官に「知（了解した）」と書かせる〔ことによって会議の開催を知らせる〕。期日になると、闕左門のところにあつまる。主催衙門の掌印官がまず発言し、ときには、いならぶ官僚のうちのひとりふたりの者が、ひとことふたこと簡単な質疑応答をすることもある。最後には題稿を輪書し、ふたたびおじぎをして退出する。退廷してもなお今日の議題がなんであったか知らぬ者、あるいは会議の場ではなにもいわずに、出てきてからやかましくそのことを論じ、他人にいう者すらいる。

と記されている。朱国禎自身の手になる跋文によれば、『湧幢小品』は万暦三十七年（一六〇九）から天啓元年（一六二一）までの記事をあつめたものというから、[65] 李廷機が主催したころとさほどかわらない時期の状況をこの記事は伝えていることになる。引文中の「題稿を輪書す」というのは、おそらくは覆疏稿を参会者

でまわし書きすることであろう。さらに、これまで述べてきた意見書の存在、あるいは廷議が形式的なものに堕していることを嘆ずる朱国禎の書きぶりから推すに、この「題稿」の中身は、参会者が事前にねってきたであろう各自の建議を書きならべただけのようなものであったと推測される。

以上、兵科都給事中張鹵の上言を手がかりに、とくに皇帝の参考・採択に供するという見地から、覆疏には諸官の建議を逐一記載しなければならないとの認識が存在したこと、それと関連して、廷議といっても、実質は往々にして諸官が意見書を提出して署名し、覆疏もまたその内容を抄写するだけというような状況になっていたことを述べた。本項冒頭ではいまひとつ、意見書を事前に提出させ、兵部において「考訂」をくわえるという兵部尚書郭乾の上言についても指摘しておいた。このことが廷議とりわけ覆疏作成にどうかかわるのかという点について、以下、考えてみたい。

李廷機が主催した万暦三十一年（一六〇三）九月の廷議では、廷議のその場で意見書が提出されていたが、［兵部奏疏10］のなかで郭乾がいうように、意見書が事前に提出されたケースとして、豊臣秀吉の冊封問題を議した万暦二十四年（一五九六）五月八日の廷議の例がある。当該廷議について記す『実録』万暦二十四年五月丙子（十日）条は、つぎのような書きだしではじまる。(66)

兵部等衙門左侍郎李禎等題覆、李應策・戴士衡・徐成楚・周孔敎奏疏及會議各官孫丕揚・蕭大亨・楊俊民・邊維垣・范謙・徐作・田蕙・連格・葉繼美・沈思孝疏揭、通抄到部。該本部備錄、分送九卿・科道衙門、于東闕會議戰守及倭封等事。……

兵部左侍郎李禎らが題覆するに「李応策・戴士衡・徐成楚・周孔教らの奏疏、および廷議への参加資格を有する孫丕揚・蕭大亨・楊俊民・辺維垣・范謙・徐作・田蕙・連格・葉継美・沈思孝の疏掲がすべて抄写され、〔兵〕部にとどきました。本部で備録して九卿・科道の各衙門におくり、闕左門のところで戦守および秀吉冊封の件について会議しました。……」と。

諸官が闕左門にあつまって会議をおこなうまえの段階で、李応策・戴士衡・徐成楚・周孔教がのぼした関係の上奏文のほか、廷議の参加資格を有する孫丕揚（吏部尚書）・蕭大亨（刑部尚書）・楊俊民（戸部尚書）・辺維垣（都察院右都御史）・范謙（礼部尚書）・徐作（工部左侍郎）・田蕙（通政使）・連格（大理寺左少卿）・葉継美（吏科左給事中）・沈思孝（都察院右都御史）の「疏掲」なる文書が兵部にとどけられている。それらは兵部において「備録」されたのち、廷議に参加する九卿・科道官に配布され、そのあとで廷議開催のはこびとなった。諸官から提出された「疏掲」の内容が事前配布されたことにより、すくなくとも形の上では、参会者の建議をみなが事前に把握しているという状況をととのえた上で廷議開催に至ったことが、この記事から知られる。

問題なのは、兵部の「備録」によって作成された文書と諸官が提出した「疏掲」とがいかなる関係にあったのかということである。この点に関して注目すべきは、この廷議の場にいあわせ、その実見をもとに当該廷議の状況を記したとされる姚士麟『見只編』巻中（樊維城『塩邑志林』所収）の記事である(67)。姚士麟によると、廷議冒頭の型どおりの次第がすみ、実質的な討議にはいった直後のタイミングで、事前に「疏掲」を提出していた戸部尚書楊俊民がつぎのように発言したという。

久之、楊公言曰、此事重大、其說甚長、非片言可盡。吾輩已各具一揭、但當畫一題字、足矣。諸公皆諾。

しばらくして、楊公が「このことは重大であり、その説ははなはだながく、片言をもって論じつくせるようなものではない。われわれはすでにそれぞれ一揭を提出したのだから、ただ「題」の一字を書くだけで十分であろう」といった。諸公はみな諾とした。

引文中の「一題字を画く」というのは、「題」と書いて正式な題疏とすることを意味しよう。そして「但《た》だ当《まさ》に一題字を画《か》けば足るべきのみ」という根拠に「已に各おの一揭を具す」ことがあげられているのだから、「題」字を書くのは、兵部が事前に諸官の「疏揭」を「備録」した文書であったと考えられる。さらに楊俊民の発言および「皆、諾とし」たという「諸公」の反応からすれば、大多数の参会者の認識において、当該文書は内容的にはそのまま皇帝に上奏して問題ないものとみなされていたわけである。この点において、兵部が諸官の意見書をとりまとめて配布・提出した文書は、覆疏の原稿とみなすことができよう。しかも実質的な討議の冒頭という楊俊民の発言のタイミングを考えれば、すでに廷議開催前の段階で覆議の内容はほぼかたまっていたということになる。

このように、廷議の覆疏が事前に準備されていることについては、すくなからぬ例証をあげることができる。たとえば、前項でも引用した嘉靖二十六年（一五四七）十一月末の兵部尚書王以旂の覆議では、廷議で実質的な議論がおこなわれない結果、覆議が「止《た》だ本部の具稿に憑《よ》るのみ」になってしまうとの懸念が示されていた。また、第二章で論じた嘉靖三十年（一五五一）の馬市開設をめぐって、強硬な反対論を展開した楊継盛がみずからの行動について記した「自著年譜」（『楊忠愍集』巻三）の記事もその裏づけとなる。馬市開設の是非を議すための廷議開催が命ぜられる直前のタイミングで、当時、兵部車駕司員外郎であった楊継盛に対し、廷議開催の命がくだったらすぐに上奏すべく、「開市稿」の起草が命ぜられた。ところが、彼の疏稿の内容を伝え聞いた兵部尚書趙錦は、その内容では馬市がひらけなくなると考え、主事の張才に再度起草させて楊の疏稿とさしかえたという。[69] それぞれ兵部の員外郎・主事であった楊継盛・張才が疏稿作成を命ぜられたこと、かつ疏稿のさしかえが可能であったことからして、覆疏の原稿は主催部署（ここでは兵部）において廷議開催にさきだって作成されたこと、あきらかである。さらに、万暦二十二年（一五九四）三月、豊臣秀吉冊封の不可を上奏した工科給事中王徳完の「目撃東倭釁隙、専備禦疏」（呉亮『万暦疏鈔』巻四十三）には、これにさきだっておこなわれた廷議の主催者である兵部尚書石星の「本兵覆疏稿」および「本兵覆疏」の存在が明記され、おそらくは廷議の場でなされたであろう「覆疏稿」に対する王徳完の質疑の様子も記されている。[70]

覆疏稿を事前に準備することがおこなわれるようになった要因として考えられるのは、その作成にかかる時間と労力の問題である。さきに引用した李廷機「直陳楚藩議単疏」には、廷議の際に提出された「議単」が全部で三十七通、ながいものは千三百余字にもおよんだといわれていた。じつはこの「議単」については、佐藤文俊氏によって紹介されている撰者不明『楚藩交訐疏稿』（『万暦三十一年癸卯楚事妖書始末』所収）に「九月初五日楚藩会議単」として収録されている。[71] 試みにその分量を数えると、毎半葉九行、毎行二十二字で三十一葉半におよび、擡頭や空格をさしひいても一万字はくだらないと思われる。李廷機は、実際にはその全文を書きうつすことはなかったものの、それとても当日中に覆奏しなければならないという期限におわれてのやむをえない措置であったし、各官の「議単」の要点を抄写するだけでも、日没時から書きはじめて夜中までかかったのである。[72]

「直陳楚藩議単疏」に伝えられる李廷機の対応から推すに、関係題疏や意見書および会議の決議事項を書きうつして題本としての体裁をととのえ、その日のうちに上奏するというのは、おそらくはすくなからぬ労力を要する作業であっただろうと想像される。かりにも廷議にかけられるような事案ともなれば、廷議終了後に覆議を一からねりはじめていたのでは――しかも前節で検討した「僉同」の語に象徴されるように、異論が出ないような覆議をまとめなければならないとなればなおのこと――当日中の覆奏にまにあわないという事態もおこりえたのではなかろうか。覆議の原案を事前に作成しておくことで、そうした覆疏作成にかかる労力を多少なりとも軽減できたであろうし、事前に諸官の建議を文書によって把握できれば、覆議をとりまとめるという点でも都合がよかったであろう。

以上、本項では、［兵部奏疏10］に伝えられる張鹵と郭乾の所説を手がかりとして検討をすすめ、廷議に際して参会諸官に提出がもとめられた意見書が、それに依拠して廷議の覆議をとりまとめるためにもちいられたことをあきらかにした。皇帝が決裁をくだす際の参考意見として、官僚たちの建議をすべて御覧に供するという点においても、また、時間的・技術的な制約のなかで異論が出ないような決議案をとりまとめるという点においても、いずれにしても諸官の建議を文書で徴するという方法は、すくなからず有益であったはずである。

それと同時に、意見徴取を文書によっておこなうことが、結果的に廷議をより形式的なものにしてしまったという皮肉な一面も指摘しておかねばならない。兵科都給事中張鹵がこの方法を建議した意図は、ごくひとにぎりの者の意見によってことが決してしまい、おおくの者は諾々と署名するのみで、議題すら知らぬ者もいるという廷議の現状に鑑み、諸官の建議を詳細まで周知させることによって、廷議の実をあげようというところにあった。しかし実際には、諸官が参集しても、たんに意見書を提出して署名するだけ、ないし覆疏をまわし書きするだけという状況であり、また、往々にして事前提出された意見書に依拠して、そのまま上奏できるほどにねりあげられた覆疏稿が廷議開催以前にすでに準備されるなど、いわば文書によるプロセスを中心として廷議は展開していったのである。こうなってくると、おもだった中央官僚が一堂に会するという形がとられるとはいっても、廷議の場において口頭でたたかわされる討論の内容は、はたしてどれほど覆議に反映されえただろうか(73)。姚士麟『見只編』が伝える楊俊民の発言、あるいは朱国禎が廷議を評した「皆、故套と成る」という言は、そうした廷議の一面を如実に伝えているといえよう。

おわりに

本章では、おもだった中央官僚の全体会議である廷議を具体例として、意思決定プロセスにおける意見集約・合意形成のあり方に焦点をあてて検討をすすめてきた。その根底に存在したもっとも基本的な原則は、当然ながら最終決裁権は皇帝のみに属するということであるが、そのことがもついまひとつの側面、すなわち、すべて官僚は皇帝と一対一の関係にあるということ——本章での検討をつうじて印象づけられたのは、むしろこちらの側面であったように思われる。こうした原則こそが、正規の手つづきをふんで表明された官僚の建言は、ひとしく皇帝の最終決裁の参考に供されるべきであるとの認識に根拠をあたえていた。皇帝の下問に対する答申を目的とする廷議でおこなわれるのも、一義的には諸官の建議をとりまとめて皇帝に示すことであり、皇帝がくだす決定をよりよいものとするためには、よりおおくの建議が上呈されることがのぞましい。明一代をつうじてしばしば提起された廷議の形骸化を是正しようという議論は、こうした認識にもとづくものであったし、そうした要件を技術的に、あるいはシステムとして、よりよく廷議の決議に反映させるにはどうすればよいかというところから、廷議各プロセスの文書化もすすめられた。数十人からときに百人以上にものぼるという参会者数を考えるだけでも、口頭のみによる議事進行の困難さは容易に想像がつく。それを技術的な面からカヴァーすべく、まず審議内容を文書にして配布・閲覧させることがおこなわれ、さらには参会諸官の見解を周知させ、議論の実をあげようとの見地から、意見徴取もまた文書をつうじておこなわれるようになった。しかしながら、当初の意図とは裏腹に、文書化によっていっそうの形骸化がもたらされるという皮肉な現実もまた本章での検討からはみえてきた。たしかに、諸官参集の場ではげしい議論の応酬がおこなわれたことを伝える記事もないではないものの、意見書の内容をとりまとめる形で事前にほぼ完成した覆疏稿が作成される、あるいは覆疏といっても内実はたんに各自の意見書を抄録しただけのものでしかないといった状況を史料の上で確認することができた。そうした状況のなかで、「題」の一字を書けばこと足りるという楊俊民のことばや、廷議が「故套と成る」と嘆じた朱国禎の言が発せられていたことにくわえて、意見徴取の技術や覆疏作成の時間・労力といった面での便利さを考慮すれば、おおくの場合において、おそらくは文書によるプロセスが占める比重の方がよりおおきくなっていったであろうこと、これまた想像にかたくない。審議事項の事前閲覧を建議した弘治年間の給事中胡金、隆慶年間に文書による意見徴取を建議した都給事中張鹵、そして明末の朱国禎という三人が、その生きた時代を異にするにもかかわらず、「参会者のなかには、なにが審議されたのかも知らない者もいる」、あるいは「退廷してから、なにやかやといいだす者すらいる」というように、現状を指摘するのに期せずしてまったくおなじいい方をしているのは、廷議の形骸化に歯どめをかけようとする諸々の試みも、結局はむなしいものとなってしまったことを印象づける。

それでも明朝にあって廷議が廃止されることはなかった。そのことは、たとえ形式上のものであったにせよ、国家意思決定プロセスにおいて、なんらかの欠くべからざる要素が廷議にこめられていたことを物語る。庚戌の変に際して廷議開催を命じた世宗や、「易儲」実現をめざす景泰帝の行動にみられたように、原則的にはなんら制約を受けないはずの皇帝でさえもが、意思決定に際して廷議という段どりをふむことが必要であるとの認識を共有していたことは、やはり重視されてしかるべきである。こうした事例について、先行研究ではたんなる形式的なものとされ、十分な検討がおこなわれぬままになってきた。しかし逆から考えれば、それが形式的なものであるからこそ、そこにいかなる意味がこめられていたのかを問うことで、明朝の意思決定プロセスをつらぬいていた論理をときあかす鍵にもなるのである。こうした目論見のもと、本章では、具体的な事例に即して廷議の展開プロセスをあとづけ、官僚レヴェルにおける意見集約のありようを検討してきた。その結果、当為の意見集約・合意形成のあり方を象徴するものとして、「衆論僉同《みな》じ」・「謀を詢《と》うに僉《みな》同じ」ということばが浮かびあがってきた。舜から禹への禅譲という『書経』の故事を下敷きとする「僉同」の語からみちびきだされるのは、異論なき状態をもって決定にふみきる要件とする合意形成のあり方であり、ただひとつの選択肢しか存在しない状況に至らしめることで、そこでの選択・判断の当否が問題となる契機それじたいをなくしてしまい、それによって決定の妥当さを確保するものであった。文書によって参会諸官の建議をあつめるという方法は、こうした論理にもとづく覆議とりまとめのプロセスを技術的にささえる一面ももっていただろう。さらには如上の論理に照らしあわせてみることで、原則的にはあくまで皇帝の参考意見でしかない廷議の決議にも、たんなる参考というにとどまらない「おもみ」をみいだすことができるのかもしれない。王守仁の文廟従祀問題について覆奏した礼部尚書たちが、異論が出ない状態に至らなければ、決定をさきおくりしてそうした状態に至るのをまつとの判断を示していたことからいえば、そうした合意は、外からの作為によって達成されるべきものと認識されてはいなかったようである。それは裏をかえせば、臣下レヴェルでのはたらきかけによって個人の見解をかえさせることはできないということにもなろう。こうしたところにも、すべて官僚は皇帝と一対一の関係にあるという原則がつらぬかれているのをみるのと同時に(74)、明代の廷議では投票による多数決がおこなわれたとする説に疑問を禁じえない理由も、まさにこの点に存する。廷議において、現代の多数決のようなものがおこなわれるということは、すなわち、所定の手つづきを経て表明された官僚の意見を臣下のレヴェルで否決するということになるからである。

本章で論じたように、異論なき状態に至ることを要件とする合意形成のあり方は、しばしば党争の激化ということばで語られる明末政治史の背景要因を考えていく上でも示唆的である。周知のとおり、嘉靖以降、万暦初頭の首輔張居正をピークとして内閣権力の著しい伸長がみられ、そうした中央集権化への批判が、朝野の人士たちを党派へと結集させる契機になった。本書でも論じてきたように、高拱・張居正に代表される内閣主導の政治運営は、国内外の情勢がきびしさを増すなかで、数々の政治課題をどう現実的に克服していくかという点からすすめられたものであった。しかし、異論なき状態をもって決定にふみきるという意見集約・意思決定のあり方こそあるべきすがただとの認識からすれば、そうした政治運営の「専権」の側面は、よりきわだってみえることになろう。事実、東林派をはじめとする人士たちのはげしい内閣批判、あるいは第四章でみたように、バハンナギ事件への対応をめぐって、「確議」・「詳議」を経るべしとの立場から内閣批判を展開した温純ら科道官の批判の矛先は、まさにその点にむけられていたのであった。こうした構図をもっとも端的にあらわしているものこそ、礼部尚書沈鯉の覆議を首輔申時行ら内閣がくつがえしたことに対して、「東林秀才」とも称された孫承沢が述べたはげしい非難の言である。孫承沢は、王守仁・陳献章の従祀の決定をさきおくりすべきだとした沈鯉の判断を「正論」・「定論」だと述べていたが、しかし、『国榷』をはじめとする諸史料が、むしろ沈鯉が王学嫌いであったことに言及していることが示唆するように、少数の反対意見のゆえに従祀決定をさきおくりするのは、当時のすくなからぬ官僚たちにも現実的な判断とは受けとめられていなかったようである。これがたとえば軍事案件など、より急を要する判断がもとめられる事案についてのものであったならば、その結果もたらされる事態はより深刻なものであっただろう。さらに重要なのは、孫承沢のような認識に立つかぎり、それにかわる意見集約・意思決定のあり方とそれをささえる論理が生まれてくることもないということである。彼らが是とする方案も、それに対して異論がないという状態を実現できないかぎり、その方案を推進していくこともまた当為のあり方から逸脱したものになるという矛盾を合理的に解消するすべは、孫承沢にあってはもちあわせていなかったといわねばなるまい。

もっとも、皇帝という存在を頂点にいただく体制のもとで生きた彼にそれをもとめるのは、いささか酷なことかもしれない。党争の混乱のなかで明朝は滅亡をむかえるが、以後の中国政治は、それまでとは異なる意思決定のあり方をどのように模索していったのか。その点を検証する作業は本書の範囲をこえる。後考にまつこととしたい。

注

(1) 制度史的な視点から明代廷議の概要を述べたものに、［曹国慶－一九八九］、［張治安－一九九九］一一三九頁、［王興亜－一九九九］四二－五八頁があり、本節における叙述のおおくはこれらによる。最近では、個々の廷議の事例分析をつうじてその実態にせまろうとする試みもすすめられている。万暦年間（一五七三－一六二〇）の豊臣秀吉冊封問題を具体例として当該政治過程における廷議の位置づけを検討した［三木聰－二〇〇三］、［三木聰－二〇〇四ａ］、［三木聰－二〇〇四ｂ］や、中国国家図書館蔵『兵部奏疏』をもちいてアルタン封貢をめぐる廷議について論じた［馬静茹－二〇一〇］は、そうした流れに位置づけられる。

(2) 万暦『明会典』巻八十、礼部三十八、会議

洪武二十四年令、今後在京衙門、有奉旨發放爲格爲例及緊要之事、須會多官、計議停當、然後施行。

［張治安－一九九九］一頁、参照。

(3) ［曹国慶－一九八九］三八－三九頁、［張治安－一九九九］二－八頁、［王興亜－一九九九］四九－五六頁。なお、文武の大臣の選任に際しても廷臣による会議において候補者をえらび、これを皇帝に推挙するという形がとられた。この廷臣会議はと

くに廷推とよばれる。［張治安-一九九九］四一―七六頁、参照。

（4）［曹国慶-一九八九］三七頁、［張治安-一九九九］八一―一六頁、［王興亜-一九九四］三一―三五頁。成化年間（一四六五―一四八七）以降にも内閣大学士が廷議に参加した例は存在し、曹国慶・王興亜両氏は、これを閣臣が参加資格を有したことの証左とする。ただ、これについては、大学士としてではなく翰林官としての身分で参加していたとする張治安氏の説にしたがい、基本的に内閣大学士には参加資格がなかったと考えるべきであろう。

（5）［曹国慶-一九八九］三九頁。なお、漢代の事例ではあるが、［永田英正-一九七二］一一〇頁では、皇帝が臨御する形を「朝議」、官僚のみで協議をおこない、結果を皇帝に報告する形を「廷議」とそれぞれ定義されている。

（6）［張治安-一九九九］一六―一九頁、［王興亜-一九九九］四五―四七頁。

（7）［曹国慶-一九八九］三七頁、［張治安-一九九九］二〇頁、［王興亜-一九九九］四七―四八頁。三氏とも、廷議における審議事項の宣読および覆疏の謄写は当該部院の侍郎によってなされたとするが、実際にはそれとは異なるケースも散見される。本章後段でふれる万暦二十四年（一五九六）五月の廷議の様子を記した姚士麟『見只編』巻中（樊維城『塩邑志林』所収）に、

　……于是、職方郎中賈公維鑰等、北面一揖、宣旨訖。

とあり、兵部職方司郎中の賈維鑰が当該事案の審議を命じた諭旨を宣読している。おなじく、万暦三十一年（一六〇三）九月の廷議に際して覆疏を謄写したのは、主催者たる礼部署部事左侍郎李廷機であった。

（8）［三木聰-二〇〇四b］。

（9）［張治安-一九九九］二六―三七頁、［王興亜-一九九九］五六―五八頁。

（10）［第十七回明清史夏合宿の会事務局-二〇〇四］所載の三木聰氏報告に対する城井隆志氏のコメントを参照。

（11）『実録』嘉靖二十九年八月壬午（二十一日）条。

（12）『実録』景泰三年四月甲申（二十一日）条。

（13）［張治安-一九九九］二七頁。

（14）［王天有-二〇〇八］一三四頁。

（15）［張治安-一九九九］二一一―二二三頁。

（16）『実録』嘉靖十九年三月庚子（八日）条

御史饒天民言、薛瑄従祀、衆皆謂宜、獨検討郭希顔不可。肆言無忌、宜罪。上以有旨下議、不嫌異同、責天民不達國體、姑不究。

(17) [小島毅-一九九二] 四一七頁のほか、本書第二章でも述べたように、世宗という皇帝が、原理主義的ともいうほどに朱子学の理念ないし太祖所定の制度の実現・回帰にこだわっていたことを考えあわせれば、このときの論旨がはたしてどれほど当時の現実を反映していたかについては、なおのこと慎重に判断すべきであろう。また、本書第一章で論じた総督曾銑のいわゆる「復套」計画をめぐって、嘉靖二十六年(一五四七)十一月に兵部尚書王以旂が廷議開催を上請した覆疏でも、廷議で「至当帰一の論に至る無き」ことがのぞましからざるあり方として指摘されていた。王以旂のこの言も、議論をひとつに集約すべしとの認識が存在したことを示す根拠となる。第一章、注(57)参照。

(18) [Hung-Lam Chu-一九八八]、[黄進興-一九九四] 二八一―二八三頁、[中純夫-二〇〇六] 一七八―一九二頁。

(19) 『実録』隆慶元年六月丁未(二十四日)条

先是、給事中趙軏・御史周弘祖請以故禮部侍郎薛瑄、從祀孔庭。御史耿定向亦請、以故新建伯兵部尚書王守仁從祀。下禮部議。至是覆言、……先朝科道諸臣、建言上請、累十餘疏、而儒臣獻議與瑄者、十居八九。世宗皇帝亦嘉瑄能自振起、然猶謂公論久而後明、宜俟將來。若守仁、則世代稍近、恐衆論不一。請敕翰林院・詹事府・左右春坊・國子監儒臣、令其廣諮博討、撰議進覽、仍下本部會官集議、以俟聖斷。上是之。

(20) 『実録』隆慶元年十月丙申(十五日)条。以上、隆慶元年(一五六七)段階における王守仁従祀をめぐる動きについては、[Hung-Lam Chu-一九八八] 四八―四九頁、[中純夫-二〇〇六] 一八三―一八四頁でもふれている。

(21) 『実録』嘉靖十九年三月庚子(八日)条

先是、御史楊瞻・樊得仁奏、故禮部侍郎薛瑄、國朝大儒。宜從祀文廟。詔下儒臣議。時、尚書霍韜、侍郎張邦奇、詹事陸深、少詹事孫承恩、祭酒王教、學士張治、詹事府丞胡世忠、庶子楊維傑、諭徳龔用卿・屠應埈、洗馬徐階・鄒守益、中允李學詩・秦鳴夏・閔如霖、贊善閻樸、司直謝少南・呂懷、編修兼校書王同祖・趙時春、編修兼司諌唐順之・黄佐、侍講胡經二十三人、議宜祀。庶子童承敍、贊善浦應麒、議宜緩。贊善兼檢討郭希顔、以瑄無著述功、議不必祀。給事中丁湛等、請從衆議之多者。……至是、禮部集議以請。

(22) このあいだの関連の動きについては、[Hung-Lam Chu-一九八八] 六一―六頁でとりあげられているほか、[中純夫-二〇〇六]、注(39)に『実録』所載の関連記事が網羅されている。なお、万士和の「覆新建伯従祀疏」に、

杳得、萬暦元年五月内、節經言官謝廷傑・宗弘暹・徐栻等、奏請守仁從祀、該本部覆奉欽依、行令文學諸臣詳議、久未奏進。

とあり、謝廷傑・宗弘暹・徐栻らの上奏を受け、万暦元年（一五七三）五月に礼部は翰林院などの官に可否を議させるようもとめたが、命を受けた「文学諸臣」がひさしく上奏せず、結局、沙汰やみになったことが知られる。

(23) 万士和「覆新建伯従祀疏」

合候命下、仍行翰林院・詹事府・左右春坊・國子監等衙門、詢訪的確、是是非非、各出所見、從直詳議、不妨異同。勿得遲延顧避、有乖事體、限三箇月以内、奏進御覽。

(24) 沈鯉「議孔廟従祀疏」（『亦玉堂稿』巻一）

在石星則議、王守仁・陳獻章、不宜立門戸講學。在丘橓則議、守仁乃禪家宗旨。在吏部右侍郎王家屛則又謂、從祀重典、非眞能信今傳後者、未可輕議。非眞見其能信今傳後者、亦未可輕議。若使今日議入、他日議黜、恐反爲盛典之累。故未敢遽擬其人也。

以上三名の意見については、［中純夫-二〇〇六］一八八頁でもふれている。

(25) ［中純夫-二〇〇六］一八七—一八九頁。

(26) 沈鯉「議孔廟従祀疏」

今守仁・獻章、既不能毫無間言、又一時與議之臣、亦多有耆舊老成、直諒多聞之士、而不皆爲二臣左袒者。

(27) ［黄進興-一九九四］二八一—二八二頁、［中純夫-二〇〇六］一八九—一九〇頁。

(28) ［中純夫-二〇〇六］一八八—一八九頁。

(29) 王崇簡「光禄大夫太子太保都察院右都御史吏部左侍郎孫公行状」（『青箱堂文集』巻八）は、孫承沢の著作として『元明典故編年考』・『典制紀略』を伝える。わが国の国立国会図書館には、孫承沢撰『両朝典故編年考』一百巻（目録五巻・清鈔本）が所蔵されている。

(30) この記事も［張治安-一九九九］三八—三九頁で引用されている。

(31) 王崇簡「光禄大夫太子太保都察院右都御史吏部左侍郎孫公行状」

當諸生時、……時人目爲東林秀才。

(32) 史料原文は、第四章、注（43）を参照。

（33）［兵部奏疏11］にみえる意見書提出者および賛否の状況を記した部分は、［馬静茹-二〇一〇］七九—八〇頁でも引用されている。

（34）［馬静茹-二〇一〇］七八—八一頁。

（35）『実録』隆慶五年三月甲子（三日）条

定國公徐文璧・吏部左侍郎張四維等二十二人、皆以爲可許。英國公張溶・戸部尚書張守直等十七人、以爲不可許。工部尚書朱衡等五人、以爲封貢便、互市不便。獨都察院僉都御史李棠、極言宜許狀。

（36）［檀上寛-二〇一一］一六三頁。

（37）一例として、当時の首輔であった李春芳「答薊遼督撫」（『李文定公貽安堂集』巻十）に、

夫封以王號之虚名、而得其輸誠納款之實、益眞宗社之慶、生民之幸也。

とあるのをあげておく。

（38）問題なのは、こうした立場をとった者を**【表7】**で数えると、寧陽侯陳大紀・成安伯郭応乾・工部尚書朱衡・刑部左侍郎王国光・大理寺左寺丞成守節・工科都給事中龍光・湖広貴州道監察御史侯居良・山東雲南道監察御史朱文科の八名が該当し、五人だとする『実録』の記述と一致しないのである。詳細はさだかではないが、五人という数字は、封号授与に賛成した二十八人から互市に反対した二十三人を減ずる、もしくは『実録』が採用した互市に賛成した二十二人から封号授与に反対した十七人を減ずるなど、機械的な計算によって得られたのではあるまいか。

（39）以上の経緯について、［王天有-二〇〇八］一三四頁では、穆宗は郭乾が投票しなかったことを責め、郭乾も穆宗の意向を知って賛成票を投じたことにより互市の実施が決定したと説明されている。当該論考はかならずしも厳密な実証を目的としてはいないようであるとはいえ、投票の有無をふくめ、あまりに当を欠いた理解といわざるをえない。

（40）同様のケースは、いわゆる曾銑の「復套」をめぐるプロセスからもみいだせる。本書第一章第二節でみたように、陝西地区の関係地方官の消極的な対応を受けて、総督曾銑は嘉靖二十六年（一五四七）七月に上奏した。そのなかで彼は、

若以臣言或有可取、亦必有至當歸一之論、以盡同寅協恭之義。……如蒙伏乞勅下該部、行令各該撫・鎮諸臣、督同原委司・道等官、備將前項事理、虚心勘議、或是非利害、或行止淹速、揆度便宜、人盡所見、作速敷陳、恭候皇上定奪。

と述べて、「復套」をおこなうのであれば、その方向で議論をひとつにまとめねばならないとの認識のもとに、関係各官に建議させるようもとめている。これに対する兵部尚書王以旂の覆議でも、

伏望、皇上叮嚀戒諭陝西・寧夏・延綏巡撫・總兵等官、轉行副參・守巡・司道等官、遵照先今事理、虚心勘議、呈報總督衙門、裁酌歸一之論、限防秋後十一月中回奏。

と述べられており、各官の建議を総督のもとで「帰一の論に裁酌」した上で題奏させるよう上請している。これを受けて、各官は「復套」支持を曾銑に咨送し、曾銑も、

已謹將各鎭巡撫都御史謝蘭等、鎭守總兵都督等官王縉等、各咨呈內條款相同者、以類評議、特出者隨事發明。

と述べて、文武諸官が「復套」推進で一致したことをふまえて具体策を上呈した。そして、この段階に至って兵部尚書王以旂も廷議開催を奏請したのである。以上に引いた史料は、すべて曾銑『復套議』巻上による。

(41) ここでの解釈は、[加藤常賢-一九八三] 上冊、三七四—三七五頁によった。

(42) 朱熹のこうした経書解釈も、彼がおかれた南宋の政治状況およびそのなかで形成された彼の政治的主張と無関係ではなかろう。[安倍直之-二〇〇二] 一〇二頁、注(44)では、皇帝の「独断」に対する朱熹の批判が、「皇帝の判断が理に適うか否かではなく、宰相以下の官僚機構の意向を無視して政策・人事を処理すること」にむけられていたと述べられ、そうした主張が、孝宗朝を経て寧宗朝に至る士大夫官僚のあいだに一定の割合で存在していたとのみとおしが示されている。

(43) 胡広等輯『書経大全』巻二。

(44) 廷議に代表される官僚たちの合意形成がこのような形式でおこなわれねばならなかったのはなぜかという点について、目下、明確な解答はもちあわせないが、あるいは以下のような状況を想定できるのかもしれない。たとえば、アルタン封貢決定後、兵部尚書郭乾は工科給事中劉伯燮の弾劾を受けて辞任においこまれたが、これについて『実録』隆慶五年三月丁丑(十六日)条に、

工科給事中劉伯燮劾奏、兵部尚書郭乾、謬筦中樞、有負任使。……北虜封貢、事宜早決、復徇築舍之議、陰持兩端、及綸音再下、猶漫爲題覆、竟無可否。庸闇欺謾、無大臣體。

とあり、郭乾の意見集約および覆議上呈のやり方が「任使に負《そむ》くこと有る」ものとして弾劾されている。ここからうかがえるように、廷議の覆議をとりまとめる当該部院の尚書は、帝命によってその責をおっている以上、妥当ならざる覆議をのぼすことは、すなわち皇帝の命にそむくものとして弾劾の対象にもなりえた。ところが、諸官が協議をおこなう段階では、当否判断の唯一絶対的な基準となる皇帝の判断はいまだ示されてはいない。その意味で廷議とは、いわば当否の基準が存在しないなかで「妥当な」決議をとりまとめていくプロセスだったわけである。こうした状況のゆえに、当該方案の当否が問題

となる契機そのものをなくしていくことによって決議案の「妥当さ」を確保するという合意形成がおこなわれたのではなかろうか。

(45) 隆慶四年（一五七〇）正月、大学士趙貞吉の発議にかかる京営再編案をめぐってひらかれた廷議も、そのひとつに数えられよう。本事案については、第三章、注（37）であげた青山治郎氏・奥山憲夫氏の研究でその経緯があきらかにされており、廷議についても［王興亜一九九九］五三頁のほか、［張治安一九九九］三五—三六頁でも、衆論が一致しないときに、皇帝が多数意見を採用したケースとして言及されている。当該廷議の状況を伝える『実録』隆慶四年正月己卯（十一日）条によると、趙貞吉が建議した京営五分割案を支持した者は英国公張溶ら十六名、従来の三大営を維持すべしとした兵科都給事中張鹵の建議を支持した者は成国公朱希忠ら二十八名であった。ときの兵部尚書霍冀は、

在廷文武諸臣多謂、京兵之訓練、不在于營制之更張、而在于將佐之得人、操練之如法、似皆探本之論。經曰、三人占、則從二人之言。臣等參酌群言、竊謂、三大營仍舊、則將領不增而占役少、號令不煩而統紀明、似屬穩便。

と覆奏し、『書経』洪範にみえる「三人占わば、則ち二人の言に従う」ということばをふまえつつ、結果的には多数意見を採用している。ただ、この判断について、霍冀がこの直後に趙貞吉を批判した『実録』隆慶四年二月乙卯（十七日）条所載の上奏には、

貞吉欲更營制、臣謂、祖宗舊規、不宜輕改。已而廷臣集議、皆如臣言。其私憾於臣四也。

とあり、廷臣の議は「皆、臣の言の如し」、つまり霍冀の覆議案に異論は出なかったと述べられている。この言を考慮すれば、多数派であることが可決の決定的な要件であったと断ずることには慎重であるべきであろう。

(46) 中国古代の「朝議」については、［渡辺信一郎一九九六］二一—二八頁で、口頭による弁論を基礎としながらも、要所で弁論内容が文書化され、文書の集積として会議が進行していたことが指摘されている。

(47) ［櫻井俊郎一九九二］七頁。

(48) 葉盛『水東日記』巻四、記会議異同諸事

凡中外陳言奏、皆禮部於内府會六部・都察院・大理寺・通政司堂上、六科掌印官會議、禮部侍郎宣言其要、諸部院正官面決可否、自正官外、更無出一言者、則舊習然也。

この記事は、［張治安一九九九］一〇頁でも引用されている。

(49) 『実録』正徳六年八月戊寅朔（一日）条

監察御史江萬實言、朝廷凡大事、必令會官議擬、正欲合衆論之公、以求事理之當。然非素有一定之見、豈能決擇於立談之閒。況竊聽于旁者、毎如堵牆、機密重務、不免傳泄。自今凡有會議、先具揭帖、送與議者、至期乃議。若事急者、本日將議之先、亦宜傳告略節。仍禁諸人不得竊聽、庶盡群見、而機事亦密。禮部議、從之。

万暦『明会典』巻八十、礼部三十八、会議

正徳六年奏准。凡事機重大、會官議擬、先備揭帖、送該議官人各一本。如緊急、亦將略節先送傳。看畢、方纔請會。

以上ふたつの記事は、［張治安－一九九九］二一頁、［王興亜－一九九九］四八頁、［馬静茹－二〇一〇］七七頁でも提示されている。

(50)曾銑『復套議』巻下。本書第一章、注(57)に既出。

(51)『実録』隆慶四年正月己卯（十一日）条

兵科都給事中張鹵言、廷臣會議、故事止決於一二人、餘各唯唯署名而退。有既退而不知所議何事者、或尚有後言者。今營兵事重、當以貞吉所論、刊布與議諸臣、使各出意見、書其左方、仍持赴議所、公同商確題請。其有推諉、不與議者、即不列名會疏。其有獨見、欲別具疏者、聽。

(52)『実録』隆慶四年正月己卯（十一日）条

(53)この五日という期限がなにに依拠しているのかについては、いまひとつあきらかではない。［馬静茹－二〇一〇］七七頁では、先述した『実録』弘治元年七月甲戌（十三日）条にみえる給事中胡金の上奏への諭旨をふまえたものだとされている。しかし、当該条で胡金が述べているのは、

……無拘章疏多寡、倶在五日內會議、從容論辯。

というものであり、これに対する孝宗の諭旨にも、

上曰、今後有要務關民情者、半月內議之。若利弊諸事、果應急議者、限五日內議聞。

とみえるように、あくまでも五日以内に会議をおこなって上奏することを定めたものであった。一方、郭乾が述べているのは意見書の提出期限であり、また［兵部奏疏11］によれば、廷議は郭乾の当該覆奏から半月以上も経った同年三月初二日におこなわれたのであって、馬氏があげる弘治元年（一四八八）のケースとは符合しないようにも思われる。とはいえ、郭乾がなんの根拠もなく五日という期限を設定したとも考えにくく、いずれにせよこの点についてはなお検討を要する。

(54)たとえば、［三木聰－二〇〇三］六六頁に引用される『実録』万暦二十二年五月戊寅朔（一日）条は、豊臣秀吉冊封の可否

をめぐってひらかれた廷議についての記事である。そのなかに、

九卿・科道奉旨會議倭事。尚書陳有年、侍郎趙參魯、科道林材・甘仕价等、則各具疏揭。總之、……兵部尚書石星採集以聞、因言、……

とみえ、各官が「疏揭」を提出している。また、後掲『実録』万暦二十四年五月丙子（十日）条も参照。

(55)［兵部奏疏10］の当該記事を公にしたのは、管見のかぎり［馬静茹-二〇一〇］が最初であり、そのことには十分な敬意をはらわねばならない。しかし惜しむらくは、参会諸官の意見を文書によって徴するというこの題疏でもっとも重要と思われる点について、馬氏の見解にいささかゆれがあることである。同論文、七八頁で馬氏は、［兵部奏疏10］で言及されている方式が、正徳六年（一五一一）八月に裁可された「掲帖」の事前配布と同様のものであるとする。しかし、すくなくとも本章注（49）所引の『実録』および万暦『明会典』の記事によるかぎり、これらはあくまでも廷議における審議事項を事前配布・閲覧させることを規定したものと解さねばなるまい。一方、当該意見書の徴取・集計方法については、本文で引用した部分のほか、［馬静茹-二〇一〇］七九―八〇頁でも引用されている［兵部奏疏11］に、

近該與議文武諸臣、將北虜通貢事宜、各出己見、備開書册送部。臣等逐一檢閱、大約總督王崇古所擬八款、惟封號・互市二節爲重。

とみえる。ここからいえば、張鹵・郭乾がいう「書格紙」は、あくまでも各官がみずからの見解を記す意見書とみなすべきであると考えるが、［馬静茹-二〇一〇］八〇頁では、これを投票だとしている。明代後期の廷議で記名投票がおこなわれたとする説は［王天有-二〇〇八］一三四頁でも示されているが、前節で論じたように、多数決的な意見集約が回避され、異なる意見が出ない状態に至ることをもって可決の要件とする意見集約・合意形成の論理に照らしても、投票という議決方法がとられたとは考えにくい。すくなくとも『兵部奏疏』の記事に記された一連の文書の動きは、われわれがいう投票とはかなり様相を異にするもののように思われる。

(56)［城井隆志-一九八五］九九―一〇四頁、［佐藤文俊-一九九九］二六七―二八八頁。

(57) 李廷機「看議楚藩疏」（『李文節集』巻一）参照。

(58) 礼部尚書馮琦が万暦三十一年（一六〇三）三月に卒したのち、後任の尚書は補充されず、左侍郎の李廷機が部事を署理した。『明史』巻百十二、七卿年表二、参照。

(59) 李廷機「看議楚藩疏」

臣等之愚、終以責成撫・按爲第一義。至于或先撫・按再問而後遣官、或即遣官同撫・按再問、一惟聖裁。

(60) 李廷機「看議楚藩疏」

臣等於五日前、將前疏刊刻、分送諸臣看議。本月初五日、齊赴東闕、諸臣各出議單。臣等逐一檢閲、見其意見不同、議論亦異、而所開之單、詞語繁多、不下數萬言、難以逐一抄謄、上煩御覧、總其大略、不越數端。

(61) 『明史』巻二百二十六、郭正域伝

〔郭〕正域欲盡録諸人議、〔李〕廷機以辭太繁、先撮其要以上。〔沈〕一貫遂嗾給事中楊應文・御史康丕揚、劾禮部壅閼群議、不以實聞。

(62) 李廷機「直陳楚藩議単疏」

奉聖旨、覽奏。知道了。

(63) 李廷機「直陳楚藩議単疏」

此皆出臣廷機一人之筆。及疏完用印、時已二更、次日未明而上。

(64) 廷議における情報漏洩の問題は、たびたび指摘されていた。〔三木聰‐二〇〇四a〕三五頁で指摘されているように、姚士麟『見只編』の記事によれば、当該廷議に「観者数千人」と記されるほど多数の聴衆が存在したという。本章注（49）所引『実録』正徳六年八月戊寅朔（一日）条にみえる監察御史江万実の上奏でも、参会諸官に審議内容を周知させるほか、情報漏洩をふせぐという点からも議事内容の文書化が提案されている。

(65) 朱国禎『湧幢小品』跋

是編起己酉（万暦三十七年・一六〇九）之春、至辛酉（天啓元年・一六二一）冬月、積可三十餘册。……會赴召、檢出節爲三十二卷、付之梓。……壬戌年（天啓二年・一六二二）九月、題于西郊之映月軒。

引文中の「赴召」とは、天啓元年（一六二一）十一月に礼部右侍郎に起用されたことをさす。

(66) 当該廷議が五月八日に開催されたことについては、〔三木聰‐二〇〇四a〕二七頁、参照。『実録』の当該記事も〔三木聰‐二〇〇四a〕二八―二九頁で引用されており、「疏掲」提出者の官名はこれによった。なお、三木氏がこの記事を五月乙亥（九日）条とするのはあやまりであり、ことの経緯も、五月八日の廷議開催および兵部左侍郎李禎による覆疏上呈、翌々日の十日に諭旨発下というものであったと考えられる。

(67) 当該記事については、〔三木聰‐二〇〇四a〕三二―三六頁を参照。

(69) 史料原文は、第二章、注(55)、参照。

(70) 王徳完「目撃東倭釁隙、専備禦疏」

昨因本兵石星、集臺省諸臣于射所、會議東事。臣得讀本兵覆疏稿則謂、……。臣問、……。本兵曰、……。臣又覧本兵覆疏開、……。

当該史料については、[小野和子-一九九六]一二四―一二五頁および[三木聰-二〇〇三]五七―六一頁でもふれている。

(71) [佐藤文俊-一九九九]二九九頁、注(112)。当該史料の概要については、同書、二九五頁、注(51)を参照。

(72) 覆疏の分量という点でいえば、隆慶五年(一五七一)三月二日の廷議の覆疏である[兵部奏疏11]も、文武官あわせて四十五名から提出された意見書の集計結果と、王崇古から出された八項目の建議に逐一対応させる形で示された兵部の覆議の部分だけで、毎半葉十行、毎行二十二字で十一葉におよび、そのまえに王崇古の咨文や給事中たちの題疏の引用が百葉ちかくあるという長大なものである。

(73) 文書によって展開していくプロセスと同時に、廷議においては口頭での弁論もおこなわれ、ときに白熱した議論がたたかわされることもあった。[三木聰-二〇〇四a]三二―三五頁で検討されているように、姚士麟『見只編』には、万暦二十四年(一五九六)五月八日の廷議において、都察院右都御史の沈思孝が、豊臣秀吉の冊封反対の立場から、兵部尚書石星・首輔趙志皐の更迭を主張し、舌鋒するどく彼らを追及する様子が克明にえがかれている。また、[三木聰-二〇〇四a]三一頁および三六頁では、『見只編』および談遷『国榷』と『実録』とを比較し、前者の記述が石星・趙志皐の去就・更迭問題を中心に議論が展開したように書かれているのに対し、後者ではあくまでも「禦倭戦守事宜」に重点をおく記述になっていると指摘されている。こうした史料間の相違も、廷議における文書・口頭それぞれのプロセスのちがいを反映したものとみることができるのではないか。同論文、二五頁で述べられているように、当該廷議は「禦倭戦守事宜」を議題とする廷議開催を命じた同年四月二十八日付諭旨を受けてひらかれた。そうである以上、その覆疏も一義的には当該議題について覆奏するものであり、事前に提出された「疏掲」も、直接にはその可否についての諸官の所見が記されたものであったと考えられる。あくまでも『実録』は皇帝の諭旨を軸として記述されるがゆえに、諭旨のなかで命ぜられた議題に対する覆議とそれへの論旨という、文書によるやりとりのなかで言及される事柄に重点をおくような書き方になったのに対し、そうした制約のない私撰史料では、『見只編』のように、実見にもとづく廷議の実際の状況を記すことが可能であったのではなかろうか。

(74) [兵部奏疏10]のなかで、張鹵が、意見書を記す際に「各おの己が見を出し、相い通謀すること勿かれ」と述べていたことも、このことの裏づけとなろう。

終章

本書の課題は、隆慶和議の実現に象徴されるように、嘉靖（一五二二—一五六六）・隆慶（一五六七—一五七二）交替を機として通交・交易の禁絶から開放へと転換した明朝の対モンゴル政策の展開に注目し、それぞれの時代の対外方針を規定していた要因ないし方針転換を可能ならしめた要因から、各時代の政治動向を特徴づけていた要素をみいだすことにあった。しめくくりにあたり、あらためて嘉靖後期から隆慶年間の政治史の展開を概述することで、本書の到達点を示すとともに、展望にかえて、それ以降の時代、とくに万暦年間（一五七三—一六二〇）の政治史を考えていく際の切り口になると思われる点を整理しておくこととしたい。

第一章および第二章での考察からは、理想主義・原則主義的な世宗の政治方針、および官僚がになう政策審議・政務遂行のプロセスとはときにまったく異なる要因によってなされる彼の案件決裁のありようが浮かびあがってきた。対モンゴル問題にかかわる一連のプロセスのなかで、世宗のそうした姿勢が典型的にあらわれているもののひとつとして、庚戌の変の際にくだされた諭旨をあげることができる。交易の解禁をもとめてなされるアルタンの「求貢」に対し、朝貢許可もやむなしとする官僚たちの意向にもかかわらず、世宗は明朝への臣属の意思表明という朝貢本来の意義を重視する立場から要求を拒絶しつづけ、結果的にモンゴルによる侵寇を長期化させたのであった。曾銑の「復套」計画や庚戌の変後のアルタン征討のような無謀ともいうべき積極策にのめりこんでいったことも、おなじ文脈のなかで語ることができるであろうし、対外政策のほかにも、密掲制度の整備や西苑再建などにみられる皇帝親裁へのつよい意欲、あるいは「みずからは帝位にあって万機を総攬するのであり、個別事案の可否判断や政務遂行は臣下がおこなうべきだ」とのことばや、経書の解釈をふまえた「君逸臣労」なる語をもって臣下を叱責するというようなあまりに都合のよい責任のがれなどにも、帝のそうした姿勢をみることができるのかもしれない。先行研究も指摘するとおり、朱子学の理念や太祖所定の制度といった理想的・原則的なあり方へと回帰しようとする世宗の理念とそれに裏うちされた言動は、おそらくは湖広安陸の地で藩王の立場から正徳時代（一五〇六―一五二一）の政治状況をみていた彼が、即位直後における廷臣たちとのはげしい政争を経るなかでつよめられたものであっただろう。こうした全般的な状況を考慮しても、嘉靖年間にかたくなともいえるほどの対外強硬路線が維持された要因として、やはり世宗の政治理念による部分はかなりおおきなウェイトを占めていたというべきである。

嘉靖時代の内閣の性格もまたこうした皇帝の政治姿勢に多分に規定されていた。嘉靖以降の「専権」内閣のひとつに数えられ、内憂外患を深刻化させた元凶のようにいわれる厳嵩であるが、彼の政治運営のあり方も、如上の世宗の姿勢とのかかわりのなかで考えることで、その特徴を明確にすることができる。名君たらんとして皇帝親裁へのつよいこだわりをいだきつづけた世宗の立場からすれば、なによりも皇帝の顧問ないし秘書官としての役割が内閣大学士にはもとめられた。ところが彼の「親裁」は、本来、朝政の舞台となる紫禁城から物理的にもはなれた西苑で、ともすれば現実をかえりみない「理想」にもとづいておこなわれており、現状を深刻化させる要因にもなっていたのである。こうしたなか、実際に諸問題に対峙しなければならない官僚たちにとって、内閣は皇帝の決裁と官僚がになう政策審議・政務遂行のプロセスとのあいだをとりもつパイプないし調整弁のような役割をはたす存在として重視されたといえよう。嘉靖後期の政局において内閣がおおきなプレゼンスを占めるに至った要因、ならびにこの時期の内閣がいかなる役割をはたすべき機構としてふるまっていたのかということは、以上のふたつの側面から説明することができる。

こうしてみてくると、厳嵩のあとをおそって首輔となり、嘉靖・隆慶交替期の政局をリードした徐階の存在は、嘉靖時代の内閣のありようを体現すると同時に、嘉靖と隆慶というふたつの時代の相違をもきわだたせる存在といえる。彼の政治理念は、あえてひとことでいうならば「公」の一字をもって特徴づけることができる。それは前任の「専権」首輔へのアンチテーゼとして強調された側面も多分にあったとはいえ、そうした公論重視の主張が、徐階の内閣観に裏うちされていたことをみすごすべきではない。すなわち、あくまでも皇帝の秘書ないし顧問官としての立場から、部院・地方官・科道官が各々の職分に応じて政務に関与できるよう官界のバランスを調整することに内閣大学士としてのみずからの職分を認めるというのが、徐階の理念であった。しかしながら、彼があらたにつかえることになった穆宗という皇帝は、すくなくとも政務へのとりくみという点においては、世宗とはまったく正反対であった。先行研究でも指摘され、またとくに第四章で引用した張四維の書簡にみえる「上奏文の文字がおおく、仔細にみることができないので、大学士たちで適宜処理せよ」という諭旨にも如実に伝えられているように、事案の決裁に際して、穆宗はもっぱら大学士に判断をゆだねるスタンスをとった。こうした皇帝のもとで、大学士が皇帝の秘書・顧問として調整役に徹するのみでは、政治の停滞は避けられまい。政務主導の主体としての側面がかならずしも全面におしだされていなかったとはいえ、嘉靖後半の二十数年という時間は、政策決定に際して内閣がすくなからぬプレゼンスを占めるという状況を定着させるに足るものであっただろうし、そうした状況は、皇帝にかわってリーダーシップを発揮する存在が必要とされたとき、それをもとめるさきを内閣へとむかわせることになったであろう。ことモンゴルに対する防衛の問題は、北辺の状況に即応できる迅速な政策審議・決定のあり方を必要とし、物資・予算を重点的に配分するとともに、現地の文武の官僚に一定の任期と裁量権とをあたえなければ、十分な効果を期すことのできないものであった。その点において、各部署間のバランスを重視する徐階の方針は、そうした事態に対処していく上でかならずしも積極的な方向に作用するものではなかったといわねばなるまい。各部署間の審議に慎重を期すあまり北辺への軍餉発給がおくれる、あるいは文官の活動が実際に防衛にあたる武官の活動のさまたげになるといった問題が指摘されるのみならず、対モンゴル問題への具体的な対策を示さないことを批判する徐階弾劾も提起された。しかし、徐階はあくまでも顧問官・調整役たることをつらぬこうとしたのであり、特定の部分に重点的な措置を講ずることもまた、彼にあっては官界のバランスをくずすものとして否定的に受けとめられていたかにみえる。われわれは、そこにこそ嘉靖朝の大学士としての徐階のすがたをみるべきであるし、その彼が隆慶二年（一五六八）という時点で政治の表舞台から退場していったことは、まさしく嘉靖から隆慶へという変化を象徴する出来事として位置づけることができるのである。

徐階の辞任と李春芳の首輔就任、高拱・趙貞吉・張居正による閣内抗争を経て、最終的に高拱・張居正の主導権確立へと至る隆慶時代の内閣政治の展開は、内閣が具体的な方針を示し、それにもとづいて政治を主導していく、いわば「行政府」としての性格をつよめていくプロセスとみなすことができる。辺境防衛の実務にあたる北辺官を優遇しようとする高拱・張居正に対し、あくまでも綱紀粛正を主張する趙貞吉というように、かならずしも政見をおなじくしない大学士が同時に入閣しているという状況は、穆宗の大学士起用のスタンスあるいは首輔李春芳の姿勢によってもたらされ、維持されたといえよう。しかしながら、内閣・大学士の職分は政務を主導することにこそあるという彼らの内閣・大学士観は、政見の相違を現実の抗争として表面化させずにはおかない。彼らの施政方針が時弊に対する深刻な危機感に裏づけられていればこそ、抗争はなおのことはげしさを増した。そうした性格をもった対立の帰結として、異なる方針を主張する大学士が対等の立場で入閣するというのではなく、首輔と次輔以下の大学士とのあいだには厳然たる発言力の差が生ずるようになった。高拱が同僚の裕王講官であった殷士儋の入閣をこころよく思わず、みずからの属官でもあった張四維の入閣を推していたことが物語るように、首輔以外の大学士には、首輔の提唱する方針を具体化するのにたけた人材がもとめられるようになったのである。

こうした内閣の性格は、いわゆるアルタン封貢および陝西での互市実施へとむかうプロセスからもみてとることができた。隆慶和議実現の直接の契機となったバハンナギ投降事件に際して、趙貞吉が述べたとされる言から明確に読みとれたように、急を要する事態に直面したとき、本来は部院の判断に対して受動的な立場にあるべき内閣が、すみやかに決定をくだす必要から、部院のあたまごしに直接皇帝に諭旨の発下を請うことをつうじて、主導的な立場に立って決定をあとおしすべきだとの認識が、大学士たちのあいだでは共有されていたのである。こうした内閣のありようは、みずから諸問題に対峙しなければならない地方官にとって、一面ではたしかに現場の状況・意向を反映した迅速な決定を可能にするものであった。アルタン封貢実現にむけた動きのなかで、総督王崇古がその対応にたびたび不満を表明していた兵部と、督撫との頻繁な情報交換をつうじて、和議実現という方針に沿って独自の動きをとっていた内閣という両者の対応を対比するとき、そのことはつよく印象づけられる。たしかに、それだけをとってみれば、とくに中国の研究者のあいだで主流となっているように、こうした内閣のありようを「改革」と肯定的にとらえることができるのかもしれない。しかしわれわれは、おなじくモンゴルとの和議という事案をめぐる内閣の対応に、肯定一辺倒のみかたではとらえきれない側面をみることができた。すなわち第五章でみたように、王之誥・戴才・何東序ら陝西地区の督撫がみずからの深刻な現状認識にもとづいて互市反対を主張し、しかも結果論とはいえ、彼らの懸念がのちに隆慶和議の破綻を決定づける事件となって現実のものとなっていったにもかかわらず、内閣は督撫たちの反対をおしきって互市実施を決定していったのである。こうしたところからは、あくまでも中央の大学士としての立場から諸政策をおしすすめていった高拱・張居正による政治運営の矛盾をみてとることができる。

隆慶六年（一五七二）五月、穆宗の崩御にともなって皇太子朱翊鈞が即位した。万暦時代の幕あけである。強権的ともいえる手法で反対派をおさえこみつつ、国家主義的な行財政政策を断行した張居正の執政とその悲劇的な結末、中央と地方あるいは朝野をまたいで展開された党争と皇帝神宗のサボタージュ、三度の外征と陵墓造営とによって張居正時代のたくわえをつかいはたした末、全国に宦官を派遣して法外な収奪をおこなった鉱税の禍など、万暦時代の政治史はなにかと話題にこと欠かず、明初の時期とならんで明代政治史研究のひとつの柱になっているといって過言ではない。これまでにもたびたび言及してきた溝口雄三・小野和子両氏に代表される東林派研究のほか、海外の研究者による専著もすくなくなく、万暦政治史の研究蓄積は文字どおり枚挙にいとまがない。しかし一面からみれば、そうした先行研究の膨大さは、ある意味で万暦政治史の複雑さ、そしてそれを語ることのむずかしさの裏がえしともいえる。本書では万暦時代の政治史について実証的な考察をおこなうには至らなかったものの、これまでの検討をつうじて示してきたいくつかの論点には、複雑な様相を呈する万暦政治史を読みとく糸口となりうる、あるいは従来の万暦政治史理解を再検討する手がかりになると思われるものもないではない。以下、それらをまとめて展望にかえることとしたい。

皇帝の政治姿勢　ひとつは皇帝の政治姿勢というものをどのように考えるかということである。とはいうものの、それは一見きわめて陳腐な指摘なのかもしれない。たとえば、嘉靖年間における対外問題深刻化の要因を世宗を頂点とする政権中枢の無策・無能ぶりに帰す議論は、これまでにもおおくの論者によってなされてきたし、それは昨今の嘉靖政治史研究においてものりこえられるべき対象とされている。現に本書でも人物評価に傾斜して政治史をみる視角に対しては、たびたび否定的な立場を示してきた。

ただ、そこで筆者が問題視しているのは、それまでの理解をのりこえようとしながら、政治過程を善悪二元論的な人物評価の構図に収斂させて理解することへの検証の視角を欠くために、結局は従来とおなじような二項対立的な理解が再生産され、明朝ひいては前近代中国政治の展開をよりふかいところで規定していたであろう部分にまで検討がすすんでいかないことであって、皇帝をふくめ当該政治過程にかかわった諸アクターの動向を実証的に分析していくことを問題としているのではない。むしろそうした検証作業こそが、上述のごとき深層部分へとせまっていくたしかな足がかりとなろう。これまで論じてきたように、対外政策の基本方針のほか、政治過程における内閣の役割や大学士たちの内閣観といった部分でも、嘉靖と隆慶というふたつの時代のあいだには、たしかに一定の差異を認めることができたし、その要因を考えるとき、やはり皇帝の政治姿勢という要素がかなりの影響をおよぼしていたことを認めないわけにはいかないのである。

その上で強調したいのは、皇帝の政治姿勢が政局の動向を左右する要因たりえたということは、皇帝が政務に精励し、みずから主体的に決裁をおこなうことをもって、一連のプロセスが理想的に展開しているとする理解に立つことと同義ではないということである。従来、とくに明代後期の政治史研究において、皇帝の政治姿勢というと、政務を放棄してみずからの享楽にふけり、山積する諸問題を深刻化させたという程度に言及されるのがほとんどであったといえよう。近年、嘉靖政治史の再検討を試みた論者が、世宗が皇帝親裁をつよく志向していたと強調することをもって、嘉靖政治史の「再検討」を標榜しうるのも、うがったみかたをすれば、そうした議論もまた従来の議論の枠そのものを再検討するには至っていないことをみずから語っているようなものといえなくはない。これらに対して本書での検討からみえてきたのは、まさしく世宗のそうした政治姿勢のゆえに、官僚の政策審議・政務遂行のプロセスとはまったく異なる要因による決裁がおこなわれ、結果的に政治の混乱・停滞がもたらされるという状況であった。逆に政務に関心を示さず、実質的な可否判断を大学士に丸投げしたといってよい穆宗の治下において、むしろ一連の政策過程のサイクルはスムーズに回転していたかにもみえる。

あるいは「独裁」・「専制」の語から想起される、皇帝の恣意がすべてに優先するというようなイメージを克服すべく、「理念と実態」のような構図をもって政治の動きをとらえようとするむきもある。実際の事例に即して意思決定プロセスの実態を具体的にあきらかにしていくことの必要性は、十分に首肯されることではあるものの、これまた本書で論じた廷議の展開プロセスにおいて、皇帝独裁の原則が厳然としてつらぬかれていたこと、個別事例としても、たとえばまったく突然に出された世宗の諭旨によって、「復套」が中止へとむかっていったこと、あるいは日講後の面奏に対する穆宗の諭旨によって、アルタン封貢が決定していったことなどからみれば、すくなくとも明の朝政のありようを「独裁」・「専制」の語をぬきにして語ることは不可能である。

こうしてみてくると、政治史の展開を考えていく場合、各皇帝の意思表示・権力行使のありようとそれを規定していた諸要因について、よりふみこんで具体的・実証的な検証の目をむけていく必要があると思われる。みずからの即位事情のなかで形成された世宗の理想主義的・原則主義的な姿勢が、対外政策や内閣の性格などの部分でも陰に陽に影響をあたえていたこと、穆宗の閣臣起用のあり方が、隆慶時代の閣内抗争の一因になっていたことなど、皇帝の政治姿勢の影響というものが、表面にあらわれにくい部分にまでおよんでいたこと、本書の論述をつうじてみえてきた。一見、無策無能ないし政務放棄のようであっても、実際に皇帝がなにを考え、その裏にいかなる方針が存在したのかを問いなおしてみることによって、政治史の展開を説得的に説明できる部分もすくなくないのではあるまいか。その点で、とくに複雑な展開過程を呈する万暦政治史を読みとこうとする際、神宗の政治姿勢は非常に重要な鍵となろう。「視朝をおこたり、蓄財にはげみ、天地・宗廟の祭祀も視朝もおこなわなかったこと、三十年におよんだ」ということばは一般にもよく知られ、そこに万暦政治を停滞・混乱におとしいれた主因が存在したことは否めない。しかし、そうであればこそ、「政務を放棄した皇帝」という理解を自明の前提のうちにおしこめてしまうのではなく、そうした行動の裏にあった神宗の意思とはいかなるものであり、どのような経緯を経てそうした姿勢が形成されたのか、あるいはそれが政治の展開の上で具体的にどのような影響をおよぼしたのかをふみこんで検討していく必要があろう。

内閣の性格　皇帝とならんで、内閣をどのように性格づけていくかということも重要である。現在までのおおくの万暦政治史の叙述において、東林派を中心とする党争の展開過程がその主軸をなしていることは大方の認めるところであろう。溝口雄三・小野和子両氏の議論は、皇帝に妥協的な態度をとりつづけたとして、張居正をふくむ万暦時代の内閣を皇帝および内廷勢力とともに東林派のアンチテーゼとして対置することにより、東林派のバックボーンを浮きぼりにすることに成功したのであった。史実としても、東林派がはげしい内閣批判を展開したことにうたがいをはさむ余地はない。しかしながら、内閣政治の展開をあとづけた先行研究の成果は、張居正の「失脚」が、そののちの内閣のありようにすくなからぬ変化をもたらさずにはおれなかったことを教えている。また、本書でみてきたように、制度上はあくまで皇帝の輔政機構として部院とも統属関係にはなかったとはいえ、内閣の性格ないし実際の政策決定プロセスにおけるふるまい方は、皇帝がいかなるスタンスで政治にのぞんでいたか、そうした状況下で官僚たちがなにをもとめたかといったさまざまな要素に左右され、その様相を変化させていた。こうした点を考慮すれば、先行研究における内閣の位置づけにも、なお再検討の余地はのこされており、とくに万暦の党争をとらえなおそうとする場合、はげしい内閣批判を展開した党社側の人士たちの内閣観——内閣はいかなる役割をになうべきかという認識——を問うてみることで、なんらかの糸口をみいだせるのではなかろうか。およそ批判の裏には、それがたとえレトリックであったとしても、批判される対象が、批判者がかくあるべしと考えるあり方から逸脱しているという認識が存在する。とすれば、東林派の内閣批判の言説からも、彼らが当為と認識する内閣のすがたをえがきだしていくことが可能であろうし、そうした認識がどのように位置づけられるのかということも、明代の内閣政治の展開を考えていく上で、注目に値する問題と思われる。実証的な検証は今後に期せざるをえないが、あえて試見を示せば、張居正内閣において典型的に体現されたごとき、内閣こそ政治の主導者たるべしとの認識は、ポスト張居正期の停滞・混乱した政局を打開するすべをもちえなかった内閣に対する東林派の批判のなかにこそ、むしろ根づよく息づいていたのではないか(2)。張居正後の万暦政治のなかで、東林派にかぎらず、皇帝・内閣・部院をふくむ諸アクターのあいだで、内閣はいかなる役割をはたすべきだと考えられていたのか。それぞれの認識の異同が政治の展開にいかなる影響をおよぼしたのか。こうした切り口から検討していくことで、これまで主軸とされてきた党争の構図を相対化して万暦政治史を叙述するための視座をあるいは得ることができるのではなかろうか。

合意形成のあり方　第七章での廷議の考察からみえてきた意見集約・合意形成のあり方は、たとえば「公」重視の方針をかかげた徐階の内閣政治が、しばしば「専」ないし「私」であるとの批判をあびた高拱・張居正のいわゆる「行政府」型内閣によるそれへととってかわられていったこと、あるいはポスト張居正期における不毛ともいえる党争の背景をさぐるのみならず、そうした個々の事例の奥底に存在していた朝政の展開パターンを把握する上でも重要な示唆をあたえてくれる。明朝の意思決定プロセスのうち、官僚によってになわれる部分を集約したものと位置づけられる廷議は、皇帝の下問に対して覆議を上呈することをそのもっとも基本的な役割としていた。それは、いわば絶対的な当否の判断基準をもつ皇帝ならぬ臣下のレヴェルで妥当な方案をまとめていくプロセスであり、それゆえそこでは、当否が問題となる契機それじたいが存在しないことをもって可決の要件とする合意形成が原則的なあり方とされていた。具体的には、自然とみなの意見が一致し、異なる意見が存在しない＝「僉同」なる状態に至ることをもって決定の要件としたわけである。こうした議論をすすめていったところに、皇帝すらも如上のロジックのもとに形成された合意・公論を体現する存在であるべしとの主張をみるのは、そうむずかしいことではない。万暦年間に党社に結集していく人士たちのほか、第三章でふれた陳以勤の上奏などにも、そうした主張は認めることができる。(3)

「僉同」の語に象徴されるこうした意見集約・合意形成のあり方は、しかし、延々とくりひろげられた党争の要因にもなったという一面も指摘しておくべきであろう。われわれは第七章において、王守仁の文廟従祀を不可とする廷議の覆議を内閣がくつがえしたことに対して、自他ともに東林とみとめる孫承沢が述べたはげしい非難の言をみた。彼の批判は、たとえ少数といえども、異論が存在するかぎりは、その方案に決することはしないという原則を全面におしだしたものであった。とはいえ、従祀支持者が圧倒的多数を占めているといってよい当時の状況にくわえて、従祀不可の覆議をおこなった沈鯉が王学嫌いであったことを記す史料がすくなくないことを考慮すれば、孫承沢の批判もやはりいささか原則主義的にすぎるとの感は否めない。王守仁従祀が最初に建議された隆慶元年（一五六七）から万暦十二年（一五八四）まで、二十年ちかい時間を経ても、結局「僉同」なる状態には至らなかったという事実が物語るように、現実の政治過程のなかで「僉同」なる状態を達成するのがそう簡単ではないこと、容易に想像されよう。本書でとりあげた対モンゴル問題をはじめとして、内憂外患が深刻化する明末の政局にあって、たとえ「僉同」ならざる方策であっても現実がそれを必要とするというケースは、おそらくは多々あったに相違ない。しかしながら、あくまで「僉同」なることに可決の要件を担保させる合意形成のあり方は、そうした決定に対しても当為のあり方から逸脱したものだという批判の根拠をあたえることになる。

このように、「僉同」の原則の一方で、その達成はきわめて困難であるという状況に目をむけることによって、東林派が自負していたとされる、自分たちこそが「天下の公」をになっているとの主張についても、彼らの主張の外側から検討する足がかりを得ることができるのではなかろうか。如上の合意形成の論理に照らせば、彼らこそが「天下の公」を体現しているという主張じたいも、異論なき「僉同」の状態を達成できなければ、結局は「私」のひとつとしてしか受けとめられず、したがって当為のあり方から逸脱したものであるとの批判をまぬかれない。そうなると、彼らが主張する「天下の公」を実現するには、結局のところ「専」の強化によらざるをえないという、ある意味、皮肉な現実につきあたることになる。内外の危機が加速度的に深刻さを増していく万暦末年以降、張居正再評価の動きがみられ、天啓二年（一六二二）五月には張居正の公式の名誉回復が実現した。こうした動きがほかならぬ東林派のなかからおこってくることは、[4]一面からみれば、彼らの主張に内包されていた如上の矛盾のあらわれであったようにも思われる。あるいはそれは東林派にかぎらず、「公」の実現をかかげながら、諸問題を打開できずに政治の表舞台から退場していった徐階、逆に山積する政治課題の解決に一定の効果をあげたにもかかわらず、悲劇的な結末をむかえた張居正も、共通して直面していた矛盾であったのかもしれない。それが畢竟なにに由来していたのかという問題は、おそらくは皇帝という存在を頂点とする意思決定プロセスそのものにかかわってくるであろう。

官僚以外のアクター　一般に明代の政治史というとき、さまざまな要因から、どうしても皇帝と彼をとりまく内廷勢力、および文武・内外の官僚や士大夫といったアクターを中心とする叙述になりがちである。しかし一方で、それがすべてではないこと、われわれは第六章において具体的にみてきた。すくなくとも嘉靖以降、内憂外患にゆれる明末の政界には、無位無官の「布衣」邵芳のように、政客・幕客といった立場で政治にかかわり、いわば朝政の舞台裏で政治の展開をおおきく左右しうる力をもつアクターがすくなからず存在していたのである。明末の党争が中央と地方あるいは朝野の垣根をこえて展開していったことは、すでに周知の事実に属するが、邵芳のような人士たちの活動は、明代後半期という時代において政治というものが展開していく場のひろさとその開放性とを具体像をともなう形で伝えてくれる。

記録の量はおおくはないとはいえ、こうした人士たちの活動の様子を後世にのこるような形で記録せしめた要因として、やはりこの時期の不安定な情勢の影響を考えないわけにはいかない。北虜南倭の問題にせよ、停滞・混乱する国内政治の問題にせよ、当時の明朝における諸問題の深刻化は、こうした人士たちの力なしには政治が動かないという状況をもたらしたといえよう。とすれば、嘉靖・隆慶年間以上に諸問題が深刻さを増した万暦時代において、たとえば文武の官僚の参謀・ブレインとして、あるいは種々の情報の媒介者としての彼らの活動の必要性はいっそうたかまったに相違ない。そうした人士たちの活動をたどっていくことで、たとえば小野和子氏が隆慶和議の政治過程を検討するなかで提示した国家の政策の立案・推進と商人層との関係といった論点のように、皇帝と官僚・士大夫とによって展開していく部分にとどまらない明朝政治の諸相をえがきだすための糸口が得られる可能性も期待できよう。それはたしかに容易ならざる作業ではあるが、いわゆる政治史なるものの射程をひろげ、より立体的な政治史像の構築を可能にすると同時に、明代にかぎらず、中国の社会において、政治なるものが伝統的にいかなる位置を占めてきたのかという問いにもつながっていくのではないか。

とりくむべき課題のおおきさを思うとき、はたして本書がどれほどのことをあきらかにしたのかとの自問を禁じえない。それにこたえていくことは、筆者のつぎなる課題としておきたい。

注

（1）［孟森－二〇〇二］二五五頁

怠于臨政、勇于斂財、不郊不廟不朝者三十年。

（2）［王天有－一九九一］三三―三八頁では、賦役制度改革や商工業重視の方針といった点で、東林派と張居正との主張は一致していたとの見解が示されている。天啓（一六二一―一六二七）から崇禎（一六二八―一六四四）年間の危機的な状況のなかで、東林派とされる官僚たちの主張にも張居正型の「治法」主義への傾斜がみられるようになることは、［岩井茂樹－一九九三］も論じているが、とくに同論文、一八八―一八九頁でとりあげられている瞿式耜の内閣批判の議論は、こうしたみかたの裏づけとなるように思われる。

（3）第三章、注（36）所引、陳以勤「陳謹始之道、以隆聖業疏」参照。

（4）［王天有－一九九一］四二―四三頁、［小野和子－一九九六］五五頁、注（3）、［岩井茂樹－一九九三］一八七頁、参照。

引用文献一覧

※日文文献は著者名五十音順、中文文献は著者名拼音順に配列した。
※雑誌の「巻」「号」「輯」などはすべて省略し、「第八六巻第二号」→「八六-二」、「二〇〇四年第四期」→「二〇〇四-四」のように表記した。

【日文】

[青木富太郎-一九六五]「明末蒙古の女酋把漢比妓について」(『北アジア民族学論集』一、一九六五年)
[青木富太郎-一九七二]『万里の長城』(近藤出版社、一九七二年)
[青山治郎-一九九六]『明代京営史研究』(響文社、一九九六年)
[安倍直之-二〇〇二]「南宋孝宗朝の皇帝側近官」(『集刊東洋学』八八、二〇〇二年)
[稲葉岩吉-一九一三]「明代遼東の馬市」(『史学雑誌』二四-一・二、一九一三年)
[井上治-二〇〇二]『ホトクタイ=セチェン=ホンタイジの研究』(風間書房、二〇〇二年)
[岩井茂樹-一九九三]「明末の集権と「治法」主義——考成法のゆくえ——」(『和田博徳教授古稀記念 明清時代の法と社会』汲古書院、一九九三年、所収)
[岩井茂樹-一九九六]「十六・十七世紀の中国辺境社会」(小野和子編『明末清初の社会と文化』京都大学人文科学研究所、一九九六年、所収)
[岩井茂樹-二〇〇四]「十六世紀中国における交易秩序の模索——互市の現実とその認識——」(同氏編『中国近世社会の秩序形成』京都大学人文科学研究所、二〇〇四年、所収)

[岩井茂樹 二〇〇五]「明代中国の礼制覇権主義と東アジアの秩序」(『東洋文化』八五、二〇〇五年)
[岩井茂樹 二〇〇九]「帝国と互市──十六-十八世紀東アジアの通交──」(籠谷直人・脇村孝平編『帝国とアジア・ネットワーク──長期の十九世紀──』世界思想社、二〇〇九年、所収)
[大石隆夫 二〇〇二]「明代嘉靖初年の密掲政治について」(『人文論究』五二-二、二〇〇二年)
[大石隆夫 二〇〇三]「明代嘉靖朝の西苑再建」(『人文論究』五三-三、二〇〇三年)
[大木康 一九九七]「厳嵩父子とその周辺──王世貞、『金瓶梅』その他──」(『東洋史研究』五五-四、一九九七年)
[大木康 二〇〇四]『明末江南の出版文化』(研文出版、二〇〇四年)
[岡野昌子 一九九六]「万暦二十年寧夏兵変」(小野和子編『明末清初の社会と文化』京都大学人文科学研究所、一九九六年、所収)
[岡本隆司 二〇〇七]「「朝貢」と「互市」と海関」(『史林』九〇-五、二〇〇七年)
[奥山憲夫 二〇〇三]『明代軍政史研究』(汲古書院、二〇〇三年)
[小野和子 一九九六]『明季党社考──東林党と復社──』(同朋舎出版、一九九六年)
[加藤常賢 一九八三]『書経』(明治書院、一九八三年)
[川勝守 一九九〇]「徐階と張居正」(『山根幸夫教授退休記念明代史論叢(上)』汲古書院、一九九〇年、所収)
[川越泰博 二〇〇一]『明代中国の軍制と政治』(国書刊行会、二〇〇一年)
[川越泰博 二〇〇二]『明代長城の群像』(汲古書院、二〇〇二年)
[岸本美緒 一九九八]「東アジア・東南アジア伝統社会の形成」(岩波講座世界歴史 一三『東アジア・東南

アジア伝統社会の形成』岩波書店、一九九八年、所収）
［金文京―二〇〇二］「明代万暦年間の山人の活動」（『東洋史研究』六一―二、二〇〇二年）
［黄仁宇―一九八九］黄仁宇著・稲畑耕一郎・岡崎由美・古谷昭弘・堀誠訳『万暦十五年――一五八七「文明」の悲劇――』（東方書店、一九八九年）
［小島毅―一九九二］「嘉靖の礼制改革について」（『東洋文化研究所紀要』一一七、一九九二年）
［佐久間重男―一九九二］『日明関係史の研究』（吉川弘文館、一九九二年）
［櫻井俊郎―一九九二］「明代題奏本制度の成立とその変容」（『東洋史研究』五一―二、一九九二年）
［櫻井俊郎―一九九六］「隆慶時代の内閣政治――高拱の考課政策を中心に――」（小野和子編『明末清初の社会と文化』京都大学人文科学研究所、一九九六年、所収）
［櫻井俊郎―二〇〇一］「万暦初政の経筵日講と『歴代帝鑑図説』」（『大阪府立大学紀要（人文・社会科学）』四九、二〇〇一年）
［櫻井俊郎―二〇〇三］「隆慶初年の奏疏問題――視朝・召対を巡る議論――」（『人文学論集』二一、二〇〇三年）
［櫻井俊郎―二〇〇四］「隆慶後期に見る専制要求」（『人文学論集』二二、二〇〇四年）
［櫻井俊郎―二〇〇六］「譚綸略伝」（『大阪府立大学紀要（人文・社会科学）』五四、二〇〇六年）
［笹本重巳―一九五二］「広東の鉄鍋について――明清代における内外販路――」（『東洋史研究』一二―二、一九五二年）
［貞本安彦―二〇一一］「内書堂考――明代における宦官教育――」（『立正大学大学院年報』二八、二〇一一年）

[佐藤文俊－一九九九]『明代王府の研究』(研文出版、一九九九年)
[島田虔次－二〇〇三] 島田虔次著・井上進補注『中国における近代思惟の挫折』(平凡社東洋文庫、二〇〇三年。初版は一九四九年)
[城井隆志－一九八五]「万暦三十年代における沈一貫の政治と党争」(『史淵』一二二、一九八五年)
[曺永禄－二〇〇三] 曺永禄著・渡昌弘訳『明代政治史研究――科道官の言官的機能――』(汲古書院、二〇〇三年)
[高橋亨－二〇一一]「明代永楽期内閣官の性格について」(『歴史』一一六、二〇一一年)
[谷光隆－一九七二]『明代馬政の研究』(東洋史研究会、一九七二年)
[谷井俊仁－一九九〇]「改票考」(『史林』七三－五、一九九〇年)
[田村実造－一九四一]「明と蒙古との関係についての一面観――特に馬市を中心として――」(『史学雑誌』五二－一二、一九四一年)
[檀上寛－一九九七]「明初の海禁と朝貢――明朝専制支配の理解に寄せて――」(森正夫等編『明清時代史の基本問題』汲古書院、一九九七年、所収)
[檀上寛－二〇一一]「明代朝貢体制下の冊封の意味――日本国王源道義と琉球中山王察度の場合――」(『史窗』六八、二〇一一年)
[辻原明穂－二〇一〇]「明代督撫幕府の構造と特色――嘉靖年間の胡宗憲幕府を手掛りとして――」(『史窗』六七、二〇一〇年)
[寺田隆信－一九七二]『山西商人の研究――明代における商人および商業資本――』(東洋史研究会、一九七二年)

[中純夫一九九一]「徐階研究」(『富山大学教養部紀要(人文・社会科学篇)』二四-一、一九九一年)
[中純夫一九九二]「張居正と講学」(『富山大学教養部紀要(人文・社会科学篇)』二五-一、一九九二年)
[中純夫二〇〇六]「王守仁の文廟従祀問題をめぐって——中国と朝鮮における異学観の比較——」(奥崎裕司編『明清とはいかなる時代であったか——思想史論集——』汲古書院、二〇〇六年、所収)
[永井匠二〇〇三]「隆慶和議をめぐるアルタン=ハーンと右翼モンゴル諸王公との関係について」(『日本モンゴル学会紀要』三三、二〇〇三年)
[中島楽章二〇一一]「十四-十六世紀、東アジア貿易秩序の変容と再編——朝貢体制から一五七〇年システムへ——」(『社会経済史学』七六-四、二〇一一年)
[中砂明徳二〇〇二]『江南——中国文雅の源流——』(講談社、二〇〇二年)
[永田英正一九七二]「漢代の集議について」(『東方学報』四三、一九七二年)
[野口鐵郎一九八六]『明代白蓮教史の研究』(雄山閣出版、一九八六年)
[萩原淳平一九八〇]『明代蒙古史研究』(同朋舎、一九八〇年)
[林章一九五二]「明代後期の北辺の馬市について」(『名古屋大学文学部研究論集Ⅱ』史学一、一九五二年)
[原田理恵一九八三]「オイラートの朝貢について」(『佐久間重男教授退休記念中国史・陶磁史論集』燎原、一九八三年、所収)
[夫馬進一九七六]「明代白蓮教の一考察——経済闘争との関連と新しい共同体——」(『東洋史研究』三五-一、一九七六年)
[夫馬進二〇〇七]「明清中国による対朝鮮外交の鏡としての対ベトナム外交——冊封問題と「問罪の師」を中心に——」(紀平英作編『グローバル時代の人文学　対話と寛容の知を求めて(下)』京都大

学学術出版会、二〇〇七年、所収）
[本田済-一九六六]『易』（朝日新聞社、一九六六年）
[松本隆晴-二〇〇一]『明代北辺防衛体制の研究』（汲古書院、二〇〇一年）
[三木聰-二〇〇三]「万暦封倭考（その一）——万暦二十二年五月の「封貢」中止をめぐって——」（『北海道大学文学部紀要』一〇九、二〇〇三年）
[三木聰-二〇〇四a]「万暦封倭考（その二）——万暦二十四年五月の九卿・科道会議をめぐって——」（『北海道大学文学部紀要』一一三、二〇〇四年）
[三木聰-二〇〇四b]「九卿・科道会議は何処で開かれたのか——万暦封倭考補遺——」（『史朋』三七、二〇〇四年）
[溝口雄三-一九七八]「いわゆる東林派人士の思想——前近代期における中国思想の展開（上）——」（『東洋文化研究所紀要』七五、一九七八年）
[三田村泰助-一九六三]『宦官——側近政治の構造——』（中央公論社、一九六三年）
[三田村泰助-一九六九]『明と清』（河出書房新社、一九六九年）
[森紀子-一九七七]「何心隠論——名教逸脱の構図——」（『史林』六〇-五、一九七七年）
[森川哲雄-一九八六]「把漢那吉の投明事件について」（『歴史学・地理学年報（九州大学教養部）』一〇、一九八六年）
[森川哲雄-一九九九]「明代のモンゴル（二）——チンギス・ハーン家の復興——」（松丸道雄他編『世界歴史大系　中国史　四——明〜清——』、山川出版社、一九九九年、所収）
[山添啓司-二〇〇五]「明代広東の鉄製品について」（『東洋史苑』六四、二〇〇五年）

［山本隆義 一九八五］『中国政治制度の研究――内閣制度の起源と発展――』（同朋舎出版、一九八五年。初版は一九六八年）
［吉尾寛 二〇〇九］「隆慶和議に関する近年の日本の分析視点」（『河合文化教育研究所研究論集』六、二〇〇九年）
［和田清 一九五九］『東亜史研究（蒙古編）』（東洋文庫、一九五九年）
［渡辺信一郎 一九九六］『天空の玉座――中国古代帝国の朝政と儀礼――』（柏書房、一九九六年）
［第十七回明清史夏合宿の会事務局 二〇〇四］「第十七回明清史夏合宿の会ニューズレター」（第十七回明清史夏合宿の会事務局、二〇〇四年）

【中文】

［曹国慶 一九八九］「明代的廷議制度」（『江西社会科学』一九八九年専輯）
［曹国慶他 一九八九］曹国慶・趙樹貴・劉良群著『厳嵩評伝』（上海社会科学院出版社、一九八九年）
［陳宝良 二〇〇一］「明代幕賓制度初探」（『中国史研究』二〇〇一－二）
［方志遠等 二〇一〇］『国家制度与古代社会研究』（中国社会科学出版社、二〇一〇年）
［官長馳 一九九九a］「趙貞吉与隆万革新」（『社会科学研究』一九九九－二）
［官長馳 一九九九b］『趙貞吉詩文集注』（巴蜀書社、一九九九年）
［関文発・顔広文 一九九五］『明代政治制度研究』（中国社会科学出版社、一九九五年）
［侯仁之 一九三八］「明代宣大山西三鎮馬市考」（『燕京学報』二三、一九三八年）
［胡長春 二〇〇二］「嘉靖〝議復河套〞述略」（『江西社会科学』二〇〇二－七）

[胡長春-二〇〇七]『譚綸評伝』（江西人民出版社、二〇〇七年）
[胡凡・徐淑恵-二〇〇〇]「論明代成化年間的〝捜套〟之挙」（『大同職業技術学院学報』一四-三、二〇〇〇年）
[黄進興-一九九四]『優入聖域――権力・信仰与正当性――』（允晨文化出版、一九九四年）
[姜徳成-二〇〇二]『徐階与嘉隆政治』（天津古籍出版社、二〇〇二年）
[梁希哲-一九八七]「論徐階」（『吉林大学社会科学学報』一九八七-六）
[梁希哲・王剣-一九九六]「関于厳嵩評価的史料問題」（『史学集刊』一九九六-四）
[羅輝映-一九八六]「明代文書制度初探」（『四川大学学報叢刊』三〇、檔案学論叢、一九八六年）
[馬静茹-二〇一〇]「明代廷議的運作研究――以俺答封貢為例――」（『中国辺疆民族研究』三、二〇一〇年）
[孟森-二〇〇二] 孟森撰・商伝導読『明史講義』（上海古籍出版社、二〇〇二年）
[牟鐘鑑-一九八八]「論高拱」（『中州学刊』一九八八-五）
[牛建強-一九九七]『明代中後期社会変遷研究』（文津出版社、一九九七年）
[容肇祖-一九三七]「何心隠及其思想」（『輔仁学志』六-一・二、一九三七年）
[蘇均煒-一九八二]「大学士厳嵩新論」（『明清史国際学術討論会論文集』天津人民出版社、一九八二年、所収）
[譚天星-一九九六]『明代内閣政治』（中国社会科学出版社、一九九六年）
[田澍-二〇〇二]『嘉靖革新研究』（中国社会科学出版社、二〇〇二年）
[王剣-二〇〇五]『明代密疏研究』（中国社会科学出版社、二〇〇五年）
[王其榘-一九八九]『明代内閣制度史』（中華書局、一九八九年）

[王天有一九九一]『晩明東林党議』（上海古籍出版社、一九九一年）
[王天有一九九二]『明代国家機構研究』（北京大学出版社、一九九二年）
[王天有二〇〇八]「君与相――明王朝的権力運作――」（『北大商業評論』二〇〇八-一）
[王興亜一九九九]『明代行政管理制度』（中州古籍出版社、一九九九年）
[王宗虞一九八六]「高拱的用人思想」（『中州学刊』一九八六-五）
[韋慶遠一九九七]『隆慶皇帝大伝』（遼寧教育出版社、一九九七年）
[韋慶遠一九九九]『張居正和明代中後期政局』（広東高等教育出版社、一九九九年）
[閆浩二〇〇八]「明蒙〝隆慶和議〟第一手史料述要」（『広播電視大学学報（哲学社会科学版）』、二〇〇八-三）
[伊志一九三四]「明代「棄套」始末」（『禹貢』二-七、一九三四年）
[尹韻公一九九〇]『中国明代新聞伝播史』（重慶出版社、一九九〇年）
[岳金西・岳天雷二〇〇六]岳金声・岳天雷編校『高拱全集』（中州古籍出版社、二〇〇六年）
[岳天雷一九九九]「高拱人才思想簡論」（『学習論壇』一九九九-一）
[岳天雷二〇〇〇]「論高拱的実学精神品格」（『学習論壇』二〇〇〇-一）
[章太炎二〇〇八]章太炎講演・曹聚仁整理『国学概論』（上海世紀出版集団、二〇〇八年再版本。初出、一九二二年）
[張連銀二〇〇四]「明代中期復套述評」（『蘭州教育学院学報』二〇〇四-一）
[張舜徽他一九八七]張舜徽主編・呉量愷副主編『張居正集』（湖北人民出版社、一九八七年）
[張顕清一九九二]『厳嵩伝』（黄山書社、一九九二年）

［張顕清・林金樹-二〇〇三］『明代政治史』（広西師範大学出版社、二〇〇三年）
［張英聘-二〇〇五］「明代南京七卿年表簡述」（朱如誠・王天有編『明清論叢』六、紫禁城出版社、二〇〇五年）
［張治安-一九九九］『明代政治制度』（五南図書出版公司、一九九九年。初出は『明代政治制度研究』聯経出版、一九九二年）
［趙世明-二〇〇四］「新時期高拱研究述評」（『天中学刊』二〇〇四-一）
［周少川-一九九三］「翁万達与〝俺答求貢〟」（汕頭市潮汕歴史文化研究中心編『潮汕文化論叢二集』海天出版社、一九九三年、所収）
［周松-二〇〇八］『明初河套周辺辺政研究』（甘粛人民出版社、二〇〇八年）
［周蕪-一九八四］『徽派版画史論集』（安徽人民出版社、一九八四年）
［朱仲玉-一九九三］「従通貢和復套看翁万達的開明与明世宗的昏庸」（汕頭市潮汕歴史文化研究中心編『潮汕文化論叢二集』海天出版社、一九九三年、所収）

【英文】

［Hung-Lam Chu-一九八八］"The Debate Over Recognition of Wang Yang-ming". *Harvard Journal of Asiantic Studiese*, vol.48, no.1, June, 1988

引用史料一覧

【經部】

重刊宋本十三經注疏　附校勘記　清阮元撰校勘記　清盧宣旬摘錄　一九七一年京都中文出版社據嘉慶二十年南昌府學重刊本影印

横渠易說　三卷　附横渠先生行狀一卷　宋張載撰　景印文淵閣四庫全書八

尚書詳解　五十卷　宋陳經撰　景印文淵閣四庫全五九

書經大全　十卷　圖說一卷　明胡廣等奉敕撰　景印文淵閣四庫全書六三

韓詩外傳　十卷　漢韓嬰撰　景印文淵閣四庫全書八九

【史部】

史記　一百三十卷　漢司馬遷撰　一九九七年北京中華書局縮印本

漢書　一百卷　漢班固撰　一九九七年北京中華書局縮印本

舊五代史　一百五十卷　宋薛居正撰　一九九七年北京中華書局縮印本

明史　三百三十二卷　清張廷玉等奉敕撰　一九九七年北京中華書局縮印本

資治通鑑　二百九十四卷　宋司馬光撰　元胡三省音注　標點資治通鑑小組校點　一九五六年北京中華書局標點本

國榷　一百四卷　首四卷　明談遷撰　張宗祥校點　一九五八年北京中華書局排印本

皇明肅皇外史　四十六卷　明范守己撰　四庫全書存目叢書史部五二　據清宣統津寄廬鈔本影印

明英宗實錄　三百六十一卷　附校勘記　明陳文等奉敕撰　黃彰健撰校勘記　一九八四年京都中文出版社據中央研究院歷史語言研究所民國五十一年刊本縮編

明孝宗實錄　二百二十四卷　附校勘記　明劉健等奉敕撰　黃彰健撰校勘記　一九八四年京都中文出版社據中央研究院歷史語言研究所民國五十一年刊本縮編

明武宗實錄　一百九十七卷　附校勘記　明費宏等奉敕撰　黃彰健撰校勘記　一九八四年京都中文出版社據中央研究院歷史語言研究所民國五十一年刊本縮編

明世宗實錄　五百五十六卷　附校勘記　明張居正等奉敕撰　黃彰健撰校勘記　一九八四年京都中文出版社據中央研究院歷史語言研究所民國五十一年刊本縮編

明穆宗實錄　七十卷　附校勘記　明張居正等奉敕撰　黃彰健撰校勘記　一九八四年京都中文出版社據中央研究院歷史語言研究所民國五十一年刊本縮編

明神宗實錄　五百九十六卷　附校勘記　明溫體仁等奉敕撰　黃彰健撰校勘記　一九八四年京都中文出版社據中央研究院歷史語言研究所民國五十一年刊本縮編

綏寇紀略　十二卷　清吳偉業撰　景印文淵閣四庫全書三六三

兵部問寧夏案　一卷　明闕名撰　玄覽堂叢書初輯一八　據明鈔本影印

弇州史料　前集三十卷　後集七十卷　明王世貞撰　東洋文庫藏明董復表輯明刊本

五忠堂平倭實錄　四卷　明胡煜輯　中國科學院國家科學圖書館藏明鈔本

萬曆三十一年癸卯楚事妖書始末　明闕名撰　北京圖書館古籍珍本叢刊一三　據明刻本影印

見只編　三卷　明姚士麟撰　叢書集成初編三九六四　據鹽邑志林本影印

酌中志　二十四卷　明劉若愚撰　一九九四年北京古籍出版社排印本

宋朝諸臣奏議　一百五十卷　附索引　宋趙汝愚輯　陳智超等點校　一九九九年上海古籍出版社排印本

皇明嘉隆疏抄　二十二卷　嘉隆新例附萬曆六卷　明張鹵輯　續修四庫全書四六六-四六七　據上海圖書館藏明萬曆刻本影印

兵部奏疏　不分卷　明郭乾・潘晟等撰　二〇〇七年全國圖書館文獻縮微複制中心據中國國家圖書館藏明抄本影印本

萬曆疏鈔　五十卷　明吳亮輯　續修四庫全書四六八-四六九　據上海圖書館藏明萬曆三十七年刻本影印

歷官表奏　十二卷　明嚴嵩撰　中國國家圖書館藏明嘉靖二十三年自刻鈐山堂集本

嘉靖奏對錄　十三卷　明嚴嵩撰　國立國會圖書館攝製北平圖書館藏明嘉靖刊本膠片

穀原先生奏議　十二卷　明蘇祐撰　國立國會圖書館攝製北平圖書館藏明嘉靖刊本膠片

復套議　二卷　明曾銑撰　四庫全書存目叢書史部六〇　據上海圖書館藏明萬曆刻本影印

太師楊襄毅公奏疏　十七卷　明楊博撰　北京圖書館古籍珍本叢刊一一〇　據明萬曆中刻本影印

少保鑑川王公督府奏議　十五卷　明王崇古撰　北京大學圖書館藏明萬曆刻本

譚襄敏奏議　十卷　明譚綸撰　景印文淵閣四庫全書四二九

掖垣人鑑　十六卷　附錄一卷　明蕭彥撰　明人文集叢刊第一期二四　據中央圖書館藏萬曆十二年序刊本影印

蘭臺法鑑錄　二十三卷　明何出光等撰　明喩思恂續　北京圖書館古籍珍本叢刊一六　據萬曆二十五年刊崇禎四年續刊本影印

國朝獻徵錄　一百二十卷　明焦竑輯　一九八五年京都中文出版社據國立中央圖書館藏明萬曆四十四年序刊本影印

嘉靖以來內閣首輔傳　八卷　明王世貞撰　叢書集成初編三三六　據借月山房彙鈔本排印本

皇明名臣墓銘　不分卷　清朱大韶輯　明代史籍彙刊九　據國立中央圖書館藏鈔本影印

啓禎野乘　十六卷　二集八卷　清鄒漪撰　京都大學人文科學研究所據東京內閣文庫藏刊本景照

邵氏宗譜　二十卷　存十九卷　清邵洪吉纂修　上海圖書館藏清光緒九年序木活字本

河間府志　二十八卷　圖一卷　明樊深撰　天一閣藏明代方志選刊一・二　據嘉靖十九年刊本影印

宜城縣志　十卷　清程啓安修　清張炳鐘等纂　中國方志叢書華中地方三三〇　據同治五年刊本影印

重修丹陽縣志　三十六卷　首一卷　清劉誥等修　清徐錫麟等纂　中國方志叢書華中地方四〇九　據光緒十一年刊本影印

歙志　三十卷　明張濤修　明謝陛纂　北海道大學圖書館據東京尊經閣文庫藏萬曆三十七年刊本景照

春明夢餘錄　七十卷　清孫承澤撰　王劍英點校　一九九二年北京古籍出版社排印本

禮部志稿　一百卷　明林堯兪纂修　明兪如楫撰　景印文淵閣四庫全書五九七－五九八

明會典（**正德**）　一百八十卷　明李東陽等奉敕重修　山根幸夫解題　一九八九年東京汲古書院據東京大學總合圖書館藏明正德六年司禮監刊本影印

明會典（**萬曆**）　二百二十八卷　明申時行等奉敕重修　一九八九年北京中華書局排印本

大明律　三十卷　明劉惟謙等撰　四庫全書存目叢書史部二七六　據北京圖書館藏明嘉靖永鑾刻本影印

籌海圖編　十三卷　明鄭若曾撰　李致忠點校　二〇〇七年北京中華書局排印本

四庫全書總目提要　二百卷　附未收書目提要五卷　清乾隆四十七年敕撰　清阮元撰未收書目提要　上海商務印書館據萬用文庫本排印本

【子部】

水東日記　四十卷　明葉盛撰　一九八〇年北京中華書局排印本

四友齋叢說　三十八卷　明何良俊撰　一九五九年北京中華書局排印本

鬱岡齋筆麈　四卷　明王肯堂撰　北京圖書館古籍珍本叢刊六四　據萬曆中刊本影印
萬曆野獲編　三十卷　補遺四卷　明沈德符撰　清沈振輯補遺　一九五九年北京中華書局排印本
湧幢小品　三十二卷　明朱國禎撰　一九五九年北京中華書局排印本

【集部】

晦庵先生朱文公文集　一百卷　續集十一卷　別集十卷　宋朱熹撰　四部叢刊集部一二七　據上海涵芬樓藏明嘉靖刊本影印
鈐山堂集　四十卷　附錄一卷　明嚴嵩撰　續修四庫全書一三三六　據明嘉靖二十四年刻增修本影印
直廬稿　十卷　明嚴嵩撰　中國國家圖書館藏明嘉靖三十一年自刻本
夏桂洲先生文集　十八卷　年譜一卷　明夏言撰　四庫全書存目叢書集部七四-七五　據北京大學圖書館藏明崇禎十一年吳一璘刊本影印
太華山人集　四卷　明何棟撰　中國國家圖書館藏明刻本
世經堂集　二十六卷　明徐階撰　四庫全書存目叢書集部七九-八〇　據北京大學圖書館藏明萬曆徐氏刻本影印
翁東涯集　十七卷　明翁萬達撰　北京圖書館古籍珍本叢刊一〇六　據嘉靖三十四年朱睦㮮刊本影印
稽愆集　四卷　卷首一卷　明翁萬達撰　翁輝東輯　涵暉樓叢書所收　民國二十四年排印本
念菴羅先生集　十三卷　明羅洪先撰　四庫全書存目叢書集部八九-九〇　據明嘉靖四十二年劉玠刻本影印
重刊荊川先生文集　十七卷　新刊外集三卷　明唐順之撰　四部叢刊集部一七〇　據上海涵芬樓藏明萬曆刊本影印
趙文肅公集　二十三卷　明趙貞吉撰　四庫全書存目叢書集部一〇〇　據杭州大學圖書館藏明萬曆十三年趙德仲刻本影印

槐野先生存笥稿　三十八卷　附錄一卷　明王維楨撰　明人文集叢刊第一期一八　據萬曆三十四年渭南知縣王氏刊本影印

茅鹿門先生文集　三十六卷　明茅坤撰　續修四庫全書一三四四－一三四五　據中國科學院圖書館藏明萬曆刻本影印

高文襄公集　四十四卷　明高拱撰　四庫全書存目叢書集部一〇八　據北京圖書館藏明萬曆刻本影印

大隱樓集　十七卷　明方逢時撰　四庫未收書輯刊第五輯一九　據清乾隆四十二年滋元堂刻本影印

瞿文懿公集　十六卷　制科集四卷　制敕稿一卷　明瞿景淳撰　四庫全書存目叢書集部一〇九　據明萬曆瞿汝稷刻本影印

萬文恭公摘集　十二卷　明萬士和撰　四庫全書存目叢書集部一〇九　據中央民族大學圖書館藏明萬曆二十年萬氏素履齋刻本影印

李文定公貽安堂集　十卷　附錄一卷　明李春芳撰　四庫全書存目叢書集部一一三　據北京大學圖書館藏明萬曆十七年李戴刻本影印

張太岳集　四十七卷　明張居正撰　一九八四年上海古籍出版社據復旦大學圖書館藏明萬曆刻本影印本

楊忠愍集　三卷　附錄一卷　明楊繼盛撰　景印文淵閣四庫全書一二七八

弇州山人四部稿　一百七十四卷　弇州續稿二百七卷　明王世貞撰　景印文淵閣四庫全書一二七九－一二八四

九愚山房集　九十七卷　明何東序撰　中國國家圖書館據福建省圖書館藏明萬曆二十八年刻本攝製膠片

條麓堂集　三十四卷　明張四維撰　續修四庫全書一三五一　據山西大學圖書館藏明萬曆二十三年張泰徵刻本影印

衡廬精舍藏稿　三十卷　續稿十一卷　明胡直撰　景印文淵閣四庫全書一二八七

亦玉堂稿　十卷　明沈鯉撰　景印文淵閣四庫全書一二八八

耿天臺先生文集　二十卷　明耿定向撰　明人文集叢刊第一期二〇　據中央圖書館藏明萬曆二十六年刻本影印

賜閒堂集　四十卷　明申時行撰　四庫全書存目叢書集部一三四　據北京圖書館藏明萬暦刻本影印
溫恭毅集　三十卷　明溫純撰　景印文淵閣四庫全書一二八八
刻中丞肖巖劉公遺稿　十卷　明劉良弼撰　傅斯年圖書館藏明萬暦十二年刊本
大泌山房集　一百三十四卷　目錄二卷　明李維楨撰　四庫全書存目叢書集部一五〇－一五三　據北京師範大學圖書館藏明萬暦三十九年刻本影印
御龍子集　七十七卷　明范守己撰　四庫全書存目叢書集部一六二－一六三　據重慶市圖書館藏明萬暦十八年侯廷珮刻本影印
由拳集　二十三卷　明屠隆撰　四庫全書存目叢書集部一八〇　據中央民族大學圖書館藏明萬暦八年馮夢禎刻本影印
蒼霞草全集　一百十八卷　明葉向高撰　福建叢書第一輯二　據福建師範大學圖書館藏明天啓刊本影印
李文節集　二十八卷　明李廷機撰　明人文集叢刊第一期二八　據中央圖書館藏明崇禎四年刊本影印
合併黃離草　三十卷　明郭正域撰　四庫禁燬書叢刊集部一三－一四　據北京大學圖書館藏萬暦四十年史記事刻本影印
澹然齋小草　十二卷　明張維樞撰　國立公文書館藏明萬暦四十三年序刊本
青箱堂文集　十二卷　末一卷　附年譜一卷　清王崇簡撰　京都大學人文科學研究所據東京內閣文庫藏康熙十五年序刊本景照
明經世文編　五百四卷　補遺四卷　明陳子龍等輯　一九六二年北京中華書局據明崇禎年間雲間平露堂刊本影印本

あとがき

本書は、二〇〇九年十一月、北海道大学に提出した博士論文「明代後期内閣政治史研究——十六世紀後半の「北虜」問題をめぐる政治過程分析を中心として——」に修訂をくわえたものである。審査にあたられた三木聰先生（主査）・佐藤錬太郎先生・吉開将人先生（副査）には、学部・修士のころからの御指導ともあわせて、深甚の謝意を申しあげる。口述試問がすんでほどなくしてより、先生方から拙論出版のすすめもいただいてはいた。しかし、試問の際にたまわった数々の御批正を消化できていないということにくわえて、拙論では、きわめて短期間における事例分析をよせあつめただけで、明代あるいは中国の政治史をみとおせるような知見はなんら得られていないとの思いが、わたしを逡巡させた。その逡巡をぬぐいさることは、いまに至るもできていない。にもかかわらず、出版にむけて手をあげることにしたのは、たとえそれがとるに足らない瑣末なものであったとしても、わたし自身がおもしろいと感じ、それゆえに拙論にもりこんだひとつひとつの史実や史料のなかに、あるいはなにがしかの価値がある、ないしおもしろさを共有してもらえるものがあるかもしれない、と思ったからである。もとより本書においても、そうした価値を十分に引きだしきれていない部分は多々あろうし、試問の際の御批正を十分に反映できていない——その冗漫な文章もふくめて——ことのほか、そもそも二項対立的な理解の克服をかかげたにもかかわらず、結局それをのりこえるような明確な構図を示すには至っていないという、より根本的な問題がのこされているのも、ひとえに筆者の勉強・能力の不足による。本書が世に出るにあたって、これをひとつの通過点とできるよう、今後とも努力をつづけていかねばならないとの思いをあらたにしている。

このように文字どおりの拙著とはいえ、本書刊行に至るまでの道のりは、浅学非才の身に対する御指導とはげましとをおしまれなかった師友の存在なしにはありえなかった。こうした方々の存在もまた、あまりにとぼしい成果しかなしえぬみずからへの忸怩たる思いをいっそうつのらせるのであるが、同時に感謝の念もまたつきることがない。

大学院での指導教授であり、主査として上記博士論文の審査にあたられた三木聰先生には、これまで頂戴してきた懇切丁寧な御教導への謝意を十分に伝えうることばをもたない。演習あるいは論文提出後の試問の場で受けた、史料解釈や議論の当否にかかわるきびしい御指摘ももちろんながら、なによりおおきかったのは、わたしの些細かつ不躾な質問をあたたかく受けとめ、つたない構想にも理解を示し、それを形にしていくための御教示とあとおしをおしまれなかったことである。ふりかえってみて、これまでずいぶんめぐまれた条件のなかで勉強させてもらえたとの思いをつよくするが、その過程におけるさまざまなステップをふんでいくにあたっては、すすむべき方向を示し、つねに力づよく背中をおしてくださる先生の存在があった。

日本学術振興会の特別研究員に採用され、現在の所属先である京都大学人文科学研究所にうつるにあたって、受入を快諾してくださった岩井茂樹先生には、とくに北辺がらみの問題から明朝政治のありようを考えてきたわたしにとって、得がたい勉強の機会と環境とをあたえていただいている。また、本書をこうした形で出版することができたのも、ひとえに先生におうところがおおきい。出版の申請や出版社との打ちあわせといったことから、本書の内容にかかわる部分に至るまで、本来であれば先生をわずらわせるべきでないような些細なことであっても、いつもこころよく相談に応じ、そのたびごとに的確かつ貴重な御教示をいただいた。

故津田芳郎先生への追憶と感謝もつきない。研究対象の時代と現代の中国とをリンクさせて考える視角、それと表裏一体をなす中国のひとと社会に対する先生のあくなき興味と観察とは、その軽妙な語り口ともあいまって、わたしに中国への関心をいだかせ、中国史の勉強をつづけさせる動機のひとつとなっている。亡くなる直前の二〇〇八・二〇〇九の両年、先生はわたしを中国での現地調査に同行させてくださった。経済発展に注目があつまるなかで、政治史を専門とするわたしを、先生がいう「中国の田舎」に足をはこび、現地をみてくるだけでよいといって同行させてくださった二度の調査は、いまとなっては、先生からの最後の宿題のように思えてならない。

二〇〇四年から二〇〇六年まで、中国政府奨学金留学生（高級進修生）として北京大学歴史学系に留学することができた。受入教授をひきうけてくださった王天有先生ならびに郭潤濤先生には、授業をつうじて教えていただくのみならず、それ以外の場でもあたたかなお心づかいをいただいた。北京大への留学がかなったのは、二〇〇四年正月、来道されていた際にお目にかかった茅海建先生（現、華東師範大）の御紹介のおかげであり、また津田先生に話をとおしていただき、張希清先生にもお口添えをいただいたと仄聞する。中国の先生・同学および日本からの留学仲間との交流、あるいは史料・史跡を実際に目にすることができたことのほか、オリンピックにむけた準備が急ピッチですすめられていた北京での生活のなかで見聞したさまざまなことは、わたしの研究にすくなからぬ示唆をあたえてくれた。本書の題目を決めるにあたり、岩井先生とも相談させていただき、最終的にこの題目を冠することにしたのは、ひとつには「北京」の語をすてがたかったからである。

このほかにも中国の先生ということでは、南京大学の范金民先生にも感謝せねばならない。とくに二〇〇九年夏の明史学会への参加や二〇一〇年の南京での調査に際しては、おおくの便宜をはかっていただいた。二〇一〇年から二〇一一年まで、今度は台湾中央研究院の歴史語言研究所で勉強する機会にめぐまれた。

受入研究者となっていただいた于志嘉先生をはじめ、史語所の邱澎生先生・邱仲麟先生・王鴻泰先生、近史所の巫仁恕先生らには、おりにふれてご教示をたまわったほか、わたしの訪台とほぼときをおなじくして台北にうつってこられた濱島敦俊先生にもしたしく教えていただくことができた。濱島先生の御紹介により、東呉大学の徐泓先生が主催されていた明代典籍研読会、ならびに台湾師範大学の林麗月先生の読書会への参加を許され、報告の機会をあたえられたことは、貴重な経験となった。とくに後者の会は、わたしにとってはあまりなじみのない福建の県志を同年代の学兄・学姉と輪読するというものであり、たいへんに得るところおおく、また諸兄姉の勉強ぶりにおおいに刺激をうけた。

岩井先生にお世話をいただき、人文研で修士論文作成に必要な史料をみせていただいたのは、修士二年の夏休みであった。いまにして思えば、このときに得た「そとに出ていけばみたい史料がみられる」という感覚が、北京への留学にもつながっていたのかもしれない。北京大学図書館の『少保鑑川王公督府奏議』、そして中国国家図書館の『兵部奏疏』をはじめて目にしたときの感激、とりわけ本書第七章でとりあげた廷議に関する『兵部奏疏』の記事をみつけたときのよろこびは、いまでもはっきりと思いおこすことができる。両書とも明の善本、しかも孤本とあって複写もそう容易ではなく、ひたすら原稿用紙のマス目をうめる以外にすべがなかったことも、いまとなってはなつかしい。史料ということでは、上海図書館の『邵氏宗譜』も思い出ぶかいものである。本書第六章はこの史料なしには存在しえなかったが、当初、未修復であった本史料の利用が可能になったのは、同館譜牒研究中心の方々が、わたしの依頼に応じていそぎの修復をすすめてくださったことによる。これにかぎらず、史料の閲覧に際して便宜をあたえていただいた各図書館の関係の方々にも、この場をかりて御礼申しあげる。

国内外を問わず、それぞれの場所でよき学兄・学姉にめぐまれたことも、まことにありがたいことであった。身近なところでささえとなってくれている諸兄姉の存在なしには、これほど充実した研究生活は、到底のぞみえなかったであろう。ささえという点では、学会・研究会での報告に対して、あるいはつたない論考の抜刷をおおくりするたびに頂戴する賜教・批正もおおきなはげましとなっている。逐一お名前をあげることのかなわない方々もふくめ、心からの謝意を表したい。

中文要旨の作成には、台湾国立政治大学歴史研究所博士生の李侑儒氏の手をわずらわせた。編集の段階では、京都大学学術出版会の鈴木哲也編集長ならびに國方栄二氏にお世話をいただいた。とくに本書のカバーに中国国家博物館蔵の『皇都積勝図巻』をつかうことができたのは、國方氏の御尽力によるものである。明末北京の繁華な様子を伝える絵図としてよくとりあげられる当該図巻には、紫禁城もえがかれてはいるが、街中の部分とは対照的に、承天門（現、天安門）より内側の部分は一面の雲におおわれ、内部の詳細をうかがうことができないようになっている。いまももむかしも謎がおおい中国政治のありようを象徴するともいえようが、紫禁城を舞台にくりひろげられる明の朝政の動きをあとづけた本書が、あるいはそこからなかの様子をわずかなりともうかがえるような雲の切れ目にでもなってくれれば、というような思いをこめて、この絵図ではどうかとおねがいしたところ、國方氏にはおおいに賛同していただき、画像入手・使用許可取得にむけて骨折ってくださった。この間、筆者の怠惰ゆえに多大な御迷惑をおかけしたことをお詫びするとともに、出版にまでみちびいていただいたことに感謝する。

本書の刊行にあたっては、京都大学の平成二十三年度総長裁量経費　若手研究者に係る出版助成事業の助成を受けた。末筆ながらあわせて感謝を申しあげたい。

二〇一二年三月二十二日

春まだおそい北海道の両親に感謝をこめて

城地　孝　謹識

城地孝,《長城與北京朝政——明代內閣政治的發展及其轉變》

中文摘要

在十六世紀後半的明朝，如何應付俺答所統率的蒙古，乃是舉足輕重的一大問題。無論是蒙古施壓日漸增強，或同一時期極為猖獗的倭寇，在在都起因於明朝將所有對外交流活動限制於「朝貢一元體制」，實與周邊諸國所提出的貿易要求互相矛盾之故。「北虜南倭」的問題不僅對明朝的軍事和財政造成莫大負擔，也迫使明朝對「如何因應東亞新國際情勢」這項根本的課題做出回應。相應於此，明朝在隆慶五年(1571)一改向來的強硬路線，轉而推行和議，承認與蒙古之間的封貢、互市關係。隨著邊境問題日益嚴重，在內政層面上，原先不過只是皇帝秘書或顧問的內閣大學士，也逐漸在政務的決策和執行上掌握主導權。其中，由大學士高拱、張居正極力促成的隆慶和議，更是內閣主導「改革」的典型案例。

關於上述嘉靖(1522-1566)、隆慶(1567-1572)年間的政治動向，雖已在前人研究多所提及，但大多僅從靜態的視點出發，將複雜的政治推展過程理解為制度的變遷，或在善惡二元對立的架構之下品評人物。相對於此，本書則透過分析與蒙古問題相關的幾個事件，描繪明朝在政治上苦於內憂外患的具體形象；並致力蒐集各方說法（皇帝與中央・地方官僚自不待言，更包括某些政客和官僚的智囊，亦即不具官方身分卻能參與政治的人士），析論政策自始至終的決議過程，藉以探究影響政治發展的要因。此外，本書關注焦點，不僅限於闡明政治決策過程中的個別史實，更將擴及貫通明朝國家方針決策體系的思考脈絡。

第一章〈受皇帝「親裁」操控的恢復河套計畫：以總督曾銑的「復套」為中心〉，探討嘉靖廿五年(1546)底至廿七年(1548)初實施的「復套」計畫。該計畫最初由陝西三邊總督曾銑所提議，並獲得內閣首輔夏言的支持，雖一度在政界徹底反對的情況下強制推行，卻因為陝西發生地震這項偶發的要因，促使世宗頒布諭旨而被迫終止。不料世宗所強烈期盼的「皇帝親裁」，最後卻造成政界嚴重混亂。本章即藉由這一連串過程，勾勒出嘉靖政治的其中一面。

第二章〈朝貢的理念與現實：以嘉靖馬市的政治過程為中心〉，試圖由嘉靖三十年(1551)馬市開設的政治過程當中，提出嘉靖朝政治的特質。即便身處於北京城被俺答包圍的絕對劣勢，世宗依然採取固守禮制的態度，拒絕朝貢要求，甚至主張出兵討伐俺答。因此，官僚只能盡力摸索，如何在不違上意的前提下與蒙古進行交易，以緩和其侵攻的腳步，最後致使不拘於朝貢貿易形式的馬市得以實行。官僚們試圖在執著原則主義方針的世宗，與窒礙難行的現實兩者間尋找平衡點，而事態發展也同時隨之變化。嘉靖朝的政治特徵正可於此間窺見一二。

第三章為〈從「顧問團」到「行政府」：由對蒙問題因應方式所見的隆慶時代內閣政治發展〉，一面檢視萬曆初年張居正執政時期(1572-1582)的情況，一面追溯隆慶年間內閣政治的演變。為重新檢討韋慶遠所提出的保革二元對立結構——即所謂「隆（慶）萬（曆）大改革」論，本章亦利用徐階、李春芳、高拱、趙貞吉、張居正等人的文集史料，逐次考察這些大學士的政治理念，及其對於個別事件的因應。穆宗繼位之後，一反世宗強化皇帝親裁的政治理念，內閣的性質也藉機轉變，從皇帝的「顧問團」逐漸轉變成「行政府」，化身為制定政策、推行政務的主體。

第四、五兩章所討論者，即為成功扮演實踐及推進隆慶和議角色的「行政府」型內閣。第四章〈「行政府」型內閣的光與影(一)：俺答封貢的政治過程〉，討論俺答封貢落實之前的經緯。在前線緊繃的狀況下，總督王崇古等地方官員不斷尋求能即刻因應現地事態的解決方案及決策途徑；反之，中央的兵部則維持重視既定程序及取得政界共識的立場，自始至終均採取消極對應。此時，內閣遂與地方官聯手，自行研擬具體對策，並積極向皇帝提出建言，成功推動封貢、互市的實現。因此，高拱、張居正所期盼的「行政府」型內閣，在此案例上確實具備相當積極的一面，不僅正面回應地方官的請求，更迅速實行符合現地情況的決策。

相對於此，第五章〈「行政府」型內閣的光與影(二)：陝西實施互市的政治過程〉則以隆慶五年(1571)八月決定的陝西互市實施問題為例，闡明內閣消極的另一面。即便當地的地方官始終對互市一事示以難色，內閣卻不顧其反對意見，決意貫徹到底。然而，地方官員所擔憂者，竟在日後造成隆慶和

議破裂的決定性事件中不幸成真。高拱、張居正的政治手法向來雖多獲得正面評價，經過本章所述隆慶和議複雜的另一面，我們始得具體發現其中暗藏的矛盾所在，從而重新檢討高、張兩人所追求，由中央主導的政治運作型態。

第六章〈朝政舞台幕後：丹陽布衣邵芳傳〉則藉由縱橫嘉靖、隆慶年間政界的布衣政客邵芳之事蹟，描繪朝政舞台幕後的樣貌。在東南沿海苦受倭寇侵犯之際，邵芳以科舉落第為機，選擇以一介布衣之身為其生存之道，又廣泛吸收各類學識，與官僚、士大夫深交。因此，他不僅活躍於總督胡宗憲的幕府，更主動為高拱二度入閣出謀獻策。在當時的政界中，確有不少像邵芳這樣不具官僚身分，卻具備左右政治的力量，暗中活躍的有力人士。由此可見，明代後期政治世界極為開放，實為一大特徵；另一方面，當時所陷內憂外患的困境，更是促使政客益發活躍的背景因素。

第七章為〈明代廷議的意見集約〉。廷議可謂中央官僚的全體會議，然而在明朝政策決定的過程中，卻獨唯皇帝擁有最終決策權。本章探討廷議在決策過程中的地位，並特別針對其意見集約、形成共識的情形加以考察。在明初，廷議進行多以口頭辯論為主；至明代中期以後，則大多改用議案書、建白書及會前所擬的奏稿等文書。明代中後期廷議的流程大致如下：主持者（一般為六部尚書）於會前將討論事項刊布給與會者，與會者各自以建白書陳述己見，經主持者彙整後作成草案，供參加者論辯；直到所有人都表示贊同——即所謂「詢謀僉同」，該案方得通過決議，最後由主持者奏請皇帝裁決。換言之，廷議上並非列舉複數選項，供所有參加者表決，實與現代慣行的多數決制大不相同。而廷議之所以採取這種追求共識的方式，目的即在排除因與會者判斷正確與否，造成日後發生爭執的可能，藉以確保決議本身的絕對合理性。

在以上各章所辨明的成果之上，終章進一步綜論嘉靖、隆慶政治史的發展過程，並揭示對萬曆政治史的展望。

此外，本書並檢附北京大學圖書館藏《少保鑑川王公督府奏議》，及中國國家圖書館藏《兵部奏疏》二書解題，以為付章。

1　事項索引

※日本語 50 音順

【あ行】

【か行】

【さ行】

【た行】

【な行】

【は行】

【ま行】

【や行】

【ら行】

2　人名索引

【M】

【N】

【O・P】

【Q】

【R】

【S】

【Y】

【Z】

3　地名索引

※中国語拼音順。「薊遼」、「宣大」、「陝」、「延寧」、「甘固」のように略記されているものも、それぞれ「薊州」・「遼東」、「宣府」・「大同」、「陝西」、「延綏」・「寧夏」、「甘粛」・「固原」としてとった。

4　史料索引

※中国語拼音順

【T】

【W・X】

【Y】

【Z】

著者略歴

城地　孝（じょうち　たかし）

日本学術振興会特別研究員ＰＤ
（京都大学人文科学研究所）

一九七八年　北海道生まれ

二〇一〇年　北海道大学大学院文学研究科
博士後期課程（東洋史学専修）修了
博士（文学）取得

主要論文

「丹陽布衣邵芳考——政客の活動をとおして見る明代後期の政治世界——」（『東洋史研究』第六八巻第三号、二〇〇九年）

「明嘉靖馬市考」（『史学雑誌』第一二〇編第三号、二〇一一年）

プリミエ・コレクション　9

長城《ちょうじょう》と北京《ぺきん》の朝政《ちょうせい》——明代内閣政治《みんだいないかくせいじ》の展開《てんかい》と変容《へんよう》

二〇一二年六月二十九日　初版　第一刷発行

著　者　城《じょう》地《ち》　孝《たかし》
発行者　檜　山　爲　次　郎
発行所　京都大学学術出版会
〒606-8315　京都市左京区吉田近衛町六九京都大学吉田南構内
電話〇七五(七六一)六一八二　ＦＡＸ〇七五(七六一)六一九〇
URL　http://www.kyoto-up.or.jp/
印刷所　亜細亜印刷　株式会社

ISBN978-4-87698-231-8　C3322